Bildung und Arbeit
Band 3

Herausgegeben im Institut für Berufs- und Weiterbildung
der Universität Duisburg-Essen von

U. Bauer
A. Bolder
H. Bremer
R. Dobischat
G. Kutscha

Herausgegeben von
Prof. Dr. Ullrich Bauer,
Dr. Axel Bolder,
Prof. Dr. Helmut Bremer,
Prof. Dr. Rolf Dobischat,
Prof. em. Dr. Günter Kutscha,
Universität Duisburg-Essen,
Deutschland

Axel Bolder • Rolf Dobischat
Günter Kutscha • Gerhard Reutter (Hrsg.)

Beruflichkeit zwischen institutionellem Wandel und biographischem Projekt

Herausgeber
Axel Bolder,
Duisburg-Essen, Deutschand

Günter Kutscha,
Duisburg-Essen, Deutschand

Rolf Dobischat,
Duisburg-Essen, Deutschand

Gerhard Reutter
Bonn, Deutschland

ISBN 978-3-531-19622-0   ISBN 978-3-531-19623-7 (eBook)
DOI 10.1007/978-3-531-19623-7

Die Deutsche Nationalbibliothek verzeichnet diese Publikation in der Deutschen Nationalbibliografie; detaillierte bibliografische Daten sind im Internet über http://dnb.d-nb.de abrufbar.

Springer VS
© VS Verlag für Sozialwissenschaften | Springer Fachmedien Wiesbaden 2012
Das Werk einschließlich aller seiner Teile ist urheberrechtlich geschützt. Jede Verwertung, die nicht ausdrücklich vom Urheberrechtsgesetz zugelassen ist, bedarf der vorherigen Zustimmung des Verlags. Das gilt insbesondere für Vervielfältigungen, Bearbeitungen, Übersetzungen, Mikroverfilmungen und die Einspeicherung und Verarbeitung in elektronischen Systemen.

Die Wiedergabe von Gebrauchsnamen, Handelsnamen, Warenbezeichnungen usw. in diesem Werk berechtigt auch ohne besondere Kennzeichnung nicht zu der Annahme, dass solche Namen im Sinne der Warenzeichen- und Markenschutz-Gesetzgebung als frei zu betrachten wären und daher von jedermann benutzt werden dürften.

Einbandentwurf: KünkelLopka GmbH, Heidelberg

Gedruckt auf säurefreiem und chlorfrei gebleichtem Papier

Springer VS ist eine Marke von Springer DE. Springer DE ist Teil der Fachverlagsgruppe
Springer Science+Business Media
www.springer-vs.de

Inhalt

Einleitung

Axel Bolder, Rolf Dobischat, Günter Kutscha, Gerhard Reutter
Beruflichkeit – Ein Kampf der Einzelnen gegen die Institutionen? 7

Beruflichkeit in Deutschland: Entwicklungslinien eines Sonderweges

Anna Rosendahl, Manfred Wahle
Erosion des Berufes:
Ein Rückblick auf die Krisenszenarien der letzten vierzig Jahre 25

Michael Tiemann
Die Entwicklung von Beruflichkeit im Wandel der Arbeitswelt 49

Dieter Münk, Christian Schmidt
Diskontinuierliche Bildungs- und Erwerbsbiographien
als Herausforderung für die duale Berufsausbildung 73

Daniela Ahrens, Georg Spöttl
Beruflichkeit als biographischer Prozess. Neue Herausforderungen
für die Berufspädagogik am Beispiel des Übergangssystems 87

Andreas Gruschka
Gilt bei Pädagogen noch die Bindung an Beruflichkeit
als biographisches Projekt? 105

Matthias Knuth
Berufliche Anerkennung und Erwerbsintegration von Eingewanderten 127

Klassiktext

Anna Siemsen
Zur Entwicklung von Beruf und Berufserziehung 153

Mit fremdem Blick:
Berufliche Sozialisation in europäischen Gesellschaften

Alan Brown, Jenny Bimrose
Role of Vocational Training and Learning at Work
in Individual Career Development Across the Life-Course:
Examples from Across Europe 167

Lorenz Lassnigg
Beruflichkeit in Österreich: Institutioneller Rahmen
für komplexe Koordination und vieldeutige Versprechungen 189

Georgios K. Zarifis
From Misplaced Subjective Professionalism to 'Mediated Disempowerment'.
Reflecting on the varying working status of VET teaching staff
in south-eastern Europe 219

Larissa Jõgi, Marin Gross
Professionalization of Adult Educators in Estonia –
From a Biographical Perspective 233

Perspektiven

Katrin Kraus
Beruflichkeit –
Betrachtungen aus der Perspektive einer „Pädagogik des Erwerbs" 249

Wilfried Kruse
Wechselfälle der Arbeit – Beruflichkeit als Risiko? 269

G. Günter Voß
Individualberuf und subjektivierte Professionalität.
Zur beruflichen Orientierung des Arbeitskraftunternehmers 283

Michael Corsten
Die subjektive Entschiedenheit beruflicher Praxis –
Annotationen zur Theorie des beruflichen Habitus 319

Rück- und Vorschau 337

Beruflichkeit –
Ein Kampf der Einzelnen gegen die Institutionen?

Die im zweiten Band der Reihe „Bildung und Arbeit" belegte Entwicklung zu Diskontinuierung und Subjektivierung von Arbeit hat neue Fragen aufgeworfen. Wie gehen die Einzelnen damit um, dass es den „Lebensberuf" in aller Regel nicht mehr geben wird; zumal die Institutionen – normative Handlungsimperative, neue kulturelle „Selbstverständlichkeiten", die Einrichtungen des Lernens und Arbeitens, der Arbeitsmarkt – diesen Prozess zu unterstützen scheinen? Im hiermit vorliegenden dritten Band wird der Frage nachgegangen, ob diese Entwicklungen einen Trend zur „subjektiven Beruflichkeit "provozieren, die den Beruf als biographisches Projekt erscheinen lässt, als permanente Herstellung eines mehr oder weniger individuellen Zuschnitts durch Ausbildung, „lebenslange" Weiterbildung und Erfahrung geprägter Arbeitskraft und Identität. Als Sicherungsstrategie also gegen die Zumutungen der Institutionen, auf den Status eines Anbieters qualifizierter Arbeitskraft und im Arbeitsleben angereicherter Kompetenz, auf berufsbiographische Identität zugunsten einer generalisierten Joborientierung zu verzichten?

Man kann davon ausgehen, dass in den 1950er, 1960er, aber auch noch in den siebziger Jahren kaum ein Erwerbstätiger auf die Idee gekommen wäre, seine Erwerbsarbeit als „Job" zu bezeichnen. Für die jedenfalls, die Erwerbsarbeit nachgingen und auf eine berufliche Ausbildung zurückblicken konnten, geschah sie in einem Beruf; und zwar durchaus auch dann, wenn man ihn, aus welchen Gründen auch immer, wechselte: Berufswechsler waren das, keine Job-Hopper. Dabei war der Begriff „Job" durchaus gängig. Jobs waren aber etwas für Gelegenheitsarbeiter, Tagelöhner, für Studenten in den Semesterferien, nichts dagegen für „ordentliche" Leute. Berufstätigkeit wiederum war mit konkreten, reklamier- und schlimmstenfalls einklagbaren Rechten versehen. Bei Arbeitslosigkeit zum Beispiel gab es in der bundesdeutschen Nachkriegszeit sehr weit gefasste Kriterien der (Un-)„Zumutbarkeit" von Tätigkeiten außerhalb des eigenen – gelernten und bislang ausgeübten – Berufs.

Seit Mitte der 1970er Jahre nun werden diese Kriterien sukzessive heruntergefahren; in den letzten Jahren mit zunehmendem Tempo – bis hin zur Hartz-IV-Gesetzgebung, die den Anspruch auf Vermittlung in eine Berufstätigkeit, für die man gelernt und bei der man manches an Berufserfahrung angesammelt hat, gegen Null gefahren hat, und zu der von den Finanzmärkten initiierten (Dauer-)Krise mit ihren europaweiten Festschreibungen der Kontingenz des Arbeitslebens. Spätestens nach einem Jahr Arbeitslosigkeit gelten Qualifikation und Kompetenz nämlich nicht mehr, sind, wenn überhaupt, auch Tätigkeiten zu verrichten, die sonst kaum jemand verrichten will. Entschwindet also die „Berufsförmigkeit" von Arbeit? Welche reale Basis liegt der behaupteten Entwicklung zugrunde?

Erinnern wir uns: Der Beruf hat sich seit den frühen Hochkulturen aus der gesellschaftlichen Arbeitsteilung entwickelt und ist dabei zu weit mehr als nur einer Aufteilung von Tätigkeiten auf die Mitglieder der Gesellschaft geworden. Im Beruf haben sich Fähigkeits- und Qualifikationsbündel, „heimliche" Qualifizierungen und tätigkeitsbezogene Handlungsentwürfe im Laufe der Zeit verselbständigt, unterstützt durch Prozesse der Habitualisierung, der „Fleischwerdung" gewissermaßen von Handlungsroutinen, die als richtig und sinnvoll anerkannt sind und bis in die Lebensführung hineinreichende Besonderungen erfahren haben. Sie haben sich – und dieser Aspekt ist von hervorragender Bedeutung – im Laufe der Zeit von den konkreten Arbeitsplatzerfordernissen und -abläufen emanzipiert, verselbständigt. So wurde Lernen für den Beruf schließlich relativ unabhängig vom Lernen für einen konkreten Arbeitsplatz. Am konkreten Arbeitsplatz aber kann man eingesetzt werden, wenn die jeweiligen beruflichen Fähigkeiten, Fertigkeiten und Kenntnisse annähernd dessen Zuschneidung entsprechen; in neuer Sprache: wenn man fähig ist, dort beschäftigt zu werden. Hier setzt die Kritik am Berufsprinzip an.

Verschärft seit den 1990er Jahren haben die Stimmen zugenommen, die eine Erosion, einen langsamen, aber sicheren Zerfall der Berufsförmigkeit von Arbeit behaupten. Den vorherrschenden Szenarien zufolge hat Beruflichkeit als Form der Vermarktung und Verausgabung von Arbeitskraft an Relevanz verloren; sie „erodiere" immer schneller. Für die Vertreter der Entberuflichungsthese ist die Erosion des Prinzips eine zwangsläufige und nicht mehr revidierbare Konsequenz aus einem völlig veränderten Produktionsregime: Prozessorientierung, *profit-center*-Organisation, damit einhergehend eine immer stärker enthierarchisierte Arbeitsordnung mit „querfunktionalen" Aufgabendefinitionen – alles Entwicklungsmomente, die den Beruf als fest umschriebenes Qualifikationsangebot ebenso wie als Medium sozialer Integration und Chance des Aufbaus einer mit dem Erwerbsleben verbundenen Sinnperspektive immer dysfunktionaler erscheinen lasse. Technologische Entwicklungen, die auf die Arbeitsstätten durchschlagen, und zunehmende Globalisierung der Arbeitsmärkte, wie sie *brain-drain*-Phänomene und legale wie illegale Arbeitsmigration indizieren, lassen, so heißt es, einer auf langwierigen, teuren Ausbildungen aufbauenden und durch korporatistische Abschottungen zugleich inflexibilisierten Berufsform von Arbeitskraft in Zukunft kaum noch Raum. Die Tendenz zu dezentralen Unternehmensstrukturen mit kleinen und flexiblen operativen Einheiten, die auf die Möglichkeit relativ kurzfristiger Rekrutierung von Fachkräften angewiesen seien, die keiner längeren Einarbeitung bedürfen, fördere diesen Prozess. Zunehmende inhaltliche, räumliche und zeitliche „Entgrenzung" beruflicher Handlungskonstellationen lasse hybride Qualifikationsbündel entstehen, die quer zu den an fachlichen Qualifizierungsmustern ausgerichteten Berufen stehen. Die Orientierung an Berufsmustern laufe dem betrieblichen Flexibilitäts- und Entwicklungsbedarf ebenso zuwider wie schließlich auch dem Interesse der Einzelnen selbst an einer in ihrem Sinne flexiblen Erwerbsbiographie und erweise sich damit als zunehmend kontraproduktiv. Beruflichkeit werde als Organisationsmodus von Erwerbsarbeit damit zunehmend obsolet.

Hinzu träten auf der Ebene der Lebensführung die Veränderungen des „normalen" Erwerbslebenslaufs – weg vom Lebensberuf mit den ihm typischen Vorstellungen von Ausgelerntsein und Meisterschaft, hin zum *patchworking*, einem Flickerlteppich des Erwerbslebens: ein Trend, der sich selbst wiederum aus den erhöhten Flexibilitäts- und Mobilitätserfordernissen moderner Arbeitsorganisation und in einer globalisierten Wirtschaft veränderter Arbeitsmarktbedingungen ergebe und an die Stelle des Auslernens die lebenslange Anpassung an neues Wissen und neue Arbeitsplatzgestalten setze. Des Weiteren sorgten Fernwirkungen der Individualisierung dafür, den Arbeitsplatz- und Berufswechsel – durchaus auch im Sinne zunehmender Horizonterweiterung – zum Programm und *patchworking* zum Grundmuster des Arbeitslebens zu machen. Daraus erwachse für die von dieser Entwicklung Betroffenen die lebenslange Aufgabe, jenseits der ihnen in Form der Lebensläufe der Elterngeneration vorgelebten Normalbiographien neue, individualisierte Muster des Bildungs- und Erwerbslebens zu entwickeln, ihre Bildungs- und Arbeitsmarktstrategien zu überdenken und situationsangemessen zu erneuern. An die Stelle des dem Prinzip des Berufs eigenen, bereits in der Berufsausbildung grundgelegten Kontinuitätsanspruchs habe eine größere „Risikobereitschaft", habe mehr „Selbständigen-" oder „Unternehmergeist" zu treten. Aus der Erfahrung des Wandels und dem kontinuierlichem Dahinschwinden tradierter Berufsbindungen ergebe sich für den einzelnen Erwerbsmenschen eine neue Anforderungsstruktur, die den Beruf als Medium des Angebots von Arbeitskraft ebenso wie als Folie der individuellen Lebensführung zugunsten der Sorge um „Beschäftigungsfähigkeit" und Arbeitskraftunternehmertum immer wertloser erscheinen lasse.

Es ist hier nicht der Ort, die empirische Kritik an diesem Szenario auszubreiten. Man kann resümieren, dass die Daten der Entwicklungsbeobachtung im Feld alles dies bis in die 2000er Jahre hinein als „Megatrend" nicht bestätigten: „Es gibt also wenig Raum für eine begründete Aufrechterhaltung der These vom Ende des lebenslangen Berufs [...]. Unsere subjektiven Gewißheiten eines tiefgreifenden Wandels bilden einen merkwürdigen Kontrast zu den dürftigen empirischen Belegen", fasste *Karl Ulrich Mayer* zusammen.[1] Den Kritikern des Be-

---

[1] *Mayer, Karl Ulrich*, 2000: Arbeit und Wissen: Die Zukunft von Bildung und Beruf, in: Kocka, Jürgen (Hrsg.), Geschichte und Zukunft der Arbeit, Frankfurt a.M., 389. Im Wesentlichen bestätigen

rufsprinzips wird im Tenor entgegengehalten, dass sie eine zwar öffentlichkeitswirksame, aber bestenfalls verkürzte und so nicht haltbare Argumentation verbreiteten. Horizontale und vertikale Umschichtungen seien schon immer an der Tagesordnung, Mobilitätsprozesse über die Zeit mit stabiler Regelmäßigkeit zu beobachten gewesen, sodass allenfalls von einer Verschärfung dieser Tendenzen in Teilbereichen gesprochen werden könne. Typische „Export"-Berufe (wie Schlosser und Mechaniker; Textil-, Bekleidungs- und Ernährungsberufe) und „Import"-Berufe (wie Büro- und kaufmännische, Verkehrs- und technische Berufe) habe es immer schon gegeben, wobei die „Exporteure", die sehr oft schon bald nach ihrer Ausbildung andere Tätigkeiten ausübten, ohne dabei notwendig ihr berufliches Selbstbild aufzugeben, diese Wechsel vor allem auch deshalb relativ friktionslos meisterten, weil in ihren Berufsqualifizierungen große Transferpotentiale angelegt sind.

Tatsächlich ist es zum einen fraglich, ob sich Tendenzen großbetrieblicher Arbeitsprozessorganisation, so wie sie in einigen Industrien anzutreffen sind, auf die gesamte Erwerbswirtschaft verallgemeinern lassen. Industrielle Großbetriebe decken jedenfalls nur einen relativ geringen, zudem kontinuierlich abnehmenden Teil des Beschäftigerspektrums ab. Zudem sind mittlerweile Rückentwicklungen zu tayloristischen Arbeitsorganisationsformen registrierbar. In den zunehmend beschäftigungsrelevanten Bereichen des Dienstleistungssektors wiederum, in dem mittlerweile über siebzig Prozent aller Erwerbstätigen arbeiten, lassen sich Arbeitsorganisationsmodelle dieser Art sowieso nur begrenzt realisieren.

Und schließlich belegen viele Untersuchungen auch aus jüngster Zeit aus ureigenem Antrieb hergestellte „Diskontinuitäten", die subjektiv gar nicht als solche wahrgenommen werden oder aus veränderten Lebensperspektiven resultieren – also ganz und gar nichts aussagen über die Angemessenheit oder Unangemessenheit des Berufsprinzips. Wohl aber auf ein Phänomen hinweisen, dass in dem Disput allenfalls randständig auftaucht: Es gibt offenbar neben der gesellschaftlich institutionalisierten Berufsförmigkeit von Arbeit so etwas wie eine „subjektive" Beruflichkeit, ein Bestehen der Träger von beruflichen Qualifikationen auf ihrer beruflichen als wesentlichem Teil ihrer personalen Identität im Lebensverlauf.

Wenn Berufsförmigkeit als ein Gesamt von Qualifikationsbündeln, „heimlichen" Qualifizierungen, beruflichem Habitus und Dispositionen, von Erfahrung, von im allgemeinen wachsender beruflicher Kompetenz verstanden werden kann, das „Geschichten erzählen" ermöglicht, ist damit die unbedingte Subjekt-

---

Mayer u.a. dies bis in die Mitte des ersten Jahrzehnts: *Mayer, Karl Ulrich; Grunow, Daniela; Nitsche, Natalie,* 2010: Mythos Flexibilisierung? Wie instabil sind Berufsbiografien wirklich und als wie instabil werden sie wahrgenommen? In: Kölner Zeitschrift für Soziologie und Sozialpsychologie 62, 3, 369-402.

gebundenheit beruflich konstituierten Arbeitsvermögens angesprochen. Hinter der Reklamation der Subjektperspektive steht die Annahme, dass nicht so sehr die Konstanz der Berufsbezeichnung, der Berufskennziffer der Arbeits- und Ausbildungsstatistik, über den Erwerbslebenslauf hinweg als vielmehr das Erleben von Anschlussfähigkeit und damit: die Chance der Entwicklung von beruflicher Kompetenz und beruflichem Habitus auf einer soliden tätigkeitsfeldbezogenen Wissens- und Fertigkeitsbasis entscheidend ist für Entwicklung und Fortdauer von Beruflichkeit. Anschlussfähigkeit nach erwerbsbiographischen Friktionen und Brüchen ist, und zwar sowohl in „objektiver" Arbeitsmarktperspektive als auch in der Subjektperspektive, das entscheidende Kriterium für ihren Erhalt im Lebensverlauf; auf der subjektiven Seite repräsentiert im Grad der *Erlebbarkeit* von beruflicher Kontinuität. Gerade diesem Erleben – bzw. seinem Ausbleiben – dürfte entscheidendes Gewicht zukommen, wenn es um die Meisterung individueller Statuspassagen in zunehmend diskontinuierlichen Erwerbsbiographien, letztlich um die dem Beruf zugeschriebene Wahrung der personalen Identität geht. Es bleibt dann aus der Sicht der Einzelnen die Frage zu beantworten, inwieweit gesellschaftliche, in Technikentwicklung, ökonomischen Konjunkturen und Krisen, politischen Prozessen sich manifestierende Rahmungen, Effekte historischer Perioden, ihre Berufsbiographie als einem kontingenten Erwerbsschicksal ausgesetzt erscheinen lassen oder aber sie in die Lage versetzen, erwerbsbiographische Wechselfälle im Interesse der Verteidigung und Wahrung ihrer persönlichen Identität und Sozialintegration zu meistern. Dies tangiert nicht zuletzt das beschäftigungspolitisch virulente Problem der Gestaltung „guter Arbeit" und entsprechender Qualifizierung. Der „Kampf" der Erwerbstätigen um Anerkennung ihrer Arbeit als „Beruf" korrespondiert seit alters her mit dem System gesellschaftlicher Arbeitsteilung, die den Einzelnen unter Druck setzt, auf die positive Seite qualifizierter und damit als „beruflich" sanktionierter Erwerbsarbeit zu gelangen, „um nicht auf die dunkle Seite unqualifizierter Jedermannsarbeit ausgeschlossen zu werden" (*Kreutzer* 1999, 67).[2] Trug das Grundgesetz für die Bundesrepublik Deutschland diesem Bedürfnis im Sinne „reflexiver Institutionalisierung" Rechnung, indem es dem Schutz des Eigentums die Würde der „Arbeit als Beruf" hinzufügte, muss der Einzelne diesen Anspruch mehr und mehr gegen verstärkt sich durchsetzende institutionelle Einschränkungen Geltung verschaffen. Jenseits aller inhaltlichen Festschreibungen steht Beruflichkeit für den Kampf des Einzelnen um soziale Anerkennung – gegen institutionelle Demontage.

---

[2] *Kreutzer, Florian*, 1999: Beruf und Gesellschaftsstruktur. Zur reflexiven Institutionalisierung von Beruflichkeit in der modernen Gesellschaft, in: Harney, Klaus; Tenorth, Heinz-Elmar: Beruf und Berufsbildung (= Zeitschrift für Pädagogik,. Beiheft 40), 61-84.

Mayer stellt seine empirisch zweifelsfrei belegte Antwort auf die Erosionsdebatte in beiden zitierten Aufsätzen (2000 und 2010) unter den Vorbehalt, dass alle die „vermuteten" Entwicklungen später stattgefunden haben könnten. Hier gilt es innezuhalten: Der tatsächliche Wandel im diskutierten Feld soll erst – zum Teil Jahrzehnte – nach seiner Konstatierung in einem breiten Diskurs abgelaufen sein? Das hieße in Konsequenz, dass der gesellschaftliche Diskurs den real abgelaufenen Entwicklungen vorausgeeilt wäre.

Es deutet tatsächlich Vieles darauf hin, dass die ganze Diskussion um Flexibilisierung, Individualisierung, Erosionen und wie die zentralen Topoi alle heißen, nicht zuletzt Widerspiegelungen eines *politischen* Prozesses sind, der genau dies zum Ziel hat – und folglich weniger auf irgendwelchen Sachzwängen beruht. Wenn wir hier das in diesem Band von *Michael Corsten* erinnerte Thomas-Theorem als Erklärungshilfe heranziehen, dann scheint uns die These plausibel, dass die gebetsmühlenhaft immer wieder reproduzierte Bemühung der Erosionsthese, im neoliberalen polit-ökonomischen Paradigma befördert, eine der Legitimationsfolien hergab für die Flexibilisierung und Deregulierung der Bildungssysteme, der Arbeits- und Lebensverhältnisse in der von *Richard Sennett* so plastisch beschriebenen Manier.

Empirisch waren die hypostasierten „Megatrends" bis in die beginnenden 2000er Jahre hinein allenfalls branchenspezifische Randerscheinungen. Mittlerweile hat sich das aber geändert, in den letzten etwa zehn Jahren in immer schnellerem Tempo: Die Beschäftigungsverhältnisse erodieren tatsächlich immer mehr, prekäre Formen der Erwerbsarbeit – multiple „Praktika", systematische Befristungen der Verträge, Leiharbeit, Minijobs, Deregulierung der tatsächlich geleisteten Arbeitszeiten und so weiter – werden, in Europa in noch stärkerem Ausmaß als in der Bundesrepublik, völlig normal. Das „Übergangssystem", das den Übergang in beruflich verfasste Arbeit ganz und gar nicht zu garantieren vermag, ist zu einem festen, auch quantitativ relevanten Bestandteil des Bildungssystems geworden. Die sozialversicherungsrechtliche Absicherung von berufsbiographischen Friktionen und Brüchen wurde weitgehend abgeschafft; zumutbar ist im Prinzip jede, das heißt im Effekt vor allem jene Arbeit, die dem gelernten und bis dato ausgeübten Beruf nicht entspricht.

Tatsächlich werden diese Entwicklungen in weiten Teilen durch Basisentscheidungen politisch initiiert und zum Ziele ihrer Umsetzung institutionalisiert: durch den Lissabon-Prozess – und seine diversen Folge-„Prozesse" – nicht zuletzt, der Europa bis zum Jahre 2010 zur global stärksten Wirtschaftsmacht entwickeln sollte. 2010 ist längst vorbei, und wo Europa heute im globalen Wettbewerb steht, bedarf keiner weiteren Erwähnung. Das Basis-Credo liberalisierter („„de"-, tatsächlich re-)regulierter Institutionen und flexibilisierter Märkte von Arbeit und Bildung, zeitlich verkürzter, international besser vermarktbarer (faktisch: das Arbeitsangebot expandierender) Ausbildung hat die Zielerreichung überdauert: Die Einzelnen haben sich mit den neu gesetzten Rahmungen ihrer Erwerbslebensläufe, mit den Institutionen auseinanderzusetzen, haben mit ihnen umzugehen zu lernen.

Dieser Band bietet etliche Hinweise darauf, dass sie das tun mit dem Ziel, den roten Faden ihres Berufslebens zu finden und notfalls auch gegen die Institutionen zu verteidigen. Der oft zitierte „Facharbeiterstolz" des industriellen Produktionsregimes betrifft nicht nur die Facharbeit und auch nicht nur *Sennetts* Handwerk oder *Hermann Hesses* mittelalterlichen Bildhauer. Hier geht es um die Bewahrung des eigenen Könnens einer jeden Erwerbsperson gegen dessen Obsoleszenzerklärung, gegen seine Enteignung – und damit durchaus um den individuellen Stolz, einen Beruf zu haben, etwas Besonderes leisten zu können. Dass gerade bei der nachfolgenden Generation von Erwerbstätigen das neue Regime von Jahr zu Jahr mehr als gegebener Rahmen akzeptiert zu werden scheint, deutet unseres Erachtens eher darauf hin, dass es sich dabei keineswegs um Don Quichoterien handelt, um auf dahingegangenen Traditionen bestehende, vergebliche Kämpfe gegen Windmühlenflügel.

Der erste der folgenden vier Teile dieses Bandes versammelt Beiträge, die aktuelle Entwicklungen im deutschen „Sonderweg" beruflicher Organisation von Arbeit in den Blick nehmen. Um die angemessen einschätzen zu können, bedarf es, meinen wir, eines Rückblicks auf die seit den ersten Irritationen über die Zukunft von Arbeit und Beschäftigung in der zweiten deutschen Republik sich häufenden Szenarien einer mehr oder weniger langsamen, aber sicheren Erosion dieses Systems. In der Retrospektive lässt sich vielleicht eher klären, was an diesen meist mit Drohgebärden vorgetragenen Zukunftsvisionen Substanz hatte und was eher als mehr oder weniger explizite politische Strategie in einem interessenüberladenen Feld gelten muss.

Bemerkenswert ist jedenfalls, dass das Thema der „Erosion" des Berufes in seiner jüngeren, zeitgenössischen Variante einer ganzen Generation – und mittlerweile wohl auch einer weiteren – von Berufsbildungsinteressierten, Arbeitgeber- und Arbeitnehmerorganisationen, Regierungen, Politikern und Lobbyisten, im Feld engagierten Wissenschaftlern und so weiter und so fort, Diskussionsstoff lieferte. Dabei ist die gängige Herleitung eines bis dato eher nur postulierten als empirisch gesicherten Phänomens aus technischen Entwicklungen und arbeitsorganisatorischen Zwangsläufigkeiten, „Sachzwängen", durchaus in sich widersprüchlich. Es fällt auf, dass eine der – wie oben bereits angesprochen – am häufigsten bemühten Entwicklungen, die prozessorientierte Arbeitsorganisation, vor allem im gerne untersuchten Produktionssektor, weniger aber in den äußerst disparaten Arbeitsorganisationsmodi des Dienstleistungssektors ausgemacht wurde – der doch mittlerweile bald drei Viertel aller Erwerbstätigen beschäftigt. Ist, gerade in der Retrospektive, die Annahme so einfach abzuweisen, dass sich die Argumentationszyklen zur Erosion der Beruflichkeit von Arbeit, die *Anna Ro-*

sendahl und *Manfred Wahle* nachzeichnen, mit mindestens gleicher Plausibilität an (wirtschafts-)politische Zyklen andocken lassen wie sie auf technologische Entwicklungen zurückgeführt werden? Jedenfalls koinzidierte die Schlüsselqualifikationsdebatte der 1970er, 1980er Jahre, die die Autoren als Beginn der zeitgenössischen Debatte identifizieren, mit sozialliberalen Technokratie-Visionen, die Kompetenzentwicklungs- und Erosionsdebatte der 1990er mit den Visionen von Entgrenzung und Flexibilisierung des Normallebenslaufs zugunsten „flexiblerer" Arbeitsvertrags- und „atypischer", letztlich prekärer Beschäftigungsverhältnisse, die das im herrschenden Wirtschaftspolitik-Verständnis letztlich als unverzichtbar geltende *hire and fire* als betriebswirtschaftliche Option befördern. Viel offensichtlicher wird – und offener geschieht – das, wie ihr Beitrag zeigt, mit der Übernahme der Oberhoheit über den Diskurs durch die global orientierten supranationalen Organisationen, OECD („PISA") und Europäische Kommission. Der Lissabon-Prozess ordnete insbesondere Berufsbildungspolitik in der Europäischen Union explizit, eindeutig und praktisch allein einem wirtschaftspolitischen – eigentlich selbstverständlich nicht erreichten – Ziel unter: der globalen Dominanz der europäischen Wirtschaft bis 2010. *Rosendahl/Wahle* halten den Diskurs für ein Artefakt, ein pädagogisches und gesellschaftliches Konstrukt. Sie fragen sich zum Schluss, ob es sich bei den Debatten über die Erosion des Berufes eigentlich immer um wirklich Neues handelt. Man könnte hinzufügen: Obwohl es die empirischen Daten grosso modo doch nicht ohne Weiteres hergaben?

Wir kommen noch einmal auf das Resümee unseres Rückblicks auf die Diskussion der 1980er und 1990er Jahre zurück: So manches von den Großen Thesen zur Entwicklung der Berufe, der Formen von Erwerbsarbeit hat der nachfolgenden Empirie nämlich nicht standgehalten. Vor allem haben sich weder die seinerzeit in den privilegierten Segmenten der Produktion wahrnehmbaren Erscheinungsformen der Organisation von Arbeit als unumkehrbar erwiesen, noch haben sich die auf der Basis von dort durchgeführten Forschungsprojekten aufgestellten Trendhypothesen verallgemeinern lassen. Schon bald wiesen Untersuchungen des Bundesinstituts für Berufsbildung eine eigentümliche Stabilität der Berufswelt aus – die sich erst im letzten Jahrzehnt merklich verändert zu haben scheint. *Michael Tiemann* weist jetzt nach, dass sich das System der Beruflichkeit von Arbeit nur moderat, „normal" gewissermaßen, gewandelt hat – von einem doch bemerkenswerten Phänomen abgesehen. Man könnte es unter dem Kürzel der Vermarktlichung zusammenfassen. Das entspricht durchaus dem, was *Günter Voß* und *Hans Pongratz* vor einem guten Dutzend Jahren noch für einen relativ kleinen Bereich der Arbeitswelt postuliert hatten und *Voß* jetzt als allumfassenden Trend herausarbeitet. Das hieße dann, dass nicht so sehr die viel beschworene Technikentwicklung die Welt der Berufsarbeit nachhaltig verändert hat, sondern vielmehr der globale politisch-ökonomische Prozess der Ökonomisierung aller Lebensbereiche. Und das wäre dann allerdings eine Entwicklung, die es, vor allem in ihren Auswirkungen, zu verfolgen gilt.

Dieter Münk und Christian Schmidt führen mit ihrem Beitrag medias in res der Basisfrage dieses Bandes. Am Beispiel des ebenso chaotisch wie letztlich allenfalls mäßig zielführenden Übergangssystems zeigen sie dem deutschen Sonderweg seine Grenzen auf. Sie kritisieren, mehr implizit, die Respektlosigkeit gegenüber weiten Teilen der ins Berufssystem Strebenden, die sie dem dualen System anlasten. Das Bestehen des tripartistischen Systems (aus Bund und Ländern, Arbeitgeber- und Arbeitnehmerseite) auf seiner Vorrangstellung bei der Umsetzung des dem „Lissabon-Prozess" geschuldeten, auf Flexibilisierung und Arbeitsmarktorientierung setzenden „Europäischen Qualifikationsrahmens" (EQR) im „Deutschen Qualifikationsrahmen" (DQR) lasse die große Zahl jener außer Acht, die, aus welchen individuellen oder strukturellen Gründen auch immer, die Integration ins duale System und einen Normallebenslauf-Beruf nicht schaffen. Selbst die Unterscheidung zwischen „Qualifikations-" und „Ausbildungsbausteinen" zementiere noch die Tendenz der Exklusion dieser Ausbildungsnachfrager, sei insofern kontraproduktiv, als sie die *outcome*- Orientierung des EQR hintertreibe, die anstelle des deutschen Konzepts der – ganzheitlich gedachten – Handlungskompetenz auf *credit points* setzt, auf das Sammeln von irgendwie zertifizierten Modulen. Das Plädoyer der Autoren für eine am *employability*-Konzept von OECD und Europäischer Union orientierte Berufsbildungspolitik, die sich von ihrem „industrialistischen" Lebenslaufregime verabschieden müsse, ist unüberhörbar.

Da fehlt dann, heißt es von Seiten der in ihrem Verständnis strukturkonservativen Vertreter der anderen Seite des Diskurses, das Gesamtkonzept hinter den vielen Bausteinen, die Perspektive auf die Ganzheitlichkeit, die die Einzelnen nicht als Kiepenkerle mit einem Korb disparat erworbener, schnell unmodern werdender Qualifikations-Kurzwaren auf dem Rücken durchs Leben schickt, sondern als Träger von – immer schon – lebenslang aufgebauten, subjektiv erlebten und verteidigten Berufen: Wer wisse denn schon, was der „Markt" übermorgen erwartet? Die zu flexibilisierenden Einzelnen halten, immer wieder bestätigt durch die nach wie vor auf beruflicher Qualifikation bestehenden Einstellungspraxen der Beschäftiger und unterstützt durch das real existierende tripartistische System, nach wie vor dagegen: In Deutschland jedenfalls leben Totgesagte wirklich länger, wie *Daniela Ahrens* und *Georg Spöttl* feststellen. Die Subjekte haben sich aber mit den Folgen der Deregulierung der Arbeitsverhältnisse auseinanderzusetzen – was sich im sogenannten Übergangssystem in besonderer Weise bemerkbar macht. Hier müssen die – realitätsbezogen – auf den Königsweg der Beruflichkeit eingestellten jungen Erwerbspersonen ihren sehr persönlichen Weg finden, ihre eigene, subjektive Beruflichkeit aufzubauen, um der drohenden Exklusion, dem Ausschluss aus dem Berufssystem, zu entgehen – das doch nach wie vor, empirisch immer wieder bestätigt, die besten Chancen im Erwerbsleben in Deutschland eröffnet. Dies nachzuzeichnen, braucht es, so die Autoren, neben den unverzichtbaren quantitativen Feldbeobachtungen eine Intensivierung biographisch angelegter Forschung, die individuelle Sinnsetzungen und Lernmuster anschlussfähig macht an eine Berufsbildung, die die neuen Tendenzen angemessen aufnimmt.

Wie eigensinnig die Einzelnen zu agieren vermögen, wenn es darum geht, ihre berufliche Identität als Teil ihres personalen Selbstbildes zu verteidigen, zeigen in charakteristischer Weise Situationsinterpretationen und Handlungsvollzug von im Beruf stehenden Lehrern. Pädagogen, da wird man *Andreas Gruschka* unschwer zustimmen können, eignen sich wie kaum eine andere Berufsgruppe als nahezu idealtypische Exempel, weil sie wie kaum eine andere den Konflikt zwischen normativen, institutionellen Vorgaben und berufspraktischem Handeln alltäglich austarieren müssen. Wie kaum anderswo breche sich das europäische Prinzip des „Nützlichwerdens" für Beschäftigung und des Vernutzens von Arbeitskraft sowohl an der gesellschaftlichen Erwartung besonders verantwortungsvollen Handelns als auch an den in der Regel recht hoch aufgehängten subjektiven Ansprüchen an die Arbeit. Dass deren Realität oft dagegensteht, oft dem Selbstbild krisenhaft gegenübertritt, scheint der Überzeugung beruflich angemessenen Handelns – und des Wissens darum – nicht unbedingt etwas anhaben zu können. Die Kriterien der Aufgabenerfüllung scheinen dann, legen die von *Gruschka* vorgestellten empirischen Studien nahe, sowohl auf der Seite der eigenen Aspirationen als auch auf der Seite der institutionellen Rahmung des Geschehens „weich" genug definiert, um als erfüllt wahrgenommen zu werden. Dabei gibt es durchaus differentielle Strategien der Einzelnen, sich die widrige Realität zu eigen zu machen, die offenbar schon bei den ersten Praxiskontakten aufgebaut zu werden beginnen – selbst wenn das auch heißt, nach der Praxis suchen zu müssen, die zu den eigenen Motiven passt.

Wie sehr auf der anderen Seite die Institutionen die legitimen und politisch-gesellschaftlich allgemein anerkannten erwerbsbiographischen Interessen der Einzelnen konterkarieren können, veranschaulicht auf wirklich paradoxe Weise ein Gesetz, das in diesen Tagen in Kraft tritt und zumindest seiner manifesten Funktion nach gerade dazu beitragen soll, die Beruflichkeit in der Bildungs- und Arbeitsbiographie erworbener Qualifikationen und Kompetenzen festzustellen, anzuerkennen und zu attestieren. Faktisch, möglicherweise hinter dem Rücken der Agierenden, vielleicht aber hier und da durchaus auch, latent, nicht ohne Interesse an der Schließung des Berufsfeldes befördert, wird das „Berufsqualifikationsfeststellungsgesetz" wohl nur sehr begrenzt beitragen zur Anerkennung im Ausland hergestellter Beruflichkeit, resümiert *Matthias Knuth* seine auf der Basis breit angelegter empirischer Studien gewonnene Einschätzung. Zunächst einmal gibt es durch das Dickicht regional variierender institutioneller Vorgaben und Vorbehalte gerade für die vielzitierten „Personen mit Migrationshintergrund" kaum Schneisen. Aber selbst wenn im Einzelfall der Durchblick durch ein System gelingen würde, das zu durchschauen auch Nicht-Migranten nur mit Mühe in der Lage sein dürften, verhindert die – institutionalisierte, systematische – Schaffung von Unmöglichkeiten leicht den Erfolg, die Anerkennung: wenn etwa Bildungs- und Arbeitsbiographie zwischen zwei in Deutschland institutionalisierten („anerkannten") Berufen liegt. Dabei ist nicht einmal auszuschließen, dass gerade diese – dem hiesigen System fremde – Berufsschneidung der zeitgenössischen Arbeitswelt eher entspricht als das vielleicht gerade wieder einmal noch nicht wieder modernisierte deutsche Berufsbild. Als Beispiel hierfür sei an die „Hybridberufe" – vor ihrer immer langwierigen Institutionalisierung („Neuordnung") – erinnert. So wirkt Institutionalisierung als Schließung, insitutionelle Beruflichkeit als Ausschluss aus dem Markt von Anerkennung und Einkommenschancen. Offenbar braucht es weniger eine Flexibilisierung der Träger von Qualifikationen und Kompetenzen als vielmehr der Institutionen. Sonst sind auch sie irgendwann am Ende, warnt *Knuth*.

Diesen Darstellungen der besonderen Situation im Deutschland der letzten fünfzig Jahre folgt der Blick zurück. Dass die Frage des Wandels von Beruflichkeit keine Erfindung des ausgehenden 20. und beginnenden 21. Jahrhunderts ist, sondern ein die Entwicklung der kapitalistischen Wirtschaftsweise immer begleitendes Phänomen, belegt der Klassiktext dieses Bandes sehr anschaulich. *Anna Siemsen* hatte vor bald einem Jahrhundert, in den jungen Jahren der Weimarer Republik, Essays über Entstehung und Bedeutungswandel von Beruf und Berufsausbildung für die abhängig arbeitende Bevölkerung geschrieben, die manches von dem wiedererkennen lassen, was heute geschieht. Die Interessendifferenzen zwischen gelernter und ungelernter Arbeit, der Kampf um die Schutzfunktion des Berufes – und deren Erosion – die Rolle schließlich weit verzweigter, in einem „Unsystem" organisierter Berufsbildungsgänge sowie das Insistieren auf „humanistisch"-gymnasialer, ausgrenzender Schulbildung mit ihrer „Reifeprüfung" als Berechtigungsnachweis für den Zugang zur Universität, der „Berufsschule für jene Berufe, die theoretischer Schulung bedurften", sind merkwürdig „moderne" Themen. Zerfällt Beruflichkeit zugunsten von Job-Orientierung und *employability*, wie dies in unserer Republik seit der Verschärfung der Zumutbarkeitskriterien Mitte der 1970er Jahre bis hin zu ihrer völligen Preisgabe im Zuge der Hartz-Gesetzgebung und darüber hinaus zu geschehen droht, dann nähert sich Erwerbsarbeit wieder dem „Charakter des Proletariers [...], der aus dem Beruf in ein jederzeit lösbares, zufälliges und inhaltsleeres Lohnverhältnis gedrängt ist". Spätestens Leiharbeit und die deutlich kontinuierliche Zunahme anderer prekärer Beschäftigungsverhältnisse stehen dafür.

Vielleicht ist die Entgegensetzung von – gelernter und entwickelter – Beruflichkeit und – ad hoc hergestellter – *employability* ja ein spezifisch deutsches

Problem, eine Engführung. Es bietet sich angesichts dieses Verdachts jedenfalls an, den „fremden Blick", die Sicht von außen auf unsere Fragestellung einzuwerben. *Alan Brown* und *Jenny Bimrose* eröffnen diesen Teil des Bandes mit ihrem Bericht über eine groß angelegte international vergleichende, mehrmethodische Untersuchung der Bildungs- und Arbeitsgeschichten von – meist, aber nicht nur – qualifizierten Erwerbspersonen in unbefristeten Beschäftigungsverhältnissen. Nicht *employability*, der Nachweis für den potentiellen Arbeitgeber, beschäftigbar zu sein, stand im Fokus des in zehn europäischen Ländern durchgeführten Forschungsprojekts, sondern der Zusammenhang zwischen arbeitsorientiertem Lernen in allen seinen Formen und der Performanz der individuellen Berufsbiographien. Methodologisch, diese Anmerkung sei erlaubt, fällt ins Auge, dass die aus den biographischen Erzählungen gewonnenen Erkenntnisse entschieden aussagekräftiger erscheinen als die „Evidenzen" aus den Statement-Auszählungen der Groß-Umfrage: Es sind die erzählten Geschichten, die die verwertbaren Evidenzen liefern für die Politikgestaltung. *Brown/Bimrose* empfehlen als Konsequenz aus ihren Untersuchungsergebnissen nicht weniger als eine Revision der europäischen Politik zu Berufsbildung und Lebenslangem Lernen. Nicht *employability*, nicht individuelle Kompetenzentwicklung in Selbstverantwortung ist das Gebot der Stunde, sondern der Aufbau umfassender biographieorientierter *guidance*-, *counselling*- und *support*-Strukturen, die der für den Aufbau einer gelungenen Erzählung offenbar erforderlichen Komplementarität von adaptivem Lernen in möglichst lernförderlichen – die Autoren sprechen von „herausfordernden" – Lernumwelten im Prozess der Arbeit und transformativem Lernen außerhalb des Arbeitsprozesses den Weg ebnen. Und die Einzelnen stark machen gegenüber den Wechselfällen des Erwerbsarbeitslebens. Persönlichkeitsentwicklung wäre demzufolge wichtiger als etwas „beizubringen", Unabhängigkeit auch vom fordistischen Lebens-Arbeitgeber ein wesentliches Lernziel, Unterstützung gefragt beim – autonom geplanten – Wechsel der Arbeitsstelle mit einer vielleicht neu und stärker herausfordernden Arbeitsumwelt, *challenging work*. Das erinnert sehr an einen Berufsbiographie-Entwurf, den *Wolfgang Lempert* vor einem Jahrzehnt einmal vorgelegt hat,[3] und hat durchaus utopische Züge angesichts der erforderlichen politischen Umsteuerung und der benötigten Mittel. Müssen wir nicht darauf bestehen, in Alternativen zu denken, die die Einzelnen wirklich fördern, anstatt sie zur Dispositionsmasse heteronomer Profitinteressen geraten zu lassen?

---

[3] *Lempert, Wolfgang,* 2003: Lernen und Arbeiten, Theorie und Praxis, Ausführen und Führen im Berufsverlauf. Autobiographische Erfahrungen, wissenschaftsbiographische Akzentsetzungen und sozialisationstheoretische Argumente zur lerneffizienten Koordination und Integration traditionell getrennter Prozesse in beruflichen Biographien, in: Bolder, Axel; Witzel, Andreas (Hrsg.): Berufsbiographien, Opladen, 60-78.

Eine für zeitgenössische deutsche Verhältnisse schon bemerkenswerte Diskussion wird über diesen genuin politischen Aspekt in Österreich geführt, wie *Lorenz Lassnigg* berichtet; und zwar auf einer eher fundamental-ethischen Ebene, kritisiert wird dort vornehmlich die Utilitarisierung von Bildung. Zugleich scheint sie, wiederum gemessen an deutschen Verhältnissen, seltsam abgehoben von den berufsbildungspolitischen Prozessen zu verlaufen. Ganz anders als in der Bundesrepublik wird das, was hierzulande als Gefährdung von Beruf und Beruflichkeit thematisiert wird, die Qualifikationspolitik der Europäischen Union, eher nicht „als Eingriff in die Beruflichkeit" wahrgenommen. Das mag daran liegen, dass die Dualität des von *Lassnigg* vorgestellten österreichischen dualen Systems wohl noch weniger tatsächlich dual organisiert ist als die verschiedenen Varianten des deutschen; aber vor allem auch daran, dass Beruf und Arbeit im Nachbarland eher als Synonyme verstanden werden, als „ausgeübter Beruf", wie das die Amtliche Statistik bei uns nennt. Dennoch: Die Institutionen der Vorbereitung auf das Erwerbsleben, so arbeitet *Lassnigg* heraus, versprechen (auch) in Österreich den auch dort auf sehr unterschiedlichen Wegen vermittelten Berufseignungsnachweisen der Individuen mehr als das Erwerbsleben zu halten vermag. Im Grunde, sieht man sich die immer schon und gewiss nicht erst in den letzten zwei, drei Jahrzehnten hohen Berufswechselquoten an, ging es und geht es ja auch nicht um die Beibehaltung einer Berufsbezeichnung von der Erstausbildung bis zur Rente – ganz abgesehen davon, dass die meisten einmal gelernten Berufe sich, selbst wenn man sie kontinuierlich weiterlebt, selbst aufgrund technischer und sozialer Innovationen wandeln. Insofern mangelt es der Erosionsdebatte erheblich an sozialhistorischer Unterfütterung; sie sitzt selbst, wie *Lassnigg* das nennt, einer „traditionalistischen Illusion und Idealisierung aus der früheren Vergangenheit" auf. Es gehe viel eher um die von den Institutionen vermittelten symbolischen Botschaften, um möglicherweise falsche Versprechungen, die die Identität der Einzelnen gefährden. Er zieht daraus einen, wie wir meinen, sehr nachdenkenswerten Schluss: Auf der Agenda des Disputs um die Beruflichkeit von Arbeit ganz oben sollte sein *cooling down* stehen, die Entdramatisierung des Streits um die Berufsform von Arbeit. *Lassnigg* empfiehlt, das Schwergewicht der Beobachtung stärker auf die Praktiken der Biographiegestaltung zu verlagern, für die die Institutionen doch nur den Rahmen abgeben.

Wo derlei Versprechungen gar nicht erst gemacht werden, die uns vertrauten Institutionen schlicht fehlen, eröffnen sich ganz andere Probleme. Welche Auswirkungen das Fehlen von Beruflichkeit auf die Performanz von eher professionellen Tätigkeiten zeitigen und was sie für die Arbeitsmotivation der in diesen Feldern arbeitenden Subjekte bedeuten kann, berichtet *Georgios Zarifis* aus Südosteuropa. Basis seiner Überlegungen sind die Ergebnisse einer länderübergreifenden Studie über *governance*, Rekrutierung und Aufbau professioneller Identität im Feld der beruflichen Aus- und Weiterbildung. So anerkannt es scheint, dass das Arbeitskräftepotential der Aus- und Weiterbildner dringend erforderlich gerade dann ist, wenn die Ziele des ehrgeizigen Lissabon-Prozesses irgendwann einmal umgesetzt, lebenslanges Lernen in diesem Sinne bedarfsangemessen implementiert werden soll, so wenig – Erfolgversprechendes – geschieht, unter durchaus varianten politischen Rahmenbedingungen, im südöstlichen Europa tatsächlich. Meist handelt es sich in Bulgarien, Griechenland, Türkei und Zypern um nicht spezifisch ausgebildete, teils aus dem allgemeinen Schulwesen, teils aus der Praxis kommende Lehrkräfte, die, obwohl oft hochqualifiziert, den besonderen Anforderungen in diesem Arbeitsfeld nicht so leicht gerecht zu werden vermögen. Was fehlt, sind explizite Berufsbilder mit nachvollziehbaren Ausbildungswegen, sind Unterstützungsstrukturen und Anerkennungskulturen auf dem Weg zur Profession. Was tatsächlich geschieht, ist das Gegenteil: *disempowerment*, manchmal „quasi-militaristische" *top-down*-Reglementierungen, die das Gegenteil dessen bewirken, was erforderlich wäre: der Aufbau eines auch subjektiv erlebbaren Berufsverständnisses mit beruflich-professionellen Selbstregulations- und -evaluationsorganisationen, ohne die der „Kampf um Anerkennung" auf Dauer erfolglos bleiben muss. Es geht, so *Zarifis*, um kollektive Identität und Selbst-*governance*. Fexibel – bis zum beruflichen Identitätsverlust – sind die Ausbilder allemal.

Dass die von *Zarifis* geschilderten Mangelerscheinungen beim Aufbau beruflich-professioneller Identität kein Spezifikum – mit sehr gegensätzlichen landesspezifischen Sozial- und Wirtschaftshistorien an sich schon sehr differenter – südosteuropäischer Gesellschaften sind, zeigt das folgende Beispiel aus einer ganz anderen Region Europas. *Larissa Jõgi* und *Marin Gross* kommen in den typischen Grundzügen zu sehr ähnlichen Aussagen wie *Zarifis*. Ihr Bericht über ein biographisch angelegtes Forschungsprojekt über die Entwicklung beruflicher Identität von Erwachsenenbildnern und Berufserziehern hinterlässt den Eindruck enormer Kontingenz sowohl der Rekrutierungs- beziehungsweise Selbstrekrutierungsprozesse als auch der beruflichen Werdegänge und Sozialisationsprozesse. Es mangelt auch in Estland an einem klaren Berufsbild und – trotz der Lissabontreuen Anerkennung der Notwendigkeit dieser Berufe auf der Makroebene – an dem für erforderlich gehaltenen *support* bei der Bildung einer Berufs-Community. Die Interviewten, allesamt berufs-, genauer: tätigkeitserfahrene Praktiker des Berufsfeldes, die irgendwann und irgendwie in der Aus- und Weiterbildung tätig geworden sind, verbinden mit dem Bachelor- respektive Masterstudium, das sie nun angegangen sind, die Erwartung, ihre aus biographischen Modulen hervorgegangenen „pluralen Identitäten" zu klären, durch systematisches Lernen und zielgerichtete, reflektierte Berufsentwicklung, die sie auch subjektiv weiterbringt, (nicht nur) fachliche Selbstsicherheit zu gewinnen. Was wunder schließlich, dass die Selbstvergewisserung als Berufsrolleninhaber in Studiengruppen,

Beruflichkeit – Ein Kampf der Einzelnen gegen die Institutionen? 21

der professionelle Austausch also, den Interviewten noch wichtiger erscheint als das Lernen selbst?

Die in Deutschland vorherrschende Form der Erwerbsarbeit, „Beruflichkeit", hat sich über Jahrhunderte hinweg entwickelt und sich zwangsläufig immer wieder im Gefolge gesellschaftlichen, insbesondere eben erwerbswirtschaftlichen Wandels immer wieder verändert, „fort"entwickelt. Das ist im Grunde eine Binsenweisheit – und aus dieser sozio-ökonomischen Längsschnittperspektive mag den Einen oder die Andere die von *Rosendahl/Wahle* nachgezeichnete Diskussion der Erosion des „Erwerbsschemas" der Beruflichkeit von Arbeit manches Mal befremden. Hier überlagern eben gesellschafts-, speziell berufsbildungspolitische Positionen, zu Theoremen entwickelt, oft die Empirie. *Katrin Kraus* reklamiert – als Einstieg in den letzten, Entwicklungsperspektiven aufzeigenden Teil des Bandes – zur theoretischen Klärung der Abläufe die Einbeziehung sowohl der historischen Entwicklung im gesellschafts- und wirtschaftshistorischen Kontext als auch, in synchroner Perspektive, den international vergleichenden Blick auf die Entwicklungstendenzen, indem sie das deutsche idealtypisch dem englischen Erwerbsschema gegenüberstellt. Die entscheidenden, epochalen Veränderungen seien vor allem in jenem Bereich des Erwerbsschemas zu verorten, den sie „Erwerbsorientierung" nennt: die typische Form situativ und biographisch begründeter Einstellungen gegenüber der Erwerbsarbeit. Eine Pädagogik des Erwerbs, die auf die Erwerbschancen ihrer Klientel fokussiert, hätte diese Entwicklungen zu beachten. Zwar seien die Aushandlungsprozesse über das im deutschsprachigen Raum zukünftig herrschende Regime noch im Fluss. Seine „Metamorphosen" weisen *Kraus* dennoch in Richtung einer Flexibilisierung, Individualisierung und Subjektivierung der Berufsform von Arbeit. Das würde, darf man folgern, die Machtverhältnisse in den Aushandlungsprozessen unweigerlich zuungunsten der Vertreter standardisierter, überindividueller und kollektiver Interessen verschieben.

Es sei denn, die Institutionen könnten sich auf einen neuen Begriff von Beruflichkeit verständigen. Diskutiert wird eine solche „moderne Beruflichkeit" auch schon seit mehr als zwei Dutzend Jahren; allein die Institutionen des tripartistischen Systems haben es verstanden, sich hinter den „Angriffen" markthöriger *employability*-Politiken und historisch wenig weiterführender Erosionsthesen zu verstecken. Koalitionen gegen die Angreifer lassen sich in Deutschland schnell auf eine breite gesellschaftliche Basis stellen, weil, wie *Wilfried Kruse* erinnert, weite Teile des deutschen Sozialsystems auf der beruflichen Organisation des Arbeits- und Nach-Arbeitslebens gegründet sind, deren Deregulierung zu kaum absehbaren Verwerfungen, jedenfalls erheblichen Transformationskosten führen würde. Es ist aber nicht die Berufsförmigkeit der Organisation des Arbeitsvermögens das eigentliche Risiko im Prozess permanenter „Wechselfälle der Arbeit", sondern, so *Kruse*, deren mangelhafte (Her-)Ausbildung, die auch mit den andauernden Neuordnungen von (Ausbildungs-)Berufen allein letztlich nicht erreichbar ist. Es geht – und das ist mittlerweile vielfach und international belegt – um die Herausbildung einer subjekt-, arbeitsbiographiebezogenen gestaltungsorientierten Berufs(her)ausbildung als Gegenentwurf zu einer lediglich beschäftigerorientierten *employability*; es geht um die Rücknahme von Standardisierungen zugunsten von Optionen, einem Rucksack gesicherter Mitnehmbarkeiten auf dem Weg durch die individuelle, von Wechselfällen geprägte Arbeitsbiographie.

Es hat seit den 1960er Jahren, als sich die Soziologie in der Bundesrepublik als eigenständiges akademisches Fach etablierte, einige Thesen gegeben, die weit in die Gesellschaft hinein diskutiert wurden und dort erhebliche Resonanz erfuhren. Der Streit um „Industriegesellschaft" oder „Spätkapitalismus" darf heute als zugunsten eines Dritten entschieden gelten: Die Tage der Industriegesellschaft sind gezählt, und die Annahme, dass sich der Kapitalismus seinem Ende nähere, hat sich als vorschnell erwiesen. Die Thesen zu Höherqualifizierung respektive Polarisierung der im Beschäftigungssystem nachgefragten Qualifikationen sind trotz Ausrufung der „Wissensgesellschaft" immer noch nicht entschieden, haben aber einigen politischen Aktionismus ausgelöst. Der Individualisierungsthese ist es ebenso ergangen. Und während es im innersoziologischen Diskurs merklich ruhiger um sie geworden ist, erfreut sie sich in den Erziehungswissenschaften nach wie vor affirmativer, ja normativer Rezeption – in einer Wendung, die von ihrer vor dreißig Jahren verfassten ursprünglichen, durchaus janusköpfigen Version deutlich abweicht. Ähnliches ist dem „Arbeitskraftunternehmer" widerfahren. Als *Voß* und *Pongratz* ihre These vorstellten, dass der Klassenkampf in die Seelen der Individuen hinein verlagert werde, hatten sie kaum damit rechnen können, welchen Wirbel sie damit auslösen würden. Für das politisch-ökonomische Feld wurde auch der Arbeitskraftunternehmer zu einer normativ-affirmativen Figur – mit lautem Applaus von seiten seiner wirtschaftsnahen Fraktion und deutlichen Missfallenskundgebungen seitens ihrer Opponenten. Die Verkürzungen der *terribles simplificateurs* sind auch in weiten Teilen der Erwachsenen- und Berufspädagogik angekommen und hurtig in pädagogische Konzeptentwürfe übersetzt worden. *Voß* stellt den Sachverhalt hier noch einmal klar. Nach den letzten Jahren lässt die Analyse kaum einen anderen Schluss zu, als dass der Arbeitskraftunternehmer sich in immer größerem Ausmaß als Normalfall der Arbeitskraftveräußerung präsentiert – aber zu welchem Ziel und mit welchen Auswirkungen! Das Prinzip der Berufsförmigkeit von Arbeit, Beruflichkeit, so *Voß*, wird aufgrund dessen keineswegs obsolet. Es werde sich aber substantiell wandeln in Richtung einer individuell entwickelten, „subjektiven" Professionalität, in der die Vermarktungslogiken eine bedeutende Rolle spielen werden. Dem müsse sich das Bildungssystem stellen.

Beruflichkeit – Ein Kampf der Einzelnen gegen die Institutionen? 23

Dass es manchmal hilfreich sein kann, über den Tellerrand der Diskussionshorizonte des eigenen beruflichen Feldes, sei es der (Berufs-)Pädagogik, sei es der Sozialwissenschaften, hinauszuschauen und der literarischen Dauerbeobachtung von Gesellschaft nachzugehen, ist in der Soziologie keine neue Erkenntnis. *Michael Corsten* bezieht sich bei seinem Versuch über die Bedeutung des Berufshabitus für den Diskurs über Erosion oder Fortentwicklung von Beruflichkeit auf eine Passage bei *Milan Kundera*, in der Facetten eines gefestigten beruflichen Habitus beschrieben werden, die in der berufssoziologischen Literatur eher nicht auftauchen, und diskutiert sie im Kontext von Theoriestücken und Thesen *Pierre Bourdieus, Hannah Arendts* und *Richard Sennetts*. Die Frage nach der Erosion des Lebensberufs, respektive dem verstärkten Aufkommen biographischer Diskontinuitäten sei, meint *Corsten*, wenig zielführend. Zum einen, weil Beides nichts Neues sei. Zum anderen, weil sie die heute, in einem Zeitalter grenzenlos nachgefragter Flexibilität vor allem hinsichtlich des Ortes der Berufsverrichtung, zentrale spezifische Differenz im – gesellschaftlich hergestellten – subjektiven Berufserleben von Tätigengruppen nicht ausleuchtet. *Corsten* sieht sie in der – gesellschaftlich vermittelten – „Entschiedenheit", „Souveränität", des ortsunabhängigen Habitus. Man könnte sie auch Sich-Selbst-Sicherheit nennen. Die geht gewiss all jenen ab, die unter Prekaritätsbedingungen – die mangelnde gesellschaftliche Achtung symbolisieren – und permanent wirksamen Kontrollsystemen arbeiten, die das sich und den Anderen selbstverständliche Expertentum des Professionellen andauernd in Frage stellen.

Sich-Selbst-Sicherheit geht einem großen Teil Europas nachwachsender Generationen ab, denen die Prekarität des gesamten Arbeitslebens zur Normalität gemacht worden ist, die keine Geschichten über ihren Beruf mehr werden erzählen können, weil ihre Arbeitsbiographien, sofern die Agenda sie den Einzelnen überhaupt zugesteht, systematisch-institutionell dem je kurzfristigen Verwertungsinteresse irgendeines zufälligen Beschäftigers unterworfen werden.

Essen und Dortmund, im Frühjahr 2012
Axel Bolder, Rolf Dobischat, Günter Kutscha und Gerhard Reutter

ANNA ROSENDAHL, MANFRED WAHLE

Erosion des Berufes: Ein Rückblick auf die Krisenszenarien der letzten vierzig Jahre

1 Einleitung

Das Konstrukt Beruf hat sich im Laufe von tausenden Jahren entwickelt. Es brauchte viel weniger Zeit, um es in Frage zu stellen. Insbesondere seit den 1970er Jahren scheint dieses Konstrukt in die Krise geraten zu sein. Zwar existiert der Begriff „Berufsarbeit" im deutschen Sprachraum seit dem 17. Jahrhundert (*Wahle* 2007), zwar haben Beruf und Beruflichkeit traditionell eine hohe Bedeutung für Individuen, Organisationen und gesellschaftliche Teilbereiche (*Kurtz* 2001); aber der seit gut vierzig Jahren zusehends beschleunigte Wandel der Arbeitswelt und die Veränderung individueller Erwerbsbiografien als Ausdruck der Dynamisierung des Erwerbslebens führten zu der verbreiteten These vom Ende des Berufs (*Baethge/Baethge-Kinsky* 1998).

Indessen ist die Debatte um die Erosion des Berufs keineswegs erst vierzig Jahre alt, ebenso wenig wie technologischer Wandel, die Dynamisierung des Erwerbslebens und strukturelle Veränderungen verberuflichter Arbeit ein neues Phänomen darstellen. Soweit es um die Verberuflichung von Arbeit geht, ist in diesen Prozess traditionell eine Kontroverse um „richtige" und Pseudo-Berufe eingebettet. Beispielsweise können die dabei vorherrschenden interessenpolitischen, ideologischen und normativen Positionen neben anderen Aspekten sehr gut an jenen Beiträgen des Handwerks im Industriezeitalter abgelesen werden, in denen es darum ging, der Fabrikarbeit jeglichen beruflichen Wert abzusprechen (*Ebert* 1984; *Wahle* 1989; *Pätzold/Wahle* 2009). Stilisierte sich das zeitgenössische Handwerk damit als Bewahrer des Berufes, brach die Debatte um dessen Erosion auch in den anschließenden historischen Epochen nicht ab. So war mit dem Aufbruch der Wirtschaft nach dem Ende des Zweiten Weltkrieges eine berufspädagogische Debatte um die Erosion des Berufs verbunden, wie unter anderem *Fritz Blättners* Ausführungen zur „Fragwürdigkeit des ‚Berufs'" in seinem Aufsatz „Über die Erziehung des Industriearbeiters" (1954), die Studie „Das Berufsproblem" (1963) von *Heinrich Abel* oder der Beitrag von *Herwig Blankertz* zur „Berufsbildung ohne Beruf" (1965) belegen.

Inwieweit dieser frühere berufspädagogische Diskurs besondere Impulse für die jüngere Debatte um die Erosion des Berufs gesetzt hat, kann hier nicht vertieft werden. Jedenfalls konzentrierte sich die jüngere, das heißt die in den letzten vierzig Jahren geführte Diskussion um die Krise des Berufs und damit um den Bedeutungsverlust von Beruflichkeit auf folgende Thesen (dazu z.B. *Abott* 1988; *Jacob/Kupka* 2005; *Kraus* 2006; *Greinert* 2008):

- Beruf und Beruflichkeit als antiquierte Relikte in Bezug auf den technologischen Wandel,
- Bedeutungsverlust des Berufs beziehungsweise der Beruflichkeit in der polykontextural strukturierten Moderne,
- Diskrepanz zwischen statischem Berufskonzept und gesellschafts- wie arbeitsstrukturellem Wandel,
- Dysfunktionalität von Beruflichkeit als Leitkategorie des deutschen Ausbildungssystems im Kontext der ökonomischen und sozialen Dynamik der Wissensgesellschaft,
- Konflikt zwischen Berufsprinzip und Individualisierungsprozessen in einer zusehends komplexer werdenden Arbeitswelt einerseits und andererseits im Spannungsfeld Beruf – soziale Ungleichheit – Individualisierung,
- Professionalisierung, Professionalität und Profession als Elemente eines professionellen Komplexes mit der Funktion, Differenzen zwischen gesellschaftlichen Teilbereichen aufzuheben,
- *employability* und Beruflichkeit als konkurrierende Qualifizierungsmodelle.

Demzufolge hat das traditionell überlieferte Berufskonzept seine jahrhundertelang hoch gehaltene Orientierungsfunktion für Individuum, Gesellschaft und berufliche Ausbildung eingebüßt. Die Tragweite dessen wird klar, wenn man sich die unterschiedlichen Bedeutungsgehalte des Berufsbegriffs vergegenwärtigt, die dieser im historischen Prozess gewonnen hat.

So lassen sich grob vier idealtypische Berufsideen voneinander unterscheiden (*Pätzold/Wahle* 2000, 525f):

- erstens die religiöse Berufsidee, die berufliches Handeln als Gottesdienst ansieht,
- zweitens die traditionell-ständische Berufsauffassung, derzufolge berufliche Tätigkeit sozial gebunden ist und die historisch-aktuelle Ordnung stabilisiert,
- drittens die idealistisch-ganzheitliche Berufsvorstellung des Neuhumanismus mit ihrem Postulat der freien Berufswahl als Basis individueller Selbstverwirklichung und
- viertens die funktionelle Berufsauffassung, die den Erwerbscharakter des Berufs betont und Arbeitsteilung, technisch-ökonomische Entwicklungsprozesse und Rationalisierungstendenzen in der Arbeitswelt berücksichtigt.

Beruf hat demnach mehrere, stets idealisierte Bedeutungsgehalte, die ihrerseits untergründig in dem alltagssprachlich wie wissenschaftlich verwendeten Berufsbegriff aufgehoben sind. Dabei standen und stehen Beruf und Arbeit in einem spannungsreichen Dualismus von Sinngebung und Existenzsicherung. Der sinnstiftende Gehalt von Beruf und Arbeit und damit deren sozialpsychologische und gesellschaftliche Relevanz sind in der Praxis sehr eng miteinander verklammert

– zumindest unter der Prämisse, dass mit dem Begriff „Praxis" eine gesellschaftliche Wirklichkeit erfasst wird, in der berufliche Tätigkeit eine zentrale Rolle spielt, das heißt ein durch sie strukturiertes Leben die Regel darstellt. Dazu liegt spätestens seit den 1970er Jahren eine Vielzahl an Krisendiagnosen vor, deren zentrale Befunde besagen, dass die Berufsform von Arbeitskraft immer anachronistischer werde, die Institution des Berufes im Strudel des Strukturwandels von Beschäftigung, Betriebs- und Arbeitsorganisation versinke und dass ein Wechsel von standardisierten Berufen zu individuellen Qualifikations- und Kompetenzprofilen vonstatten gehe. Stark verkürzt laufen diese Krisendiagnosen auf folgende Pointe hinaus: Die tradierte berufsbezogene Produktionsverfassung, deren Charakteristikum eine je spezifische Qualifikationsstruktur und ein je spezielles Muster der sozialen Integration ist, sei stark erschüttert (s. dazu *Kupka* 2005a).

Damit ist der Ansatzpunkt dieses Beitrages gesetzt. Rekapituliert werden im Folgenden einschlägige Diskussionsansätze zum Wandel und zum Ende der Beruflichkeit unter der Bedingung geänderter Anforderungen an Qualifikation und Kompetenzen des Einzelnen. Hierbei konzentrieren wir uns auf die Beiträge zu seiner vermeintlichen Erosion aus den letzten vierzig Jahren, seit dem Ende der Hochkonjunkturphase der unmittelbaren Nachkriegszeit: auf das Konzept der Schlüsselqualifikationen von 1974, die Debatten zu den systemstrukturierenden Funktionen des Berufs in den 1990er Jahren und die aktuelle Kontroverse über *employability* und Beruflichkeit als konkurrierende Qualifizierungsmodelle.

2 Zum Konzept der Schlüsselqualifikationen von 1974

1974 legte *Dieter Mertens* unter der Überschrift „Schlüsselqualifikationen" 42 Thesen zur „Schulung für eine moderne Gesellschaft" vor. Der Begriff avancierte schnell zu einem neuen Terminus der Arbeitsmarkt- und Berufsforschung, und das diesbezügliche Konzept erlebte nicht zuletzt vor dem Hintergrund der durch die Mobilitätsforschung aufgedeckten Allokationsspielräume von Berufsqualifikationen eine bemerkenswerte Karriere. Zwar wurde das Konzept der Schlüsselqualifikationen von der Berufspädagogik mit wenigen Ausnahmen (z.B. *Kutscha* 1976) erst mit größerem zeitlichen Abstand rezipiert und sodann zusehends kontroverser diskutiert, für die Berufsbildungsdiskussion lieferte es dann aber folgenreiche Impulse (*Reetz* 1989; *Klein/Körzel* 1993; *Gonon* 1996; *Drees* 2000; *Schelten* 2004).

Mit dem Konzept der Schlüsselqualifikationen reagierte *Mertens* zum einen auf strukturelle und ökonomische Veränderungen der Industriegesellschaft zurzeit der 1970er Jahre, zum anderen auf die Krise der zeitgenössischen Bildungsplanung angesichts nicht zuverlässig prognostizierbarer gesellschaftlicher Innovationszyklen und daraus vorhersagbarer Qualifikationsbedarfe der künftigen Arbeitswelt (*Laur-Ernst* 1990; *Klein/Körzel* 1993). Ein zentrales Motiv war dabei, für die Fundierung der beruflichen Existenz in der modernen Gesellschaft eine neue Orientierung auszuweisen. Insoweit geht es um die Qualifikationsfrage in der Technikfolge. Diesbezüglich bestand der bildungspolitische Ansatz *Mertens'* darin, die tradierte Orientierung der Bildungs- und Arbeitsmarktpolitik an Qualifikationsanforderungen und -bedarfen des Beschäftigungssystems aufzugeben. Statt an Inhalten und Zielen beruflicher Bildung festzuhalten, die einseitig durch den Beschäftigungsbezug vorgegeben seien, sollte im Interesse des Abbaus von Friktionen zwischen Bildungs- und Beschäftigungssystem vielmehr „die Anpassungsfähigkeit an nicht Prognostizierbares selbst zum Angelpunkt bildungsplanerischer Entscheidungen" werden (*Mertens* 1974, 36). Demzufolge ist berufliche Bildung funktional sehr breit anzulegen und in dem Sinne abstrakt, als sie von spezifischen Inhalten losgelöst ist, die für die Bewältigung beruflicher Anforderungen beziehungsweise Aufgaben bedeutsam sind.

In dieser Perspektive ergeben sich weitreichende Folgen für den Begriff des Berufs: Vor allem in der modernen, technisch und ökonomisch hoch entwickelten Gesellschaft mit ihrer Dynamik, Rationalität, Humanität, Kreativität, Flexibilität und Multi-Optionalität der Selbstverwirklichung sei der Begriff des Berufs nicht mehr durch Inhalte oder Positionsanforderungen gefüllt, die das Erwerbsleben prägt. Beruf in diesem Sinne ist als Leitkategorie für Bildungsziele und Leistungsfähigkeit gleichermaßen dysfunktional geworden, vor allem weil die Entwicklung der künftigen Arbeitswelt unbestimmbar und durch Unwägbarkeiten charakterisiert sei. Die traditionell überlieferte berufsförmige Organisation der Erwerbsarbeit verliere insoweit ebenso ihre Legitimationsgrundlage wie jedes Programm, das auf Bildung im Medium des Berufes setzt. So wenig *Mertens* Letzterem etwas abgewinnt, so sehr plädiert er für eine neue Form berufsübergreifender Fähigkeiten, die auf einen gesicherten, flexibel nutzbaren Kompetenzbestand des Individuums abzielen. Ist das tradierte Berufskonzept in *Mertens'* Perspektive als (aus-)bildungs- und arbeitsmarktpolitische Größe fragil geworden, gewinnt das alternative Schlüsselqualifikationenkonzept eine hohe Bedeutung als unabdingbare Antwort auf zukunftsorientierte Bildungs- und Beschäftigungsfragen. Schlüsselqualifikationen liefern demzufolge die Antwort auf das Problem nicht prognostizierbarer Qualifikationsnachfragen auf Arbeitsmärkten von morgen; sie eignen sich zudem als Kompensation unbestimmbarer Qualifikationsanforderungen im Kontext des ökonomischen Wandels und wachsender technisch-organisatorischer Komplexität in Arbeitsprozessen (s. dazu *Klein/Körzel* 1993; *Schelten* 2004). Demnach bilden Schlüsselqualifikationen die lebenslange Basis für individuelle wie kollektive Daseinsvorsorge beziehungsweise Zukunftsbewältigung.

Dass dabei die sachinhaltliche Bedeutung des Berufs hinter Schlüsselqualifikationen zurücktritt, ist das eine. Etwas anderes ist die Frage, was Schlüsselqualifikationen überhaupt ausmacht. *Mertens* unterscheidet vier Arten von Schlüsselqualifikationen:

- *Basisqualifikationen* als „Qualifikationen höherer Ordnung und mit einem breiten Spektrum vertikalen Transfers",
- *Horizontalqualifikationen* als „horizonterweiternde Qualifikationen",
- *Breitenelemente*, das heißt „spezielle Kenntnisse und Fertigkeiten, die über breite Felder der Tätigkeitslandschaft nachweislich als praktische Anforderung am Arbeitsplatz auftreten", und
- *Vintage-Faktoren* als generationsbedingte Lehrstoffe und Begriffssysteme (*Mertens* 1974, 36, 42). Schlüsselqualifikationen charakterisieren also Kenntnisse, Fähigkeiten und Fertigkeiten ohne direkten Bezug zu Arbeitsanforderungen; sie sind vielmehr eine humane Ressource und der Schlüssel zu persönlichem Erfolg an Arbeitsplätzen wie im Lebenslauf. Diese Qualifikationen großer Reichweite umfassen zum einen berufspraktische Kompetenzen, die vom technisch-organisatorischen Wandel unabhängig sind und im Rahmen einer prozessorientierten Arbeitsorganisation fruchtbar werden. Zum anderen sind Schlüsselqualifikationen berufsübergreifende Kenntnisse und Fertigkeiten aus dem Bereich der Allgemeinbildung. Demnach suggeriert der Besitz von Schlüsselqualifikationen individuellen Erfolg: neue, attraktive Zugänge zu Arbeitsmärkten, Sicherung des Anspruchs auf einen interessanten Arbeitsplatz, beruflichen Aufstieg.

Untrennbar verquickt mit dem Erwerb von Schlüsselqualifikationen ist Persönlichkeitsbildung. Wiederum damit gewinnt individuelles Handeln ein großes Gewicht. So steht denn auch individuelle Wirklichkeitsbewältigung ganz oben in *Mertens'* Konzept als Bildungsprogramm und -ziel. Der herausragende Orientierungspunkt ist der Aufbau eines persönlichen Leistungsvermögens, das wesentlich berufliche Flexibilität und Mobilität voraussetzt. Dass diese Art der Persönlichkeitsbildung und Schlüsselqualifizierung zusammenfallen, verweist jedoch auf ein gravierendes Problem. So spielt die Orientierung auf die Bewältigung sich verändernder Anforderungen am Arbeitsplatz eine prominente Rolle im Schlüsselqualifikationskonzept. Diese Zielsetzung korrespondiert mit einem besonderen Leitbild beruflicher Bildung: dem über hoch entwickelte kognitive und intellektuelle Fähigkeiten verfügenden Menschen als mobiler, flexibler Arbeitskraft. So wenig einerseits gegen ein hohes kognitives und intellektuelles Vermögen spricht und so wenig andererseits Mobilität und Flexibilität per se problematisch sind, so sehr ist kritisch zu hinterfragen, ob die hinter diesen Fähigkeiten verborgenen Schlüsselqualifikationen tatsächlich einen Beitrag dazu leisten, dass sich deren Träger, schlüsselqualifizierte Arbeitnehmer/innen, zur individuellen Persönlichkeit in Ganzheit (weiter-)entwickeln können oder ob damit nicht eher der unternehmerische Anspruch an die möglichst vielfältig einsetzbare Arbeitskraft zu Buche schlägt. Zwar sieht *Mertens* in seinem Konzept die Förderung des logischen, analytischen, kritischen, strukturierenden, dispositiven, kooperativen und konzeptionellen Denkens als unabdingbares Bildungsziel vor, aber er vergisst dabei weitgehend emotionale, soziale und motivationale Persönlichkeitsstrukturen, die in Arbeitsprozessen gleichermaßen bedeutsam sind (*Mertens* 1974; vgl. dazu *Laur-Ernst* 1990; *Drees* 2000). Es geht demzufolge nicht um Persönlichkeitsbildung im Beruf und damit nicht um die ganzheitliche Förderung des Individuums. Stattdessen werden Bildungsziele beziehungsweise ein „Lernen lernen" frei von emanzipatorischen und zur kritischen Bewusstseinsbildung beitragenden Inhalten und Anforderungen propagiert. Obwohl sich *Mertens* explizit von einer Form der beruflichen Bildung distanziert, die unmittelbar auf gegebene Arbeitsplätze ausgerichtet ist und den Erwerb direkt dort verwertbarer Fähigkeiten und Fertigkeiten intendiert und obwohl damit die völlige Instrumentalisierbarkeit von Schlüsselqualifikationen unter dem Diktat betriebs- und volkswirtschaftlicher Zielsetzungen ausgeschlossen ist, legitimiert das Konzept mit dem Argument des fortschreitenden Wandels der Arbeitswelt gleichwohl die wirtschaftsnahe Ausrichtung der Qualifizierung.

Zusammengefasst wird deutlich, dass im Konzept von *Mertens* (1974) das Modell der Schlüsselqualifikation eine zentrale Rolle spielt. Legitimiert ist dieses mit der Erkenntnis, dass der Begriff des Berufes in dynamischen Gesellschaften weder den Inhalt noch die Anforderungen einer Position im Erwerbsleben widerspiegelt. Von daher bestehe auch keine strukturelle Übereinstimmung zwischen Berufs- und Bildungsnomenklatur. In dieser Perspektive besitzen Erwerbstätige weder eine berufliche Identität, noch profilieren die gängig gewordenen Merkmale des Berufskonzeptes ein wie auch immer akzentuiertes (Berufs-)Bildungsprogramm, noch dient Qualifizierung der Fundierung der beruflichen Existenz. So unterstellt *Mertens'* Konzept, dass das Berufsprinzip mehr als nur erodiert sei. Die Pointe seines Schlüsselqualifikationenkonzeptes besagt, dass unter der Bedingung des dynamischen Wandels der Arbeitsgesellschaft das Berufsprinzip wie der Beruf selbst dysfunktional und damit unbrauchbar geworden seien.

An diesem Befund setzte in den 1980er Jahren eine Vielzahl von Untersuchungen und Beiträgen an, die – wenn auch teilweise mit ganz anderen Bezügen – zumindest eine Position *Mertens'* teilten, nämlich dass der Beruf kein geeignetes Orientierungsmuster in den zeitgenössischen Modellen der Qualifizierung darstelle. Angestoßen wurde mit dieser breiten Erosionsdebatte die sehr kontrovers diskutierte Frage, ob Berufsbildung denn nun mit oder ohne Beruf vonstatten gehe. Dieses Thema ist, um es vorwegzunehmen, bis heute aktuell.

Erosion des Berufes 31

3 Zu den Debatten über die Krise des Berufes in den 1990er Jahren

Während die Berufserosionsdebatte in den 1970er und 1980er Jahren vordergründig in Bezug auf die Lebenslauf und Erwerbsbiografie stabilisierenden individuellen und gesellschaftlichen Aufgaben des Berufs geführt wurde, konzentrieren sich die Krisendiskussionen in den 1990er Jahren insbesondere auf seine das Bildungs- und Beschäftigungssystem strukturierenden Funktionen. Dieser Perspektivwechsel lässt sich zum einen auf die in dieser Zeit einsetzende neue Managementära (*lean management*) zurückführen, in deren Kontext ein vermeintlicher Relevanzverlust des Berufs als arbeitsmarktspezifisches und betriebliches Arbeitsorganisationsmuster diskutiert wurde. Zum anderen wurden berufsbildungspolitische Reformen und ein relativer Bedeutungsrückgang des dualen Systems als dem bis dato dominierenden Ausbildungsweg zum Anlass genommen, den Beruf als Ordnungsmuster des Berufsbildungssystems in Frage zu stellen.

3.1 Wirtschaftliche und arbeitsmarktspezifische Veränderungen als Triebkräfte

Vordergründig standen in den 1990er Jahren solche Diskussionslinien im Fokus, die eine Berufserosion kausal auf sektorale, betriebliche und arbeitsmarktspezifische Veränderungen zurückführen und damit verknüpft einen Bedeutungsverlust des Berufs als dasjenige Medium thematisieren, auf das das Berufsbildungssystem, das gesellschaftliche Statusgefüge und die betriebliche Hierarchie im Hinblick auf Entlohnung, Rekrutierung und Eingruppierung im Beschäftigungssystem rekurrieren.

Ein makroökonomischer Auslöser der Erosionsdebatte war der sektorale Wandel, in dessen Folge

- ein Rückgang berufsförmig organisierter Produktionsarbeit,
- eine Bedeutungszunahme von zumindest im Anfangsstadium nicht durch Berufsqualifikationen abdeckbaren innovativen, wissensintensiven Forschungs- und Entwicklungstätigkeiten,
- die weitere Informatisierung der Arbeitsprozesse wie auch
- ein Bedeutungsanstieg von nicht durch traditionelle Berufsausbildung abgedeckten Dienstleistungstätigkeiten

vorhergesagt wurden (*Dostal u.a.* 1998, 453ff; *Baethge/Baethge-Kinsky* 1998, 469). Infolge des Übergangs von der Industrie- zur Dienstleistungsgesellschaft wurde die Berufserosion auf den rückläufigen betrieblichen Bedarf an berufsförmig qualifizierten Fachkräften und den im Dienstleistungsbereich bestehenden geringeren Stellenwert des dualen Systems als „Fachkräftelieferant" zurückgeführt. Darüber hinaus hätte der Übergang in eine Wissensgesellschaft steigende Qualifikationsanforderungen der Betriebe und einen Attraktivitätsverlust der im Berufsbildungssystem zugunsten der im Hochschulbereich Qualifizierten zur Folge, so dass hiermit verknüpft eine Erosion der dual vermittelten Berufsqualifikationen als Garant für betriebliche Karrieren angeführt wurde (vgl. *Kupka* 2005b). Die aus dem sektoralen Wandel abgeleiteten Erosionsszenarien beruflicher Zertifikate relativierend, bezweifelt zum Beispiel *Axel Bolder* (2009) die drastische Expansion wissensintensiver Tätigkeiten als Hinweis auf die heraufziehende Wissensgesellschaft. Ebenfalls wurde einschränkend angemerkt, dass duale Berufe auch weiterhin zum Beispiel im Produktionssektor, auf der mittleren Qualifikationsebene wie auch in nicht informationstechnischen Bereichen als das die Erwerbsarbeit breiter Bevölkerungsschichten dominierende Arbeits- und Qualifikationsmuster erhalten blieben. Zudem stand die Vermutung im Raum, dass bislang im Privaten erbrachte Tätigkeiten aufgrund veränderter gesellschaftlicher Lebensstilkonzepte (Frauenerwerbstätigkeit, Wegfall klassischer Familienmodelle) zunehmend externalisiert und daraufhin im Dienstleistungssektor neue Qualifikationsbedarfe und infolge dessen unter Umständen auch neue Berufe entstünden (*Dostal u.a.* 1998; *Baethge* 2001).

Neben den sektoralen Verschiebungen wurde der unter dem Schlagwort von der „funktionsorientierten zur prozessorientierten Arbeitsorganisation" zusammengefasste Wandel von einer fordistischen zu einer post-fordistischen Arbeitsorganisation als Ursache für die Erosion beziehungsweise den Relevanzverlust des Berufs als Strukturmuster von Arbeitskraft und Arbeitstätigkeiten im Rahmen von betrieblichen Aufbau- und Ablauforganisationen diskutiert. Maßgeblicher Auslöser der Debatte waren industriesoziologische Untersuchungen der 1980er und zu Beginn der 1990er Jahre. So wurde ein „Ende der Arbeitsteilung" (*Kern/Schumann* 1984), verursacht durch einen Wandel von der taylorisierten Massenproduktion hin zu wissensintensiven, breiteren Arbeitsaufgabenzuschnitten identifiziert (*Schumann* 2000, 108f). Zudem erfuhren die Ergebnisse einer internationalen Studie des Massachusetts Institute of Technology große Beachtung, denen zufolge neue, am japanischen Vorbild orientierte ganzheitliche und enthierarchisierte Produktions- und Organisationskonzepte (*lean production*) wachstumsförderlich seien (*Schumann u.a.* 1994). Allerdings wurde die in Deutschland gängige, berufsfunktional gegliederte Organisationsform als für diese neue Unternehmenskultur ungeeignet deklariert (*Georg* 2001). In den Mittelpunkt sollten von nun an die Wertschöpfungsprozesse rücken, entlang derer die Arbeitseinheiten und -prozesse neu arrangiert werden (vgl. *Heß/Spöttl* 2008, 28). Diesem Reorganisationsmuster lag die Annahme zugrunde, dass die sich in Betrieben durch Arbeitsteilung, Rationalisierung und Technisierung eröffnenden

Erosion des Berufes 33

Potenziale zur Effizienzsteigerung ausgeschöpft seien und internationale wirtschaftliche Wettbewerbsfähigkeit nunmehr

- über niedrige Kosten
- bei gleichzeitig möglichst hoher Qualität im Sinne der Kundenerwartungen und
- durch entsprechend individualisierte, innovative Angebote und Produkte

hergestellt werden müsse (*Baethge/Baethge-Kinsky* 1998; *Schumann* 2003; *Rauner* 2006). Diesem Anspruch folgend wurde das Prinzip der standardisierten Massenfertigung durch beruflich-funktionale Arbeitsteilung im Gegensatz zum berufs- und funktionsübergreifenden Organisationsprinzip horizontal zusammengesetzter Projektgruppen, Teams et cetera als unzureichend anpassungsfähig und innovativ bezeichnet (*Kern/Sabel* 1994; *Baethge* 2001; *Kupka* 2005b). Diese Entwicklungstendenzen relativierend wurde das Argument vorgebracht, dass die arbeitsorganisatorischen Umstellungsprozesse in den 1990er Jahren durchaus nicht in allen Branchen gleich stark rezipiert wurden, weshalb auch die daraus hergeleitete Pauschalkritik am Beruf zu universalistisch angelegt und daher unangemessen sei (*Kutscha* 1992).

Trotz der faktisch heterogenen Rezeption der neuen Organisationskonzepte in der Wirtschaft (*Weltz* 1997), wurde das beruflich orientierte duale Ausbildungswesen insgesamt als Auslaufmodell beziehungsweise reformbedürftig eingestuft, da dieses als „Qualifikationslieferant" nicht flexibel genug beziehungsweise zu starr angelegt sei und den neuen betrieblichen Qualifikationsanforderungen nicht entspräche (vgl. *Cattero* 1998; *Lipsmeier* 1998). So würden in Betrieben nicht mehr in erster Linie berufsförmig im dualen System für begrenzte fachliche Tätigkeitsfelder ausgebildete und damit spezialisierte Fachkräfte benötigt, sondern interdisziplinär und breiter ausgebildete Personen, die über berufsfeldübergreifendes methodisches, reflexives Wissen und Schlüsselqualifikationen verfügen und dieses im Sinne des gesamten Wertschöpfungsprozesses in innovativer Weise miteinander verknüpfen können (*Baethge/Baethge-Kinsky* 1998; *Dostal u.a.* 1998). Ausgehend von der damit einhergehenden Wissensverbreiterung wurde ein signifikanter Nachfragerückgang nach Berufsausbildungsabsolvent/inn/en und ein Höherqualifizierungstrend im Sinne eines erhöhten Bedarfs an akademisch gebildeten Wissensarbeiter/inne/n prophezeit, da diese als Professionelle besser als Berufsfacharbeiter/innen in der Lage wären, in der Ausbildung erworbenes Wissen flexibel und situationsspezifisch anzuwenden sowie sich an veränderte Arbeitsanforderungen durch permanente Weiterbildung anzupassen (*Geißler* 1994; *Schumann* 2003; *Dorsch-Schweizer/Schwarz* 2007). Daneben gebe es weiterhin taylorisierte Arbeitsbereiche und dementsprechend einen Bedarf an angelernten Arbeitskräften, die relativ kurzfristig anfallende, wenig komplexe Arbeitsschritte im Sinne eines Jobs erledigen (*Dostal u.a.* 1998; *Baethge/Baethge-Kinsky* 1998).

Den Annahmen der veränderten Arbeitskräftenachfrage folgend, wurde das duale Berufs(aus)bildungssystem mit einem zweifachen Vorwurf konfrontiert. So wurde in Bezug auf die benötigten höher qualifizierten Arbeitskräfte ein zu enger und unflexibler Zuschnitt auf fachspezifische Tätigkeitsfelder kritisiert. Daneben wurden duale Berufsausbildungen mit Blick auf die in Anlernjobs benötigten Arbeitskräfte als zu komplex und zu spezialisiert bezeichnet. Daraus abgeleitet stand die Forderung, das Berufs(aus)bildungssystem nicht mehr an funktionsspezifischen Fachberufen, sondern an allgemeinbildenden und überfachlichen Inhalten, an Grundberufen auszurichten sowie dieses im Sinne des „lebenslangen Lernens" um modularisierte fachspezifische Weiterbildungsangebote zu ergänzen, um sowohl dem Anspruch flexibler Interdisziplinarität als auch der betrieblichen Ad-hoc-Qualifikationsnachfrage gerecht zu werden (*Kern/Sabel* 1994; *Dostal u.a.* 1998; *Baethge/Baethge-Kinsky* 1998; *Cattero* 1998; *Baethge* 2001; *Voß* 2002).

Auf einer weiteren Argumentationsebene wurde der post-fordistische Wandel zum Anlass genommen, die Prägekraft des Berufs in betrieblichen Kontexten und im Beschäftigungssystem zu diskutieren. So wurde beispielsweise angesichts prozessorientierter Arbeitsorganisation mit einer sukzessiven Erosion des Berufs als Organisationsprinzip am Arbeitsmarkt und einem steigenden Bedarf an Arbeitskräften gerechnet, die im Vergleich zum traditionellen Facharbeiter über ein breiteres, fachübergreifendes Fähigkeits- und Wissensrepertoire und über ein entspezialisiertes Berufsprofil verfügen (*Baethge/Baethge-Kinsky* 1998; 2006). Auch *Michael Schumann* (2003) konstatiert einen Relevanzverlust der berufsfunktional abgeschotteten Arbeitsorganisationstruktur, setzt dies jedoch nicht mit einer vollständigen Berufserosion gleich. Ihm zufolge werden die mit dem Beruf implizierten einheitlichen fachlichen Fähigkeitsbündel weiterhin relevant sein, zukünftig jedoch zunehmend um prozessspezifische Qualifikationen erweitert werden müssen. In etwas anderer Richtung ist der neue Typus von Arbeitskraft, der „Arbeitskraftunternehmer" (*Voß/Pongratz* 1998) zu deuten, wobei darauf hinzuweisen ist, dass dieses als Zustandsbeschreibung gedachte Konzept im Laufe der Zeit eine zuweilen radikale Umdeutung im Sinne eines Verhaltenspostulats erfahren hat (vgl. *Bolder/Hendrich* 2002, 20). Der „Arbeitskraftunternehmer" (*Voß/Pongratz* 1998) kennzeichnet eine neue, individualisierte Form von Beruflichkeit insoweit, als dass dieser zwar ebenfalls auf einem standardisierten fachbezogenen Qualifikationsbündel beruht, dieses im Verlauf des Erwerbslebens jedoch permanent um fachliche und überfachliche Komponenten erweitert und somit in Form eines „Individualberufs" aktiv ausgestaltet wird (*Voß* 2002; vgl.a. *Voß* i.d.Bd.). Hieraus folgt, dass Berufe in Zukunft weniger als tätigkeitsstrukturierende Fachprofile, sondern vielmehr als flexibler

Orientierungsrahmen im Ausbildungssystem eingesetzt und zur Arbeitsstrukturierung in Betrieben primär individuell angebotene Qualifikationskombinationen und -profile verwendet würden (*Voß* 2002; *Kupka* 2005b). Im Unterschied zum „Arbeitskraftunternehmer" (*Voß/Pongratz* 1998), der als Grundlage auch über überbetriebliche Berufsqualifikationen verfügen muss, um ein im Vergleich zu anderen Qualifikationsträgern konkurrenzfähiges Qualifikationsprofil herauszubilden, impliziert die öffentlichkeitswirksam vorgebrachte These zum „Ende des Berufs" (*Geißler/Orthey* 1998), dass Berufe als Ordnungskategorie gänzlich obsolet und durch individualisierte, kurzfristig anpassbare Lern- und Qualifikationsprofile im Sinne eines lebenslangen *patchwork*-Lernens ersetzt würden (*Geißler/Geramanis* 2001).

Die Gegner der Erosionsthese dieses Jahrzehnts relativieren beziehungsweise lehnen einige der in der Berufserosionsdebatte angeführten Argumente ab (vgl. *Kraus* 2006, 200). So resümiert beispielsweise *Gerhard Bosch* (2001), dass die (wissenschaftlichen) Debatten zur Krise der dualen Berufsausbildung aufgrund der durch die Sozialpartner bis Mitte der 1990er Jahre beschleunigten Modernisierungs- und Neuordnungsverfahren weitestgehend unbegründet seien und sich zahlreiche vorgebrachte Argumente, insbesondere jedoch die Annahme, dass das lebenslange Lernen berufliche Grundqualifikationen ersetze, anhand der vorliegenden Statistiken nicht belegen ließen. Auch andere Akteure halten am Berufskonzept fest; so schlägt beispielsweise der Deutsche Industrie- und Handelstag keine Entspezialisierung und Modularisierung der Berufsausbildung vor, sondern votiert für ein an Tätigkeitsfeldern und an fachlich eindeutigen Berufsprofilen ausgerichtetes, flexibilisiertes duales Berufsausbildungssystem („Satellitenmodell"; *DIHT* 1999, 6ff). Auch *Martin Baethge* und *Volker Baethge-Kinsky* sprechen sich wegen der prinzipiellen Leistungsfähigkeit und fehlender Alternativkonzepte für eine Beibehaltung des Berufskonzepts als Kern zur Strukturierung des dualen Ausbildungssystems aus, merken allerdings an, dass es sich hierbei

„um eine verdünnte Kategorie von Beruf handelt, die in Bezug auf spätere Arbeitsrealität, gesellschaftliche Statuszuweisung und soziale Integration immer weniger Realitätsgehalt aufweist und somit als [betriebliche, arbeitsmarktspezifische und gesellschaftliche] Orientierungskategorie gebrochen ist" (1998, 470).

Im Gegensatz dazu besteht auch *Klaus Harney* (1998) auf der Beibehaltung des Berufsprinzips als Orientierungsmuster für Lebensläufe. Statt einer Erosion sieht *Peter Kupka* (2005b) den Beruf eher einem längerfristigen institutionellen Wandlungsprozess ausgesetzt; wieder andere Vertreter sprechen von einem partiellen Bedeutungsverlust des Berufs als gängigem betrieblichem Rekrutierungs- und Stellenzuweisungsmuster (*Dostal u.a.* 1998). Hierbei wird angenommen, dass der Beruf als Ordnungskategorie zwar durchaus Erosionstendenzen im Hinblick auf seine statussichernden und -zuweisenden sowie lebenslaufstabilisierenden Funktionen erkennen lässt, im Hinblick auf Berufswahl, Strukturierung der Qualifizierungsangebote und betriebliche Rekrutierungsprozesse jedoch durchaus als Bezugskategorie Bestand haben wird. Ausgehend von der Arbeitsmarktsegmentationstheorie wird unterstellt, dass Berufsqualifikationen, soweit es die betrieblichen Kernbelegschaften betrifft, vor allem im Kontext von Einstellungsprozessen weiterhin als Orientierungshilfe genutzt werden, in ihrer Funktion als betriebliches Stellenzuweisungsmuster mit zunehmender Dauer der Betriebszugehörigkeit jedoch an Relevanz verlieren dürften. Im Vergleich hierzu wird eher niedrig qualifizierten, atypisch beschäftigten Randbelegschaften und Arbeitslosen eine Entberuflichung prophezeit, mit zunehmend austauschbaren „Jedermannsqualifikationen" und Erwerbsarbeitsverhältnissen mit Job-Charakter. Im Kontrast dazu wird der immer wichtiger werdenden, fachlich hoch spezialisierten und flexibel-disponiblen Gruppe der Freiberufler und hochqualifizierten Selbstständigen analog zur Figur des individualisierten „Arbeitskraftunternehmers" (*Voß/Pongratz* 1998) ein Bedeutungszuwachs des Berufs als individuelles Leistungssignal und Vermarktungsmuster attestiert (*Dostal u.a.* 1998).

3.2 Veränderungen im Berufsbildungssystem als Impulsgeber

Die beschriebenen sektoralen, arbeitsorganisatorischen und arbeitskräftebedarfsspezifischen Verschiebungen der 1990er Jahre sowie die damit einhergehenden (unterstellten) Auswirkungen auf den Beruf resultierten in qualitativen Reformen des Berufsbildungsangebots und bewirkten zudem quantitative Verschiebungen zwischen verschiedenen nach-schulischen Teilsegmenten des Bildungssystems. Auch diese Veränderungen lösten Debatten über Relevanz und Eignung des Berufs als zukunftsfähige Ordnungskategorie des Berufsbildungs- und Beschäftigungssystems aus.

Wesentlicher Ansatzpunkt der Reformbemühungen war die Ausrichtung der beruflichen Bildung am Kompetenzansatz, der die Förderung von individuellen Fähigkeiten, Kenntnissen und Dispositionen im Sinne einer selbstverantwortlichen (Anpassungs-)Leistung an ökonomische, arbeitsweltliche Veränderungen vorsieht und damit im Gegensatz zum Qualifikationsansatz nicht extern definierte Standards, sondern vielmehr die präventive Förderung der individuellen Selbstorganisation zur Gestaltungsprämisse beruflicher Bildung erhebt (*Geißler/Orthey* 2002; *Geißler/Geramanis* 2001; *Brödel* 2002). Zentrale methodisch-didaktische Kategorie war das prozess- und handlungsorientierte Lernen mit dem Ziel, die Fähigkeit zum selbstorganisierten, situativen Umgang mit sich am Arbeitsplatz ergebenden Problemen im Sinne einer grundlegenden Methoden- und

Lernkompetenz auszubilden und damit durch Berufsausbildung ein situations- und fachunabhängigeres „Rüstzeug" für sich stetig wandelnde Arbeitsanforderungen zu vermitteln (*Arnold* 2002; *Rauner* 2006). Durch modernisierte und neue duale Ausbildungsordnungen im Sinne offener und flexibler Berufsbilder sollte den betriebsspezifischen Besonderheiten wie auch den gesteigerten Ansprüchen an Selbst- und Prozessorganisation Rechnung getragen werden, was in der Praxis zu vielfältigen Konzepten führte; so zum Beispiel Ausbildungsbausteine, Lernfeldansatz, flexiblere Kombinationen durch Pflicht- und Wahlpflichtbestandteile sowie durch Ausbau von ausbildungsintegrierten Doppelqualifizierungen und Hybridberufen (*Dostal u.a.* 1998; *Baethge* 2008; *Frank/Grunwald* 2008; *Hensge u.a.* 2008; *Brötz u.a.* 2008). Gleichzeitig kam es im Bereich der vollzeitschulischen Berufsausbildungsangebote zu einer an betrieblichen (Partikular-)Interessen ausgerichteten Spezialisierung, was unter anderem an der seit Mitte der 1990er Jahre erneut leichten Zunahme der Berufe mit oftmals verkomplizierten Abschlussbezeichnungen und gleichzeitig nur nuancenhaften Unterschieden festgemacht wurde. Die sich durch Kompetenzorientierung, Ausdifferenzierung und Spezialisierung ergebende Angebots- und Zertifikatsvielfalt führe – so die Argumentation – zur Intransparenz der Berufsprofile und zur Berufserosion im Beschäftigungssystem, denn die Pluralitätszunahme bewirke einen Verlust der überbetrieblichen Signalfunktion der Berufsabschlüsse im Rahmen von Rekrutierungsprozessen und beförderte die Bedeutung betriebsspezifischer Anlernprozesse und individuellen Anpassungs- und Lernvermögens gegenüber Berufstiteln als arbeitsplatzspezifischen Zuweisungskategorien (*Dostal u.a.* 1998; *Brödel* 2002; *Dorsch-Schweizer/Schwarz* 2007; *Baethge* 2008; *Brötz u.a.* 2008; *Frank/Grunwald* 2008; *Hensge u.a.* 2008; *Leskien* 2008). Im deutlichen Gegensatz dazu deutet *Günter Kutscha* (1992) die Modernisierungsvorhaben als Stärkung des Berufs, denn Kerngedanke der Reformbemühungen sei es, die Umsetzung der dualen Berufsausbildung gemäß der sich im Beschäftigungssystem stellenden, durchaus disparaten Veränderungen zu erleichtern, gleichzeitig aber den Beruf als überbetriebliches Bindeglied zu erhalten. Maßstab zur Modernisierung der beruflichen Bildung sollte seiner Meinung nach eine „neue Beruflichkeit" sein, die Fachkräfte zum selbstständigen Problemlösen befähige und damit geeignet sei, auf den flexiblen Umgang mit der ungewissen, differenzierten Entwicklung im Beschäftigungssystem vorzubereiten und jedem zu jeder Zeit eine Teilhabe am Arbeitsleben zu ermöglichen (*Kutscha* 1992; 2008).

Jenseits der inhaltlichen Reformen wurde die Berufserosion an dem seit Mitte der 1990er Jahre statistisch festzustellenden relativen Bedeutungsrückgang des dualen Systems als „Königsweg" für die Mehrzahl der Schulabgänger/innen sowie an der quantitativen Ausweitung der Übergänge in vollzeitschulische, berufsvorbereitende und akademische Ausbildungswege und der an diesen komplementären Entwicklungen abzulesenden Systemkrise des dualen Systems festgemacht (*Baethge* 2008; *Kupka* 2005b). Zurückgeführt wurde der Bedeutungsverlust auf den sektoralen Wandel zur Dienstleistungs- und Wissensgesellschaft und dem daraus gefolgerten steigenden Bedarf an höher qualifizierten Arbeitskräften (*Geißler* 1994; *Dorsch-Schweizer/Schwarz* 2007). Die veränderte Nachfragestruktur forciere die Übergangsschwierigkeiten niedrig qualifizierter Ausbildungsplatzbewerber, da diese verstärkt mit höher qualifizierten Schulabgängern um duale Ausbildungsplätze konkurrieren und somit vor der Gefahr einer qualifikationsbedingten Exklusion stünden. Verschärfend hinzu käme das rückläufige respektive stagnierende Ausbildungsengagement der Betriebe, das als Indiz für eine Systemkrise der dualen Berufsausbildung und als Hinweis auf die Erosion des die Überlebensfähigkeit des dualen Systems sicherstellenden korporatistischen Steuerungsmodells gewertet wurde (*Baethge* 2008; *Zimmer* 2009). Ergänzend zu diesem, als „Legitimationsdruck am unteren Ende" zu bezeichnenden Problem wurde der Bedeutungsverlust des dualen Systems an den steigenden Übergangsquoten in den Hochschulsektor festgemacht. Die besseren Gehalts- und Aufstiegsperspektiven von Akademiker/inne/n führten dazu, dass die traditionelle, an Beruflichkeit orientierte Fachkräfteausbildung als Karriere-Sackgasse empfunden werde. Die Erosion des Berufs sei deshalb mithin auch Ergebnis eines sukzessiven Prestigeverlustes des dualen Systems (*Geißler* 1994; *Geißler/ Geramanis* 2001). Die in dieser Argumentationskette deutlich werdende Gleichsetzung von Beruf und dualem System kritisiert *Kutscha* (1992), da hiermit eine Zwangsläufigkeit des Niedergangs suggeriert werde, die Entwicklung jedoch lediglich „die Bedeutung der Berufsausbildung im Dualen System, nicht aber die des Berufs (…) im Beschäftigungs- und Gesellschaftssystem" in Frage stelle (S. 540).

4 Zur Europäisierung der Berufsbildung: Das deutsche Berufskonzept in Gefahr?

Anders als in den Vorjahren werden seit dem Übergang ins neue Jahrtausend verstärkt europäische Entwicklungen zum Anlass genommen, die Ordnungskategorie Beruf per se in Frage zu stellen. So wird konstatiert, dass das deutsche Berufsmodell als Form zur Gewährleistung von stabilen Lebensläufen, arbeitsmarkttauglicher Berufsbildung sowie betrieblicher und gesellschaftlicher Ordnung mit Unterzeichnung der Maastricht-Verträge 1992 und der damit verbundenen Integration von Bildung in den europapolitischen Handlungskatalog unter internationalen Anpassungs- und Legitimationsdruck gerate (*Geißler* 1994). Forciert wurde dies durch den Lissabon-Prozess seit 2000 und die programmatisch festgeschriebene Zielmarke eines global wettbewerbsfähigen europäischen Markts bis zum Jahr 2010, was nicht nur über einen liberalisierten Arbeitsmarkt und die Förderung der individuellen Beschäftigungsfähigkeit (*employability*), sondern auch über die Schaffung transparenter und durchlässiger Bildungssysteme in Europa zu erreichen versucht wird (vgl. *Dobischat u.a.* 2008; *Kraus* 2007). Die durch europapolitische Entwicklungen national forcierte Debatte um die Erosion des Berufs knüpft an drei spezifische europäische Reformvorhaben an:

- Auf einer ersten Ebene wird die im Bologna-Prozess (seit 1999) eingeführte Qualifikationsstufe des Bachelor als Marginalisierungs- beziehungsweise Substitutionsgefahr für berufliche Aus- und Fortbildungsabschlüsse diskutiert. Es wird vermutet, dass Berufsqualifikationen zukünftig nicht mehr als exklusive Parameter betrieblicher Personalselektion auf der mittleren Qualifikationsebene fungieren werden.
- Weiterhin werden die Etablierung des Europäischen Qualifikationsrahmens (EQR) und die damit erforderlich werdende Niveaustufenbestimmung von akademischen und beruflichen Zertifikaten als Risiko für das Ansehen beruflicher Qualifikationen als statuszuweisendes Ordnungsmuster in Wirtschaft und Gesellschaft diskutiert (*Dobischat u.a.* 2008). Im hierdurch neu entfachten ideologischen Grabenkampf scheinen sich die Befürworter einer verstärkten Akademisierung der mittleren Qualifikationsebene zunächst tendenziell durchgesetzt zu haben, denn im Deutschen Qualifikationsrahmen (DQR) ist eine im Vergleich zu akademischen Abschlüssen niedrigere Niveaustufenzuordnung beruflicher Ausbildungsabschlüsse und stellenweise auch einiger Fortbildungsabschlüsse vorgesehen (*BMBF* 2012; *Ehrke* 2006, 21f).
- Auf einer dritten Ebene werden die von der Etablierung eines ergebnis-, *output*orientierten Europäischen Leistungspunktesystems für die berufliche Bildung (ECVET) ausgehenden Gefahren für das ganzheitliche Berufsprinzip des dualen Systems als konstitutives Merkmal der Ordnung des deutschen Berufsbildungs- und Beschäftigungssystems diskutiert (*Dobischat u.a.* 2008). Die durch Lernergebnisorientierung erforderlich werdende Gewichtung einzelner Kompetenzeinheiten („Module") wird als Gefährdung des dualen Lernortprinzips und der Ganzheitlichkeit im Sinne der Förderung einer umfassenden beruflichen Handlungskompetenz gewertet (*Spitzenorganisationen der Wirtschaft* 2007; *Drexel* 2005; *Kremer* 2008). Ebenso bestehe das Risiko, dass das deutsche, auch auf Persönlichkeitsentwicklung abzielende Berufsausbildungsmodell zugunsten des anglo-amerikanischen, ergebnisorientierten Marktmodells aufgegeben und Berufsbildung funktional nur noch im Sinne ökonomisch kurzfristiger, individualisierter Anpassungsqualifizierung (*employability*) interpretiert wird (*Geißler* 1994; *Greinert* 2008). Im Gegensatz zum deutschen, an übergeordneten Standards ausgerichteten Berufsverständnis handelt es sich beim Konzept der *employability* um eine überfachliche Fähigkeitszuschreibung im Sinne individualisierter Qualifikations- und Kompetenzprofile, die vom Einzelnen in Selbstverantwortung erworben und den veränderten Anforderungen des Arbeitsmarktes kontinuierlich angepasst werden müssen (*Kupka* 2005b; *Kraus* 2006; 2007; 2008; vgl.a. *Kraus* i.d.Bd.). Der inhaltlich unbestimmte Fachlichkeitsbezug des *em-*

ployability-Ansatzes würde bedeuten, dass übergeordnete berufsfachliche Profile obsolet würden und damit der Beruf als übergeordnete Referenzkategorie im Bildungs- wie auch im Beschäftigungssystem gänzlich verloren ginge (*Baethge* 2008).

Gegen die vorgetragenen Befürchtungen ist einzuwenden, dass die von Europa angestoßenen Entwicklungen und die damit verknüpften Gefahren wegen des in der Methode der offenen Koordinierung begründeten Harmonisierungsverbots nicht als zwangsläufige Folge, sondern allenfalls als mögliche, durch entsprechende Ordnungssetzung verhinderbare Risiken aufzufassen sind (*Dobischat u.a.* 2008; *Ehrke* 2006; *Leskien* 2008; *Bosch* 2001). Zuweilen werden die europäischen Initiativen sogar als Möglichkeit und Chance interpretiert, einige, in der Vergangenheit als vermeintliche Ursachen der Berufserosion diskutierte Schwachstellen des dualen Systems zu beheben. Beispielsweise werden die lernortunabhängige Niveaustufenbestimmung im EQR und die Zertifizierung von Lernergebnissen im Sinne von ECVET hier und da als Chance begriffen, die Sackgassenstruktur des Berufsbildungssystems durch die Steigerung der Durchlässigkeit und der Anrechenbarkeit von Qualifikationszertifikaten zwischen Berufs- und Hochschulbildung zu beheben und die im betrieblichen Ausbildungsplatzdefizit mitbegründete Systemkrise des dualen Systems durch die Schaffung gleichwertiger Alternativangebote zu überwinden (*Frommberger* 2007; *Greinert* 2008).

Wie die aktuellen Diskussionen zur Adaption der europäischen Instrumente und Konzepte insgesamt vermuten lassen, werden diese durchaus zu Veränderungen des bisherigen (Berufs-)Bildungssystems führen, allerdings ist weniger ein gänzlicher Verlust des Berufs als Bezugskategorie, sondern eher eine Veränderung des bisherigen Berufsbildungs-Settings und seiner institutionellen Verfasstheit zu erwarten (*Kraus* 2006; 2007). Im Hinblick auf das Beschäftigungssystem und den proklamierten Bedeutungsverlust des Berufs als Orientierungsmuster ist jedenfalls anzumerken, dass die Wirkungen der europäischen Initiativen und Instrumente bislang noch kaum belastbar untersucht beziehungsweise voll entfaltet wurden und damit zurzeit weder bestätigt noch revidiert werden können. Nichtsdestotrotz ist anzunehmen, dass die europäischen Initiativen zu Veränderungen der nationalen betrieblichen Rekrutierungs-und Stellenzuweisungsmuster sowie unter Umständen auch zu neuen Entlohnungshierarchien führen werden.

5 Beruf oder Erosion des Berufes?

Der Rückblick auf die skizzierten Erosionsdebatten der letzten vierzig Jahre macht deutlich, dass es sich beim Beruf um ein überaus wandelbares, aufgrund seiner systemübergreifenden Bedeutung für Krisendiskussionen äußerst anfälliges, insgesamt aber durchaus überlebensfähiges Qualifizierungs- und Erwerbsarbeitskonstrukt handelt. Die seit den 1970er Jahren angeführten Argumente zur vermeintlichen Erosion des Berufs hatten ihren Ursprung in jeweils unterschiedlichen gesellschaftlichen und ökonomischen Veränderungsetappen, von denen ausgehend die Bedeutung des Berufs als stabiles Ordnungsmedium im Bildungs- und Beschäftigungssystem durchaus kontrovers diskutiert wurde. Während in den 1970er und 1980er Jahren vordergründig die mit fortschreitender Technisierung der Arbeitswelt und wachsender Pluralisierung von Lebens- und Erwerbskarrieren vermeintlich einhergehende Notwendigkeit zu Flexibilisierung und Mobilität mit Forderungen nach einer Entspezialisierung und Entberuflichung des Bildungssystems verknüpft wurde, rückten in den 1990er Jahren hauptsächlich die veränderte betriebliche Arbeitsorganisation sowie das davon ausgehende Erfordernis der Verbreiterung beruflicher Qualifikationen in den Fokus der Debatten zur Gültigkeit des Berufs als überbetrieblicher Orientierungs- und Ordnungskategorie. Demgegenüber beziehen sich die jüngeren Debatten zur Europäisierung der Berufsbildung und der damit verbundenen Neuausrichtung auf das an der Selbstverantwortlichkeit der Individuen ausgerichtete Konzept der *employability* auf die Erosion des Berufs im Bildungs- und Beschäftigungssystem gleichermaßen. Der mit dem *employability*-Ansatz implizierte Übergang von standardisierten hin zu individualisierten, stets anpassungsfähigen Qualifikationszuschnitten wird nicht nur mit einem Wegfall des Berufs als Leitkategorie des Berufsbildungssystems gleichgesetzt, sondern ebenso als Abschied vom Beruf als übergeordnetem, kollektivem Strukturmuster im Beschäftigungssystem gewertet.

Zwar ist festzustellen, dass die sich zunehmend abzeichnende und mittlerweile auch ordnungspolitisch in Deutschland forcierte Europäisierung des Berufsbildungssystems eine neue Ära der Erosionsdebatte einleitet(e), nicht aber sollte dies vor dem Hintergrund der Debatten der letzten vierzig Jahre und darüber hinaus vorschnell mit einem zwangsläufigen Wegfall des Berufs als überindividuelle Orientierungskategorie gleichgesetzt werden. Einerseits handelt es sich bei den von Europa ausgehenden Risiken um ein „Schreckensszenario", das national adaptiert werden müsste – und demnach durch nationale Ordnungspolitik auch vermieden werden kann. Andererseits dürfte der *employability*-Ansatz den Logiken des Bildungs- und Beschäftigungssystems wenigstens partiell widersprechen und demnach in der szenarienhaft skizzierten Art kaum umgesetzt werden. So sind Betriebe als ein den Beruf verwertender Akteur im Rahmen von Stellenbesetzungsprozessen tendenziell an möglichst niedrigen (Transaktions-) Kosten interessiert, was mit dem Beruf als standardisiertem Signal für die Leistungsfähigkeit potenzieller Arbeitskräfte besser als durch ein einzelfallspezifisches Ausprobieren der *Patchwork*-Qualifizierten zu erreichen sein dürfte.

Hierbei ist allerdings kritisch anzumerken, dass eine mögliche Substitution des Berufs durch kurzfristig anpassbare Einzelqualifikationen durchaus auch einen ökonomischen Anreiz für Betriebe haben könnte, bedeutet der Wegfall eindeutig anerkannter beruflicher Qualifikationsstufen doch die Möglichkeit zur Entkopplung von Qualifikation und Entlohnung in Tarifverträgen. Rein spekulativ gedacht, dürfte die Frage, ob aus Arbeitgeberperspektive am Beruf festzuhalten sei oder nicht, wohl auf Basis eines rationalen Transaktions- versus Lohnkostenvergleichs entschieden werden.

Aus gewerkschaftlicher Perspektive erscheint der endgültige Abschied vom Beruf kontraindiziert, ginge hiermit doch das Risiko eines Machtverlusts in einem wichtigen Handlungsfeld, der Berufsbildungs- und Tarifpolitik, einher. Auch auf (bildungs-)politischer Seite ist – zumindest aus Sicht der jeweiligen Regierungsfraktion – ein Verzicht auf den Beruf als Bezugskategorie des dualen Systems wenig realistisch, stellt dieses doch – so lassen zumindest internationale Vergleichsstudien vermuten – relativ niedrige (Jugend-)Arbeitslosenquoten und geringere staatliche Ausbildungskosten durch die Beteiligung der Wirtschaft sicher (*Döring* 2003).

Auf individueller Ebene schließlich dürfte sich angesichts der Intransparenz der Arbeitsmarktgängigkeit spezifischer (Modul-)Zertifikate eine Beibehaltung des Berufs als Referenzmaßstab als lohnenswerter darstellen, reduzieren standardisierte Qualifizierungspfade doch das individuelle Risiko von Fehlentscheidungen. Gerade in Zeiten, in denen atypische, instabile Beschäftigungsformen auch in qualifizierten Positionen zunehmend zur Regel werden, vermögen es standardisierte Qualifikationen, Zugänge zum und Übergänge am Arbeitsmarkt zu eröffnen und Existenzsicherung überhaupt erst zu ermöglichen.

Dies alles führt uns zu der Vermutung, dass zukünftig eher mit einer inhaltlichen Veränderung des Berufs als Ordnungsmuster zu rechnen ist. Berufe als kollektiver Referenzmaßstab werden jedoch nicht wegfallen, denn sie sind eine gute Voraussetzung dafür, sich in einer permanent wandelnden Umwelt und zunehmend instabilen Situationen zuverlässig zu orientieren. Bleibt abschließend zu fragen, ob die hier referierten Debattenbeiträge über die Erosion des Berufes je ein vollkommen neues Problem aufgriffen – oder ob es sich dabei nicht vielmehr immer wieder um die Wiederauflage altbekannter Krisendiagnosen in neuen Gewändern handelte.

Literatur

Abbott, Andrew, 1988: The System of Professions. An Essay on the Division of Expert Labor, Chicago

AK DQR (= Arbeitskreis Deutscher Qualifikationsrahmen), 2011: Deutscher Qualifikationsrahmen für Lebenslanges Lernen vom 22.03.2011

Abel, Heinrich, 1963: Das Berufsproblem im gewerblichen Ausbildungs- und Schulwesen Deutschlands (BRD), Braunschweig

Arnold, Rolf, 2002: Von der Bildung zur Kompetenzentwicklung. Anmerkungen zu einem erwachsenenpädagogischen Perspektivwechsel, in: Literatur- und Forschungsreport Weiterbildung 49, 26-38

Baethge, Martin, 2001: Die Zukunft der Arbeit und das Europäische Sozialmodell. Vortrag (http://www.renner-institut.at/download/texte/baethge.pdf [Zugriff: 0.11.2007])

Baethge, Martin, 2008: Das berufliche Bildungswesen in Deutschland am Beginn des 21. Jahrhunderts, in: Cortina, Kai S.; Baumert, Jürgen; Leschinsky, Achim; Mayer, Karl Ulrich; Trommer, Luitgard (Hrsg.): Das Bildungswesen in der Bundesrepublik Deutschland, Reinbek, 541-597

Baethge, Martin; Baethge-Kinsky, Volker, 1998: Jenseits von Beruf und Beruflichkeit? – Neue Formen von Arbeitsorganisation und Beschäftigung und ihre Bedeutung für eine zentrale Kategorie gesellschaftlicher Integration, in: Mitteilungen aus der Arbeitsmarkt- und Berufsforschung 31, 3, 461-472

Baethge, Martin; Baethge-Kinsky, Volker, 2006: Ökonomie, Technik, Organisation: Zur Entwicklung von Qualifikationsstruktur und Qualifikationsprofilen von Fachkräften, in: Arnold, Rolf; Lipsmeier, Antonius (Hrsg.): Handbuch der Berufsbildung, Wiesbaden, 153-173

Blättner, Fritz, 1954: Über die Berufserziehung des Industriearbeiters, in: Archiv für Berufsbildung 1954, 33-42

Blankertz, Herwig, 1965: Der Deutsche Ausschuß und die Berufsbildung ohne Beruf, in: Die berufsbildende Schule 17, 5, 314-321

BMBF (= Bundesministerium für Bildung und Forschung), 2012: Pressemitteilung 012/2012 vom 31.01.2012. Wichtiger Schritt hin zum Bildungsraum Europa. Einigung bei der Einführung des Deutschen Qualifikationsrahmens / Schavan: „Hohen Stellenwert der beruflichen Bildung deutlich gemacht", Berlin

Bolder, Axel, 2009: Arbeit, Qualifikation und Kompetenzen, in Tippelt, Rudolf; Schmidt, Bernhard (Hrsg.): Handbuch Bildungsforschung, Wiesbaden, 2., überarb. und erw. Aufl., 813-843

Bolder, Axel; Hendrich, Wolfgang, 2002: Widerstand gegen Maßnahmen beruflicher Weiterbildung: Subjektives Wissensmanagement, in: WSI-Mitteilungen 55, 1, 19-24

Bosch, Gerhard, 2001: Bildung und Beruflichkeit in der Dienstleistungsgesellschaft, in: Gewerkschaftliche Monatshefte 52, 1/2, 28-40

Brödel, Rainer, 2002: Relationierungen zur Kompetenzdebatte, in: Literatur- und Forschungsreport Weiterbildung 49, 39-47

Brötz u.a. (= Brötz, Rainer; Schapfel-Kaiser, Franz; Schwarz, Henrik), 2008: Berufsfamilien als Beitrag zur Stärkung des Berufsprinzips, in: Berufsbildung in Wissenschaft und Praxis 37, 4, 23-26

Cattero, Bruno, 1998: Mythos Facharbeit. Anmerkungen aus ausländischer Sicht über die „Verberuflichung" des industriesoziologischen Diskurses in Deutschland, in: SOFI-Mitteilungen 26, 99-116

DIHT (= Deutscher Industrie und Handelstag) (Hrsg.), 1999: Leitlinien Ausbildungsreform. Wege zu einer modernen Beruflichkeit, Bonn

Dobischat u.a. (= Dobischat, Rolf; Fischell, Marcel; Rosendahl, Anna), 2008: Auswirkungen der Studienreform durch die Einführung des Bachelorabschlusses auf das Berufsbildungssystem – Eine Problemskizze. Studie im Auftrag der Hans-Böckler-Stiftung, Düsseldorf

Döring, Diether, 2003: Generationenaustausch – Alterserwerbstätigkeit und die Beschäftigungslage junger Erwerbspersonen. Expertise für die Hans-Böckler-Stiftung, Wiesbaden

Dorsch-Schweizer, Marlies; Schwarz, Henrik, 2007. Beruflichkeit zwischen Arbeitsteilung und Prozessorientierung? In: Sozialwissenschaften und Berufspraxis 30, 2, 300-318

Dostal u.a. (= Dostal, Werner; Stooß, Friedemann; Troll, Lothar), 1998: Beruf – Auflösungstendenzen und erneute Konsolidierung, in: Mitteilungen aus der Arbeitsmarkt- und Berufsforschung 31, 3, 438-460

Drees, Gerhard, 2000: Schlüsselqualifikationen und Persönlichkeitsbildung im Beruf – Historisch-systematische Reflexionen, in: Kaiser, Franz-Josef (Hrsg.): Berufliche Bildung in Deutschland für das 21. Jahrhundert. Dokumentation des 4. Forums Berufsbildungsforschung 1999 an der Universität Paderborn (zugleich: Beiträge zur Berufsbildungsforschung der AG BFN, 4), Nürnberg, 383-390

Drexel, Ingrid, 2005: Das Duale System und Europa. Ein Gutachten im Auftrag von ver.di und IG Metall, Berlin (http://www.igmetall-wap.de/publicdownload/Gutachten_Drexel.pdf [Zugriff: 21.01.2008])

Ebert, Roland, 1984: Zur Entstehung der Kategorie der Facharbeiter als Problem der Erziehungswissenschaft. Historische Studie zur Berufspädagogik, Bielefeld

Ehrke, Michael, 2006: Der Europäische Qualifikationsrahmen – eine Herausforderung für die Gewerkschaften, in: Berufsbildung in Wissenschaft und Praxis 35, 2, 18-23

Frank, Irmgard; Grunwald, Jörg-Günther, 2008: Ausbildungsbausteine – ein Beitrag zur Weiterentwicklung der dualen Berufsausbildung, in: Berufsbildung in Wissenschaft und Praxis 37, 4, 13-17

Frommberger, Dietmar, 2007: Berufsausbildung vor dem Hintergrund europäischer Entwicklungen, in: Dietrich, Hans; Severing, Eckart (Hrsg.): Zukunft der dualen Berufsausbildung – Wettbewerb der Bildungsgänge (= Beiträge zur Berufsbildungsforschung der AG BFN, 5), Bonn, 143-160

Geißler, Karlheinz A., 1994: Vom Lebensberuf zur Erwerbskarriere. Erosionen im Bereich der beruflichen Bildung, in: Zeitschrift für Berufs- und Wirtschaftspädagogik 90, 6, 647-654

Geißler, Karlheinz A.; Geramanis, Olaf, 2001: Beruflichkeit im Wandel oder „Stell Dir vor es gibt Berufe und keinen kümmert es ...", in: Schanz, Heinrich (Hrsg.): Berufs- und Wirtschaftspädagogische Grundprobleme, 1, Baltmannsweiler, 39-53

Geißler, Karlheinz A.; Orthey, Frank-Michael, 1998: Am Ende des Berufs. Das traditionelle Arbeitsmodell gilt nicht mehr: Lebenslange Anstellungen werden durch flüchtige Tätigkeiten ersetzt, in: Süddeutsche Zeitung v.17./18.01.1998, 53
Geißler, Karlheinz A.; Orthey, Frank-Michael, 2002: Kompetenz: Ein Begriff für das verwertbare Ungefähre, in: Literatur- und Forschungsreport Weiterbildung 49, 69-79
Georg, Walter, 2001: Wertigkeit von beruflicher Bildung und Beruf – von der Modernität des Unmodernen, in: Lange, Ute; Harney, Klaus; Rahn, Sylvia; Stachowski, Heidrun (Hrsg.): Studienbuch Theorien der beruflichen Bildung. Grundzüge der Diskussion im 20. Jahrhundert, Bad Heilbrunn, 199-211
Gonon, Philipp (Hrsg.), 1996: Schlüsselqualifikationen kontrovers, Aarau
Greinert, Wolf-Dietrich, 2008: Beschäftigungsfähigkeit und Beruflichkeit – zwei konkurrierende Modelle der Erwerbsqualifizierung? In: Berufsbildung in Wissenschaft und Praxis 37, 4, 9-12
Harney, Klaus, 1998: Beruf ist Lebensperspektive, in: Der berufliche Lebensweg 6, 3, 2-4
Hensge u.a. (= Hensge, Kathrin; Lorig, Barbara; Schreiber, Daniel), 2008: Ein Modell zur Gestaltung kompetenzbasierter Ausbildungsordnungen, in: Berufsbildung in Wissenschaft und Praxis 37, 4, 18-21
Heß, Erik; Spöttl, Georg, 2008: Kernberufe als Baustein einer europäischen Berufsbildung, in: Berufsbildung in Wissenschaft und Praxis 37, 4, 27-30
Jacob, Marita; Kupka, Peter (Hrsg.), 2005: Perspektiven des Berufskonzepts – Die Bedeutung des Berufs für Ausbildung und Arbeitsmarkt, Nürnberg
Kern, Horst; Sabel, Charles F., 1994: Verblaßte Tugenden: Zur Krise des deutschen Produktionsmodells, in: Beckenbach, Niels; van Treeck, Werner (Hrsg.): Umbrüche gesellschaftlicher Arbeit (= Soziale Welt, Sonderband 9), Göttingen, 605-624
Kern, Horst; Schumann, Michael, 1984: Das Ende der Arbeitsteilung? Rationalisierung in der industriellen Produktion, München
Klein, Ralf; Körzel, Randolf, 1993: Schlüsselqualifikationen – Desiderate und Operationalisierungsprobleme einer berufspädagogischen Kategorie, in: Staudt, Erich (Hrsg.): Personalentwicklung für die neue Fabrik, Opladen, 147-164
Kraus, Katrin, 2006: Vom Beruf zur Employability? Zur Theorie einer Pädagogik des Erwerbs, Wiesbaden
Kraus, Katrin, 2007: Employability – ein neuer Schlüsselbegriff, in: Panorama. Berufsbildung, Berufsberatung und Arbeitsmarkt, 6, 4-5
Kraus, Katrin, 2008: Beschäftigungsfähigkeit oder Maximierung von Beschäftigungsoptionen? Ein Beitrag zur Diskussion um neue Leitlinien für Arbeitsmarkt- und Beschäftigungspolitik. Expertise im Auftrag der Friederich-Ebert-Stiftung, Bonn
Kremer, Manfred, 2008: Flexibilisierung und Berufsprinzip – Antagonismus oder zwei Seiten einer Medaille? In: Berufsbildung in Wissenschaft und Praxis 37, 4, 3-4
Kupka, Peter, 2005a: Berufskonzept und Berufsforschung – soziologische Perspektiven, in: Jacob, Marita; Kupka, Peter (Hrsg.): Perspektiven des Berufskonzepts – Die Bedeutung des Berufs für Ausbildung und Arbeitsmarkt, Nürnberg, 17-38
Kupka, Peter, 2005b: Herausforderungen der Berufsforschung – Konsequenzen für die Berufsbildung, in: Gaubitsch, Reinhold; Sturm, René (Hrsg.): Beruf und Beruflichkeit. Diskussionsbeiträge aus der deutschsprachigen Berufsbildungsforschung, Wien
Kurtz, Thomas (Hrsg.), 2001: Aspekte des Berufs in der Moderne, Opladen

Kutscha, Günter, 1976: Das politisch-ökonomische Curriculum, Kronberg
Kutscha, Günter, 1992: „Entberuflichung" und „Neue Beruflichkeit" – Thesen und Aspekte zur Modernisierung der Berufsbildung und ihrer Theorie, in: Zeitschrift für Berufs- und Wirtschaftspädagogik 88, 7, 535-548
Kutscha, Günter, 2008, Arbeit und Beruf – Konstitutive Momente der Beruflichkeit im evolutionsgeschichtlichen Rückblick auf die frühen Hochkulturen Mesopotamiens und Ägyptens und Aspekte aus berufsbildungstheoretischer Sicht, in: Zeitschrift für Berufs- und Wirtschaftspädagogik 104, 3, 333-357
Laur-Ernst, Ute, 1990: Schlüsselqualifikationen – innovative Ansätze in den neugeordneten Berufen und ihre Konsequenzen für Lernen, in: Reetz, Lothar; Reitmann, Thomas (Hrsg.): Schlüsselqualifikationen. Dokumentation des Symposiums in Hamburg „Schlüsselqualifikationen – Fachwissen in der Krise?", Hamburg, 36-55
Leskien, Arno, 2008: Flexibilisierung als Chance zur Stärkung des Berufsprinzips nutzen. Interview mit Arno Leskien, in: Berufsbildung in Wissenschaft und Praxis 37, 4, 5-8
Lipsmeier, Antonius, 1998: Vom verblassenden Wert des Berufes für das berufliche Lernen, in: Zeitschrift für Berufs- und Wirtschaftspädagogik 94, 4, 481-495
Mertens, Dieter, 1974: Schlüsselqualifikationen. Thesen zur Schulung für eine moderne Gesellschaft, in: Mitteilungen aus der Arbeitsmarkt- und Berufsforschung 7, 1, 36-43
Pätzold, Günter; Wahle, Manfred, 2000: Beruf und Arbeit als konstituierende Elemente menschlicher Existenz: Zu einem zentralen berufspädagogischen Thema, in: Zeitschrift für Berufs- und Wirtschaftspädagogik 96, 4, 524-539
Pätzold, Günter; Wahle, Manfred, 2009: Ideen- und Sozialgeschichte der beruflichen Bildung. Entwicklungslinien der Berufsbildung von der Ständegesellschaft bis zur Gegenwart, Baltmannsweiler
Rauner, Felix, 2006: Prozessorientierte Ausbildung. Vortrag anlässlich der BIBB-Fachtagung „Neue Qualifikationen – Neue Prüfungen", Bad Godesberg (http://www.bibb.de/dokumente/pdf/12pr_veranstaltung_elektro_metall_12_06_rauner.pdf [Zugriff: 31.01.2012])
Reetz, Lothar, 1989: Zum Konzept der Schlüsselqualifikationen in der Berufsbildung, in: Berufsbildung in Wissenschaft und Praxis 18, 5, 3-30, u. 6, 24-30
Schelten, Andreas, 2004: Schlüsselqualifikationen, in: Wirtschaft und Berufserziehung 56, 4, 11-13
Schumann u.a.(= Schumann, Michael; Baethge-Kinsky, Volker; Kuhlmann, Martin; Kurz, Constanze; Neumann, Uwe), 1994: Zwischen Neuen Produktionskonzepten und lean production, in: SOFI-Mitteilungen 21, 26-35
Schumann, Michael, 2000: Industriearbeit zwischen Entfremdung und Entfaltung, in: SOFI-Mitteilungen 28, 103-112
Schumann, Michael, 2003: Struktureller Wandel und Entwicklung der Qualifikationsanforderungen, in: SOFI-Mitteilungen 31, 105-112
Spitzenorganisationen der Wirtschaft (Hrsg.), 2007: Stellungnahme der Spitzenorganisationen der Wirtschaft zur Arbeitsunterlage der EU-Kommission „Das europäische Leistungspunktesystem für die Berufsbildung (ECVET)" vom 31.10.2006 (http://ec.europa.eu/education/ecvt/results/germanbus_de.pdf [Zugriff: 18.02.2008])

Voß, Günter G.; Pongratz, Hans J., 1998: Der Arbeitskraftunternehmer. Eine neue Grundform der Ware Arbeitskraft? In: Kölner Zeitschrift für Soziologie und Sozialpsychologie 50, 1, 131-158

Voß, Günter G., 2002: Auf dem Wege zum Individualberuf? Zur Beruflichkeit des Arbeitskraftunternehmers, in: Kurtz, Thomas (Hrsg.): Der Beruf in der Moderne, Opladen, 287-314

Wahle, Manfred, 1989: Fabrikinspektoren und Berufsbildungsreform im Kaiserreich. Eine berufspädagogisch-historische Untersuchung zur industriellen Lehrlingsfrage in der Zeit von 1876 bis 1918, Wuppertal

Wahle, Manfred, 2007: Im Rückspiegel – das Kaiserreich. Modernisierungsstrategien und Berufsausbildung, Frankfurt a.M.

Weltz, Friedrich, 1997: Anspruch und Wirklichkeit von arbeitspolitischen Ansätzen: das Beispiel Gruppenarbeit, in: Arbeit 6, 4, 379-391

Zimmer, Gerhard, 2009: Notwendigkeiten und Leitlinien der Entwicklung des dualen Systems der Berufsausbildung, in: Zimmer, Gerhard; Dehnbostel, Peter (Hrsg.): Berufsausbildung in der Entwicklung – Positionen und Leitlinien, Bielefeld, 7-45

Autor/in

Anna Rosendahl, geb. 1982, Dr. phil., Universität Duisburg-Essen, Institut für Berufs- und Weiterbildung (anna.rosendahl@uni-due.de); Arbeitsschwerpunkte: Beruflich-betriebliche Weiterbildungs-, Professionalisierungsforschung, Politik, Steuerung und Finanzierung der beruflichen Bildung.
→ Rosendahl, Anna, 2011: Förderung von Qualitätsentwicklung in der beruflichen Weiterbildung durch externe Evaluation – Ein Vergleich zwischen Deutschland und England, in: bwp@, 21

Manfred Wahle, geb. 1955, PD Dr., Universität Duisburg-Essen (manfred.wahle@uni-due.de). Arbeitsschwerpunkte: Sozial- und Ideengeschichte der Berufsausbildung, Vollzeitschulische Berufsausbildung, Aus- und Weiterbildung in Sozial- und Gesundheitsberufen, Schul- und Unterrichtsentwicklung.
→ Wahle, Manfred, 2010: Bildungs- und Berufschancen. Fachschulische Berufsausbildung: ein Nebensystem im Gesamtsystem der Bildung? In: Zeitschrift für Berufs- und Wirtschaftspädagogik 106, 2, 258-273

MICHAEL TIEMANN

Die Entwicklung von Beruflichkeit im Wandel der Arbeitswelt

Wenn sich die Gestalt beruflicher Tätigkeiten durch einen Wandel der Arbeitswelt ändert, wie können Erwerbstätige erreichen, solche Veränderungen so in ihren Lebensverlauf zu integrieren, dass möglichst wenige Brüche entstehen? Liefert das Konzept der Beruflichkeit einen Bezugsrahmen, der sich weniger deutlich oder weniger schnell verändert als berufliche Tätigkeiten? Ermöglicht es so, trotz Wechseln zwischen Betrieben und ausgeübten Berufen, Erwerbsbiographien als weniger diskontinuierlich aufzufassen? Die Entwicklung des fachlichen Kernes von Beruflichkeit – im Sinne der fachlich-inhaltlichen Anforderungen, die an Erwerbstätige in Berufen gestellt werden – in den letzten Jahrzehnten werden hier aus der Sicht der Erwerbstätigen nachvollzogen.

Hintergrund

Die Diskussion um die zukünftige Tragfähigkeit des Konstruktes Beruf spitzt sich derzeit auf zwei gegenläufige Thesen zu. Auf der einen Seite wird angenommen, Berufe hätten als Orientierungspunkt für Individuen ausgedient. Es sei nicht mehr möglich, einen Beruf zu erlernen, den man sein gesamtes Erwerbsleben über ausübt. Auf der anderen Seite wird dagegen gehalten, dass Berufe sehr flexibel seien, und empirisch seien die oft unterstellten tiefen Veränderungen nicht zu belegen. Berufe hätten also immer noch Zukunft. *Sylvia Rahn* (1999) arbeitet die beiden Perspektiven heraus, die den sich widersprechenden Annahmen zugrundeliegen:

> „Es geht [einerseits, M.T.] um die These, daß der „Beruf" als bildungstheoretische Kategorie und/oder als ordnungspolitischer bzw. als bildungspolitischer Rahmen gleichsam an der Realität der Berufsbiographien abpralle, so daß „Entberuflichung" entweder […] zu konstatieren oder […] zu fordern sei." (S. 87) Andererseits werde Beruf auf seine „Eignung für die veränderte Arbeits- und Betriebsorganisation […] thematisch. […] Anders formuliert, die in der Debatte um das Berufsprinzip betonten biographischen Entgrenzungsprozesse stellen keinen Widerspruch zur Stabilität des Berufs als Institution dar" (S. 89).

Dabei stellt sich allerdings die Frage, ob nicht beide Perspektiven einander unterstützen können. Wenn sich empirisch herausstellt, dass Berufe – oder, wie gezeigt werden wird, ihr fachlich-inhaltlicher Kern – im Laufe der Zeit relativ konstant erscheinen und sich nur langsam verändern, dann kann Beruflichkeit als Orientierung in Berufsbiographien dienen. Es gibt dann womöglich keinen Beruf als „Lebensberuf" mehr, aber die beruflichen Tätigkeiten, die eine Erwerbstätige oder ein Erwerbstätiger ausüben, beziehen sich alle auf den gleichen berufsfachlichen Kern. So könnte die strukturelle Ebene einen Hinweis darauf liefern, wo auf der biographischen Ebene Konstanzen gesucht werden können. Damit wird nicht ausgeschlossen, dass ein Beruf von individuellen Erwerbstätigen nicht die gesamte Erwerbsphase über ausgeübt wird. Die Frage, die sich hier stellt, ist, ob Beruflichkeit als dem Beruf zugrundeliegende Form eine Brücke oder Klammer bietet, mit der auf individueller Ebene Diskontinuitäten im Erwerbsverlauf zu integrieren gelingen kann und damit auch die Institution Beruf in funktionaler Perspektive gesichert wird.

Eine Gefährdung dieser Funktion wird durch den Wandel der Arbeitswelt vermutet. Sichtbare Veränderungen in der betrieblichen Organisation von Arbeit veranlassten beispielsweise *Kurt Schmid* (2001) und *Michael Schumann* (2003) zu der Annahme, die berufliche Arbeitsteilung der Gesellschaft würde nunmehr zurückgehen, weil alle im Grunde mehr und mehr gleiche Tätigkeiten ausübten. Diese Annahme fußt darauf, dass die Tätigkeitszuschnitte des Einzelnen stark ausgeweitet würden, fachliche Inhalte träten gegenüber sozialen und kommunikativen Kompetenzen in den Hintergrund. Dadurch, dass praktisch alle Erwerbstätigen diese Verschiebung im Zuschnitt ihrer beruflichen Tätigkeiten erleben, weicht die konkrete, durch fachliche Inhalte und fachliche Kompetenzen eingegrenzte berufliche Arbeitsteilung auf.

Diese Annahme liegt auch den Konzepten des „Arbeitskraftunternehmers" (*Voß/Pongratz* 1998; vgl.a. *Voß* i.d.Bd.) und des *portfolio workers* (*Giddens* 1997) zugrunde. Hier geht man allerdings eher auf die qualifikatorischen Folgen des unterstellten Wandels für die individuellen Erwerbstätigen ein. So seien berufliche Qualifikationen, also die Abschlüsse von Ausbildungsberufen, auf lange Sicht nicht mehr ausschlaggebend dafür, sich am Arbeitsmarkt zu halten. Vielmehr gewönnen Nachweise über die Fähigkeit, bestimmte berufliche Tätigkeiten oder deren Teilaspekte ausüben zu können, und auch Nachweise über methodische und soziale Kompetenzen an Bedeutung. Mit diesem Bündel an Kompetenzen wird man sich dann nicht nur (statt mit einem Gesellenbrief oder anderen Zertifikaten) auf Stellen bewerben, sondern auch seine eigene Arbeitskraft unternehmerisch vermarkten.

Interessant ist dabei, in welchen Bereichen diese Entwicklungen stattfinden und wen sie betreffen. Es gibt ohne Frage Bereiche der Arbeitswelt, in denen sie zu beobachten sind: kreative Berufe; Berufsbereiche, die noch nicht soweit institutionalisiert sind, dass es für sie eigene Ausbildungsgänge gäbe; bestimmte

Bereiche in Industrien.¹ Ein Vorzeigebeispiel war lange Zeit die Automobilindustrie, in der vor allem in Europa große Unternehmen von der fordistischen auf eine – in ihrem japanischen Vorbild dezidert von beruflichen Qualifikationen losgelöste – prozessorientierte betriebliche Organisation der Arbeit umgestellt haben. Allerdings wird dieser Trend gerade wieder – mehr oder weniger unbemerkt – zurückgefahren und die althergebrachte fordistische Organisation wieder aufgenommen (*Hawranek* 2008).²

Ziel dieses Beitrages ist es, zu untersuchen, welche Veränderungen sich im fachlich-inhaltlichen Kern von Berufen für die letzten zwanzig Jahre aus Sicht der Erwerbstätigen nachweisen lassen. Je deutlicher und umfassender die Veränderungen, die sich hier zeigen, umso mehr müsste die Orientierungsfunktion der Institution Beruf für den einzelnen Erwerbstätigen in Frage gestellt werden – was sich wiederum nicht zwingend auf die Allokations- und Vermittlungsfunktion³ der Institution Beruf auswirken muss.

Beruf und Beruflichkeit

Hier wird eine funktional-differenzierte Sichtweise auf den Beruf eingenommen.⁴ Der Beruf stellt darin „als gewährleistende Institution [...] Erwartbarkeiten her, die als Ferment für den Aufbau von biographischen Perspektiven und Orientierungen dienen können" (*Rahn* 1999, 92).

Man muss unterscheiden zwischen Ausbildungs- und Erwerbsberuf. Ein Ausbildungsberuf ist ein Bündel von Qualifikationen, die im Rahmen einer institutionalisierten Ausbildung erworben und zertifiziert werden. Er befähigt zur Ausübung bestimmter (und einer Reihe ähnlicher) beruflicher Tätigkeiten und gibt damit ein Signal über Potentiale. Ein Erwerbsberuf hingegen umfasst eine Reihe von Tätigkeiten, Kenntnissen und Anforderungen, die ein Individuum in seiner beruflichen Tätigkeit tatsächlich ausübt, anwendet und erfüllt. Erwerbsberufe sind zum überwiegenden Teil institutionalisiert im genannten Sinn.

---

[1] Die industriesoziologischen Standardwerke von *Horst Kern* und *Michael Schumann* (1970; 1984) und *Schumann u.a.* (1994) machen im Prinzip empirisch dieselbe Feststellung. Dies wurde erstaunlicherweise oft übersehen und der Wandel als allumfassend und global dargestellt – vor allem vor dem Hintergrund „neuer Produktionskonzepte", deren tatsächliches Auftreten allerdings immer wieder in Frage gestellt wurde (*Kalkowski* 1997; *Moldaschl* 1997; *Springer* 1998).

[2] Diese Umkehr erfolgt mit dem Verweis auf die wirtschaftliche Überlegenheit des fordistischen Modells, das man vor allem am Beispiel von Toyota festmacht (s. a. *Moldaschl* 1997, 83; *Springer* 1998, 34). Auch in einer Ausstellung des Deutschen Museums zur Geschichte der Arbeit wird dieser Wandel nicht differenziert betrachtet, sondern als allgemeingültig angenommen (vgl. *Dandl* 2006.).

[3] *Kurtz* (2005) spricht hier auch, systemtheoretisch, von der „Kopplungsform" Beruf.

[4] *Rahn* (1999) gibt einen sehr informativen Überblick über die Verläufe und Verknüpfungen der erziehungs- und sozialwissenschaftlichen Diskussionsstränge zum Thema Beruf.

Beruflichkeit wird lexikalisch als „Berufsform der Arbeitskraft" (*Daheim* 1995) definiert, die eine „Kombination spezifischer Bündel von Qualifikationen" umfasst, mit denen Arbeitskräfte auf den Arbeitsmarkt treten. Entstanden sind diese Kombinationen durch Kämpfe um Zuständigkeiten, Verdienstmöglichkeiten und Prestige und als Resultate sozialer Zuschreibungen (vgl. S. 90). Hier werden die beiden wesentlichen Kerne von Beruflichkeit deutlich: Zum einen ist dies ein fachlicher oder professioneller Kern, der geprägt ist durch die fachlichen Inhalte, die tatsächlichen Bündel von Qualifikationen. Zum anderen ist dies ein nicht-fachlicher oder sozialer Kern, der vor allem durch die Berufsrollen und die anhängenden Erwartungen an den Rollenträger geprägt ist. Hier geht es auch um das Prestige, das mit einem Beruf verbunden ist, und um die Resultate sozialer Zuschreibungen.

Beruflichkeit geht also insoweit über den Beruf hinaus, als sie neben den fachlichen Inhalten, also den Berufsaufgaben und ihren konkreten Zuschnitten, auch die Aspekte des nicht-fachlichen Kerns beinhaltet und damit in gewissem Maß auch Handlungsweisen und Lebenseinstellungen vordefiniert. Nur durch diese beiden Kerne von Beruflichkeit kann der Beruf zu einer Institution[5] werden. Sowohl Ausbildungs- als auch Erwerbsberufe haben beide Kerne. Nun ist zwar denkbar, dass sich zeitlich zunächst dieser nicht-fachliche Kern von Beruflichkeit verändert und der fachliche Kern nachfolgt. Allerdings ist fraglich, ob solche Veränderungen des nicht-fachlichen Kernes von Beruflichkeit nicht ursächlich auf Veränderungen in der Berufsfachlichkeit zurückgeführt werden können und ob sie überhaupt als Wandel der Berufsfachlichkeit wahrgenommen werden. Der nicht-fachliche Kern von Beruflichkeit lässt immer auch individuellen Gestaltungsspielraum.

Entwicklung fachlicher Beruflichkeit: Überberufliche Perspektive

Die Erwerbstätigenbefragungen[6] des Bundesinstitutes für Berufsbildung bieten die Möglichkeit, aggregierte subjektive Einschätzungen des fachlichen Kernes

---

[5] *Bühl* (1995, 302) schreibt dazu: „Erstens ordnet [die Institution] das Geflecht der sozialen Beziehungen und Rollen, der materiellen und sozialen Austauschbeziehungen (relationaler Aspekt). Zweitens regelt sie die Zuordnung der Machtpositionen und die Verteilung der sozialen Belohnungen (regulativer Aspekt). Drittens repräsentiert sie [...] den Sinnzusammenhang des sozialen Systems (kultureller Aspekt)."

[6] Die Erwerbstätigenbefragungen des BIBB werden seit 1979 durchgeführt. Sie haben sich zu einer Wiederholungsbefragung entwickelt, die bis heute die inhaltlichen Kernthemen des Wandels der Berufe und des Erwerbs und der Verwertung beruflicher Qualifikationen bearbeitet. Dazu kommen jeweils unterschiedliche Schwerpunktsetzungen. Da für die einzelnen Erhebungen nur Quer-

von Beruflichkeit für eine große Zahl von Berufen über einen langen Zeitraum hinweg zu vergleichen. Eine detaillierte Beschreibung des nicht-fachlichen Kerns hingegen ist nicht möglich. Die befragten Erwerbstätigen gaben jeweils zu ihren eingesetzten Fachkenntnissen, zu den beruflichen Anforderungen und auch den ausgeübten Tätigkeiten Auskunft. Damit können mit explorativen Analyseverfahren wie der Hauptkomponentenanalyse typische Muster des fachlichen Kerns von Beruflichkeit erstellt werden.

Welche Veränderungen haben sich hier ergeben? Ein Wandel der Arbeitswelt sollte sich in veränderten Berufszuschnitten niederschlagen, die dann von den Erwerbstätigen auch so wahrgenommen, eingeschätzt und beschrieben werden. In die folgenden Analysen flossen die Aussagen von über 100.000 Erwerbstätigen zu 23 erhobenen Merkmalen[7] zu Tätigkeiten, Fachkenntnissen und beruflichen Anforderungen aus vier Querschnittuntersuchungen ein (s. Tab. 1-3). Die Erwerbstätigen arbeiteten in einem der 92 am häufigsten in den Daten vertretenen Berufen (s. Anhang). Sie stellen damit hochgerechnet Anteile von 82 bis 84 Prozent der jeweils betrachteten Erwerbstätigen.

Mit Hilfe von Hauptkomponentenanalysen[8] werden die Dimensionen herausgefiltert, die die Angaben der Erwerbstätigen über die fachliche Beruflich-

---

schnittsdaten vorliegen, müssen die Daten homogenisiert werden, um verglichen werden zu können. Zunächst nämlich ist die Grundgesamtheit nicht immer die gleiche, sodass nur Personen in diese Analysen eingehen können, auf die ein gemeinsames Set an Merkmalen zutrifft. In diesem Fall wurden nur 15- bis 64-jährige Personen zugelassen, die einer bezahlten Arbeit im Umfang von mindestens 10 bis maximal 168 Stunden in der Woche nachgingen und keine Auszubildenden waren, zudem die deutsche Staatsangehörigkeit hatten und in Westdeutschland wohnten. Die Positivauswahl (Beschränkung auf Erwerbstätige) ist für die Beschreibung der Entwicklung der Beruflichkeit durchaus hilfreich, denn erwerbslose Personen können nicht über ihren aktuellen Beruf berichten. Ihre Angaben wären allerdings als Kontrastierung überaus interessant, denn möglicherweise verloren gerade Erwerbstätige in Berufen, die sich überdurchschnittlich stark verändert haben, ihre Arbeitsstelle.

[7] Diese Merkmale wurden in allen Erwerbstätigenbefragungen vergleichbar erhoben. Sie fließen unverändert in die Analysen ein, es werden keine Indizes oder ähnliches gebildet. Einzig eine Aggregierung auf Berufs- bzw. Berufsordnungsebene, durch die dann Anteilswerte entstehen, wurde vorgenommen.

[8] Die hier vorgestellten Analysen basieren auf Hauptkomponentenanalysen der Merkmale, die die fachliche Beruflichkeit bestimmen. Aus einer Synopse der Erwerbstätigenbefragungen konnten dabei statistisch sinnvoll Angaben aus den genannten Merkmalen für 92 Berufsordnungen (nach der Klassifizierung der Berufe der Bundesanstalt für Arbeit von 1988) gewonnen werden. Diese Berufsordnungen haben eine Besetzungszahl von in der Summe mindestens 250 Erwerbstätigen für die Erhebungszeitpunkte. Die Individualdaten wurden dafür auf die Ebene der Berufsordnungen aggregiert, so dass zu den einzelnen Merkmalen Anteile der Erwerbstätigen berechnet werden konnten, die beispielsweise eine Tätigkeit häufig ausüben oder oft mit bestimmten Anforderungen konfrontiert sind. Mathematisch unterscheidet sich die Hauptkomponentenanalyse von der Faktorenanalyse durch das Fehlen eines Fehlerterms. Entsprechend unterliegt der Faktorenanalyse ein Modell, bei dem man davon ausgeht, noch unbekannte Einflussgrößen mit berechnen zu müssen, um die tatsächlichen Zusammenhänge der Merkmale mit den gesuchten Faktoren zu erkennen. Diese Unterstellung bedeu-

keit möglichst gut beschreiben. Dabei geht es um Profile von *Berufen*. Nicht einzelne Tätigkeiten oder Fachkenntnisse bestimmen die Berufsfachlichkeit, sondern das Profil, das sich aus den Angaben der Erwerbstätigen ergibt: Von allen in einem Beruf tätigen befragten Individuen werden die Anteile der jeweiligen Merkmale ermittelt. Diese Anteile werden dann für jeden Beruf so zusammengefasst, dass ihr jeweils spezifisches Zusammenspiel sichtbar wird. Es geht also nicht darum, ob ein bestimmter Erwerbstätiger im Laufe der Zeit beispielsweise mehr Beratungstätigkeiten ausübte, sondern darum, ob in einem Beruf Beratungstätigkeiten mehr Gewicht relativ zu den anderen Aspekten dieses Berufes bekommen haben. So kann ein Beruf zum Beispiel als ein Beruf mit hohem Grad an Komplexität (weil komplexe Tätigkeiten und Anforderungen ein großes Gewicht haben), mit geringem Grad an Technisierung (weil technische Fachkenntnisse und das Bedienen von Maschinen ein geringes Gewicht haben) und mit einem hohen Grad an vermittelnden Inhalten (weil Ausbildung und Beratung ein hohes Gewicht haben) beschrieben werden.

Mit der Hauptkomponentenanalyse sollen die Dimensionen eines Raumes der Beruflichkeit gefunden werden. Nicht nur die Lage der Variablen ist in dem durch die Hauptkomponenten aufgespannten Raum darstellbar, mit deren Hilfe (als Korrelationen oder „Ladungen") die Dimensionen erklärbar werden. Auch die einzelnen Objekte, in diesem Fall also die einzelnen Berufe, können in diesen Raum hinein projiziert werden. So können die Bedeutungen der Dimensionen und die Entwicklungen von Berufen innerhalb dieses Raumes im Zeitverlauf betrachtet werden; denn die Lage der Variablen zu den Hauptkomponenten, die die Dimensionen aufspannen, kann sich verändern. Die Wanderungen der Berufe durch den Raum können ebenfalls nachgezeichnet werden, und in ihren sich verändernden Distanzen und ihren Lagen zueinander spiegeln sich Veränderungen der fachlichen Beruflichkeit wider.

Bei der Beschreibung der Dimensionen sollten nicht nur knappe Schlagworte betont werden. Die hier zusammengefassten Merkmale sind in ihrem Zusammenspiel dafür zu komplex. Deshalb werden die Dimensionen auch mit einer Frage tituliert, die ansatzweise die Reichweite darstellen soll.

---

tet gleichermaßen die Annahme unzureichender Messungen. Natürlich können sich immer Messfehler ergeben, aber es ist ebenso denkbar, dass Merkmale fehlen, die (Teile von) Dimensionen beschreiben, die mit den Daten noch nicht erhoben wurden. Dieser Annahme wird hier nicht gefolgt. Bei der Hauptkomponentenanalyse werden die Daten so zusammengefasst, dass möglichst viele der Informationen der Ursprungsdaten erhalten bleiben, während gleichzeitig die große Zahl der Variablen, die so kaum sinnvoll zu interpretieren wäre, auf einen niedrig-dimensionierten Raum aus den Hauptkomponenten reduziert wird. Auf diesen Raum werden die Informationen aus den Ursprungsdaten „gespiegelt", sodass sowohl die Bedeutung der Dimensionen durch die Lage der Variablen als auch die Lage der Berufe zu den Dimensionen betrachtet werden können. Hier wird eine Darstellung der ersten drei Hauptkomponenten erfolgen; sie erklären zusammen zwischen 58 und 66 Prozent der Varianzen in den Ursprungsdaten.

Komplexität / Monotonie – Wie wird gearbeitet?

Die erste Komponente (Tab. 1) wird einerseits beschrieben durch positive Korrelationen vor allem mit dem Lösen neuer Aufgaben, der Einführung von Verbesserungen bestehender Verfahren und auch dem Organisieren fremder Arbeitsabläufe. Auf der anderen Seite stehen negative Korrelationen mit dem Führen von Maschinen, Tätigkeiten mit häufigen Wiederholungen und rigiden Vorschriften und herstellenden Tätigkeiten. Vor allem die negativen Korrelationen sind über alle vier betrachteten Zeitpunkte in ihrer Rangfolge konstant; als ein Aspekt dieser Komponente kann also der Grad der Entscheidungsfreiheit bei der beruflichen Tätigkeit oder, anders ausgedrückt, der Grad ihrer Monotonie gesehen werden. Auf der anderen Seite kann dann als Beschreibung der Grad der Komplexität gesehen werden, der sich auch in den hohen Rangpositionen des Beratens und des Forschens und Entwickelns zeigt.

Maschinen / Menschen – Womit wird gearbeitet?

Auch bei der zweiten Hauptkomponente (Tab. 2) liegen im Bereich der negativen Korrelationen einige Variablen zu allen Zeitpunkten auf vergleichbar niedrigen Rängen: Ein- und Verkaufen, Versorgen und Bedienen, aber auch Ausbilden und Beraten. Konstanter besetzt sind die ersten drei Ränge: technische Fachkenntnisse, Führen und Bedienen von Maschinen und Anlagen und Reparieren und Instandhalten. Diese Komponente scheint vor allem dadurch geprägt, ob eher technische Maschinen bedient werden, wie das in Produktionsberufen der Fall ist, oder versorgende, beratende oder bedienende Tätigkeiten ausgeübt werden, wie das eher in Dienstleistungsberufen der Fall ist. Die Veränderung des Stellenwertes der Design-Kenntnisse (vom vierten auf den 13. bzw. 14. Rang) erklärt sich über die Reorganisation von Arbeit einerseits und die immer weitergehende Nutzung von Computern andererseits. Ein wesentliches Merkmal der Tätigkeiten von Facharbeiterinnen und Facharbeitern in Deutschland bestand lange Zeit darin, einschätzen zu können, ob eine Idee der Planungsabteilungen tatsächlich technisch umsetzbar ist. So mussten sie zwangsläufig auch Design-Kenntnisse haben (*Herrigel/Sabel* 1999). Denn die Lage eines Schalters an einer Apparatur wird nicht nur durch technische Notwendigkeiten bestimmt. Mit der Reorganisation von Arbeitsabläufen wurden die Design-Kenntnisse praktisch in personam der zuständigen Ingenieure eingebunden. Gleichzeitig übernahmen immer leistungsfähigere Computer die Aufgaben, über Simulationen die beste Lage einzelner Komponenten zu ermitteln.

Tabelle 1: Korrelationen der Merkmale mit der ersten Hauptkomponente

Merkmal	1986		1992		1999		2006	
	Korrelation	Rang	Korrelation	Rang	Korrelation	Rang	Korrelation	Rang
Neue Aufgaben	0.87	1	0.89	2	0.85	3	0.84	1
Verbesserungen	0.86	2	0.85	3	0.82	4	0.80	2
Organisieren	0.84	3	0.90	1	0.90	1	0.68	7
Entwickeln	0.70	4	0.69	6	0.58	9	0.68	6
Beraten	0.69	5	0.65	8	0.86	2	0.72	5
Sprachkenntnisse	0.60	6	0.80	4	0.81	5	0.78	3
Ausbilden	0.59	7	0.52	12	0.47	14	0.47	11
Messen	0.59	8	0.68	7	-0.16	18	-0.09	18
Rechenkenntnisse	0.55	9	0.59	9	0.54	12	0.51	10
Computer-Kenntnisse	0.48	10	0.78	5	0.78	6	0.75	4
Leistungsdruck	0.44	11	0.56	11	0.54	13	0.56	9
Marketing-Kenntnisse	0.36	12	0.40	14	0.65	8	0.43	12
Design-Kenntnisse	0.30	13	0.33	15	0.56	11	0.65	8
Rechtskenntnisse	0.28	14	0.58	10	0.56	10	0.42	14
Finanzkenntnisse	0.21	15	0.41	13	0.46	15	0.42	13
Ein-/Verkaufen	0.19	16	0.18	17	0.69	7	0.28	15
Technikkenntnisse	0.11	17	0.18	16	0.17	16	0.19	16
Versorgen	-0.02	18	-0.10	18	0.11	17	-0.02	17
Reparieren	-0.40	19	-0.21	19	-0.30	19	-0.23	19
Maschinen führen	-0.46	20	-0.38	20	-0.42	21	-0.44	21
Herstellen	-0.46	21	-0.39	21	-0.38	20	-0.32	20
Vorschriften	-0.79	22	-0.85	22	-0.84	22	-0.76	22
Wiederholungen	-0.88	23	-0.90	23	-0.89	23	-0.87	23

Tabelle 2: Korrelationen der Merkmale mit zweiter Hauptkomponente

Merkmal	1986 Korrelation	Rang	1992 Korrelation	Rang	1999 Korrelation	Rang	2006 Korrelation	Rang
Technikkenntnisse	0.80	1	0.85	1	0.88	1	0.88	1
Maschinen führen	0.64	2	0.71	2	0.76	3	0.68	4
Reparieren	0.62	3	0.71	3	0.64	4	0.69	3
Design-Kenntnisse	0.57	4	0.70	4	0.04	13	0.05	14
Entwickeln	0.53	5	0.46	5	0.46	6	0.41	7
Herstellen	0.46	6	0.42	6	0.47	5	0.57	6
Messen	0.43	7	0.32	7	0.86	2	0.78	2
Rechenkenntnisse	0.36	8	0.27	9	0.44	7	0.61	5
Neue Aufgaben	0.31	9	0.29	8	0.39	9	0.34	8
Leistungsdruck	0.27	10	0.19	11	0.44	8	0.33	9
Verbesserungen	0.25	11	0.21	10	0.32	10	0.14	12
Vorschriften	0.23	12	0.17	13	0.18	12	0.20	10
Computer-Kenntnisse	0.22	13	0.18	12	0.22	11	0.17	11
Wiederholungen	-0.10	14	-0.14	14	-0.12	17	-0.19	17
Organisieren	-0.14	15	-0.20	16	0.03	15	0.04	15
Sprachkenntnisse	-0.19	16	-0.17	15	0.04	14	0.07	13
Finanzkenntnisse	-0.22	17	-0.41	22	-0.25	20	-0.35	20
Marketing-Kenntnisse	-0.25	18	-0.34	19	-0.15	18	-0.33	19
Rechtskenntnisse	-0.28	19	-0.37	20	-0.25	21	-0.31	18
Ausbilden	-0.33	20	-0.24	17	-0.02	16	-0.08	16
Beraten	-0.33	21	-0.27	18	-0.22	19	-0.43	22
Versorgen	-0.41	22	-0.39	21	-0.69	23	-0.35	21
Ein-/Verkaufen	-0.41	23	-0.46	23	-0.34	22	-0.45	23

Tabelle 3: Korrelationen der Merkmale mit der dritten Hauptkomponente

Merkmal	1986		1992		1999		2006	
	Korrelation	Rang	Korrelation	Rang	Korrelation	Rang	Korrelation	Rang
Ein-/Verkaufen	0.76	1	0.70	1	0.19	7	-0.06	14
Marketing-Kenntnisse	0.69	2	0.66	2	0.27	4	-0.40	22
Finanzkenntnisse	0.39	3	0.49	3	0.62	1	-0.38	21
Leistungsdruck	0.38	4	0.33	5	0.32	3	-0.09	15
Organisieren	0.25	5	0.05	12	-0.11	16	0.47	3
Rechenkenntnisse	0.23	6	0.48	4	0.32	2	-0.15	19
Computer-Kenntnisse	0.20	7	0.13	7	0.26	5	-0.45	23
Design-Kenntnisse	0.14	8	0.12	8	-0.11	17	-0.23	20
Wiederholungen	0.09	9	0.09	9	0.16	9	-0.01	13
Vorschriften	0.02	10	0.06	11	0.16	8	-0.10	16
Entwickeln	0.02	11	-0.06	16	-0.19	20	0.01	10
Herstellen	-0.02	12	0.15	6	-0.00	11	0.07	9
Maschinen führen	-0.04	13	0.04	13	-0.06	14	0.14	7
Rechtskenntnisse	-0.05	14	-0.05	15	0.26	6	0.12	8
Reparieren	-0.06	15	0.08	10	0.02	10	-0.00	11
Neue Aufgaben	-0.09	16	-0.02	14	-0.03	13	-0.01	12
Technikkenntnisse	-0.10	17	-0.06	18	-0.01	12	-0.13	18
Sprachkenntnisse	-0.12	18	-0.06	17	-0.06	15	-0.13	17
Verbesserungen	-0.13	19	-0.09	19	-0.32	21	0.40	4
Messen	-0.14	20	-0.19	20	-0.16	19	0.35	5
Versorgen	-0.37	21	-0.36	21	-0.50	22	0.76	1
Beraten	-0.54	22	-0.57	22	-0.13	18	0.15	6
Ausbilden	-0.60	23	-0.64	23	-0.59	23	0.72	2

Vermittlung / Interaktion – An wen richtet sich die Arbeit?

Bei der Beschreibung der dritten Hauptkomponente (Tab. 3) fällt auf, dass im Grunde eine Vergleichbarkeit der Rangfolgen der Korrelationen der Variablen mit der Komponenten nur für die ersten drei betrachteten Erhebungen gegeben ist. Hier liegen kaufmännische Berufsinhalte (Ein- und Verkaufen, Marketing-Kenntnisse und Finanzierungs- und Buchhaltungskenntnisse) immer auf den oberen Rangplätzen. Komplementär zu ihnen liegen Merkmale, die persönliche Interaktionen beschreiben: Bedienen und Versorgen, Beraten oder Ausbilden. Damit stehen an beiden „Polen" dieser Komponente interaktive Inhalte mit jeweils unterschiedlichen Bezugspunkten (einmal kaufmännisch, einmal personenbezogen). In 2006 fallen jedoch die kaufmännischen Inhalte auf mittlere und untere Ränge zurück. Offenbar beschreiben diese Inhalte nun eine der folgenden Komponenten.

Ergebnisse in überberuflicher Perspektive

Über die Zeit betrachtet zeigen die ersten drei Dimensionen der hier noch getrennt voneinander berechneten Hauptkomponentenanalysen erstaunlich stabile Korrelationen mit denselben Merkmalen. Einige Merkmale wechseln zwar den Bezug von Zeitpunkt zu Zeitpunkt. So wandern Design-Kenntnisse von der zweiten auf die erste Dimension. Auf die gleiche Weise scheinen sich die kaufmännischen Inhalte beruflicher Tätigkeiten loszulösen von der dritten Dimension und nunmehr eine eigenständige Dimension darzustellen. Dennoch kann für jede Erhebung konstatiert werden, dass die erste Dimension durch den Grad der Freiheiten bei der Ausübung der beruflichen Tätigkeit gekennzeichnet ist, während die zweite Dimension einen eindeutig technischen Bezugspunkt hat. Die dritte Dimension ließ sich zunächst als kaufmännische beschreiben. Konstant aber war hier der Bezugspunkt der Ausbildung, zu dem auch die Versorgung gekommen ist, also eine eher soziale Ausrichtung der beruflichen Inhalte. Kaufmännische Inhalte stellen zuletzt möglicherweise einen eigenen Bezugspunkt auf einer der weiteren Dimensionen dar. Bis auf diese Bewegungen lässt sich hier noch keine deutliche Verschiebung in den Inhalten und der Ausgestaltung von Berufen in den letzten zwanzig Jahren feststellen.

Die Ergebnisse der Einzelanalysen lassen sich so zusammenfassen: Offenbar sind es gerade nicht die analytischen Tätigkeiten, die in der Berufswelt an Bedeutung gewinnen, sondern vielmehr kaufmännische Tätigkeiten, die so weit verbreitet sind, dass sie mittlerweile eine eigene Dimension bestimmen. Soviel Gewicht wird ihnen in den derzeitigen Diskussionen nicht zugeschrieben. Auf der anderen Seite zeigt sich, dass versorgende, erziehende oder ausbildende Tätigkeiten gerade keine eigene Dimension bestimmen, sondern im Gegenteil sogar von einer zur anderen Dimension „wandern". Dieses Ergebnis ist erstaunlich, weil gerade in dem Bereich, aus dem die meisten Berufe hier kommen, nämlich der industrielle oder handwerkliche Produktionsbereich, davon auszugehen sein sollte, dass sich die Anforderungen an und in Berufen stark gewandelt hätten. Gleichzeitig bestätigt sich damit die resignierende Einschätzung der „Flexibilisierungsprozesse", die Axel Bolder (2010) oder auch Klaus Harney (1997) geben. Zumindest die Bedeutung, die Berufstätige den hier betrachteten Merkmalen beimessen, scheint also recht konstant geblieben zu sein. Wegen dieser Konstanz soll nun im nächsten Schritt auch die Analyse über alle Zeitpunkte erstreckt werden, so dass tatsächlich Veränderungen einzelner Berufe über die Zeit betrachtet werden können.

Entwicklung fachlicher Beruflichkeit: Berufliche Perspektive

Entlang den drei vorgestellten Dimensionen läßt sich die Entwicklung der fachlichen Beruflichkeit beschreiben. Wie liegen einzelne Berufe zu diesen Dimensionen? Einen hohen Grad an Komplexität und beruflichen Entscheidungsfreiheiten weisen Hochschullehrer, Unternehmensberater und Architekten auf, einen niedrigen Grad findet man bei Nähern und Hilfsarbeitern. Dies gilt für die genannten Berufe zu allen Erhebungszeitpunkten. Bei der zweiten Dimension geht es um den Einsatz technischer Fachkenntnisse, das Führen und Bedienen von Maschinen und Anlagen oder auch das Reparieren und Instandhalten. Berufe mit einem hohen Grad solcher Technisierung sind Elektrogerätebauer und Werkzeugmacher, einen niedrigen weisen Verkäufer und Kellner, Stewards auf. Auch hier gelten die Zuordnungen für alle Berufe zu allen Erhebungszeitpunkten. Auf der dritten Dimension waren bis einschließlich 1999 Fachkenntnisse in den Bereichen Finanzierung und Marketing bestimmend. Es bestand ein hoher Leistungsdruck, und Ein- und Verkaufen waren weit verbreitete Tätigkeiten. 2006 jedoch fallen diese Merkmale heraus, ihr Gewicht nimmt deutlich ab. Stattdessen treten Versorgen, Beraten und Ausbilden in den Vordergrund. Die zunächst dominierenden kaufmännischen Berufsinhalte werden ersetzt durch solche, die sich auf Interaktionen mit Personen beziehen. Trotz dieser sich verändernden Bedeutung finden sich Handelsvertreter und Bankfachleute zu allen Zeitpunkten als Berufe mit hohem Grad an Interaktion und Lehrer allgemeinbildender Schulen als Berufe mit einem hohen Grad an Vermittlung. Die Pole auf dieser Dimension laufen also von personenbezogener Vermittlung (wie bei den Lehrberufen) zu sachbezogener Interaktion (wie bei den Handelsberufen).

Die vorgestellten Analysen der Erwerbstätigenbefragungen erlauben, die Entwicklung von Beruflichkeit auch für unterschiedliche Gruppen von Berufen zu betrachten. So können Produktions- und (sekundäre) Dienstleistungsberufe[9] getrennt betrachtet werden, aber auch Berufe mit niedrigen oder hohen Anteilen von akademisch ausgebildeten Erwerbstätigen.

Produktionsberufe

Tatsächlich zeigt sich in den Produktionsberufen eine deutliche Zunahme der Anteile an komplexeren Inhalten, sowohl von 1986 zu 1992 als auch von 1999 zu 2006. In Abbildung 1 erkennt man außerdem durch ihre Lage ihre spezifische Beruflichkeit: Wissen um technische Inhalte und auch Kompetenzen zur Bedienung von Maschinen haben einen hohen Stellenwert. Gleichzeitig kommen Freiheiten bei Entscheidungen über den Arbeitsablauf und die Arbeitsinhalte erst nach und nach dazu, diese Veränderungen sind dennoch weniger deutlich ausgeprägt als die weiteren Steigerungen in der „Technik"-Dimension. Der Rückgang auf dieser Dimension zwischen 1992 und 1999 fällt in die Zeit der großen Privatisierungen und des sogenannten *dot-com*-Booms. Dabei wurde bei der Organisation von Arbeit besonderer Wert auf die Dienstleistungsinhalte gelegt (Stichwort: Kundenorientierung, sogar Lieferungen zwischen Abteilungen wurden als Dienstleistungen betrachtet und teilweise monetär bewertet etc.). Weitaus stärker wird sich diese Entwicklung in den sekundären Dienstleistungsberufen zeigen (s.u.). Die Entwicklung im Bereich von „Vermittlung / Interaktion" ist dagegen vernachlässigbar. Innerhalb der Produktionsberufe änderte sich der Stellenwert kaufmännischer, versorgender oder beratender Inhalte in den letzten Jahrzehnten nicht und blieb schwach ausgeprägt.

Vor dem Hintergrund der Entwicklungen, die beispielsweise in der Arbeits- und Industriesoziologie beschrieben werden, sind diese Ergebnisse durchaus bemerkenswert. Sicherlich ist die Zunahme der Entscheidungsfreiheiten und auch der beruflichen Komplexität im Einklang mit den dort erbrachten Ergebnissen. Andererseits sollte durch Veränderungen wie der Reorganisation von Arbeit nach Prozessen auch eine deutlichere Zunahme interaktiver und vermittelnder Inhalte zu erkennen sein. Das ist aber nicht der Fall.

---

[9] Dafür wird auf die Einteilung der BIBB-Berufsfelder (*Tiemann u.a.* 2008) zurückgegriffen, über die die Berufsordnungen entsprechend ihren Tätigkeiten zusammengefasst werden. Hier gibt es auf der obersten Ebene die Unterteilung nach Produktionsberufen, primären Dienstleistungsberufen und sekundären Dienstleistungsberufen. Primäre Dienstleistungsberufe sind dabei solche, die an den Produktionsweg von Gütern anknüpfen und sekundäre solche, die in der Regel physisch nicht greifbar sind und somit immaterielle Güter darstellen, die vorwiegend geistig erbracht werden.

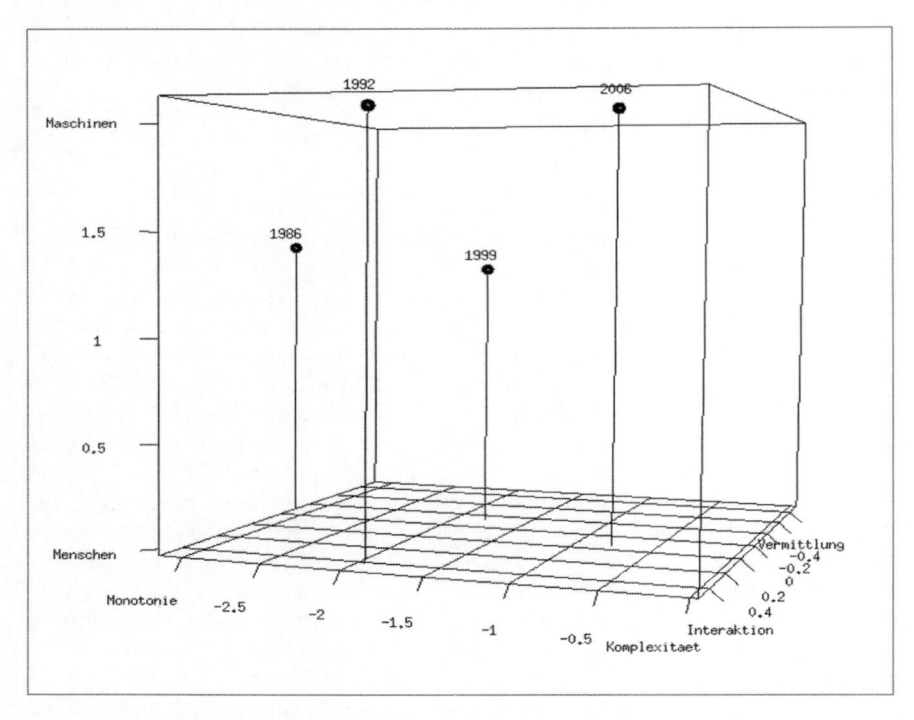

Abbildung 1: Entwicklungen in den Produktionsberufen

Quelle: Erwerbstätigenbefragungen des Bundesinstitutes für Berufsbildung, eigene Berechnungen – Die Dimensionen stellen Relationen dar; ein positiver Wert bedeutet auch: mehr als durchschnittlich.

Lesebeispiel: Im Mittel lagen die Produktionsberufe 1986 etwa beim Punkt (-3.1|1.5|-0.1): -3.1 für die erste Dimension, 1.5 für die zweite und -0.1 für die dritte. Das bedeutet, dass in ihnen wenig komplexe Anforderungen gestellt wurden und auch wenige Entscheidungsfreiheiten bestanden, gleichwohl waren technische Anforderungen vorhanden, die Anforderungen im Bereich „Vermittlung / Interaktion" waren eher durchschnittlich. 1992 dann „wandern" die Produktionsberufe auf den Punkt (-2|2.1|0.4): Die Anforderungen an Komplexität und die Entscheidungsfreiheiten haben zugenommen, die Anforderungen auf der „Technik"-Dimension haben zugenommen und auch die Anforderungen im Bereich „Vermittlung / Interaktion".

Sekundäre Dienstleistungsberufe

Die Entwicklung in den sekundären Dienstleistungsberufen dürfte weniger deutlich von Prozessen der Reorganisation von Arbeit geprägt sein. Diese Gruppe von Berufen sollte vielmehr durch deutliche Anteile von vermittelnden oder interaktiven, also kaufmännischen oder versorgenden Inhalten gezeichnet sein. Andererseits sind hier auch die meisten akademisch geprägten Berufe vertreten.

Abbildung 2: Entwicklung in den sekundären Dienstleistungsberufen

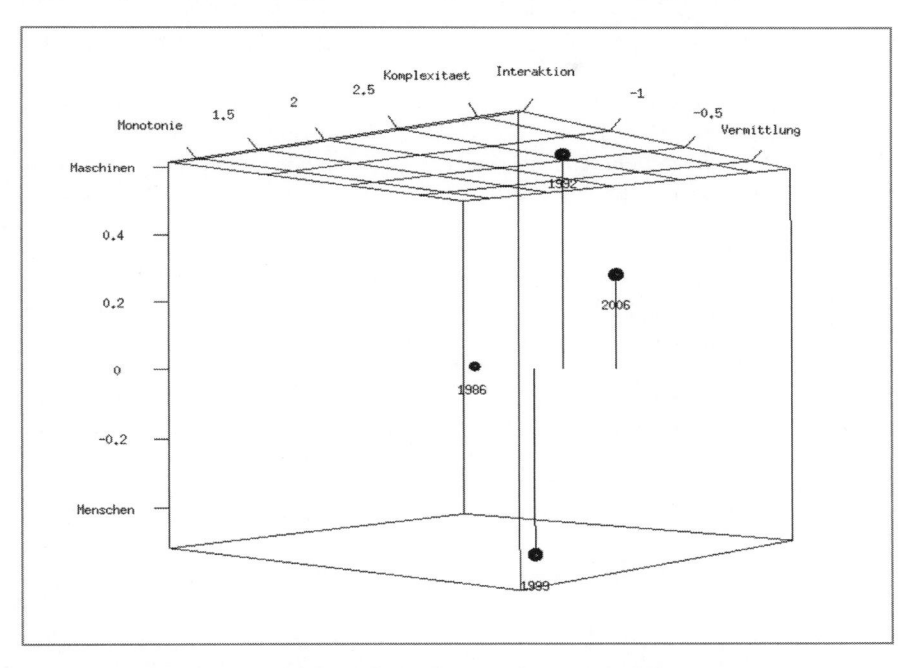

Quelle: Erwerbstätigenbefragungen des Bundesinstitutes für Berufsbildung, eigene Berechnungen – Linien, die von einem Kern nach oben gehen, zeigen an, dass dieser Kern auf der zweiten Dimension einen negativen Wert hat.

Abbildung 2 zeigt die Entwicklungen in diesem Bereich. Zunächst ist der im Vergleich zu den Produktionsberufen geringe Anteil an technischen Inhalten auffällig. Jedoch sind auch in dieser Dimension Entwicklungen zu erkennen: Der Stellenwert technischer Inhalte hat zugenommen, zwischen 1999 und 2006 besonders deutlich. Zwischen 1992 und 1999 gab es auf dieser Dimension einen Rückgang, der eine deutliche Zunahme der tatsächlichen Dienstleistungstätigkeiten in diesen Berufen ausmacht. Dies war die Zeit, in der vor allem personenbezogene Dienstleistungen, die von (quasi-)selbständigen Erwerbstätigen erbracht wurden, zunahmen. Genau diese Zunahme wird in dem Sprung zwischen diesen Jahren deutlich. Zudem wird ein Zusammenhang zwischen technischem Fortschritt und beruflichen Inhalten über alle Berufsbereiche hinweg sichtbar. Die Entwicklungen der beruflichen Entscheidungsfreiheiten und der beruflichen Komplexität verlaufen bei den sekundären Dienstleistungsberufen ähnlich wie bei den Produktionsberufen, allerdings liegt ein deutlicherer Sprung zwischen 1986 und 1992 vor. Dies ist nur teilweise durch *job-enhancement*-Ansätze (wie bei *Schmid* 2001) zu erklären. Tatsächlich haben die Bewältigung neuer Aufgaben und das Finden von Verbesserungen für vorhandene Arbeitsabläufe hier die höchsten Anteile. Eine solche Entwicklung lässt sich am besten als Zunahme von Wissensanforderungen (*Volkholz/Köchling* 2002) oder allgemeiner als Zunahme der Wissensintensität (*Tiemann* 2010) dieser Berufe erklären. Paradoxerweise sind es bei den vermittelnden und interaktiven Inhalten gerade die sekundären Dienstleistungsberufe, die, zumindest zwischen 1986 und 1992, eine deutliche Entwicklung zeigen, die in Einklang mit den Erklärungsansätzen aus der Industrie- und Organisationssoziologie zu bringen wären. Leider werden Dienstleistungsberufe in diesem Rahmen aber nicht behandelt. Es mag hier vielleicht eine Überdeckung der Gruppe der Dienstleistungsberufe durch akademisch geprägte Berufe vorliegen. Andererseits wurde schon die Herauslösung kaufmännischer beruflicher Inhalte auf eine eigene Dimension der Beruflichkeit angesprochen. Diese Herauslösung findet in jüngster Zeit statt, sie kann verantwortlich sein für die geringen Bewegungen auf der „Vermittlungs-/Interaktions"-Dimension.

Qualifikationsniveau

Eine weitere Unterscheidung zur Beschreibung von Berufen ist das Qualifikationsniveau der Erwerbstätigen. Die Anteile der Erwerbstätigen mit einem bestimmten beruflichen Abschluss werden dabei auf Berufsebene zusammengefasst. Es ergeben sich dann Berufe, die von Akademikern geprägt sind (weil der Großteil der in ihnen arbeitenden Erwerbstätigen eine [Fach-]Hochschulausbildung absolviert hat) und solche, die von Erwerbstätigen mit anderen beruflichen Ausbildungen geprägt werden. Ruft man sich die Diskussionen der letzten Zeit in Erinnerung, sollten sich eigentlich gerade die nicht akademisch geprägten Berufe deutlich verändert haben. Abbildung 3 zeigt links die Distanzen, die die Berufe mit niedrigem Anteil akademisch ausgebildeter Erwerbstätiger zurückgelegt haben, und rechts die Anteile der übrigen Berufe.

Die Entwicklungen zwischen 1986 und 1992 waren für alle Berufe stärker, der Mittelwert über alle Berufe ist hier als horizontale Linie abgetragen. Die Veränderungen der Berufe mit niedrigem Akademikeranteil insgesamt (Abb. 3, linke Grafik; ihr Mittelwert durch ein „X" gekennzeichnet) lagen in diesem Zeitraum unter dem Durchschnitt aller Berufe. Zwischen 1999 und 2006 gab es zum einen generell, zum anderen auch speziell für diese Berufe weniger starke Ver-

Die Entwicklung von Beruflichkeit im Wandel der Arbeitswelt 65

änderungen. Man kann also nicht sagen, dass die Veränderungen in der Arbeitswelt sich in der Hauptsache auf Berufe Fachqualifizierter[10] auswirken. Im Ge-

Abbildung 3: Distanzen von Berufen

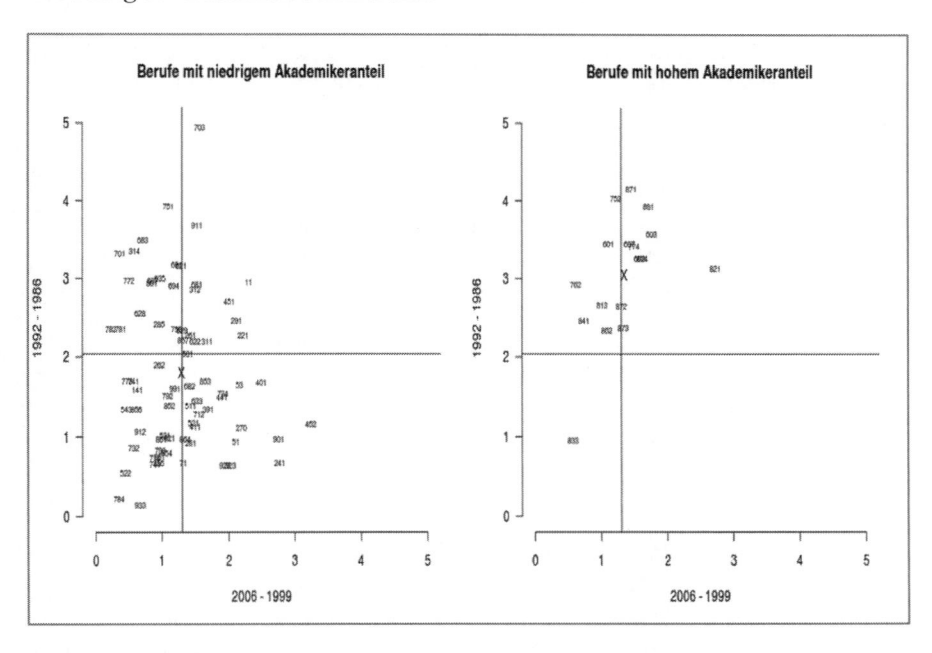

Quelle: Erwerbstätigenbefragungen des Bundesinstitutes für Berufsbildung, eigene Berechnungen. – Die Grafiken zeigen getrennt für Berufe mit niedrigem (linke Grafik) versus hohem Akademikeranteil (rechte Grafik) die Distanzen, die sie im Raum der Beruflichkeit zwischen 1986 und 1992 (y-Achse) und zwischen 1999 und 2006 (x-Achse) zurückgelegt haben. Die Linien zeigen die mittleren Distanzen über alle Berufe, die „X" die Mittelwerte für die beiden Gruppen von Berufen.

Lesebeispiel: Unter den Berufen mit niedrigem Akademikeranteil legten Dachdecker (Berufsordnung 452) zwischen 1986 und 1992 eine Distanz von etwa 1 Punkt zurück und zwischen 1999 und 2006 eine Distanz von über 3 Punkten. Zwischen 1986 und 1992 wanderten sie damit weniger weit als die übrigen Berufe mit niedrigem Akademikeranteil („X") und weniger weit als alle Berufe (horizontale Linie). Zwischen 1999 und 2006 aber wanderten sie weiter als die übrigen Berufe mit niedrigem Akademikeranteil und weiter als alle Berufe (vertikale Linie).

---

[10] Dies sind Berufe, in denen die Mehrzahl der Erwerbstätigen eine berufliche Ausbildung (Lehre oder Vergleichbares) gemacht haben, sie stellen in dieser Gruppe 68 von 75 Berufen.

genteil, die rechte Grafik der Abbildung 3 zeigt für Berufe mit hohem Anteil akademisch ausgebildeter Erwerbstätiger, dass zumindest die erste Phase der Veränderungen zwischen 1986 und 1992 vor allem diese (17 von 92) Berufe betraf. Auch für die Phase zwischen 1999 und 2006 liegt diese Gruppe leicht über dem Durchschnitt.

Die Entwicklungen zwischen 1986 und 1992 waren für alle Berufe stärker, der Mittelwert über alle Berufe ist hier als horizontale Linie abgetragen. Die Veränderungen der Berufe mit niedrigem Akademikeranteil insgesamt (Abb. 3, linke Grafik; ihr Mittelwert durch ein „X" gekennzeichnet) lagen in diesem Zeitraum unter dem Durchschnitt aller Berufe. Zwischen 1999 und 2006 gab es zum einen generell, zum anderen auch speziell für diese Berufe weniger starke Veränderungen. Man kann also nicht sagen, dass die Veränderungen in der Arbeitswelt sich in der Hauptsache auf Berufe Fachqualifizierter [11] auswirken. Im Gegenteil, die rechte Grafik der Abbildung 3 zeigt für Berufe mit hohem Anteil akademisch ausgebildeter Erwerbstätiger, dass zumindest die erste Phase der Veränderungen zwischen 1986 und 1992 vor allem diese (17 von 92) Berufe betraf. Auch für die Phase zwischen 1999 und 2006 liegt diese Gruppe leicht über dem Durchschnitt.

Fazit

Es sollte der unterstellte Wandel der Beruflichkeit nachvollzogen werden. Veränderungen in Berufszuschnitten wären die Folgen eines solchen Wandels, die sich wiederum auf die individuellen Erwerbsverläufe auswirken . Bevor aber die tatsächlichen Auswirkungen dargestellt und angemessen eingeschätzt werden können, ist es nötig, empirische Beweise für die unterstellten Veränderungen und damit auch für den Wandel beruflicher Anforderungen an Erwerbstätige zu erbringen.

Tatsächlich zeigt sich aber eine erstaunliche Konstanz der beruflichen Inhalte. Die fachlichen Inhalte – aus der Sicht der Erwerbstätigen – können in (mindestens) drei Dimensionen beschrieben werden. Wirklich deutliche Veränderungen lassen sich nur für die Herauslösung kaufmännischer Inhalte feststellen, die zu einer eigenständigen Dimension der Berufsfachlichkeit zu werden scheinen.

In den Produktionsberufen hat es vor allem Veränderungen im Sinne einer weiteren Technisierung und im Sinne einer nun erhöhten Komplexität oder auch größerer beruflicher Entscheidungsfreiheiten gegeben. Im Bereich interaktiver

---

[11] Dies sind Berufe, in denen die Mehrzahl der Erwerbstätigen eine berufliche Ausbildung (Lehre oder Vergleichbares) gemacht haben, sie stellen in dieser Gruppe 68 von 75 Berufen.

und vermittelnder Inhalte gab es kaum Veränderungen. In sekundären Dienstleistungsberufen hat ebenfalls eine Technisierung stattgefunden, wie auch eine Zunahme der Anteile komplexerer und Entscheidungen fordernder Inhalte. Besonders zwischen 1986 und 1992 kam es zu einer Zunahme von vermittelnden und interaktiven Inhalten.

Was die Tragweite der Veränderungen angeht, so betreffen sie hauptsächlich Berufe, die durch hohe Anteile akademisch qualifizierter Erwerbstätiger geprägt sind. Das Gros der Berufe und damit auch das Gros der Erwerbstätigen ist kaum von den Veränderungen betroffen. So wird die Konstanz der Beruflichkeit deutlich. Ob der fachliche Kern von Beruflichkeit eine Orientierungsfunktion für Erwerbstätige erfüllen kann, mit der sich die Brüche in ihren Erwerbskarrieren besser integrieren lassen, lässt sich heute noch nicht sagen. Aber hier besteht ein Potential für eine solche Orientierung jenseits des Berufs als ordnungspolitischer Größe oder klassifikatorischem Konzept.

Felix Rauner (2010a, 2010b) stellt den Zusammenhang zwischen beruflichen Kompetenzen und beruflicher Identität dar. Beide entwickeln sich in der Berufsausbildung und begründen im besten Fall eine Berufsethik, die Leistungswillen und Qualitätsbewusstsein der Erwerbstätigen fördern. Noch etwas breiter formuliert *Richard Sennett* (2008) handwerkliche Beruflichkeit (*craftsmanship*) als „the desire to do something well for its own sake" (*Sennet* 2008, 9). Dann bietet ein über den Erwerbsverlauf stabiler fachlicher Kern positive Identifikations- und Orientierungschancen für Erwerbstätige. Die Stabilität des fachlichen Kernes, wie sie die Ergebnisse der Erwerbstätigenbefragungen zeigen, deutet dann gleichermaßen auf die Stabilität des sozialen Kernes hin. Solange der fachliche Kern ihrer Beruflichkeit fortbesteht und sich weiterentwickelt, wird von „Entberuflichung" – im Sinne des Verschwindens von Berufen – also nicht zu reden sein, werden Berufe, vielleicht als weiter gefasstes Konzept und bei uns vorherrschende Form von Erwerbsarbeit weiter bestehen.

Literatur

Bolder, Axel, 2010: Arbeit, Qualifikation und Kompetenzen, in: Tippelt, Rudolf; Schmidt, Bernhard (Hrsg.): Handbuch Bildungsforschung, Wiesbaden, 3. Aufl., 813-843

*Bühl, Walter L.,*1995: Institution, in: Fuchs-Heinritz, Werner, u.a. (Hrsg.): Lexikon zur Soziologie, Opladen, 302

Daheim, Hansjürgen, 1995: Berufsform der Arbeit, in: Fuchs-Heinritz, Werner, u.a. (Hrsg.): Lexikon zur Soziologie, Opladen, 89

Dandl, Herbert, 2006: Arbeit und Beruf im historischen Prozess, Dortmund

Giddens, Anthony, 1997: Sociology, Cambridge

Harney, Klaus, 1997: Der Beitrag der historischen Berufsbildungsforschung zur Berufspädagogik als Wissensform, in: Zeitschrift für Berufs- und Wirtschaftspädagogik 93, 3, 227-241

Hawranek, Dietmar, 2008: Neues Takt-Gefühl, in: Der Spiegel, 33/2008, 76-77

Herrigel, Gary; Sabel, Charles F., 1999: Craft Production in Crisis. Industrial restructuring in Germany during the 1990s, in: Culpepper, Pepper D.; Finegold, David (Hrsg.): The German Skills Machine, New York und Oxford, 77-114

Kalkowski, Peter, 1997: Qualitätsproduktion als Aufgabe der Betriebsorganisation, in: Hirsch-Kreinsen, Hartmut (Hrsg.): Organisation und Mitarbeiter im TQM, 13-61

Kern, Horst; Schumann, Michael, 1970: Industriearbeit und Arbeiterbewußtsein, Frankfurt a.M.

Kern, Horst; Schumann, Michael, 1984: Das Ende der Arbeitsteilung? Rationalisierung in der industriellen Produktion, München

Kurtz, Thomas, 2005: Die Berufsform der Gesellschaft, Weilerswist

Moldaschl, Manfred, 1997: Arbeitsorganisation und Leistungspolitik im Qualitätsmanagement, in: Hirsch-Kreinsen, Hartmut (Hrsg.): Organisation und Mitarbeiter im TQM, 63-95

Rahn, Sylvia, 1999: Der Doppelcharakter des Berufs. Beobachtung einer erziehungs- und sozialwissenschaftlichen Debatte., in: Harney, Klaus; Tenorth, Heinz-Elmar (Hrsg.): Beruf und Berufsbildung. Situation, Reformperspektiven, Gestaltungsmöglichkeiten (= Zeitschrift für Pädagogik, Sonderheft 40), 85-100

Rauner, Felix, 2010a: Moderne Berufsbilder als Dreh- und Angelpunkt für die Organisation gesellschaftlicher Arbeit und die Gestaltung beruflicher Bildungsgänge, in: Pflegewissenschaft 03/10, 141-148

Rauner, Felix, 2010b: Demarkationen zwischen beruflicher und akademischer Bildung und wie man sie überwinden kann (= A+B Forschungsberichte 7/2010), Bremen usw.

Schmid, Kurt, 2001: Skills Based Management in Austria. Nationaler Endbericht, Wien

Schumann, Michael, 2003: Struktureller Wandel und Entwicklung der Qualifikationsanforderungen, in: SOFI-Mitteilungen, 31, 105-112

Schumann u.a. (= Schumann, Michael; Baethge-Kinsky, Volker; Kuhlmann, Martin, u.a.), 1994: Trendreport Rationalisierung. Automobilindustrie, Werkzeugmaschinenbau, Chemische Industrie, Berlin

Sennett, Richard, 2008: The Craftsman, New Haven und London

Springer, Roland, 1998: Das Ende neuer Produktionskonzepte? Rationalisierung und Arbeitspolitik in der deutschen Automobilindustrie, in: Hirsch-Kreinsen, Hartmut; Wolf, Harald (Hrsg.): Arbeit, Gesellschaft, Kritik. Orientierungen wider den Zeitgeist, Berlin, 31-58

Tiemann, Michael, 2010: Wissensintensive Berufe (= Wissenschaftliche Diskussionspapiere, 114), Bonn

Tiemann u.a. (= Tiemann, Michael; Schade, Hans-Joachim; Helmrich, Robert, u.a.), 2008: Berufsfeld-Definitionen des BIBB (= Wissenschaftliche Diskussionspapiere, 105), Bonn

Volkholz, Volker; Köchling, Annegret, 2002: Lernen und Arbeiten, in: Arbeitsgemeinschaft Betriebliche Weiterbildungsforschung (Hrsg.): Kompetenzentwicklung 2001: Tätigsein – Lernen – Innovation, Münster und New York, 375-415

Voß, G. Günter; Pongratz, Hans J., 1998: Der Arbeitskraftunternehmer, in: Kölner Zeitschrift für Soziologie und Sozialpsychologie 50, 131-158

Anhang

Die Entwicklung der am stärksten besetzten Berufe
(in Prozent aller Erwerbstätigen)

BO-Kennz*.	Berufsordnung*	1986	1992	1999	2006
11	Landwirte	1.64	0.94	0.58	0.67
51	Gärtner, Gartenarbeiter	0.54	0.60	0.63	0.76
53	Floristen	0.24	0.28	0.30	0.26
71	Bergleute	0.20	0.18	0.17	0.06
141	Chemiebetriebswerker	0.51	0.51	0.51	0.51
221	Dreher	0.30	0.64	0.27	0.48
241	Schweißer, Brennschneider	0.23	0.24	0.25	0.31
261	Feinblechner	0.27	0.23	0.30	0.32
262	Rohrinstallateure	0.82	0.93	1.36	0.82
270	Schlosser, o.n.A.**	2.75	0.89	0.96	0.85
281	Kraftfahrzeuginstandsetzer	1.45	1.57	1.15	1.03
285	Sonstige Mechaniker	0.43	0.49	0.32	0.24
291	Werkzeugmacher	0.53	0.59	0.44	0.33
311	Elektroinstallateure, -monteure	1.97	2.24	1.83	1.70
312	Fernmeldemonteure, -handwerker	0.37	0.28	0.17	0.16
314	Elektrogerätebauer	0.33	0.42	0.48	0.38
323	Metallarbeiter, o.n.A.	0.34	0.36	0.37	0.56
351	Schneider	0.46	0.36	0.24	0.08
356	Näher, a.n.g.***	0.23	0.36	0.26	0.10
391	Backwarenhersteller	0.55	0.37	0.52	0.27
401	Fleischer	0.35	0.35	0.40	0.21
411	Köche	0.90	0.86	1.03	0.91
441	Maurer	1.34	1.40	1.23	0.54
451	Zimmerer	0.33	0.25	0.26	0.24

BO-Kennz.	Berufsordnung	1986	1992	1999	2006
452	Dachdecker	0.27	0.25	0.34	0.12
501	Tischler	1.14	1.35	1.09	0.87
511	Maler, Lackierer (Ausbau)	0.90	0.98	0.69	0.44
521	Warenprüfer, -sortierer, a.n.g.	0.30	0.47	0.43	0.71
522	Warenaufmacher, Versandfertigmacher	0.65	0.71	0.74	1.00
531	Hilfsarbeiter o.n.T.****	2.30	1.67	1.64	0.59
543	Sonstige Maschinisten	0.32	0.40	0.61	0.69
602	Elektroingenieure	0.28	0.43	0.34	0.67
603	Architekten, Bauingenieure	0.79	0.79	0.64	0.64
607	Sonstige Ingenieure	0.56	0.78	1.04	0.73
621	Maschinenbautechniker	0.26	0.34	0.32	0.72
622	Techniker des Elektrofaches	0.50	0.34	0.53	0.58
628	Sonstige Techniker	0.97	1.33	1.36	0.87
629	Industriemeister, Werkmeister	0.47	0.68	0.58	0.62
633	Chemielaboranten	0.19	0.33	0.21	0.27
635	Technische Zeichner	0.63	0.54	0.40	0.20
681	Groß- und Einzelhandelskaufleute, Einkäufer	3.37	3.08	3.11	3.06
682	Verkäufer	4.66	5.37	4.77	3.74
683	Verlagskaufleute, Buchhändler	0.23	0.17	0.27	0.18
687	Handelsvertreter, Reisende	0.67	0.75	0.62	0.76
691	Bankfachleute	2.02	2.03	1.89	2.14
694	Lebens-, Sachversicherungsfachleute	1.08	1.00	1.04	0.98
701	Speditionskaufleute	0.43	0.49	0.38	0.39
703	Werbefachleute	0.23	0.16	0.30	0.37
712	Eisenbahnbetriebsregler, -schaffner	0.29	0.15	0.15	0.15
714	Kraftfahrzeugführer	2.34	2.42	2.52	2.22
732	Postverteiler	0.68	0.60	0.51	0.58
734	Telefonisten	0.18	0.15	0.15	0.37
741	Lagerverwalter, Magaziner	0.63	0.62	0.62	0.91
744	Lager-, Transportarbeiter	0.87	0.80	1.06	1.03
751	Unternehmer, Geschäftsführer, Geschäftsbereichsleiter	1.54	1.35	2.05	2.49
752	Unternehmensberater, Organisatoren	0.23	0.25	0.53	1.77

Die Entwicklung von Beruflichkeit im Wandel der Arbeitswelt

BO-Kennz.	Berufsordnung	1986	1992	1999	2006
753	Wirtschaftsprüfer, Steuerberater	0.31	0.52	0.72	0.74
762	Ltd., admin. entscheidende Verwaltungsfachleute	1.34	1.08	1.32	1.63
772	Buchhalter	1.29	1.31	0.85	1.44
773	Kassierer	0.33	0.60	0.48	0.55
774	Datenverarbeitungsfachleute	0.95	1.06	1.36	2.54
781	Bürofachkräfte	11.11	12.02	10.53	8.94
782	Stenographen, Stenotypisten, Maschinenschreiber	1.77	1.68	1.27	1.05
784	Bürohilfskräfte	0.50	0.22	0.30	0.13
792	Wächter, Aufseher	0.20	0.29	0.33	0.37
793	Pförtner, Hauswarte	0.55	0.54	0.57	0.67
801	Soldaten, Grenzschutz-, Polizeibedienstete	0.95	1.26	1.47	1.39
813	Rechtsvertreter, -berater	0.30	0.20	0.34	0.40
821	Publizisten	0.28	0.24	0.35	0.51
833	Bildende Künstler, Graphiker	0.18	0.26	0.27	0.28
841	Ärzte	0.47	0.40	0.53	0.65
852	Masseure, Krankengymnasten und verwandte Berufe	0.34	0.31	0.43	0.69
853	Krankenschwestern, -pfleger, Hebammen	1.35	1.98	2.00	2.59
854	Helfer in der Krankenpflege	0.26	0.28	0.37	0.39
856	Sprechstundenhelfer	1.06	1.08	1.22	1.29
857	Medizinallaboranten	0.30	0.31	0.34	0.28
861	Sozialarbeiter, Sozialpfleger	0.72	0.84	1.41	1.72
862	Heimleiter, Sozialpädagogen	0.50	0.34	0.79	1.37
864	Kindergärtner/innen, Kinderpfleger/innen	0.74	1.06	1.17	0.98
871	Hochschullehrer, Dozenten an höh. Fachschulen, Akademien	0.22	0.21	0.24	0.51
872	Gymnasiallehrer	0.99	0.57	0.89	1.06
873	Real-, Volks-, Sonderschullehrer	2.16	2.05	2.69	2.49
874	Fach-, Berufsschul-, Werklehrer	0.41	0.34	0.27	0.62
881	Wirtschafts-, Sozialwissenschaftler, a.n.g., Statistiker	0.55	0.42	0.57	0.37
901	Friseure	0.84	1.09	0.80	0.37

BO-Kennz.	Berufsordnung	1986	1992	1999	2006
911	Gastwirte, Hoteliers, Gaststättenkaufleute	0.67	0.51	0.58	0.53
912	Kellner, Stewards	0.80	0.59	0.84	0.66
921	Hauswirtschaftsverwalter	0.26	0.27	0.37	0.37
923	Hauswirtschaftliche Betreuer	0.35	0.33	0.36	0.39
933	Raum-, Hausratreiniger	1.75	2.08	2.07	1.62
991	Arbeitskräfte o.n.T.	0.19	0.34	0.59	0.42
	Zusammen	82.1	83.2	84.0	83.7

* Nach der Klassifizierung der Berufe (der Bundesanstalt für Arbeit) 1988
** o.n.A.: ohne nähere Angaben
*** a.n.g.: Anderes nicht genannt
**** o.n.T. ohne nähere Tätigkeitsangabe

Autor

Michael Tiemann, geb. 1976, Wissenschaftlicher Mitarbeiter im Bundesinstitut für Berufsbildung, Arbeitsbereich 2.2: „Qualifikation, berufliche Integration und Erwerbstätigkeit" (tiemann@bibb.de). Schwerpunkte: Arbeit und Berufe im Wandel, Umgang mit Wissen in Erwerbstätigkeit

→ Rohrbach-Schmidt, Daniela; Tiemann, Michael, 2011: Mismatching and job tasks in Germany – rising over-qualification through polarization? In: Empirical Research in Vocational Education and Training 3, 1, 39-53

DIETER MÜNK, CHRISTIAN SCHMIDT

Diskontinuierliche Bildungs- und Erwerbsbiographien als Herausforderung für die duale Berufsausbildung

1 Strukturprobleme der dualen Berufsausbildung

Das duale System beruflicher Bildung bezieht einen großen Teil seiner Legitimation nicht nur aus der Qualifizierungsfunktion in Bezug auf den Arbeitsmarkt, sondern auch aus einer auf den Lebenslauf bezogenen *streaming*-Funktion an der Statuspassage zwischen dem Verlassen der allgemeinbildenden Schule und dem Eintritt in die Erwerbstätigkeit (*Sweet* 2009, 31). Großen Teilen der Jugend kann ein qualifizierter Berufsabschluss vermittelt und ein relativ bruchloser Übergang von der allgemeinbildenden Schule in den Beruf ermöglicht werden. Lange Zeit ging diese *streaming*-Funktion einher mit einer geringen Jugendarbeitslosigkeit (*Konsortium Bildungsberichterstattung* 2006, 79; *Baethge* 2004, 14). Die duale Berufsausbildung soll einen „nahtlosen Übergang in eine berufsförmige Produktions- und Sozialverfassung" (*Ostner* 1997, 77) gewährleisten und strukturiert somit die Normalbiographie.

Die Auflösungserscheinungen im Konzept des Normallebensverlaufes, welche sich in diskontinuierlichen Erwerbsbiographien ausdrücken, bedeuten für die duale Ausbildung, dass die in ihr erworbenen Qualifikationen nicht mehr den Grundstock für die Anforderungen im Erwerbsleben stellen, sondern dass diese im Prozess des „lebenslangen Lernens" kontinuierlich, zum Teil auch über die Wissensdomänen des Ausbildungsberufes hinaus, erweitert werden müssen. Der Strukturwandel und die Einführung neuer Technologien in der Produktion sowie beschleunigte Innovationsrhythmen in Industrie und Dienstleistung gehen einher mit De- und Requalifizierungsprozessen und „less stable occupational careers". Eine kürzere Halbwertszeit der in der beruflichen Erstausbildung erworbenen Kompetenzen sei die Konsequenz (*Buchmann* 1989, 49).

Auch die Funktion dualer Ausbildung, relativ bruchlose Statuspassagen von der Bildungsphase in die Erwerbsphase zu ermöglichen, erodiert. Das Übergangssystem als Konglomerat von Schulformen und Maßnahmen, die zu keinem anerkannten beruflichen Bildungsabschluss führen und deren Funktion darin gesehen wird, den Jugendlichen einen Übergang in die reguläre duale oder vollschulische Ausbildung zu ermöglichen, verdeutlicht, dass vor allem gering qualifizierte Jugendliche nicht nur mit den Herausforderungen einer diskontinuierlichen Erwerbsbiographie konfrontiert sind, sondern dass sich für sie auch die berufsbezogene Bildungsphase selbst mehr und mehr diskontinuierlich gestaltet (s. Abschn. 2). Der längere Verbleib in Bildungsinstitutionen und ein späterer Einstieg in die Erwerbstätigkeit sowie der steigende Anteil Jugendlicher, die mehr als eine Ausbildung absolvieren oder mehrere aufeinander aufbauende Bildungsstationen hinter sich bringen (z.b: erst Berufsvorbereitung, dann duale Ausbildung oder erst duale Ausbildung, dann tertiärer Bildungsgang), werden als Indikatoren einer Destandardisierung der beruflichen Bildungsphase gewertet (*Solga* 2004, 100). Diese Entwicklung wird überlagert durch die Einführung des Europäischen Qualifikationsrahmens (*Schmidt/Walter* 2010; s. Abschn. 3). Er entspricht einerseits den längerfristig sich abzeichnenden Tendenzen zur Pluralisierung und Flexibilisierung der Bildungssysteme innerhalb der Europäischen Union, wird andererseits blockiert durch eine Politik der Bestandssicherung des dualen Systems. Damit sind Fragen aufgeworfen, die einer dringend erforderlichen „Modernisierung durch Gestaltung von Vielfalt und Pluralität" (*Kutscha* 1999) im Hinblick auf diskontinuierliche Bildungs- und Erwerbsbiographien als Herausforderung für die duale Berufsausbildung betreffen (s. Abschn. 4).

2 Das Übergangssystem und modulare Reformoptionen

Das Übergangssystem als Segment des beruflichen Bildungssystems hat seinen Charakter als kurzfristiges Steuerungs- und Interventionsinstrument seit langem verloren und ist zu einem fest etablierten Bestandteil des Bildungssystems geworden (*Autorengruppe Bildungsberichterstattung* 2008, 96ff.). Dabei ist der Begriff „Übergangssystem" schon deshalb irreführend, weil die enthaltene Metaphorik die Herstellung von Brücken und Übergängen im Sinne einer gelungenen bildungs- und berufsbiographischen Statuspassage aus dem Bildungs- in das Beschäftigungssystem evoziert, jedoch dieses Versprechen nicht halten kann, da Übergänge in qualifizierende Ausbildung lediglich in geringem Maß ermöglicht werden (*Münk* 2008). *Martin Kipp* charakterisiert den Terminus „Übergangssystem" im Vorwort der Arbeit von *Stephan Stomporowski* folgerichtig als „beschönigende Bezeichnung für einen sozialpolitisch skandalösen Dschungel von ‚Maßnahmen', in dem die Jugendlichen seit Jahren geparkt werden oder Warteschleifen drehen" (*Stomporowski* 2007, I).

In direktem Bezug auf die *streaming*-Funktion dualer Ausbildung orientieren sich Schulformen und Maßnahmen im Übergangssystem stark an der „Normalisierung" des Lebensverlaufs und stellen ein Maßnahmenbündel dar, welches deviante beziehungsweise prekäre Lebensverläufe wieder in die intendierte Abfolge der Stationen der Normalbiographie eingliedern soll (*Stauber/Walther* 1999, 31). Vor allem die beruflichen Vollzeitschulen orientieren sich an Berufsfeldern und sind didaktisch oft durch eine Defizitorientierung geprägt. Die Kompetenzen der SchülerInnen werden als defizitär gegenüber jenen in der regulären dualen Ausbildung eingeschätzt und das didaktische Ziel besteht im Schließen dieser Kompetenzlücke (*Biermann/Rützel* 1991).

Somit erklärt sich auch aus dem Bemühen, die sozialintegrative Wirkung beruflicher Bildung bei abnehmender Aufnahmefähigkeit des dualen Systems aufrecht zu erhalten, die Bereitschaft, aus unterschiedlichen Quellen erhebliche finanzielle Mittel für das Übergangssystem zu verwenden. Erst in jüngerer Zeit rückt hierbei das Bestreben in den Vordergrund, die Wirksamkeit der finanzierten Maßnahmen zu erfassen, wobei meist auf Übergangsquoten in reguläre Ausbildung abgestellt wird (*Autorengruppe Bildungsberichterstattung* 2008, 167).

Der unbestimmte Charakter des Übergangssystems als „pädagogischer Zwischenraum" (*Stomporowski* 2007), der zu Beginn der 1970er Jahre in unterschiedlichen Bundesländern in unterschiedlichen Formen als temporär befristete Reaktion auf die Ausbildungsstellenkrise etabliert wurde, hat sich im Laufe der Jahre nicht nur regional, das heißt: bundeslandspezifisch, sondern auch in seiner horizontalen und vertikalen Differenzierung immer weiter ausgegliedert und wurde obendrein durch eine inzwischen unüberschaubare Fülle von Einzelmaßnahmen ergänzt, die zeitlich, regional und bezogen auf die Adressaten von sehr begrenzter Bedeutung und Effektivität waren und sind (*Stomporowski* 2007).

Schon früh interpretierten *Barbara Stauber* und *Andreas Walther* diese Probleme des deutschen Übergangssystems als in der Orientierung an der Normalbiographie und der Normalisierung des Lebensverlaufs der Jugendlichen begründet (*Stauber/Walther* 1999). Die zugrundeliegende Inklusionsstrategie sei auf die Normalität eines Erwerbssystems ausgerichtet, in dem alle in sozialversicherungspflichtige und existenzsichernde Arbeit integriert werden könnten. Diskontinuierliche Erwerbs- und Bildungsbildungsbiographien würden nicht als Resultat sozioökonomischer Rahmenbedingungen angesehen, auf die mit entsprechender Anpassung zu reagieren sei. Vielmehr würde an alten Strukturen festgehalten in der Hoffnung, dass sich die „Normalität" kontinuierlicher Erwerbs- und Bildungsverläufe wieder einstelle und die traditionellen Maßnahmen der Inklusion von Jugendlichen wieder greifen würden (S. 32).

Während in anderen Ländern Europas auf die Existenz diskontinuierlicher Bildungs- und Erwerbsbiographien reagiert würde, indem *school-to-work-transitions* als flexible Übergänge konzipiert würden, die unterschiedliche Zielsetzungen umfassten, orientiere sich das bundesdeutsche Übergangssystem an der Einmündung in den Ausbildungsberuf. Gleichzeitig befänden sich innerhalb des Übergangssystems Jugendliche, die qualifikationsbedingt kaum in die duale Ausbildung integrierbar seien. Auch könnten objektiv gelungene Übergänge in Ausbildung subjektiv als „misleading trajectories" (*Stauber/Walther* 1999) gewertet werden, was auch in den hohen Ausbildungsabbrecherzahlen zum Ausdruck komme. Letztendlich ist die Fixierung auf den Übergang in duale Ausbildung auch dadurch begründet, dass diesem zentralen Bereich deutscher Berufsbildung mit dem Übergangssystem kein konkurrierendes Teilsystem erwachsen soll, welches unterhalb der Schwelle der abgeschlossenen Berufsausbildung Teilqualifikationen zertifiziert. Dem Konzept beruflich verfasster Ausbildung soll keine Konkurrenz in Form von an *employability* ausgerichteten schulischen Formen beruflicher Bildung erwachsen (*Münk* 2008, 44). Die Jugendlichen, welche unter diesen Umständen über Jahre oder bis zum Verzicht auf weitere Bildungsbeteiligung keine zertifizierten beruflichen Qualifikationen erwerben können, werden etwa von *Dieter Münk* und *Christian Schmidt* in diesem Zusammenhang als „Kollateralschaden" dualer beruflicher Bildung bezeichnet (*Münk/Schmidt* 2010).

Letztendlich bedeutet die dauerhafte Existenz eines Übergangssystems, dass das duale System unter Reformdruck steht. Es muss sich an ein Umfeld anpassen, in dem der bruchlose Übergang von der Ausbildungsphase in die Erwerbsphase für viele Jugendlich nicht gegeben ist. Aktuell besteht jedoch die Tendenz innerhalb des deutschen Systems beruflicher Bildung, den Veränderungsdruck zwar zur Kenntnis zu nehmen, jedoch das bestehende System nur peripher anpassen zu wollen. Dabei wird versucht, Ansätze einer vorsichtigen Öffnung des dualen Systems in Richtung Übergangssystem in die bestehende Struktur einzupassen (*Euler* 2007). Umgekehrt und ungeachtet dessen wird von Teilen der Wissenschaft weiterhin unverdrossen vorgeschlagen, die deutsche Vorstellung von Beruflichkeit europaweit zu exportieren (*Rauner* 2005, 10ff).

Der Vorschlag von *Dieter Euler* und *Eckart Severing*, durch die Einführung von Ausbildungsbausteinen eine verbesserte horizontale und vertikale Integration mit vor- und nachgelagerten Bildungsangeboten zu erreichen und dabei die bestehenden Strukturen weitgehend beizubehalten, bezog sich direkt auf die Problematiken diskontinuierlicher Erwerbs- und Bildungsbiographien und die Probleme des Übergangssystems. Die Zertifizierung und Anrechnung im Übergangssystem absolvierter Ausbildungsbausteine hätte eine Öffnung der dualen Ausbildung in Richtung Übergangssystem bedeuten können (*Euler/Severing* 2006). Die kontroverse Debatte in dem vom Bundesministerium für Bildung und Forschung (BMBF) einberufenen „Innovationskreis berufliche Bildung" offenbart indes deutlich, dass derartige Strukturreformen berufsbildungspolitisch nicht durchzusetzen sind (*Euler* 2007).

Heute existieren Qualifizierungsbausteine und Ausbildungsbausteine, wobei erstere in der Berufsvorbereitung eingesetzt werden, rechtlich in § 69 Abs. 1 BBiG verankert und als inhaltlich sowie zeitlich abgegrenzte Lerneinheiten definiert sind, die aus Inhalten anerkannter Ausbildungsberufe entwickelt werden. Ein Bezug zum jeweiligen Ausbildungsrahmenplan muss bestehen (vgl. *BIBB* 2010). Ausbildungsbausteine hingegen sind durch § 5, Abs 1 Satz 2, und § 11,

Abs. 1, des BBiG definiert. Im Gegensatz zu Qualifizierungsbausteinen sollen sie nicht Module einer der eigentlichen Berufsausbildung vorgelagerten Berufsvorbereitung bilden, sondern „abgegrenzte und bundesweit standardisierte Einheiten innerhalb der Gesamtstruktur eines Ausbildungsberufsbildes" (*BIBB* 2010).

Diese Aufteilung modularer Qualifizierungsformen in solche für die Berufsvorbereitung (Qualifizierungsbausteine) und solche für die reguläre Ausbildung (Ausbildungsbausteine) beeinträchtigt den integrativen Charakter modularer Ansätze stark, denn die Existenz zweier unterschiedlicher Klassen von Modulen für die unterschiedlichen Subsysteme „Übergangssystem" und „Berufliche Ausbildung" mit unterschiedlichen Arten der Zertifizierung und Prüfung scheint eher eine Einpassung modularer Modelle in die bestehenden Strukturen darzustellen (*Kramer* 2009, 35).

3 Europäische Berufsbildungspolitik und Europäischer Qualifikationsrahmen als Aufforderung zur Flexibilisierung

Parallel zur Entwicklung des Übergangssystems induziert die Einführung des Europäischen Qualifikationsrahmens einen Reformdruck in Richtung Flexibilisierung beruflicher Bildung. Mit der Empfehlung des Europäischen Rates zur Einrichtung des Europäischen Qualifikationsrahmens (EQR) wurde im Frühjahr 2008 der Rahmen für ein formal-administratives Instrument gesetzt, welches neben den Kreditpunktesystemen ECVET und ECTS[1] sowie dem Europass einen Beitrag zur europapolitischen Zielsetzung des „Lissabon-Prozesses", die Europäische Gemeinschaft zum „wettbewerbsfähigsten und dynamischsten wissensbasierten Wirtschaftsraum der Welt" zu entwickeln, leisten soll (*Schmidt/Walter* 2010). Zunächst ist Ziel des EQR, berufliche Qualifikationen und allgemeinbildende Abschlüsse europaweit durch Zertifizierung vergleichbar zu machen und so berufliche Mobilität über nationale Grenzen hinweg zu ermöglichen. Auch soll die Durchlässigkeit zwischen den und innerhalb der nationalen Bildungssysteme gefördert werden (*Schmidt/Walter* 2010). Auf einer zweiten Ebene setzt diese Strategie einen Vergleich von *outcome*-Leistungen der nationalen Berufsbildungssysteme voraus, wodurch eine Steuerung der nationalen beruflichen Bildungssysteme über die Vermessung und den Vergleich der jeweiligen qualifikatorischen *outcomes* möglich scheint. Mit dem EQR, der europaweiten Zertifi-

---

[1] ECVET: European Credit System for Vocational Education and Training; ECTS: European Credit Transfer and Accumulation System.

zierung beruflicher Kompetenzen und der Politik der offenen Koordination[2] wird von Ingrid *Drexel* ein wachsender Einfluss der europäischen Kommission auf die berufliche Bildung verbunden, der für das deutsche duale System nachteilige Folgen nach sich ziehen soll und als zentrale Herausforderung für die duale Ausbildung begriffen wird (*Drexel* 2005; 2008).

Die Problematik des EQR resultiert letztlich daraus, dass ein supranationales administratives Instrument nationale Bildungssysteme vergleichbar machen soll und dabei mit dem deutschen Verständnis von beruflichen Qualifikationen, deren Messbarkeit und Beschaffenheit sowie dem Verständnis von einer angemessenen Struktur beruflicher Bildung in Konflikt tritt. Dabei ist entscheidend, dass der Europäische Qualifikationsrahmen nicht losgelöst von politischen Zielen implementiert wird, sondern die Umsetzung einer übergeordneten politischen Zielsetzung, des „Lissabon-Prozesses", darstellt (*Münk/Schmidt* 2009).

Begrenzt wird die Wirkungsmacht des EQR durch die Tatsache, dass in Fragen der Bildungspolitik die Kompetenzen bei den Nationalstaaten liegen. Da in diesem Politikfeld keine grundlegenden nationalstaatlichen Kompetenzen auf die europäische Ebene übertragen wurden, bleibt der EQR zunächst ein formaler Metarahmen ohne rechtliche Verbindlichkeit für die einzelnen Nationalstaaten (*Herdeggen* 2009). Eine politische Wirkung könnte er nur dadurch entfalten, dass er vor dem Hintergrund der Ziele des Lissabon-Prozesses ein „Vergleich mit anderen Staaten einen Lernprozess in Gang" (*Mandl* 2003, 17) setzt und sich ein solcher Vergleich als „Katalysator für Reformen" (*CEDEFOP* 2009a, 2) in Richtung einer Harmonisierung europäischer Bildungssysteme auswirken würde.

Bedeutsam ist hierbei, dass die europäische Perspektive auf berufliche Bildung stark durch die Ziele der Steigerung des Anteils der erwachsenen Erwerbstätigen am „lebenslangen Lernen" und der Steigerung der räumlichen und beruflichen Mobilität der Erwerbstätigen geprägt ist (*CEDEFOP* 2009a). Hier stellt nicht die Integration in die Normalbiographie durch die Kategorie Beruf den Kern der politischen Agenda dar. Vielmehr ist die erkennbar einseitige „ökonomistische" Orientierung am zu erwartenden Qualifikationsbedarf der Wirtschaft Grundlage der Reformbemühungen (*CEDEFOP* 2009a). Die Verbindung von allgemeinbildenden Abschlüssen und zertifizierten beruflichen Kompetenzen, die im EQR angelegt ist, zielt nicht auf eine institutionelle Ausgestaltung des Übergangs von den allgemeinbildenden Schulen in die Erwerbstätigkeit über eine dreijährige, an der Kategorie „Beruf" orientierte Ausbildung. Im EQR liegt

---

[2] Das Verfahren der offenen Koordination ist geprägt durch von der Kommission vorgeschlagenen kurz-, mittel- und langfristigen Ziele, welche in ihrer Umsetzung an Fristen gebunden sind. Inhalt und Befristung werden von den Fachministern einstimmig vereinbart und sind so auch für die Nationalstaaten verbindlich. Als *rolling agenda* wird die europäische Berufsbildungspolitik kontinuierlich fortgeschrieben, in Ziele umformuliert und die Einhaltung dieser Ziele kontrolliert (*Drexel* 2005, 25).

vielmehr die Vorstellung einer marktförmigen Integration in Erwerbsarbeit durch die Akkumulation tätigkeitsbezogener und allgemeinbildender Kompetenzen begründet, die sich direkt an den Bedürfnissen der Wirtschaft beziehungsweise des Arbeitsmarktes orientieren sollen (*Drexel* 2008). Dies legen Veröffentlichungen des CEDEFOP zur europäischen Berufsbildungspolitik nach 2010 nahe, in denen die Ziele europäischer Berufsbildungspolitik in erster Linie aus der Notwendigkeit von Investitionen in Humankapital vor dem Hintergrund steigender Qualifikationsanforderungen und demographischen Wandels abgeleitet werden (*CEDEFOP* 2009b, 23ff). Diese „New skills for new jobs-Strategie" (S. 15) verbindet soziale Integration mit einer Stärkung der *employability* und Flexibilität von Arbeitnehmern (S. 16). Ziele sind vor allem die Steigerung von Mobilität sowie eine „better response to labour market needs" (S. 123).

Während im dualen System ein großer Teil der Qualität der Kompetenzvermittlung am hohen Formalisierungsgrad der Ausbildung (dreijährige Dauer, einheitliche Prüfungen, formalisierte Ausbildung der Lehrenden) festgemacht wird, vergleicht der EQR neben Qualifikationen *outcomes* im Sinne von Lernergebnissen in Form von geprüften Kompetenzen (*Bohlinger* 2006, 10). Auf welchem Wege ihr Erwerb erfolgt, spielt eine untergeordnete Rolle:

„Der EQR fungiert als Katalysator für Reformen, nicht zuletzt, weil er auf Lernergebnissen gründet, die messen, was ein Mensch am Ende einer bestimmten Art von Lernerfahrung kann. Dies ist eine radikale Abkehr von der bisherigen Betonung der Lernprozesse (Lehrpläne, Dauer und Ort des Lernens)" (*CEDEFOP* 2009a: 2).

Das deutsche Konzept beruflicher Handlungskompetenz mit seiner Differenzierung in Fach-, Personal- und Sozialkompetenz steht daher dem europäischen Modell von Kompetenzen als tätigkeits- und arbeitsplatzbezogenen Fertigkeiten gegenüber (*Bohlinger* 2006, 11). Der EQR betont als Zielkategorie des Kompetenzerwerbs stärker die Beschäftigungsfähigkeit, welche als Gegenmodell zur Berufsfähigkeit beziehungsweise beruflicher Handlungskompetenz als überbetrieblicher Integration persönlicher, sozialer und fachlicher Fähigkeiten und Einstellungen definiert wird (*Münk/Schmidt* 2009, 10; *Spöttl u.a.* 2009, 52). Die *outcome*-Orientierung des EQR orientiert sich nicht an formalisierten Phasen der (Aus-)Bildung und Erwerbstätigkeit, sondern soll lebenslang Lernprozesse fördern und validieren.

Da der EQR aufgrund des Subsidiaritätsprinzips keine rechtlichen Verbindlichkeiten für die einzelnen Nationalstaaten erzeugt, stellen nationale Qualifikationsrahmen die entscheidende Gelenkstelle zwischen den Plänen zur beruflichen Bildung im Lissabon-Prozess und den nationalen Berufsbildungssystemen dar. Für die Bundesrepublik soll der Deutsche Qualifikationsrahmen (DQR) rechtlich verbindlichen Charakter besitzen. Eine zentrale Stelle bei der Konzeption des

DQR nimmt der Arbeitskreis Deutscher Qualifikationsrahmen (AK-DQR) ein, der sich aus Vertretern der allgemeinen und beruflichen Bildung, der Sozialpartner, der Bildungsforschung und politischen Akteuren zusammensetzt. Veröffentlichungen zur Arbeit des Arbeitskreises legen nahe, dass dem DQR stärker die Aufgabe zukommt, das deutsche Bildungssystem in seinem Status quo abzubilden als es – entsprechend den Ratsempfehlungen – gegenüber anderen europäischen Qualifizierungssystemen zu öffnen. Es herrscht die Meinung vor, dass die Niveaustufen des DQR das bestehende System der Zugangsberechtigungen und das Berechtigungssystem insgesamt nicht ersetzen sollen (*Dehnbostel u.a.* 2010, 61). So soll die Einordnung in bestimmte Niveaustufen des DQR nicht automatisch zum Zugang zu Ausbildungsgängen der nächsten Niveaustufen berechtigen. Dies kann als Schutz des dualen Systems gegenüber *outcome*- und kompetenzorientierten Qualifizierungswegen im In- und europäischen Ausland gewertet werden (*Schmidt/Walter* 2010). *Thomas Deißinger* resümiert zur Haltung der Sozialpartner zum DQR:

„Bislang scheint es aus Sicht der Sozialpartner allerdings primär darum zu gehen, die etablierten Strukturen des deutschen Berufsbildungssystems abzusichern und gleichzeitig sich auf die europäische Terminologie dort einzulassen, wo diese Strukturen nicht direkt fokussiert werden" (*Deißinger* 2009, 41).

Die vom europäischen Rat geforderte „Brückenbildung" zwischen formalem, nicht-formalem und informellem Lernen durch eine verstärkte Validierung der beiden letztgenannten Lernformen wird von den an der Erstellung des DQR beteiligten Gremien explizit aufgegriffen (*BIBB-Hauptausschuss* 2010, 37f). Während allerdings einige EU-Länder die Ergebnisse informellen und nicht-formalen Lernens von vornherein in die Konstruktion ihrer nationalen Qualifikationsrahmen einbezogen haben, um eine Gleichwertigkeit mit auf formalen Wegen erworbenen Qualifikationen herbeizuführen, hat sich in Deutschland ein stufenweises Vorgehen herauskristallisiert, nach dem zunächst alle formalen Qualifikationen des deutschen Bildungssystems einbezogen werden, um danach die Ergebnisse des informellen Lernens zu berücksichtigen (*Dehnbostel u.a.* 2010, 5).

Hier steht eine grundlegende Entscheidung für die Ausgestaltung des DQR an, die weitreichende Konsequenzen in sich trägt. Eine kompetenzbasierte Validierung von nicht-formalem und informellem Lernen durch den DQR und eine durch Bildungsstandards, Lernergebnisorientierung, Akkreditierung und Qualitätsentwicklung gekennzeichnete Umsteuerung im gesamten Bildungssystem könnten die Vorstellung, dass die Zuordnung von formal und informell erworbenen Qualifikationen und Kompetenzen zu den Niveaustufen des DQR das bestehende System der Zugangsberechtigungen und des Berechtigungssystems insgesamt *nicht* ersetzen soll, konterkarieren (*Dehnbostel u.a.* 2010, 61). Das deutsche

"Bildungsschisma", also die strikte Trennung zwischen Allgemeinbildung und beruflicher Bildung (*Baethge* 2006) soll also auch durch den DQR nicht aufgebrochen werden, auch wenn die Einordnung berufsbildender und allgemeinbildender Abschlüsse auf gleichen Niveaustufen dies eigentlich nahelegt.

4 Reaktionsmuster auf durch das Übergangssystem und den EQR offenbare Strukturanpassungserfordernisse

Sowohl die Existenz des Übergangssystems als auch des EQR und DQR als Instrumente des Lissabon-Prozesses sind also Ausdruck einer veränderten Systemumwelt, die dem deutschen System beruflicher Bildung Anpassungsleistungen in Richtung einer größeren Öffnung und Flexibilisierung abverlangt. In beiden Fällen bleiben zunächst jedoch weiterreichende Anpassungsprozesse aus. Das duale System soll weder für Qualifikationen unterhalb der Ebenen der dualen oder vollschulischen Ausbildung noch für Qualifikationen, die in anderen europäischen Bildungssystemen erworben wurden, geöffnet werden. So wird in einem Rechtsgutachten zum DQR formuliert:

„Die Zuordnung einer Qualifikation zu einer Niveaustufe des Deutschen Qualifikationsrahmens hat keine unmittelbare Wirkung für den Zugang zu nationalen Berechtigungssystemen. Dies gilt auch dann, wenn die Zuordnung eine Qualifikation von der gleichen Niveaustufe aufweist, wie sie dem geforderten Berechtigungsnachweis (etwa für Zwecke der Ausbildung) entspricht" (*Herdegen* 2009, 27).

Somit zeigt sich die berufliche Bildung wenig offen für diskontinuierliche Bildungs- und Erwerbsbiographien. Für außerhalb des Regelsystems erworbene Kompetenzen stellt lediglich die Externenprüfung bei den Kammern einen Weg der Akkreditierung nicht-formal und informell erworbener Kompetenzen dar (*Petersen/Heidegger* 2010, 6). In der Tatsache, dass hier der EQR keinen unmittelbaren Zugang zum nationalen Berechtigungssystem garantieren kann, werden die Grenzen einer möglichen Steuerungsfunktion des EQR deutlich.

Solange kein Berufsbildungs-PISA oder ein alternatives *large-scale-assessment* im Bereich der beruflichen Aus- und Weiterbildung der OECD ähnliche Systemfragen aufwirft, wie die PISA-Studien es hinsichtlich des allgemeinbildenden Schulsystems getan haben, kann berufliche Bildung an einer institutionell ausgestalteten Statuspassage von der Bildungs- in die Erwerbsphase orientiert bleiben und sich einem durch *outcome*-Vergleiche getriebenen Öffnungsdruck widersetzen, und zwar selbst dann, wenn ein Teil der Jugendlichen dadurch in diskontinuierliche berufsbezogene Bildungsphasen einmündet und europäische (Berufs-)Bildungspolitik auf eine Öffnung hinsichtlich systemfremd erworbener Kompetenzen drängt. Letztendlich gestaltet erweist es sich für die Berufsausbildung unter diesen Umständen jedoch als schwierig, Anschluss an das Übergangssystem und an die Entwicklungen im Zusammenhang mit dem Lissabon-Prozess herzustellen. Auch kann gerade gering qualifizierten Jugendlichen schwer vermittelt werden, wie berufliche Bildung sie unter diesen Voraussetzungen auf eine durch Brüche und diskontinuierliche Erwerbsbiographien gekennzeichneten Lebensweg hinreichend qualifiziert. Die Probleme des Übergangsystems verweisen auf die Grenzen einer sozialen Inklusion durch Beruflichkeit. Eine stärkere Flexibilisierung wird aufgrund der Befürchtung, dass dadurch die Beruflichkeit von Ausbildungsprozessen stark eingeschränkt wird abgelehnt. Ohne eine solche Flexibilisierung erscheint es jedoch unwahrscheinlich, dem Verlust sozialer Inklusionsfähigkeit beruflicher Bildung, der sich in der Existenz des Übergangssystems ausdrückt, entgegenwirken zu können.

Die ablehnende Haltung gegenüber Flexibilisierungsbestrebungen im Berufsbildungssystem liegt wohl darin begründet, dass das Paradigma, an dem Qualifikation und soziale Integration ausgerichtet sind, am „Facharbeiter" als Sozialtypus ausgerichtet ist. Dieser Sozialtypus ist eingebettet in ein industrialistisches Lebenslaufregime (*Ostner* 1997). Einer abgeschlossenen Phase der Bildung im allgemeinbildenden Bildungssystem soll eine dreijährige Phase der beruflichen Erstausbildung folgen, die mit dem Übergang in die Phase der Erwerbstätigkeit endet. Die Systemarchitektur beruflicher Bildung kann Prozesse lebenslangen Lernens und *outcome*-orientierte Konzepte marktförmiger Kompetenzakkumulation auch deshalb so schwer integrieren, weil sie konträr zu dem industriegesellschaftlichen Vergesellschaftungsmodus stehen, der um den Sozialtypus „Facharbeiter" herum existiert.

Auf Herausforderungen wie Tendenzen der Erosion von Facharbeit, Akzentverschiebungen in den Kompetenzanforderungen in der Wissensgesellschaft in Richtung systematischen Wissens (*Baethge* 2004) und den Wandel des Normalarbeitsverhältnisses (*Arlt u.a.* 2009) kann nicht mit Qualifikationsrahmen und Bausteinen für Jugendliche im Übergangssystem allein reagiert werden. Eine erweiterte Perspektive, die nicht das Berufsbildungssystem isoliert betrachten, sondern auch die vor- und nachgelagerten Systeme bezüglich der Anrechnungsfähigkeit von Qualifikationen und der Anschlüsse zu weiterführenden Bildungsphasen mit in den Blick nimmt, würde einen Übergangsbegriff befördern, der nicht auf die erste Schwelle zur dualen Ausbildung beschränkt bliebe, sondern die Gesamtheit aller Bildungs-, Ausbildungs- und Qualifizierungsgänge und die gesamte Statuspassage von der Sekundarstufe I in die Erwerbstätigkeit aufnehmen könnte (*Kruse* 2009, 11f).

Die Implementierung des DQR vor dem Hintergrund der mit der Einführung des EQR verbundenen Lissabon-Ziele eröffnet eine Reihe grundsätzlicher Fragen zur Einordnung beruflicher Qualifikationen, die alle die Stellung der dualen Ausbildung in Abgrenzung zu vor- oder nachgelagerten Bildungsbereichen betreffen. *Deißinger* nennt hier die Frage der Einordnung der Abschlüsse und Qualifikationen eines pluralen Berufsbildungssystems, das neben der dualen Ausbildung vollschulische Ausbildungen und das Übergangssystem kennt, aber gleichzeitig auf Grundlage des Berufsprinzips dem dualen System einen exklusiven Charakter bezüglich der Aneignung von Kompetenzen zuschreibt (*Deißinger* 2009). Da alle beruflichen Bildungsgänge in den DQR eingeordnet werden müssen, treten neben dem Problem der Einordnung des Übergangssystems auch Probleme der höheren Berufsfachschulen (Assistentenberufe) in Bezug auf die Zulassung zur Kammernprüfung oder einer Teilanrechnung auf eine nachfolgende Berufsausbildung deutlich hervor. Der DQR impliziere ein einheitliches reliables Akkreditierungspunktesystem, welches die Anrechnung teilqualifizierender Berufsbildungsmaßnahmen an das duale System ermöglichen soll (S. 42). Für *Deißinger* stellt der DQR eine Aufforderung dar, die faktische Pluralisierung und Fragmentierung beruflicher Bildung zu akzeptieren und ihr mit Akkreditierungsstrukturen zu begegnen, die reliable Übergangswege ermöglichen.

Auch wenn der EQR selbst keine rechtlich bindende direkte Steuerungswirkung ausübt, so stellt doch bereits das Projekt einer Einordnung des gesamten Bildungssystems in einen deutschen Qualifikationsrahmen die Anschluss- und Strukturprobleme dualer Ausbildung deutlich heraus. Pluralität zu akzeptieren, statt nur dual zu denken, wie *Deißinger* es fordert, bleibt also die Herausforderung, die das Übergangssystem und der EQR an das deutsche Berufsbildungssystem stellen (S. 42).

Literatur

Autorengruppe Bildungsberichterstattung, 2008: Bildung in Deutschland 2008. Ein indikatorengestützter Bericht mit einer Analyse zu Übergängen im Anschluss an den Sekundarbereich I, Bielefeld

Baethge, Martin, 2004: Entwicklungstendenzen der Beruflichkeit – neue Befunde aus der industriesoziologischen Forschung, in: Zeitschrift für Berufs- und Wirtschaftspädagogik 100, 336-347

Baethge, Martin, 2006: Das deutsche Bildungs-Schisma: Welche Probleme ein vorindustrielles Bildungssystem in einer nachindustriellen Gesellschaft hat, in: SOFI-Mitteilungen 34, 13-29

BIBB (= Bundesinstitut für Berufsbildung), 2010: Unterscheidung/Abgrenzung Qualifizierungsbausteine/Ausbildungsbausteine (www.bibb.de/de/50372.htm [Zugriff: 11.11.2010])

BIBB-Hauptausschuss, 2010: Stellungnahme des BIBB-Hauptausschusses zur laufenden Erarbeitungsphase des Deutschen Qualifikationsrahmens (DQR), in: W&B Wirtschaft und Berufserziehung 3/2010, 37-38

Biermann, Horst; Rützel, Josef, 1991: Benachteiligte in der Beruflichen Bildung – eine alte Gruppe mit neuen Risiken? In: berufsbildung. Zeitschrift für Praxis und Theorie in Betrieb und Schule, 45, 414-421

Bohlinger, Sandra, 2006: Lernergebnisorientierung als Ziel beruflicher Qualifizierung? Absehbare und nicht absehbare Folgen der Einführung des Europäischen Qualifikationsrahmens, in: bwp@ Berufs- und Wirtschaftspädagogik – online 11, 1-14 (www.bwpat.de/ausgabe11/bohlinger_bwpat11.pdf [Zugriff: 12.01.2009])

Buchmann, Marlis, 1989: The Script of Life in Modern Society. Entry into Adulthood in a Changing World. Chicago und London

CEDEFOP, 2009a: Kontinuität, Ausbau und Veränderung. Europäische Politiker erörtern, was in der europäischen Berufsbildungspolitik erreicht wurde und wie trotz des wirtschaftlichen Abschwungs weitere Fortschritte erzielt werden können. CEDEFOP Kurzbericht (www.cedefop.europa.eu/etv/Upload/Information_resources/Bookshop/541/9014_de.pdf [Zugriff: 12.11.2010])

CEDEFOP, 2009b: Continuity, consolidation and change. Towards an European era of vocational education and training (= CEDEFOP Reference Series, 73), Luxemburg

Deißinger, Thomas, 2009: Der Deutsche Qualifikationsrahmen – Chance zur Lösung nationaler Problemlagen, in: Berufsbildung in Wissenschaft und Praxis 6/2009, 40-43

Dehnbostel u.a. (= Dehnbostel, Peter; Seidel, Sabine; Stamm-Riemer, Ida), 2010: Einbeziehung von Ergebnissen informellen Lernens in den DQR – eine Kurzexpertise, Bonn und Hannover (http://ankom.his.de/material/dokumente/Expertse_Dehnbostel_StammRiemer_Seidel_2010.pdf?PHPSESSID=aedc5ef6abed63f301104cae794a50e6 [Zugriff 11.04.2011])

Drexel, Ingrid, 2005: Das duale System und Europa. Ein Gutachten im Auftrag von ver.di und IG Metall, Berlin

Drexel, Ingrid, 2008: Berufsprinzip oder Modulprinzip? Zur künftigen Struktur beruflicher Bildung in Deutschland, in: vlbs (= Verband der Lehrerinnen und Lehrer an Berufskollegs NW) (Hrsg.): Die Berufskollegs stärken heißt die berufliche Bildung zu stärken: 10 Jahre Berufskolleg in NRW – ein Erfolgsmodell auf dem Weg zur Eigenständigkeit. Dokumentation zum Berufsbildungskongress des vlbs 2007, Krefeld, 118-134

Euler, Dieter, 2007: Alles soll so werden, wie es ist? Facetten einer Modernisierungsdiskussion in der Berufsbildung, in: Zeitschrift für Berufs- und Wirtschaftspädagogik 103, 1-6

Euler, Dieter; Severing, Eckart, 2006: Flexible Ausbildungswege in der Berufsbildung, Nürnberg und St. Gallen

Herdegen, Matthias, 2009: Der Europäische Qualifikationsrahmen fu☐r lebenslanges Lernen – Rechtswirkungen der Empfehlung und Umsetzung im deutschen Recht – Rechtsgutachten im Auftrag des Bundesministeriums fu☐r Bildung und Forschung (www.deutscherqualifikationsrahmen.de/SITEFORUM?t=/documentManager/sfdoc.file.detail&e=UTF-8&i=1215181395066&l=1&fileID=1268992250172 [Zugriff: 16.11.2010])

Kramer, Beate, 2009: Ausbildungsbausteine – Qualifizierungsbausteine: Eine Abgrenzung der Konzepte, in: BIBB (Hrsg.): Jobstarter Connect. Ausbildungsbausteine in der Praxis, 29-36

Kruse, Wilfried, 2009: Jugend: Von der Schule in die Arbeitswelt, Stuttgart

Kutscha, Günter, 1999: Gestaltung von Vielfalt und Pluralität als Modernisierungsaufgabe der beruflichen Aus- und Weiterbildung in Deutschland und im Hinblick auf die Entwicklungen in der Europäischen Union, in: Senatsverwaltung für Arbeit, Berufliche Bildung und Frauen (Hrsg.): Expertisen für ein Berliner Memorandum zur Modernisierung der Beruflichen Bildung (= Schriftenreihe der Senatsverwaltung für Arbeit, Berufliche Bildung und Frauen, 38), Berlin, 101-125

Ostner, Ilona, 1997: Beruflichkeit und Sozialpolitik, in: Voß, G. Günter; Pongratz, Hans J. (Hrsg.): Subjektorientierte Soziologie, Opladen, 73-93

Mandl, Ulrike, 2003: European policy making. Die offene Methode der Koordinierung als Alternative zur Gemeinschaftsmethode? (= Working Papers bmf, 4), Wien

Münk, Dieter, 2008: Berufliche Bildung im Labyrinth des pädagogischen Zwischenraums: Von Eingängen, Ausgängen, Abgängen – und von Übergängen, die keine sind, in: Münk, Dieter; Rützel, Josef; Schmidt, Christian (Hrsg.): Labyrinth Übergangssystem. Forschungserträge und Entwicklungsperspektiven der Benachteiligtenförderung zwischen Schule, Ausbildung, Arbeit und Beruf, Bonn, 31-52

Münk, Dieter; Schmidt, Christian, 2009: Qualifikationsrahmen. Instrument der Zertifizierung und Steuerung beruflicher Bildungsprozesse, in: berufsbildung 116/117, 8-11

Münk, Dieter; Schmidt, Christian, 2010: Das Übergangssystem: Labyrinth und Kollateralschaden dualer Ausbildung, in: Fischer, Andreas (Hrsg.): Die soziale Dimension von Nachhaltigkeit – Beziehungsgeflecht zwischen Nachhaltigkeit und Benachteiligtenförderung, Baltmannsweiler, 19-30

Petersen, Wiebke; Heidegger, Gerald, 2010: Stärkung des Subjekts durch Anerkennung von nicht-formalem und informellen Lernen? In: bwp@ Berufs- und Wirtschaftspädagogik – online 18, 1-21 (http://www.bwpat.de/ausgabe18/petersen_heidegger_bwpat18.pdf [Zugriff: 16.11.2010])

Rauner, Felix, 2005: „Über den Tag hinaus – Perspektiven für die berufliche Bildung und den Ausbildungsmarkt", Paper, vorgestellt auf der Fachkonferenz Benachteiligtenförderung 2005: Benachteiligtenförderung neu denken – Herausforderungen durch die Arbeitsmarktpolitik, Berlin (http://www.hiba.de/download-center/downloads/net2005/Fk_BNF_05_Gastvortrag_Prof_Dr_Rauner.pdf [Zugriff: 20.06.2010])

Schmidt, Christian; Walter, Marcel, 2010: Der Deutsche Qualifikationsrahmen für Lebenslanges Lernen – Stand und Entwicklungsperspektiven, in: Der pädagogische Blick. Zeitschrift für Wissenschaft und Praxis in pädagogischen Berufen, 4/2010, 247-251

Spöttl u.a. (= Spöttl, Georg; Bremer, Rainer; Grollmann, Phillipp; Musekamp, Frank), 2009: Gestaltungsoptionen für die duale Organisation der Berufsbildung, Düsseldorf

Stauber, Barbara; Walther, Andreas, 1999: Institutionelle Risiken sozialer Ausgrenzung im deutschen Übergangssystem (www.iris-egris.de/pdfs/tser-bericht-deutschland.pdf [Zugriff: 06.04.2010])

Stomporowski, Stephan, 2007: Pädagogik im Zwischenraum. Acht Studien zur beruflichen Bildung Benachteiligter an berufsbildenden Schulen, Paderborn

Solga, Heike, 2004: Increasing risks of stigmatization: Changes in school-to-work transitions of less-educated West Germans, in: Yale Journal of Sociology 4, 99-130

Sweet, Richard, 2009: Apprenticeship, Pathways und Career Guidance: A Cautionary Tale, in: Rauner, Felix; Smith, Erica; Hausschild, Ursel; Zelloth, Helmut (Hrsg.): Innovative Apprenticeships – Promoting Succesfull School-to-Work Transitions, Berlin, 17-34

Autoren

Dieter Münk, geb. 1962, Prof. Dr., Universität Duisburg-Essen, Institut für Berufs- und Weiterbildung (dieter.muenk @uni-due.de). Arbeitsschwerpunkte: Übergangssystem, Berufliche Bildung in Europa
→ Granato, Mona; Münk, Dieter; Weiß, Reinhold (Hrsg.), 2011: Migration als Chance. Ein Beitrag der beruflichen Bildung, Bielefeld.

Christian Schmidt, geb. 1978, Wissenschaftlicher Mitarbeiter am Institut für Berufs- und Weiterbildung der Universität Duisburg-Essen (christian.schmidt@uni-due.de). Arbeitsschwerpunkte: Übergangssystem, Berufliche Bildung in Europa, Demografischer Wandel und berufliche Bildung.
→ Schmidt, Christian, 2011: Die nachlassende soziale Inklusionsfähigkeit beruflicher Bildung – Das Krisensymptom „Übergangssystem" und seine Strukturalternativen, Diss. Essen-Duisburg, im Erscheinen.

DANIELA AHRENS, GEORG SPÖTTL

Beruflichkeit als biographischer Prozess. Neue Herausforderungen für die Berufspädagogik am Beispiel des Übergangssystems

Einleitung

Die Autoren *Martin Baethge* und *Volker Baethge-Kinsky* kündigten bereits im Jahr 1998 in ihrem Aufsatz „Jenseits von Beruf und Beruflichkeit" die Erosion des Berufs als lebenslangem Orientierungsrahmen an und prognostizierten, dass „die Beruflichkeit als Organisationskern für Ausbildungs- und Arbeitsprozesse wie für soziale Sicherung und gesellschaftliche Integration insgesamt an Funktionsfähigkeit einbüßt und immer mehr in Abwind gerät" (*Baethge/Baethge-Kinsky* 1998, 462). Die Mitte der 1990er Jahre entfachte Diskussion um die Zukunft des dualen Systems der deutschen Berufsausbildung reagierte auf die strukturellen gesellschaftlichen Veränderungen und hier insbesondere auf den sektoralen Wandel sowie den damit einhergehenden Zuwachs an Dienstleistungstätigkeiten[1]. Kritiker des Berufskonzepts betrachteten dieses mit seinen fachlichen und sozialen Schließungstendenzen als zu starr, um auf den eingetretenen und prognostizierten Wandel der Tätigkeits- und Qualifikationsstruktur auf dem Weg zur Wissensgesellschaft reagieren zu können (*Kern/Sabel* 1994). Ihre These ist, dass sich ein Wandel von einer funktions- und berufsförmig orientierten zu einer prozessorientierten Arbeits- und Betriebsorganisation vollziehe, und das duale System mit seinem engen Berufskonzept die in der Wissensgesellschaft notwendig werdenden Kompetenzen nicht hinreichend vermitteln könne (*Baethge* 2001). Mit der These der Entberuflichung der Arbeitswelt wird unterstellt, dass die Dynamik der Arbeitswelt mit der Idee des Berufskonzepts immer weniger in Einklang zu bringen sei, dass der Beruf an Informations- und Orientierungswert verloren habe und eine flexible Arbeitsorganisation verhindere. Anstelle der dualen Berufsausbildung mit ihrer Orientierung an einem ganzheitlichen Berufskonzept werden neue Konzepte bei der Gestaltung pädagogischer Prozesse gefordert, die auf die Vermittlung komplexer Qualifikations- und Kompetenzbündel hinauslaufen. Seine Befürworter hingegen verweisen auf die empi-

---

[1] Für einen Überblick der Diskussion vgl. *Bosch* 2001 resp. *Rosendahl/Wahle* i.d.Bd.

rische Evidenz des Berufskonzepts, insbesondere hinsichtlich der Strukturierung von Lebensläufen und der sozialen Bindungskraft.

Aus heutiger Perspektive – rund 15 Jahre später – bewahrheitet sich der Satz, dass „Totgesagte länger leben": Nach wie vor streben knapp zwei Drittel der Schulabsolventen eine berufliche Ausbildung an. Sie erfüllt offenbar auch heute noch eine „strategische Schlüsselrolle" (*Konietzka* 2005, 281) hinsichtlich der Zuweisung von Lebenschancen. Derzeitige Diskussionen um die Erosion der Normalerwerbsbiographie, der Entkopplung von beruflicher Erstausbildung und nachfolgender Erwerbstätigkeit dahingehend zu interpretieren, dass ein mögliches Ende des Berufs bevorstehe, unterschätzen den zentralen Stellenwert beruflicher Ausbildung für die persönliche Entwicklung. Durch die am Berufsprinzip organisierte Erwerbsarbeit ist der deutsche Arbeitsmarkt im Vergleich zu anderen europäischen Ländern wie etwa Frankreich oder Großbritannien ein überwiegend qualifikatorischer Raum, das heißt die Integration in den Arbeitsmarkt ist vom formellen Abschluss einer Berufsausbildung abhängig. In kaum einem anderen europäischen Land ist der Stellenwert einer abgeschlossenen Berufsausbildung höher als in Deutschland. Das Fehlen einer Berufsausbildung erhöht das Risiko von Arbeitslosigkeit sowie materieller Mindestversorgung und gesellschaftlicher Exklusion erheblich. Ungeachtet der strukturellen Krisen auf dem Arbeits- und Ausbildungsmarkt und des steigenden Stellenwerts außerschulischen Lernens bleibt die berufsförmige Erwerbsarbeit das zentrale Nadelöhr für die individuelle Lebensführung und die gesellschaftliche Positionierung des Einzelnen.

Trotz aller Krisenrhetorik lässt sich auf der einen Seite festhalten, dass bislang für das Berufskonzept kein funktionales Äquivalent existiert. Auf der anderen Seite haben sich jedoch die Bedingungen zur subjektiven Realisierung der Erwerbsbiographie gewandelt. Zwar bestätigen empirische Untersuchungen, dass das Erwerbssystem nach wie vor als Struktur- und (normativer) Taktgeber des Lebenslaufs fungiert und Zuspitzungen wie der von *Richard Sennett* in die Diskussion gebrachte Typus des „flexiblen Menschen" eher theoretische Diskussionen über die Konsequenzen der wissenszentrierten Gesellschaft provozieren, gleichwohl lässt sich aber sagen, dass in den letzten sechs Jahren eine „sprunghafte Diskontinuierung des individuellen Arbeitslebens" (*Bolder u.a.* 2010, 9) zu beobachten ist. Die Veränderungsdynamik basiert insbesondere auf der Zunahme befristeter Beschäftigungsverhältnisse. Die Zahl der befristeten Einstellungen verdoppelte sich im Zeitraum von 1996 bis 2010 fast und hat gegenwärtig einen Anteil von rund neun Prozent bei den Beschäftigungsverhältnissen.

Zu beobachten ist heute die Gleichzeitigkeit des Ungleichzeitigen: Tendenzen der Destandardisierung und Deregulierung des institutionalisierten Lebenslaufs und gleichzeitig dessen (unerwartete!) Beharrlichkeit als normativer Erwartungshorizont. Die Folge ist, dass einerseits „Normalbiographien" immer schwieriger vorhersehbar sind, andererseits ein Beruf jedoch nach wie vor als stabilisierender Faktor wirkt. Das normative Modell der Normalerwerbsbiographie und damit verbundene Vorstellungen über die Gestaltung der Lebensführung in ihrer zeitlichen Abfolge haben zwar nicht an Orientierungskraft, aber an Erwartungs- und Planungssicherheit verloren. Jugendliche stehen heute vor dem Dilemma, dass sie im Vergleich zu früheren Generationen nicht nur mehr entscheiden können, sie müssen es auch. „Sie stehen unter Entscheidungszwängen, ohne dass sie zumeist wissen, woraufhin sie denn entscheiden sollen; denn die Kriterien der Entscheidung sind unklar, und die Berechenbarkeit der Folgen ist höchst unübersichtlich geworden" (*Tillmann* 2006, 271).

Es geht demzufolge nicht um die Frage eines möglichen Endes des Berufsprinzips, sondern um die Frage, wie angesichts des strukturellen Wandels in der Arbeitswelt individuelle und erfolgreiche Berufsbiographien erzeugt werden. Damit erfolgt eine stärkere Hinwendung zum Individuum als Akteur, der nicht lediglich auf vorhandene gesellschaftlich normierte Entwicklungsaufgaben reagiert, sondern in seiner Art und Weise des Zugriffs auf Bedingungskonstellationen diese mit Bedeutung versieht und in einen Sinnzusammenhang bringt. Unser Beitrag setzt an dieser Stelle an und diskutiert die Notwendigkeit einer stärkeren Hinwendung zur Biographieforschung seitens der Berufspädagogik. Dies erscheint insofern fruchtbar, als das Berufskonzept gleichermaßen objektive Strukturen und Rahmenbedingungen in der Ausbildung und in der Arbeitswelt als auch subjektive Deutungsmuster und individuelle Sinnsetzungsprozesse berücksichtigt (vgl. *Harney/Ebbert* 2006). Bislang verlaufen die Diskussionen in der Biographieforschung und die Reformdebatten in der Berufsbildung weitgehend isoliert voneinander. Die Reformdebatte erfolgt vorrangig auf institutioneller Ebene. Wie sich die veränderten Opportunitätsstrukturen hingegen auf der Akteursseite niederschlagen, findet in der Berufspädagogik bislang wenig Beachtung, obgleich Aspekte der Selbst- und Eigenverantwortung an Bedeutung gewonnen haben; und zwar insbesondere hinsichtlich des hürdenreichen Einstiegs in eine berufliche Ausbildung. Hier dominieren quantitative Studien gegenüber qualitativen Untersuchungen, die sich den individuellen Lern- und Bildungsprozessen widmen.

In einem ersten Schritt wird die zunehmende Bedeutung der „Biographisierung" am Beispiel der Ausdifferenzierung der Übergänge in das Ausbildungs- und Erwerbssystem skizziert. Den Blick auf den Übergang vom allgemeinbildenden System in das Ausbildungssystem zu richten, gründet auf der Annahme, dass sich insbesondere bei der Einmündung in die Ausbildung Abweichungen von der Normalerwerbsbiographie ablesen lassen. Übergänge im beruflichen Lebenslauf haben sich nicht nur vervielfältigt, sondern unterliegen auch einem qualitativen Wandel. Sie sind heute in ihrer Reihenfolge weniger vorhersehbar und geordnet, erstrecken sich auf einen längeren Zeitraum und sind weniger standardisiert. Die Veränderungsdynamik basiert insbesondere auf der Zunahme befristeter Beschäftigungsverhältnisse. Der Anteil der befristeten Neueinstellungen ist von 32 Prozent im Jahr 2001 auf 46 Prozent im Jahr 2010 gestiegen (*Böcklerimpuls* 2011). Davon betroffen sind in erster Linie Jugendliche und junge Erwachsene im Alter von 15 bis 24 Jahren. Bei ihnen hat sich der Anteil der atypisch Beschäftigten von knapp zwanzig auf 39 Prozent nahezu verdoppelt[2].

Ausdifferenzierung von Übergängen

Auf dem Arbeitsmarkt ist eine zunehmende Ausdifferenzierung der Beschäftigungsverhältnisse zu verzeichnen. Analysen zeigen, dass sich eine neue Struktur des Bildungs- und Berufsverlaufs herausbildet (*Mayer* 2004, 205), die sich im Wesentlichen

- durch einen Trend zur Höherqualifizierung,
- durch einen langwierigeren und hürdenreicheren Berufseinstieg und
- durch wachsende Kontingenz und Unsicherheit kennzeichnet.

An dieser Stelle soll auf den zweiten Aspekt – die Einmündung in das Ausbildungs- und Erwerbssystem näher eingegangen werden. Im Jahr 2008 mündete noch über ein Drittel aller Neuzugänge in der beruflichen Bildung in das Übergangssystem (vgl. *Autorengruppe BIBB/Bertelsmann-Stiftung* 2011). Zum so genannten Übergangssystem zählen schulische, überbetriebliche und außerbetriebliche Maßnahmen zur Qualifizierung von Jugendlichen, die weder einen Ausbildungsplatz erhalten haben noch in der schulischen Bildung ihre Karriere fortsetzen wollen. Das Übergangssystem als eine Maßnahmen- und Bildungsgangform hatte zunächst nur eine marginale Bedeutung und umfasste bei seiner Entstehung Anfang der 1970er Jahre im Wesentlichen das schulische Berufsgrundbildungsjahr (BGJ) und das schulische Berufsvorbereitungsjahr (BVJ). In seiner ursprünglichen Konzeption zielte das BGJ darauf ab, das erste Ausbildungsjahr der dualen Berufsausbildung durch eine vollzeitschulische, breit angelegte berufliche Grundbildung in einem von dreizehn definierten Berufsfeldern zu ersetzen. Dieser Anspruch scheiterte jedoch an der mangelnden betrieblichen Akzeptanz. Mittlerweile finden sich im BGJ in erster Linie Jugendliche mit Hauptschulab-

---

[2] An dieser Stelle kann nicht auf die verschiedenen Formen atypischer Beschäftigung und damit verbundener Prekaritätspotenziale eingegangen werden. Vgl. hierzu *Keller/Seifert* 2011.

schluss, die keinen Ausbildungsplatz gefunden haben und deren Übergangschancen durch die Vermittlung einer breiten beruflichen Grundbildung verbessert werden sollen. Zudem können Jugendliche zum Teil im BGJ ihren mittleren Schulabschluss nachholen. Die konkrete Ausgestaltung des BGJ variiert stark innerhalb der jeweiligen Bundesländer. Hervorzuheben ist, dass die Anrechnung des BGJ auf die Dauer der Ausbildung nur noch durch einen gemeinsamen Antrag des Auszubildenden und des Ausbildungsbetriebs möglich ist. Bis zum Jahr 2005 war dies noch durch eine verbindliche Rechtsverordnung auf Bundesebene vorgeschrieben.

Bis 2004 erfuhr das Übergangssystem einen kontinuierlichen Zuwachs der Neuzugänge und eine nahezu unkontrollierte, fortschreitende Ausdifferenzierung. Der Anteil der Schüler und Schülerinnen im Berufsgrundbildungsjahr ist von 1992 bis 2007 um 47 und im Berufsvorbereitungsjahr um 67 Prozent gestiegen (*Beicht* 2009, 1f). Aufgrund seiner immer stärker werdenden berufsbildungsfernen Ausdifferenzierung erfüllt das Übergangssystem derzeit seine ihm zugedachte Rolle als Vorbereitung auf eine Berufsausbildung nur noch sehr eingeschränkt.

Wir erleben heute die Situation, dass ein Großteil der Realschulabsolventen und rund ein Viertel der Gymnasiasten eine Berufsausbildung anstreben. Während im Jahr 1970 der Anteil der Hauptschulabsolventen in der alten Bundesrepublik noch bei 79 Prozent lag, war er bis 2006 auf 37 Prozent gesunken. Die Anteile der anderen Schularten sind entsprechend angestiegen. Damit ergab sich für die Anbieter von Ausbildungsstellen ein größeres Reservoir formal Höherqualifizierter. Die Folge ist ein enormer Verdrängungswettbewerb zu Lasten der verbliebenen Hauptschüler: Drei Fünftel der Hauptschulabsolventen und sogar rund ein Viertel der Realschulabsolventen landen zunächst im Übergangssystem (vgl. *Baethge u.a.* 2007). Die Zahl der Jugendlichen, die in eine berufsvorbereitende Maßnahme der Bundesagentur für Arbeit einmündeten, ist im Zeitraum von 1992 bis 2007 um 111 Prozent (von 70.400 auf 148.819) gestiegen (*Beicht* 2009, 1f). Damit einher geht eine deutliche Zunahme der so genannten Altbewerber: Eine Bewerberbefragung des Bundesinstituts für Berufsbildung (BIBB) und der Bundesagentur für Arbeit (BA) ergab für das Jahr 2007, dass bei jedem zweiten Bewerber die Erstbewerbung zwei Jahre oder noch länger zurücklag (*Beicht* 2009, 3). Verschärfend kommt hinzu, dass sich der Ausbildungsplatzabbau insbesondere in den Ausbildungsberufen vollzieht, die in erster Linie von Hauptschulabsolventen nachgefragt werden.

Etwa ein Fünftel der nicht studienberechtigten Schulabsolventen findet in den ersten drei Jahren nach der Schule keinen Zugang in die Berufsbildung (vgl. *Ulrich* 2008). Insbesondere für Hauptschüler stellt sich der Lebensverlauf in der wissensbasierten Gesellschaft so dar, dass aus der ersten Schwelle mehrere Schwellen geworden sind: Scheitern beim Übergang in eine weiterführende

Schule, Warteschleifen im Berufsvorbereitungsjahr oder einer Fördermaßnahme der BA, Abbruch der Lehre, Besuch eines Motivationslehrgangs der Arbeitsverwaltung sowie Phasen von Hilfstätigkeiten führen dazu, dass Hauptschüler schnell die Erfahrung einer „institutionellen Aussonderung" (*Solga* 2005, 50) machen. Während sich die Leitfigur der Normalerwerbsbiographie hält, werden die Wege in die duale Ausbildung zunehmend ausdifferenziert und langwierig. Aber auch Realschulabsolventen erleben heute eine zunehmende Ungewissheit und Unsicherheit hinsichtlich ihrer Integration in das Ausbildungssystem. Die einst klar definierten Statuspassagen werden aus Sicht der Jugendlichen zu unsicheren Übergangsbiographien.

Im Zuge der Expansion des Übergangssystems, das sich neben dem dualen System und dem Schulberufssystem etablierte, unterscheidet der Nationale Bildungsbericht (*Autorengruppe Bildungsberichterstattung* 2008, 155) drei typische Übergangswege:

1. den Übergang aus der Schule in die duale oder schulische Berufsausbildung, wobei dies zum Teil über den Umweg des beruflichen Übergangssystems geschieht;
2. aus der Schule nach dem Erwerb der Fachhochschul- oder allgemeinen Hochschulreife in ein Studium oder in eine berufliche Ausbildung;
3. aus der Schule direkt in den Arbeitsmarkt, wobei auch dieser Übergang zum Teil mit einem Zwischenaufenthalt im Übergangssystem einhergeht.

Ernüchternd ist, dass es auch im Nationalen Bildungsbericht als nicht möglich gesehen wird, die Vielfalt der institutionellen Angebote und damit einhergehenden Übergangsoptionen darzustellen (S. 155). Der Übergang vom allgemeinbildenden Schulsystem in das Ausbildungssystem hat sich demzufolge nicht nur ausdifferenziert, sondern präsentiert sich den Jugendlichen als unübersichtliches Feld. Das expandierende Übergangssystem bedeutet insofern nicht nur einen Zuwachs an vermeintlichen Gelenkstellen des stark segmentierten Bildungssystems, sondern auch einen Zuwachs an Entscheidungssituationen.

Leistungen ebenso wie Misserfolge und Erfahrungen des Scheiterns werden bei der Suche nach einem Ausbildungsplatz vielfach individuell zugerechnet. Eine Erhebung zum Berufswahlprozess aus der Sicht der Jugendlichen an Haupt-, Gesamt- und Realschulen zeigt, dass Misserfolge bei der Suche nach einem Ausbildungsplatz individualisiert werden (*Gaupp u.a.* 2008). Die Jugendlichen bewegen sich angesichts der Erosion planbarer Berufskarrieren und der gleichzeitig vorhandenen hohen normativen Gültigkeit der Normalerwerbsbiographie in einem Spannungsfeld. Aus modernisierungstheoretischer Perspektive folgen Lebensverläufe in modernen Gesellschaften keinen normierten Mustern mehr, deren Form durch die Herkunft festgelegt ist, sondern treten als soziale Konstrukte hervor, die vom Einzelnen fortlaufend Entscheidungsnotwendigkeiten erfordern. Die Grenzen der Gestaltbarkeit individueller Lebensläufe werden jedoch spätestens beim Übergang in eine berufliche Ausbildung sichtbar. Hier sind die sozialen Ungleichheitsstrukturen nach wie vor weitgehend stabil und verfestigen sich. Spätestens durch den Schulleistungsvergleich im Rahmen von PISA ist die Erwartung, dass durch den schulischen Erziehungs- und Bildungsauftrag herkunftsbedingte und sozialstrukturelle Unterschiede verringert werden, enttäuscht worden.

Das BIBB hat im Sommer 2006 in einer repräsentativen Erhebung rund 7.000 Jugendliche im Alter zwischen 18 und 24 Jahren retrospektiv zu ihrem Werdegang von der allgemeinbildenden Schule in eine Berufsausbildung befragt (vgl. Beicht u.a. 2008). Der untersuchte Personenkreis umfasste die Jugendlichen der Geburtsjahrgänge 1982 bis 1988, die die allgemeinbildende Schule bis Ende des Jahres 2005 verlassen hatten. Ziel dieser Längsschnitterhebung „Bildungswege und Berufsbiografien von Jugendlichen und jungen Erwachsenen im Anschluss an allgemeinbildende Schulen" war es, Informationen darüber zu bekommen, wie viel Zeit Schulabsolventen aus allgemeinbildenden Schulen für den Übergang in eine betriebliche, schulische oder außerbetriebliche Ausbildung benötigen und welche Merkmale die Eintrittswahrscheinlichkeit in die betriebliche Ausbildung beeinflussen. Obgleich sich Jugendliche mit Migrationshintergrund und einheimische Jugendliche, die maximal über einen Hauptschulabschluss verfügen, in ihren Bildungsplänen sowie in ihren Bemühungen und Bewerbungsstrategien um einen Ausbildungsplatz kaum unterscheiden, gibt es deutliche Unterschiede in der Realisierung. Wenig überraschend ist, dass neben dem Kriterium der schulischen Leistung insbesondere bei Jugendlichen mit Hauptschul- oder Realschulabschluss das Geschlecht, die ethnische Herkunft und ihr soziales Kapital über den Zeitraum der Einmündung in ein Ausbildungsverhältnis entscheiden. Obgleich Jugendliche mit Migrationshintergrund vielfach über unzureichende schulische Leistungen und ein niedrigeres soziales Kapital verfügen, reicht dies als Erklärungsmuster jedoch nicht aus. Die Autoren des BIBB kommen vielmehr zu dem Ergebnis, dass „ein Migrationshintergrund bereits für sich allein genommen bei der Lehrstellensuche von Nachteil ist" (S. 5). Ein weiterer zentraler Diskriminierungsaspekt betrifft das Geschlecht. Zwar verfügt die Mehrheit der weiblichen Jugendlichen über bessere Schulnoten. Sie haben aber deutlich schlechtere Chancen, einen betrieblichen Ausbildungsplatz zu finden und beginnen in der Mehrheit eine schulische Berufsausbildung. Dabei zeigen die Ergebnisse der BIBB-Übergangsstudie, dass noch nicht einmal ein Fünftel der Schulberufsabsolventen in ein unbefristetes Beschäftigungsverhältnis einmündeten. Im Vergleich dazu gelang dies nahezu der Hälfte der Absolventen einer betrieblichen Ausbildung.

Hervorzuheben sind die Ergebnisse hinsichtlich der Wirksamkeit der Übergangsmaßnahmen: Hier kommt die Studie zu dem ernüchternden Fazit, dass für

Jugendliche mit einem mittleren Abschluss die Teilnahme an Übergangsmaßnahmen keinen nachweisbaren Effekt auf die erfolgreiche Einmündung in eine berufliche Ausbildung hat – unabhängig davon, ob die Maßnahme vorzeitig abgebrochen oder bis zum Ende besucht wurde (*Beicht* 2009, 10). Damit wird angedeutet, dass weniger die Art und inhaltliche Ausrichtung der jeweiligen Übergangsmaßnahme zur Verbesserung der Ausbildungsplatzchancen beiträgt als der Schulabschluss beim Verlassen der allgemeinbildenden Schule. So ist es auch wenig verwunderlich, dass die Jugendlichen, die in der Übergangsmaßnahme ihren mittleren Schulabschluss nachholen, ihre Chancen auf dem Ausbildungsmarkt deutlich erhöhten. Eine wesentliche Funktion des Übergangssystems liegt demzufolge in seiner Qualifizierungsfunktion Jugendlicher mit Hauptschulabschluss.

Drei Aspekte hinsichtlich der Ergebnisse des BIBB sind hervorzuheben: Erstens bestätigen sie die hohe betriebliche Orientierung der Jugendlichen und ihre Affinität zur dualen Ausbildung. Zweitens haben zwanzig bis dreißig Prozent der Teilnehmer auch drei Jahre nach Verlassen der allgemeinbildenden Schule noch keinen Ausbildungsplatz. Angesichts dieses unfreiwilligen Verbleibens im Übergangssystem und dem damit einhergehenden Mangel an beruflich orientierten Anerkennungskulturen werden den Jugendlichen Ordnungsvorgaben für ihre Identitätsarbeit vorenthalten. Die negativen Erfahrungen bei den Bemühungen um einen Eintritt in eine Ausbildung verstärken vor allem bei Migranten Diskriminierungserfahrungen und provozieren Prozesse der (Re-)Ethnisierung sowie eine damit verbundene Hinwendung zu Herkunftsgruppen und Rückzugstendenzen bei der Suche nach einem Ausbildungsplatz (*Skrobanek* 2008, 157). Die bereits vorhandenen schlechteren Ausgangsbedingungen von jugendlichen Migranten verschärfen sich somit, wenn sie im Übergangsstatus verbleiben.

Dass insbesondere von den Hauptschulabsolventen, aber auch in zunehmendem Maße von den Jugendlichen mit mittlerem Schulabschluss ein hohes Maß an Flexibilität sowie insbesondere auch eine weitere schulische Qualifizierungsbereitschaft erwartet wird, bestätigt auch eine Befragung von *Klaus Birkelbach* (2008) aus dem Schuljahr 2005/2006 an Haupt-, Real- und Gesamtschulen der Stadt Duisburg und der Kreise Kleve und Wesel. Der segmentierte Ausbildungsmarkt prägt das Entscheidungsverhalten der Jugendlichen. Im Laufe des letzten Schuljahres revidieren die Schüler und Schülerinnen ihre Entscheidung für eine Ausbildung zugunsten eines weiteren Verbleibs in der Schule (*Birkelbach* 2008, 13). Die Option, weiterhin die Schule zu besuchen, ist nicht notwendig auf ein höheres Aspirationsniveau zurückzuführen, sondern stellt vielfach nur eine „zweite Wahl" dar angesichts der als sehr gering wahrgenommen Chancen auf dem Ausbildungsmarkt. Während zu Beginn des letzten Schuljahres noch knapp die Hälfte der befragten Schülerinnen und Schüler eine Berufsausbildung nach Beendigung der Schule aufnehmen wollten, sank diese Zahl in dem halben Jahr bis März/April auf unter zwanzig Prozent während der Anteil derer, die weiter zur Schule zu gehen beabsichtigen, von rund vierzig auf fast 75 Prozent anstieg. „Insgesamt belegen die Daten, dass ein Schulbesuch nach dem Abschluss der 10. Klassen an Haupt-, Real- und Gesamtschulen für viele Schüler subjektiv den Charakter einer der Situation am Ausbildungsmarkt geschuldeten Warteschleife hat" (S. 16).

Während die BIBB-Übergangsstudie Jugendliche aller allgemeinbildenden Schulformen befragte, konzentrierte sich das Übergangspanel des Deutschen Jugendinstituts (DJI) auf die Hauptschulabsolventen[3] − und damit auf die Jugendlichen, deren Inklusionschancen zunehmend prekär geworden sind. Ziel des Panels war der Vergleich der unmittelbar vor Schulende erhobenen Pläne der Jugendlichen für die Zeit nach der Schule mit den tatsächlichen Verläufen der Übergänge. Deutlich zeigt sich, dass sich die Mehrheit der Hauptschüler am klassischen Bildungsverlauf Schule–Ausbildung–Arbeit orientiert. Lediglich 14 Prozent der befragten Schüler sahen vier Monate vor Ende des Schuljahres die Teilnahme an einer Berufsvorbereitung als ihren nächsten Schritt. Knapp die Hälfte der Jugendlichen sieht in der Berufsvorbereitung eine Notlösung, deren Nutzen jedoch positiv bewertet wird. Wenig überraschend ist hierbei das Ergebnis, dass Jugendliche mit Schulabschluss die Berufsvorbereitung weniger positiv bewerten als Jugendliche ohne Schulabschluss. Dies lässt − entsprechend den Ergebnissen der BIBB-Studie − darauf schließen, dass auch hier die Berufsvorbereitung für Jugendliche mit mittlerem Schulabschluss nicht zur Verbesserung der Ausbildungsplatzchancen dient. Jugendliche mit Migrationshintergrund haben auch nach dem Absolvieren einer Berufsvorbereitung schlechtere Einmündungsquoten in eine vollqualifizierende Ausbildung als deutsche Jugendliche. Die Ergebnisse des Übergangspanels bestätigen, dass Jugendliche mit Migrationshintergrund sowie männliche Jugendliche häufiger in eine Berufsvorbereitung münden als Mädchen und Jugendliche deutscher Herkunft. Hervorzuheben ist, dass im Zeitraum vom Ende des Schuljahres bis zum Ende desselben Kalenderjahres sich fast ein Drittel der Jugendlichen neu orientieren muss.

Die im DJI-Übergangspanel identifizierten fünf Verlaufsmuster − Direkteinstieg in die Ausbildung über den weiteren Schulbesuch in die Ausbildung, über die Berufsvorbereitung in die Ausbildung, schulische Höherqualifizierung und Ausbildungslosigkeit − sind wenig überraschend und spiegeln die Ausdiffe-

---

[3] Das DJI startete im Jahr 2004 ein Übergangspanel, das die Wege von Hauptschülerinnen und Hauptschülern ab dem letzten Schuljahr in der Pflichtschule bis zum Jahr 2009 anhand von insgesamt sieben Erhebungswellen begleitend untersuchte (*Reißig u.a.* 2008). Mit dem DJI-Panel liegt die erste repräsentative Längsschnittstudie über die an den Pflichtschulbesuch anschließenden (Aus-)Bildungswege von Hauptschulabsolventen vor. Insgesamt wurden rund 3.900 Schüler in ihrem letzten Schuljahr der Hauptschule in bundesweit 126 Schulen befragt.

renzierung der Übergangsverläufe nach dem Verlassen der allgemeinbildenden Schule wider. Auch die Ergebnisse des DJI belegen die geringe Wirksamkeit der berufsvorbereitenden Maßnahmen. Ein Viertel der befragten Jugendlichen bleibt auch 54 Monate nach Ende der Pflichtschulzeit und dem Besuch mehrerer, in der Regel nicht aufeinander aufbauender und abgestimmter Maßnahmen ohne Ausbildungsplatz. Wenn sich die Geradlinigkeit des Eintritts in die duale Ausbildung mehr und mehr als Illusion erweist und stattdessen eine strukturelle Unsicherheit bei den Jugendlichen entsteht, wird es notwendig, neben der Analyse der Einmündungsquoten in eine berufliche Ausbildung beziehungsweise der Verweildauer in den verschiedenen berufsvorbereitenden Maßnahmen die Handlungsentwürfe der Jugendlichen in den Blick zu rücken. Wie gehen Jugendliche mit Scheiternserfahrungen um und welche Effekte hat dies sowohl auf individuelle Lernprozesse als auch auf pädagogische Handlungskontexte? Welche interkulturellen Unterschiede lassen sich ausdifferenzieren? Um auf Fragen dieser Art Antworten zu bekommen, soll abschließend auf das Konzept der Biographisierung eingegangen werden.

Der Aspekt der Biographisierung beim Eintritt in das Ausbildungssystem

Angesichts des ausdifferenzierten Übergangssystems münden die Jugendlichen mit äußerst differenten (Lern-)Erfahrungen in die Ausbildung. Es ist davon auszugehen, dass dies Konsequenzen für die weitere Erwerbsbiographie hat. Bislang existiert ein biographietheoretisches Konzept, das Biographien als Lern- und Bildungsgeschichten im Kontext gesellschaftstheoretischer Bezüge zu analysieren versucht, wenn überhaupt nur in Ansätzen (*Krüger* 2006, 25). Mit dem Begriff der „Biographisierung" wird auf die wechselseitige Bezugnahme struktureller Rahmenbedingungen und individueller Deutungsmuster und Interpretationen abgestellt. Biographisierung umfasst die „Form der bedeutungsordnenden, sinnherstellenden Leistung des Subjekts" (*Marotzki* 2006, 63). Ein wichtiger Wegbereiter für diese Betrachtungsweise war *Winfried Marotzkis* „Entwurf zu einer strukturalen Bildungstheorie" (1990). Dabei geht es um die Frage, wie bildungstheoretische Überlegungen empirisch anschlussfähig gemacht und Bildungsprozesse in ihrem lebensgeschichtlichen Zusammenhang analysiert werden können (*Fuchs* 2010). Die biographische Perspektive richtet ihren Blick darauf, wie individuelle Planungen verlaufen, welche Realisierungsprobleme beziehungsweise -chancen es gibt und wie individuelle Sinnzuschreibungen Handlungen leiten. Die zugrunde liegende Annahme hierbei ist, dass Individuen normalbiographische Vorgaben und Normalitätsunterstellungen einerseits reproduzieren;

andererseits positionieren sie sich je eigensinnig zu diesen strukturellen Rahmenbedingungen. Entscheidend hierbei ist, welchen subjektiven „Gebrauchswert" der Einzelne in den jeweiligen institutionellen Vorgaben sieht.

„Die Biographie erzeugt eine eigene [...] selbstgeschaffene Realität, die weitere Prozesse dynamisiert, Anschlüsse gleichermaßen ermöglicht und begrenzt sowie Lern- und Entwicklungsräume konstituiert" (*Harney/Ebbert* 2006, 414).

Hervorzuheben ist, dass es dabei um mehr als eine bloße Reaktion auf gesellschaftliche Anforderungen geht. Entgegen einem alltagsweltlichen Verständnis lassen sich die Ansätze der Biographieforschung nicht ausschließlich auf den „Biographieträger" reduzieren. An Bedeutung gewinnen Betrachtungsweisen, die den Zusammenhang zwischen gesellschaftlichen und individuellen Strukturbildungsprozessen analytisch zu fassen versuchen (*Krüger* 2006, 26). Erst in der Art und Weise der Bezugnahme auf strukturelle Rahmenbedingungen bildet sich eine spezifische Berufsbiographie. Danach wird Biographie als ein soziales Konstrukt verstanden,

„das Muster der individuellen Strukturierung und Verarbeitung von Erlebnissen in sozialen Kontexten hervorbringt, aber dabei immer auf gesellschaftliche Regeln, Diskurse und soziale Bedingungen verweist" (*Alheit* 2009, 7).

Eine biographieorientierte Perspektive verweist demzufolge gleichermaßen auf die individuelle und institutionelle Ebene. Neben der lebensgeschichtlichen Verarbeitung werden die institutionellen Strukturen insofern herausgefordert, als sie auf ihre Integrationsfähigkeit hin geprüft werden. Dies lässt sich gegenwärtig an den Überlegungen zur Reform des Übergangssystems ablesen. Hier lassen sich grob zwei Herangehensweisen unterscheiden, die den Übergang verbessern sollen (vgl. *Eckert* 2011):

- zum einen eine eher funktionalistische Orientierung, die auf die Passfähigkeit, das *matching* zwischen Angebot und Nachfrage abstellt,
- zum anderen eine auf das Individuum abzielende Strategie, die auf individuelle Begleitung und Kompetenzentwicklung durch entsprechende Entwicklungsangebote zielt.

Während in der ersten Variante der Arbeitsmarkt als zentrale Referenz fungiert und es darum geht, die Jugendlichen entsprechend den Anforderungen der einstellenden Betriebe – und damit des aufnehmenden Systems – ausbildungsreif zu machen, wird in der zweiten Variante der Akzent auf das Subjekt gelegt. Zwar geht es auch hier um die so genannte Passfähigkeit und entsprechende Kompetenzfeststellungen, die jedoch in Abstimmung mit dem jeweiligen Entwicklungsstand und der bisherigen Lernbiographie erfolgen[4]. Der Fokus richtet sich damit auf die Relevanz von Peers, Familien, aber auch Praxisgemeinschaften und Lernorten. Dass Lernprozesse nicht in einem sozialen Vakuum stattfinden, sondern in je spezifischen sozialen und institutionellen Rahmen, ist zwar unbestritten, aber wie diese differenten Erfahrungen sich auf Lernergebnisse und -aspirationen auswirken, wird bislang in der berufspädagogischen und besonders in der fachdidaktischen Forschung sehr vernachlässigt. Angesprochen ist damit eine Sensibilisierung für individuelle Erfahrungszusammenhänge und Kontextbedingungen bei der Einmündung in das Ausbildungssystem; denn: Berufsbiographien zeichnen sich dadurch aus, dass sich in ihnen

„biographische Deutungs-, berufliche Sinnpotenziale und die kulturellen Gehalte der milieuspezifischen familialen Herkunft von Jugendlichen miteinander vermischen" (*Harney/Ebbert* 2006, 419).

Aufschlussreiche Informationen liefern in diesem Zusammenhang Ergebnisse der subjektorientierten Übergangsforschung (vgl. *Stauber u.a.* 2007a). Im Vordergrund dieses Forschungszweiges steht ein stärkeres In-Beziehung-Setzen struktureller Rahmenbedingungen – etwa: Arbeitsmarkt- und Wirtschaftsdaten, Jugendarbeitslosigkeit, Strukturen der Berufsberatung – mit den Handlungsmustern Jugendlicher. Dabei zeigt sich, dass gängige problem- und defizitorientierte Sichtweisen auf die sogenannten benachteiligten Jugendlichen ebenso zu kurz greifen wie vorwegnehmende Zuschreibungen angesichts der empirisch evidenten Heterogenität von Übergangserfahrungen und -formen. Weder lassen sich eindeutige Aussagen über „die Migranten" noch über „die Hauptschüler" machen; welche Normalitätsannahmen und -vorstellungen das Lernen und die Berufswahl anleiten, wird vielmehr zu einer empirischen Frage. Bislang ist dieses Forschungsfeld in erster Linie durch sozialpädagogische Interessen und Ansprüche motiviert und zielt auf eine „Sozialpädagogik des Übergangs" (*Stauber u.a.* 2007b, 61) ab.

Eine stärkere Hinwendung zu Berufsbildung und Arbeitswelt und den Möglichkeiten der Gestaltung erfolgreicher Lernprozesse in konkreten Kontexten steht noch aus. Von Interesse wäre hier beispielsweise die Frage, inwieweit die Konstituierung von Berufen sich nicht nur auf ordnungspolitisches Handeln reduzieren lässt, sondern vielmehr mit der Konstituierung beziehungsweise „Schneidung" von Berufen immer auch „Entwicklungsschablonen" (*Brater* 2010, 806) für Personen entworfen werden. Dieser Aspekt der sozialisierenden

---

[4] Beispielhaft ist hier das Konzept der Berufswegeplanung zu nennen, das im Rahmen des Bundesprogrammes „Perspektive Berufsabschluss" initiiert wurde.

Funktion von Berufen wird jedoch bei der Ordnung und Neuordnung von Berufen nur am Rande thematisiert. Eine gründliche Diskussion des Wechselverhältnisses zwischen der Gestaltung von Berufen, deren gesellschaftlicher Akzeptanz und den Wirkungen auf Arbeitsorganisation und Personen wäre mit Blick auf die Unterstützung der Gestaltung von Lebensläufen in jedem Falle von Vorteil.

Eine Hinwendung zu Fragen der Biographisierung beschränkt sich jedoch nicht nur auf den Übergang vom allgemeinbildenden System in die berufliche Ausbildung. Mit dem bildungspolitischen Postulat des lebenslangen Lernens wird erstens auf die Zeitlichkeit von Bildungsprozessen verwiesen und zweitens darauf, dass Lernen nicht nur in institutionalisierten Kontexten stattfindet. Dass eine Hinwendung zur Biographieforschung eine aufschlussreiche und bislang vernachlässigte Form der methodischen Umsetzung des normativen Anspruchs des lebenslangen Lernens darstellt, verdeutlichen die Autoren *Peter Alheit* und *Heide von Felden* an drei Aspekten: Erstens finden Lernprozesse häufig informell statt und dienen dem Aufbau und dem Erwerb „biographischer Lerndispositionen" (*Alheit/v. Felden* 2009, 10). Wie und was informell gelernt wird, wird dabei in hohem Maße von der individuellen Lebenswelt geprägt. Neben den individuellen Erfahrungen spielt zweitens die „Sozialität biographischen Lernens" eine zentrale Rolle. Angesprochen sind hier die sogenannten Lernumwelten beziehungsweise Lernmilieus. Diese Lernmilieus widersetzen sich der Idee einer trivialen Machbarkeit, vielmehr sind sie „interaktiv und biographisch ‚hergestellte' Lebenswelten". Der dritte Aspekt zugunsten einer pädagogischen Perspektive auf das lebenslange Lernen bezieht sich auf die „Individualität und den ‚Eigensinn' biographischen Lernens" (S. 10). Angesprochen ist damit die jeweilige „Logik", nach der Menschen ihre Lernprozesse gestalten und strukturieren. Gegenwärtige Diskussionen um selbstgesteuertes oder selbstorganisiertes Lernen vernachlässigen vielfach die Eigenwilligkeit, der individuelle Lernprozesse folgen, beziehungsweise dass auf Bildungsangebote perspektivisch zugegriffen wird.

Fazit

Hinsichtlich der strukturellen Rahmenbedingungen und Merkmalskataloge bei dem Erwerb von Ausbildungsplätzen liegen insbesondere durch die Erhebungen des BIBB ausgewiesene und detailreiche Kenntnisse vor, aber auf der Handlungs- und Subjektebene der Jugendlichen besteht weiterhin Forschungsbedarf. In der Berufspädagogik wird die Übergangsproblematik in erster Linie vor dem Hintergrund des Bezugssystems duale Ausbildung betrachtet. Über die Effekte der Expansion des Übergangssystems auf die Lebensentwürfe der Jugendlichen liegen bislang nur wenige Informationen vor. Der Erfolg des Übergangssystems wird vorrangig an der Integration in das Ausbildungssystem gemessen. Erst langsam beginnt sich eine stärkere Bedarfsorientierung in der Berufsorientierung durchzusetzen (vgl. *Pelka* 2010).

Die biographische Perspektive basiert auf der Annahme, dass sich in erzählten Lebensgeschichten unterschiedliche Lernbedingungen und Lernergebnisse widerspiegeln (vgl. *Ecarius* 2006) und sich unterschiedliche Handlungsmuster als Folge differenter Lernbiographien entwickeln. Es liegen bereits Differenzierungen vor, die ausgehend von lebensgeschichtlichen Erzählungen verschiedene Formen des biographischen Lernens differenzieren (*Schulze* 1993):

- selbstorganisiertes Lernen als Lernen aus Erfahrung,
- diskontinuierliches Lernen als Lernen bei Gelegenheit,
- ökologisches Lernen als Lernen in Lebenswelten,
- irritierendes Lernen als Lernen in Widersprüchen und Brüchen,
- symbolisierendes Lernen als ein Lernen in Szenen und Sprüchen,
- affektives Lernen als Lernen von Gefühlen und
- reflektierendes Lernen als ein Lernen von Umschreibungen biographischer Erfahrungen.

Lohnenswert erscheinen in diesem Zusammenhang Untersuchungen, die derartige Differenzierungen anschlussfähig an berufliches Lernen machen oder weiterentwickeln; denn neben den fachlichen Aspekten entscheiden insbesondere die jeweiligen individuellen Lernmuster und Sinnsetzungen darüber, ob und wie sich Berufsbiographien entwickeln. Angesichts der Heterogenität der Adressaten sowie der Ausdifferenzierung institutioneller Lernumgebungen geht es darum, den häufig im Abstrakten bleibenden Sozialisationsbegriff empirisch zu schließen.

Literatur

Alheit, Peter, 2009: Biographie und Mentalität: Spuren des Kollektiven im Individuellen, in: Völter, Bettina; Dausien, Bettina; Lutz, Helma; Rosenthal, Gabriele (Hrsg.): Biographieforschung im Diskurs. Theoretische und methodologische Verknüpfungen, Wiesbaden, 2. Aufl., 21-46

Alheit, Peter; von Felden, Heide, 2009: Einführung: Was hat lebenslanges Lernen mit Biographieforschung zu tun? In: Dies. (Hrsg.): Lebenslanges Lernen und erziehungswissenschaftliche Biographieforschung, Wiesbaden, 9-16

Autorengruppe BIBB/Bertelsmann-Stiftung, 2011: Reform des Übergangs von der Schule in die Berufsausbildung. Aktuelle Vorschläge im Urteil von Berufsbildungsexperten und Jugendlichen, Bonn

Autorengruppe Bildungsberichterstattung, 2008: Bildung in Deutschland 2008. Ein indikatorengestützter Bericht mit einer Analyse zu Übergängen im Anschluss an den Sekundarbereich I, Berlin (http://www.bildungsbericht.de [Zugriff: 20.08.2011])

Baethge, Martin, 2001: Qualifikationsentwicklungen im Dienstleistungssektor, in: Baethge, Martin; Wilkens, Ingrid (Hrsg.): Die große Hoffnung für das 21. Jahrhundert. Perspektiven und Strategien für die Entwicklung der Dienstleistungsbeschäftigung, Opladen, 85-106

Baethge, Martin; Baethge-Kinsky, Volker, 1998: Jenseits von Beruf und Beruflichkeit? Neue Formen von Arbeitsorganisation und Beschäftigung und ihre Bedeutung für eine zentrale Kategorie gesellschaftlicher Integration, in: Mitteilungen aus der Arbeitsmarkt- und Berufsforschung 31, 1, 1-14

Baethge u.a. (= Baethge, Martin; Solga, Heike; Wieck, Markus), 2007: Berufsbildung im Umbruch: Signale eines überfälligen Aufbruchs, Berlin

Beicht, Ursula, 2009: Verbesserung der Ausbildungschancen oder sinnlose Warteschleife? (= BIBB-Report 11), Bonn

Beicht u.a. (= Beicht, Ursula.; Friedrich, Michael; Ulrich, Joachim Gerd) (Hrsg.), 2008: Ausbildungschancen und Verbleib von Schulabsolventen, Bielefeld

Birkelbach, Klaus, 2008: Zwischen Wunsch und Wirklichkeit – Prozesse beruflicher Orientierung im letzten Schuljahr an Haupt-, Gesamt- und Realschulen, in: Die berufsbildende Schule 60, 1, 11-17

Böcklerimpuls, 2011: Frauen im Beruf schlechter bezahlt (www.boeckler.de/impuls_2011_05_2.pdf [Zugriff: 23.10.2011])

Bosch, Gerhard, 2001: Bildung und Beruflichkeit in der Dienstleistungsgesellschaft, in: Gewerkschaftliche Monatshefte 52, 1, 28-30

Bolder, Axel u.a. (= Bolder, Axel; Epping, Rudolf; Klein, Rosemarie; Reutter, Gerhard; Seiverth, Andreas), 2010: Die Fragen der neuen Lebensläufe und die Antworten der Erwachsenenbildung, in: Dies. (Hrsg.): Neue Lebenslaufregimes – neue Konzepte der Bildung Erwachsener? Wiesbaden, 9-24

Brater, Martin, 2010: Berufliche Bildung, in: Böhle, Fritz; Voß, G. Günter; Wachtler, Günther (Hrsg.): Handbuch Arbeitssoziologie, Wiesbaden, 805-837

Ecarius, Jutta, 2006: Biographieforschung und Lernen, in: Krüger/Marotzki 2006, 91-108

Eckert, Manfred, 2011: Übergänge in der beruflichen Bildung, in: Berufsbildung 129, 4-6

Fuchs, Thorsten, 2010: Theorieentwicklung bildungstheoretisch orientierter Biographieforschung oder: Was sind die Probleme und Perspektiven einer qualitativen Bildungsforschung mit bildungstheoretischem Zuschnitt? In: Ecarius, Jutta; Schäffer, Burkhard (Hrsg.): Typenbildung und Theoriegenerierung. Methoden und Methodologien qualitativer Bildungs- und Biographieforschung, Opladen und Farmington Hills, 169-187

Gaupp, Nora u.a. (= Gaupp, Nora; Lex, Tilly; Reißig, Birgit; Braun, Frank), 2008: Von der Hauptschule in Ausbildung und Erwerbsarbeit: Ergebnisse des DJI-Übergangspanels, Bonn

Harney, Klaus; Ebbert, Andreas, 2006: Biographieforschung in der Berufspädagogik, in: Krüger/Marotzki 2006, 414-429

Keller, Bernd; Seifert, Hartmut, 2011: Atypische Beschäftigungsverhältnisse. Stand und Lücken der aktuellen Diskussion, in: WSI-Mitteilungen 64, 3, 138-145

Kern, Horst; Sabel, Charles F., 1994: Verblaßte Tugenden. Zur Krise des deutschen Produktionsmodells, in: Beckenbach, Niels; van Treeck, Werner (Hrsg.): Umbrüche gesellschaftlicher Arbeit (= Soziale Welt, Sonderband 9), Göttingen, 605-624

Konietzka, Dirk, 2005: Berufliche Ausbildung und der Übergang in den Arbeitsmarkt, in Becker, Rolf; Lauterbach, Wolfgang (Hrsg.): Bildung als Privileg. Erklärungen und Befunde zu den Ursachen der Bildungsungleichheit, Wiesbaden, 2. Aufl., 273-303

Krüger, Hans-Hermann; Marotzki, Winfried (Hrsg.), 2006: Handbuch erziehungswissenschaftliche Biographieforschung, Wiesbaden, 2. Aufl.

Marotzki, Winfried, 2006: Bildungstheorie und allgemeine Biographieforschung, in: Krüger/Marotzki 2006, 59-70

Mayer, Karl Ulrich, 2004: Unordnung und frühes Leid? Bildungs- und Berufsverläufe in den 1980er und 1990er Jahren, in: Hillmert, Stefan; Mayer, Karl Ulrich (Hrsg.): Geboren 1964 und 1971. Neuere Untersuchungen zu Ausbildungs- und Berufschancen in Westdeutschland, Wiesbaden, 201-215

Pelka, Bastian, 2010: Welche Berufsorientierung suchen Jugendliche? Skizze eines Phasenplans zur nachfrageorientierten Gestaltung von Berufsorientierung, in: Berufsbildung in Wissenschaft und Praxis 6/2010, 43-46

Reißig u.a. (= Reißig, Birgit; Gaupp, Nora; Lex, Tilly) (Hrsg.), 2008: Hauptschüler auf dem Weg von der Schule in die Arbeitswelt, München

Schulze, Theodor, 1993: Biographisch orientierte Pädagogik, in: Baacke, Dieter; Schulze, Theodor (Hrsg.): Aus Geschichten lernen. Zur Einübung pädagogischen Verstehens, Weinheim und München, 13-40

Skrobanek, Jan, 2008: Wer mich nicht will, den will ich nicht. Zum Zusammenhang von Misserfolg und Ethnisierung bei jugendlichen Zuwanderern, in: Reißig u.a. 2008, 157-171

Solga, Heike, 2005: Ohne Abschluss in die Bildungsgesellschaft. Die Erwerbschancen gering qualifizierter Personen aus ökonomischer und soziologischer Perspektive, Opladen

Stauber u.a. (= Stauber, Barbara; Pohl, Axel; Walther, Andreas) (Hrsg.), 2007a: Subjektorientierte Übergangsforschung. Rekonstruktion und Unterstützung biographischer Übergänge junger Erwachsener, Weinheim und München

Stauber u.a. (= Stauber, Barbara; Walther, Andreas; Pohl, Axel), 2007b: Subjektorientierte Übergangsforschung: methodologische Perspektiven, in: Stauber u.a. 2007a, 41-65

Tillmann, Klaus-Jürgen, 2006: Sozialisationstheorien. Eine Einführung in den Zusammenhang von Gesellschaft, Institution und Subjektwerdung, Reinbek, 16. Aufl.

Ulrich, Joachim Gerd, 2008: Jugendliche im Übergangssystem, in: bwp@ Spezial 4 (http://www.bwpat.de/ht2008 [Zugriff: 23.10.2011])

Autorin und Autor

Daniela Ahrens, geb.1965, Dr. phil. Institut Technik & Bildung, Universität Bremen (dahrens@uni-bremen.de). Arbeitsschwerpunkte: Übergangs-und Organisationsforschung, Soziale Ungleichheiten, Medien im Arbeitsprozess.

→ Ahrens, Daniela, 2010: Überbetriebliche Bildungsstätten auf dem Weg zu multifunktionalen Lernorten, Opladen und Farmington Hills

Georg Spöttl, geb. 1949, Prof. Dr., Dipl.-Ing., Institut Technik und Bildung, Universität Bremen (spoettl@uni-bremen.de). Arbeitsschwerpunkte: Internationale Berufsbildung, Berufliche Aus- und Weiterbildung, Prospektive Berufsbildungsplanung, Qualifikationsforschung nach dem berufswissenschaftlichen Ansatz, Didaktik der Metalltechnik, Wandel im Kfz-Service; Ausbildung von Lehrkräften für berufliche Schulen.

→ Spöttl, Georg; Blings, Jessica, 2011: Kernberufe – Ein Baustein für ein transnationales Berufsbildungskonzept, Frankfurt a.M. usw.

ANDREAS GRUSCHKA

Gilt bei Pädagogen noch die Bindung an Beruflichkeit als biographisches Projekt?

1 Die Problemstellung

Mit dem Titel des Aufsatzes wird die Anwendbarkeit oder Überholtheit der Zuwendung zur Erwerbsarbeit als Beruf thematisch und zugleich postuliert, Beruflichkeit sei ein zentrales Vorhaben der Subjektentwicklung. Dieses hat zwei Seiten: Einmal bestimmt die Erwerbsarbeit nach wie vor entscheidend die Möglichkeiten der Subjektbildung. Zum anderen verwirklichen sich weiterhin Subjekte nicht zuletzt in der Erwerbsarbeit. Der Unterschied zwischen „Beruf" und „Beruflichkeit" als Vorstellungsinhalt besteht darin, dass die überkommenen starren Bedeutungsteile des Berufsbegriffs mit dem zweiten als Beruflichkeit abgemildert werden. Dem Berufsbegriff haftet soziologisch etwas Überholtes, normativ Überlastetes an. Er verweist auf die lebenslange innere Berufung, womit der Beruf zu *dem* Zentrum der Identitätstiftung und nachhaltigen Lebensführung gemacht wird. In seiner anhaltenden, lebensgeschichtlichen Unhintergehbarkeit enthält er deutlich mehr als bloß subjektive Relevanz und Identifiziertheit mit einer gewählten Arbeitsaufgabe. Beruflichkeit markiert dagegen etwas fluide, offen, variabel Gewordenes der bestehenden Arbeitsaufgaben. Es ist wie in einem Beruf, hat etwas von ihm, während man in der Erwartung arbeitet, gegebenenfalls bald etwas ganz anderes zu machen. Mit der Rede von der Beruflichkeit kann man sodann postulieren, dass es viele Arbeitsformen gibt, die mit Ernst angenommen und bewältigt werden. Wer so von Beruflichkeit spricht, vermeidet damit die courante Umdefinition von „Beruf" zu „Profession". Man distanziert sich vom Anstößigen des alten Berufsbegriffs, ohne freilich ganz auf die damit einhergehende Semantik verzichten zu wollen. Das geschieht wohl auch aus der Befürchtung, sonst, also mit der Umstellung auf Profession und Kompetenz, das Kind mit dem Bade auszuschütten. Hinzu tritt ein bewusster Widerstand gegen eine Verschleierung, mit der vielfach die gesellschaftliche Krise des Berufs betrieben wird. Das vielleicht prägnanteste Beispiel dafür liefert das Wort *employability* als *die* Zauberformel des Bologna-Prozesses. Ursprünglich gedacht für diejenigen, deren Verwertung als Arbeitskraft eher im Zweifel steht und die zu irgendetwas als Beschäftigung nützlich gemacht werden sollen, liefert es nun die Formel für eine Integration in die Arbeitswelt nach einem Studium, das weder scharf auf einen Beruf ausgerichtet ist noch als wissenschaftliches

Verfahren einen universellen Kompetenzschlüssel durchsichtig macht und vermittelt. Das Ziel des Vernutzt- und Nützlichwerdens bricht sich jedoch an der gesteigerten gesellschaftlichen Erwartung kompetenten Verhaltens in der Arbeit wie auch an den subjektiven Bedingungen für den elaborierten Ausbau einer solchen Kompetenz. Sie steht und fällt wohl mit der Beruflichkeit als biographischem Projekt.

Mein Anwendungsbeispiel, der pädagogische Beruf und die Beruflichkeit der Pädagogen, eignet sich wie wenige andere zur Klärung der Leitfrage, weil Lehrer und Erzieher in besonderem Maße im Widerspruch zwischen Sollen, Wollen und Können agieren und damit zum Projektionsfall für gesellschaftliche Erwartungen und Enttäuschungen werden. Denen gegenüber kann der Pädagoge schlecht Indifferenz markieren.

In einem ersten Teil sei der Erwartungsdiskurs nachgezeichnet. In einem zweiten Teil soll mit Rückgriff auf mehrere eigene Studien empirisch geprüft werden, in welchem Sinne Beruflichkeit als biographisches Projekt gegeben ist und zu Problemen und Konflikten führt.

2 Vom Beruf des Pädagogen – Erwartungsdiskurs und Überlebensmotive

Von Pädagogen, Lehren wie Erziehern, wollen wir als Eltern annehmen, dass sie einen Beruf ergriffen haben, das heißt, dass sie sich vorbehaltlos mit der ihnen gestellten Aufgabe der Erziehung und Bildung der ihnen anvertrauten Kinder identifizieren. Komplementär mögen Mann und Frau Lehrer und Erzieher werden, weil sie den fördernden Umgang mit der nachwachsenden Generation als ein interessantes, verdienstvolles, wichtiges und innerlich bejahtes biographisches Projekt angenommen haben. Mit dieser basalen Unterstellung muss noch keine der alten entgrenzten Berufsethiken postuliert werden, etwa die, dass der Pädagoge alle Kinder sogleich und vorbehaltlos zu lieben habe, auch nicht die, dass er mit jeder nachwachsenden Generation immer zugleich, sei es theologisch oder säkular revolutionär gestimmt, die Verbesserung der Welt in Angriff nimmt. Ebenso wenig verlangt das nach dem „geborenen Erzieher" oder einem höheren, vordem „göttlichen" Auftrag, wie er zu Beginn des *orbis pictus* des *Johann Amos Comenius* dargestellt wird, in dem die Strahlen der göttlichen Erkenntnis als Aufgabe durch den Lehrer hindurch auf den Schüler einwirken. Es reicht schon, wenn er sich nachhaltig und frustrationsresistent darum bemüht, bei den Schülern „Gemeinsinn und Gesittung" (*Blankertz* 1982, 305) zu entwickeln und die Bildung durch das Verstehen und Können der Inhalte des Unterrichts allgemein werden zu lassen. Das als stabiles Motiv auszubilden, dürfte bei allen berufssoziologischen Befunden über Veränderungen, die gegen den „Beruf" in heutiger Zeit sprechen, für den Lehrberuf nach wie vor normativ verbindlich sein; und das nicht nur als überfordernde Anmutung oder Erwartung von außen, sondern auch als dominante Selbstbeschreibung, noch jenseits aller konkretisierten Berufsideologie. Pädagogen stehen in der Praxis unausgesetzt vor Aufgabenstellungen, die durch den pädagogischen Umgang hervorgebracht werden. Maßgeblich für das Folgende, das heißt auch für die kritischen Urteile, wird diese aus der Praxis kommende und sie in ihrer Verlaufslogik prägende Emergenz der Aufgabe der Erziehung, der Vermittlung und der Bearbeitung von Bildungsproblemen.

So sollte es als Aufnahme der „Eigenstruktur der Erziehung" (*Herwig Blankertz*) auch praktisch sein. Aber damit wird schon indirekt konzediert, dass von einer entsprechenden inneren Disposition und Befähigung nicht unbedingt allgemein auszugehen ist. Es gibt sie, diese im Beruf engagierten kompetenten Pädagogen. Über sie sind aber auch scharfe Urteile im Umlauf, die vom Gegenteil ausgehen.

Schwer zu ertragen wäre die Vorstellung, Pädagogen würden weitgehend indifferent gegenüber der spezifischen Herausforderung einen Job nach Maßgabe von Vorschriften machen, mit denen sie selbst wenig zu schaffen haben. Lehrer und Erzieher, ohne die Bereitschaft und das Interesse an professioneller Selbstbestimmung, können eigentlich gar nicht erziehen, bilden und unterrichten, also glaubwürdig, erfolgreich, verantwortlich handeln. Pädagogik erfüllt sich erst jenseits einer mechanischen Praxis der Durchführung und Verabreichung von etwas, für das man als Ausführender keine Zuständigkeit verspürt, das bloß (an-) gehalten wird durch die Rahmung des Geschehens mit Schulordnung und Schulzwang.

Eine temperierte normative Erwartung an den Lehrberuf ist gleichwohl nicht selbstverständlich. Sie wird es erst als das Ergebnis einer radikalen und nicht zuletzt selbstkritischen Reflexion auf die Aufgabe des Pädagogischen, nachdem die Erfolgsgeschichte der Durchsetzung öffentlicher Erziehung und Bildung gegen Ende des 19. Jahrhunderts der Kritik verfiel. Vordem wurde von den Protagonisten der allgemeinen Durchsetzung öffentlicher Erziehung mit Forderungen und Versprechen alles daran gesetzt, dieses System überhaupt erst stabil zu etablieren. Aller Anfang war schwer. Besser erschien es, im Dorf einen „Steißtrommler" zu haben, als überhaupt keinen Lehrer. Ungemein viel, was uns als Karikatur zur misslungenen „Zivilisationsform Unterricht" (*Rauschenberger* 1989) überliefert wurde, stammt aus dieser Zeit, als es schon Schule gab, in ihr aber überforderte, unwillige Männer und Frauen sich vor den Kindern lächerlich machten und versuchten, sich ihrer mit dem Stock zu erwehren.

Die Reformpädagogik geißelt neben der professionellen Inkompetenz das „kalte Herz" der Pädagogen, mit dem von diesen die Verwertung des Nachwuchses für die bürgerliche Gesellschaft betrieben wurde. Sie kritisierte den Pauker als den „Seelen mordenden" Erzieher und das Lehren als Abfüllen der Schüler mit Bergen von totem Wissen. Die Reformpädagogik hielt dem die Vorstellung von einer pädagogischen Berufung entgegen, die sich in der radikalen Identifikation mit der Aufgabe der Erziehung und der Kinder auch gegen die Ansprüche der Gesellschaft verwahrt. *Jean-Jacques Rousseaus* Ideal war in der Selbstbeschreibung des pädagogischen Berufes unten angekommen. Damit wurde zugleich die kritische Abgrenzung von einer Auffassung erzieherischer und unterrichtlicher Arbeit verstetigt, nach der das Pädagogische als das Besondere der Tätigkeit nicht so ernst zu nehmen sei. Der Unterrichtsbeamte, der gegen das Leben Vorschriften exekutiert, wie der Oberlehrer der Nation, der alles besser weiß, wie der DiMiDo, der auch an diesen Tagen sich seinem pädagogischen Mittagsschlaf entgegen sehnt, wie auch der „Zirkulationsagent", der sich als Erwachsener über die Kinder erhebt und dabei selbst verkindscht, all das sind *imagines* dieser Verfehlung des Spezifischen des pädagogischen Auftrages (vgl. dies als systematische Entfaltung der „Tabus über dem Lehrberuf": *Adorno* 1977, 656ff).

Ernsthafte und wirkmächtige Einreden gegen die mit der reformpädagogischen Bewegung aufgekommene Berufsauffassung und ihrer gepflegten Schönfärberei und strukturellen Überforderung einer Berufung zum Pädagogen kommt erst mit der Bildungsreform der Sechziger des letzten Jahrhunderts auf. Die von der geisteswissenschaftlichen Pädagogik aus der „pädagogischen Bewegung" heraus kultivierte Vorstellung einer Diade, einer dichten Unbedingtheit des einen Zöglings und seines Erziehers und dem danach modellierten „pädagogischen Bezug" (*Herman Nohl*) in der „relativen Eigenständigkeit der Pädagogik" (*Wilhelm Flitner*), wird von *Klaus Mollenhauer* (1969, 75ff) als Idealisierung kritisiert, die daran hindere, eine realistische Auffassung vom Beruf des Pädagogen zu finden. Was könne der Lehrer mit dem Pathos der liebenden Zuwendung zum Einzelnen anfangen, wenn er real zweihundert Schüler und mehr gleichzeitig zu fördern habe? Wie könne man die Rahmung der Schule als die funktionale Institutionalisierung der Erziehung ignorieren und so tun, als werde Pädagogik allein im personalen Bezug realisiert?

Wie als Antwort kommt es bald zu einer Reihe von Studien empirischen Zugriffs, mit denen die Gesellschaftsbilder von Lehrern sowie deren Selbstdeutungen im Prozess ihrer Professionalisierung untersucht werden (etwa *Schefer* 1969; *Holling/Bammé* 1976; *Müller-Fohrbrodt u.a.* 1978 bis etwa *Bauer u.a.* 1996 und *Kunter u.a.* 2011). Von da an haben sowohl die Klagen der Berufsverbände über die Verunmöglichung pädagogischer Arbeit durch die Arbeitsbedingungen wie auch die Inkompetenzzuschreibungen an die Lehrenden reichlich empirischen Hintergrund. Schnell wechselt die Perspektive vom „Helfersyndrom" als dem Zuviel und Unaufgeklärtsein eines pädagogischen Wollens zum schlicht überforderten Lehrer, dem immer mehr Aufgaben zugeschustert werden, so dass er in allen Zuständigkeitsbereichen zu dilettieren droht.

Die Aufforderung *Mollenhauers* zur Nüchternheit bricht sich früh an der Einsicht, dass sowohl eine Abrüstung der Anforderungen wie auch eine Entlastung durch mehr und anderes pädagogisches Personal nicht durchzusetzen sind. *Mollenhauer* selbst erkennt später, dass der geforderte Realismus nicht ohne eine substanzielle Zuwendung zur Realität der genuinen pädagogischen Aufgabe zu haben ist (*Mollenhauer* 1991). Die wird eben mittels der Umformulierung jenes Bezuges in eine „intensive reziproke Interaktionsstruktur" nicht mehr bezeichnet. Es lässt sich keine zureichende Aufgabenbestimmung jenseits der Erziehung, Bildung und Didaktik finden.

Aber auch die Gesellschaft der Bildungsplaner hielt nach der „realistischen Wende" nicht Maß, sondern ging hurtig dazu über, mit weniger idealischem Vokabular ein nicht weniger anspruchsvolles Programm der Auszeichnung spezifischer Pädagogenkompetenz zu betreiben. Das gilt bis heute. Die Normierung schreckt vor keiner Aufgabe zurück, die sie einmal als wesentlich für eine erfolgreiche Pädagogentätigkeit erkannt hat. Man lese zur Abschreckung nur einige der jüngsten Kompetenzkataloge der Kultusministerkonferenz. Hier wird zwar nicht mehr von Berufung gesprochen, dafür aber eine Postulatekompetenz kultiviert, die den titanischen Pädagogen voraussetzt, der nicht nur ein pädagogischer Alleskönner ist, nicht nur will, was er unmöglich alles kann, sondern auch unausgesetzt an der Behebung dieses Mangels eigenständig selbstverbessernd arbeitet. Das Management der Qualitätsentwicklung wird zur säkularen Fassung einer vordem theologisch bestimmten Ausrichtung eigener höherer Berufung.

Jenseits dieser alten Kritik, Selbstkritik und der neuen Weise der Normierung kann bis in unsere jüngere Gegenwart (bzw. die Vergangenheit der herausgehobenen Attraktivität und bekennenden Anwahl des Lehrberufs im Umfeld der 1968er Jahre) davon ausgegangen werden, dass der pädagogische Beruf mehr als nur ein beruflich ausgerichtetes biographisches Projekt ist. Er prägt und fordert den „ganzen Menschen". Man erkennt den Lehrer habituell sofort an seiner besonderen Art des Wissens und Besserwissens, der Art, Fragen zu stellen, der Abfärbung, die der Umgang mit Heranwachsenden mit sich bringt. Lehrer oder Erzieher zu sein, verträgt sich nicht mit einer *part-time* Rollenträgerschaft. Wo dergleichen von außen wahrgenommen wird, entstehen sofort gravierende Legitimationsnöte und Gestehungskosten in der Praxis. Der unengagierte wird schnell zum schlechten Lehrer.

Dazu passt die historische Pathetisierung: Erinnert wird an den Volksschullehrer, der sich im Normalfall zum umfassenden Kultivator des Dorfes aufschwang, angereichert mit der Aufgabe des Chorleiters und Organisten. Ihn beerbt heute der sozialarbeitende und vielfältig kompensatorisch tätige Lehrer einer Hauptschule. Der Gymnasiallehrer entwarf als Philologe seine Berufsidentität weitgehend jenseits der Erziehung, eben mit der Konzentration auf die Übermittlung der Stoffe höherer Bildung. Er unterrichtete nicht selten zwar als verhinderter Fachwissenschaftler, aber eben auch dank der philologischen Bildung den streng ausgewählten und selektiv behandelten Nachwuchs. Davon hat sich wohl manches erhalten, zugleich wurde auch diese Praxis zunehmend mit der Veränderung der Klientel pädagogisiert. Die Kindergärtnerin hat liebevoll-streng die um sie gescharten Kinder als Familienersatz betreut, einführend in die neue soziale Vergemeinschaftung erzogen und spielend und gestaltend die Grundlage für die Schule gelegt. Auch dieses Berufsmotiv lebt fort. Mit allen Einschränkungen und Brüchen verhieß und verheißt die Pädagogentätigkeit einen Sinnzusammenhang, nämlich an einem schönen, rechten und befriedigenden Werk für den heranwachsenden Menschen und die Zukunft zu arbeiten. Sie leistete und leistet dies mit der Erfahrung, dass die Arbeit in den Kindern nicht selten zum guten Ende kommt, womit sie eine lebenslang bestehende Identität zu stiften vermag. Grundsätzliche Vergeblichkeit als Erwartung wie als Bilanz dürfte selten sein. Zu dieser Dramatik greift wohl nur jemand, der an der Uneingeholtheit eines Anspruchs verzweifelt, eben dass der Beruf nicht war, was er hätte sein sollen.

Gegenwärtig gerät eine durch „empirische Bildungsforschung" zugeschriebene Indifferenz gegenüber der Berufung zum Pädagogen in die Kritik, weniger freilich vermittelt über eine von der *Berufs*ideologie verordnete Zuständigkeit gegenüber der nachwachsenden Generation, dafür eher technisch kalt mit der Rüge über den Mangel realisierter Professionalität. Die drücke sich vor allem darin aus, dass die Schüler mit Hilfe ihrer Lehrer nicht lernten, was diese ihnen beizubringen haben. Auch wenn es bislang nicht zu einem „Lehrer-PISA" in Deutschland gekommen ist, werden doch die beklagten Schülerleistungen heute als Hinweis auf ein weitverbreitetes Versagen der Lehrer interpretiert.

Spezifiziert man das mit Blick auf die *evidence based* Wirkungsmodellierungen der „empirischen Bildungsforschung" und liest sie nicht bloß als Hinweise für etwas Gewünschtes, weil Erfolg Versprechendes, sondern als Index eines Mangels, so fehlt es den Lehrenden heute vorzüglich

1. an Fachkompetenz,
2. an positiver Zuwendung zu den Schülern,
3. an der didaktischen Fähigkeit, klare Aufgaben zu stellen, und
4. daran, die Schüler übend sich an den Aufgaben bewähren und entwickeln zu lassen.

Zusammen bieten diese vier Faktoren auch einen Rückschluss an zur fehlenden, biographisch vermittelten Ernsthaftigkeit, sich den Anforderungen des Berufs zu stellen. Ja, sie lassen sich lesen als Zuspitzung der Kritik am schulischen „Schlendrian", den wir bereits bei *Johann Friedrich Herbart* in seiner „Allgemeinen Pädagogik" artikuliert finden: als verbreitete Indifferenz gegenüber dem professionellen Ethos des Lehrberufs. PISA und die Qualitätsentwicklungskonzepte unterfüttern damit die wütenden Zuschreibungen nach der Art des Ex-Kanzlers *Gerhard Schröder* („faule Säcke") mit ihrem Verbesserungsbedarf.

Noch von einer anderen Seite gerät der Lehrberuf unter Druck. Professionstheoretisch angelegte Studien belegen nämlich, dass er es, obwohl er wie wenige Berufe professionalisierungsbedürftig (*Oevermann* 2003) ist, an den Voraussetzungen für professionelles Handeln mangeln lasse. Das müsse nun nicht den Lehrenden wie ihre Schuld zugeschrieben werden, es kann auf die Wirkungen der Zwangseinweisung der Schüler in die Schule zurückgeführt werden, mit der ein produktives Arbeitsbündnis zwischen Schülern und Lehrern, aufruhend auf der Hilfe, die natürliche Neugierde zu befriedigen, sabotiert wird. Und in der Tat zeigt sich in den dominanten Klagen des Lehrerstandes über die Bedingungen ihrer Arbeit ein signifikanter Reflex dieser *déformation professionelle*: Es geht danach vor allem um die Unterdrückung der aus dem Zwang wesentlich resultierenden Disziplinprobleme, womit die Schüler in Schach gehalten werden müssen, was aber als Berufsmotiv weniger tragend sein kann. Das Mittel der Wahl wird das der sekundären Motivierung, die schnell zum Verlust der Erfahrung sinnhaft produktiven Lernens führt und auch das Lehrmotiv unterminiert. Den Verlust beantwortet der Lehrstand mit einer vielfach Regressionen begünstigenden Vereinfachung der Lehrinhalte und der Umstellung von Lehren auf Informieren, auf die Einübung in einfachste Operationen und das korrumpierende Unterhalten als Ersatz für Vermittlung. Dank dem *downgrading* als Optimierungsstrategie lässt sich scheinbar auch das Problem lösen, wie der Stand des Könnens und Wissens so festgestellt werden kann, dass er als Erfolg der Arbeit dokumentiert werden kann (*Gruschka* 2009; 2012). Mit der zu beobachtenden Entlastung entsteht freilich nur der schale Ersatz für den mit dem Berufsethos versprochenen oder abverlangten professionellen Erfolg. Er beweist sich darin, dass Schülern das Verstehen gelehrt wird und sie kompetent werden durch Wissen, Urteil und Kritik.

Die öffentliche Klage über die mangelnde Effizienz der Pädagogenarbeit schwillt an, während gleichzeitig die Aufgabenzuschreibungen entgrenzt werden. Die Differenz zwischen der für den Lehrberuf notwendig auszubildenden Identität und Kompetenz und der erlebten wie zugeschriebenen Problemlösefähigkeit wird zum Erosionsfaktor für den Aufbau und die Erhaltung beruflich gebundener Identität.

Wie aber wäre sie zu erklären, wenn man nicht sogleich zur Figur der Überforderung greift? Kann sie nicht auch Ausdruck einer in die Irre gehenden Berufswahlentscheidung sein, womit vielfach die biographische Verankerung des Lehrberufs nicht gegeben wäre? Soll sie als Ausdruck eines Verlustes an eingebrachter biographischer Motivierung gedeutet werden, womit die Schularbeit den Berufstätigen die Erfahrung eigener Insuffizienz und Vergeblichkeit bereitet? Sie müssen mithin lernen, sich mit „bürgerlicher Kälte" vor der zu schützen, die sie in der Schule vollziehen, indem sie das Selektionsgebot an den Schülern vollziehen (*Gruschka* 1994)? Die Dissonanz zwischen eingebrachtem Wollen, erkanntem Sollen und den erlebten Möglichkeiten muss durch Handeln geschlichtet und bearbeitet werden. Die Leistung besteht dann darin, sich von der eigenen Ohnmacht und der Macht der Verhältnisse nicht nur nicht dumm machen zu lassen, sondern das eigene Tun als mögliche und notwendige Arbeit an der Aufgabe zu strukturieren und zu deuten.

Die entsprechenden Beschreibungen sowohl für die eine wie die andere Lesart gehören inzwischen zum Gemeinwissen. Man spricht heute wie selbstverständlich vom *cooling out* einer einmal vorhandenen Aspiration durch die Erfahrung im Beruf sowie vom *burning out*, der Erschöpfung an nicht einlösbaren Anforderungen. Zuweilen wird der Lehrberuf als eine „Unmöglichkeit" dargestellt, mit der Konsequenz einer Selbstdestruktion der Beruflichkeit und der Perspektive des Überlebens im Job.

Dagegen ist kürzlich vorgetragen worden, dass die „Konstanzer Wanne", die als Modell einmal für diesen Vorgang des Aufbaus zu Beginn, dann des Verlustes an Aspiration durch den „Praxisschock" mit einem anschließenden Tal der Frustrationen und der darauf folgenden Stabilisierung auf höherem Niveau nicht mehr als allgemeines Modell tauge. Befragungen von Lehrenden über die Jahre ihrer Ausbildung und Berufspraxis hinweg belegen nicht unbedingt solche *ways under* und *out*, vielmehr halten sie die ungleich stärker beunruhigende Lesart bereit, dass bei vielen gar keine gesteigerte Gelingenserwartung, keine engagierte Hitze bei der Entscheidung für den Lehrberuf, während der Ausbildung und beim Eintritt in den Beruf vorhanden waren, die durch Frustration ausgekühlt wurden. Fast ein Drittel der Probanden teilten schon während der Ausbildung mit, dass sie nicht unbedingt Lehrer werden wollten, ja, dass sie nicht daran glaubten, dass sie wirklich gut werden machen können, was von ihnen verlangt werden wird. Ein weiteres Drittel von „Pragmatikern" sah seine Aufgabe dann als erfüllt an, wenn sie mit den Schülern und den Stoffen klar kamen und damit das „Normale" realisierten (*Rauin* 2007). Doch auch die erste Gruppe strebt in den Lehrberuf, wohl weil sie annehmen kann, dass man ihn erledigen kann, ohne die hochgesteckten Ziele erfüllen zu können, von denen die Kompetenzkataloge voll sind. Wie soll man das lesen? Bloß als Ausdruck einer Verteilung, die man gerne anders hätte, als Hinweis auf die Nötigung zur Selektion beim Berufseinstieg, als Implikation einer veränderten gesellschaftlichen Lage, die eben Beruflichkeit als inneres Motiv allgemein unterläuft, als Versagen der öffentlichen Erziehung, die das Berufsmotiv im Nachwuchs nicht glaubwürdig als Vorbild verankert, oder als Hinweis darauf, dass die Gesellschaft einen ungleich höheren Bedarf an guten Pädagogen hat als es als Angebot sich herausbildet?

Gegen die Dramatik der Zuschreibung von Motiven sei nun der Blick auf die realen Verhältnisse der Erziehungs- und Lehrpraxis gerichtet, den Ort also, an dem der Beruf zum Beruf wird, an dem er nur als Job realisiert wird oder an dem die große Aspiration scheitert: vor, während der Ausbildung und in der Praxiserfahrung. Eigene, in den vergangenen Jahren durchgeführte Studien sollen nähere Hinweise liefern.

3 Beruflichkeit als biografisches Projekt – Entwicklungsszenarien aus Sicht pädagogischer Forschung

3.1 Die Zuwendung in biographischer Differenz

Als wir vor Jahren im Rahmen des Kollegschulversuchs Nordrhein-Westfalen in einer empirischen Bildungsgangstudie der Frage nachgingen, wie Schüler Erzieher werden (*Gruschka* 1985), stießen wir auf zwei in unserem Zusammenhang relevante und durch neue Forschungen und Anwendungen auf andere pädagogische Berufe (*Bosenius* 1992; *Hericks* 2001) bestätigte Ergebnisse.

Zum einen ist die Entwicklung von Kompetenzmustern und Identitätsformationen ein außerordentlich stark individuierender Vorgang. Auch wenn die anerkennungsfähigen Muster zur Lösung pädagogischer Grundprobleme (wir organisierten sie um die vier Entwicklungsaufgaben für einen pädagogischen Beruf) eng begrenzt sind (man kann zwischen fünf und sieben solcher Deutungsmuster unterscheiden), erfolgt die Auf- und Übernahme so stark differenzierend, dass bei 120 Probanden lediglich einzelne Paare auszumachen waren, die einen in diesem Sinne gleichen Bildungsgang absolvierten. Die Ausbildung war in der Regel dabei nicht entfernt so offen und liberal in der Förderung von Kompetenzen, dass diese bunte Vielfalt als Ergebnis der Vermittlung gedeutet werden könnte. Sie stellte nämlich durchweg bestimmte Problemlösungen als die anzustrebende Pädagogik heraus. Aber das Auseinandertreten von Aneignung und Vermittlung konkretisierte sich hier in dem Eigensinn, mit dem Schüler sich einen eigenen Weg zur beruflichen Praxis erarbeiteten. Diese Subjektivierung einer objektiven Aufgabenstellung verweist auf die Kraft der eigensinnigen Zuwendungsmotive wie auch auf die Gegenkräfte und die Bereitschaft, mit diesen sich an eine Wirklichkeit anzupassen, die den eigenen Motiven widersprechen. Das zeigt sich an den vielen Krisen, denen sich die angehenden Erzieher während ihrer Ausbildung ausgesetzt sahen. Eine große Gruppe fand zunächst auch deswegen keine Lösung der gestellten Entwicklungsaufgaben, weil sie nicht bereit war, die Angebote zur Anpassung zu übernehmen, wie sie umgekehrt keine Möglichkeit sah, das eigene Motiv praktisch zum Tragen zu bringen. Die meisten dieser Schüler überwanden im Verlaufe der Ausbildung diese Krise und entwickelten stabile Muster der Orientierung im Beruf, mit denen sie für sich und ihre Adressaten eigenes Wollen und aufgetragenes Sollen zusammenbrachten. Andere brachen die gestellte Bewährungsaufgabe ab und wechselten in eine andere berufliche Orientierung. Beides aber spricht vor allem für die Relevanz eines individuierenden Bildungsmotivs in der Auseinandersetzung mit der Arbeit als Beruf.

Verfolgt man sodann die Genese dieses Motivs, so stößt man nicht etwa auf die Vorbilder negativer oder positiver Art in der Begegnung mit Lehrern und Praktikern. Diese sind in der Lage, vielfach zu belehren, zu irritieren und Anregungen zu geben. Auf die Fragen in biographischen Interviews, was denn ausschlaggebend dafür war, dass es zu dieser Orientierung und nicht zu einer anderen gekommen ist, wie sich die berufliche Aspiration ausgeprägt hat und was der Hintergrund für einen krisenhaften Zustand der beruflichen Orientierung war, lieferten uns die Probanden eindrückliche Erzählungen zu tiefer gehenden und vorrangigen Motivierungen. Wir nannten sie die „organisierende Perspektive" für den Beruf (*Schlicht* 1985). Damit wurde uns deutlich: Die Schüler stolperten durchweg nicht mangels Alternative oder zufällig in den pädagogischen Beruf, sondern sie erklärten sie sich eindringlich, zumindest konstruierten sie im Gespräch plausibel einen biographischen Hintergrund, mit dem sie ihre Identität als angehende Erzieher auf die erinnerte Prägung zurückführten. Nur wenige unter ihnen lieferten statt solcher Hinweise Verweise auf den Experimentalcharakter ihrer Wahl oder sahen vor allem mit der Option des Studiums nach Absolvierung der Ausbildung die Freiheit des sich probeweisen Aussetzens mit den beruflichen Erfordernissen.

Die positive biographische Fundierung sagt noch nichts aus über die Ausrichtung und Stabilität der eingebrachten Perspektiven. Wenn zum Beispiel manche angehenden Erzieher vielfältige Erinnerungen darüber mitteilten, wie gerne sie Kind gewesen sind, wie schön sie ihren Kindergarten in Erinnerung hielten, dass sie sich schon früh um den pädagogischen Kontakt zu Kindern bemüht hatten, so konnte es sich dabei auch um ein letztlich naives Zuwendungsmotiv handeln, mit dem manche dieser Anwärter spätestens dann in Konflikte gerieten, wenn sie mit Kindern umgehen mussten, die von ihnen mehr als nur freundlich spielende und fürsorgende Zuwendung verlangten. An dieser Konstellation war dann zu beobachten, dass die Verarbeitung der ausgelösten Krise nicht notwendig dazu führte, die Voraussetzungen für die Berufswahl zu revidieren. Die abweichende Erfahrung wurde mehrheitlich in die biographische Disposition integriert, dass es möglich wurde, sperrige Kinder einer Sonderbehandlung zuzuführen. Mit denen musste man dann eben fordernd, streng umgehen.

Nur in seltenen Fällen führte die Ausbildung zu einem Umbau solcher Basisorientierungen, öfter dagegen zu einer Abwehr, sei es des ganzen Berufs oder aber der Entscheidung, dass man in Einrichtungen, in denen es anders zuging als man sich das vorgestellt hatte, nicht gehen werde. Solche angehenden Pädagogen suchten also nach der Praxis, die zu ihren eingebrachten Motiven passte.

3.2 Praxisverarbeitung des ersten Praktikums im Lehramtsstudium

Eine analoge Erfahrung haben wir in den letzten zehn Jahren in Frankfurt im Zusammenhang der Einführung schulpraktischer Studien sogenannt forschungsbezogenen Typs gemacht (*Allert u.a.* 2004; *Ohlhaver* 2009). In der Mitte des Studiums werden die angehenden Lehrer in ein Praktikum geschickt, in dem sie sich als Lehrer erproben sollen. Diese Aufgabe konkretisiert sich noch nicht mit der Erwartung, einer ausgefeilten Didaktik folgen zu können. Faktisch geht es (analog zur zweiten Entwicklungsaufgabe der Erzieher) um den Aufbau eines Konzeptes der pädagogischen Fremdwahrnehmung im Medium des Umgangs mit Schülern im und durch Unterricht. Die Erwartung der Studierenden geht dahin, sich im eigenständig durchgeführten Unterricht das Erfolgserlebnis zu bereiten, dass man mit einer Klasse mehr als nur „irgendwie" klar kommt. Wo das der Fall ist, weiß der Praktikant, dass er auf dem richtigen Weg zum möglichen Beruf ist. Dabei werden sowohl Ängste gegenüber der Situation des Lehrens abgebaut, zum „vorne stehen und nun unterrichten" als auch Erfahrungen damit gemacht, dass die Rahmung des Normalunterrichts eine große Stütze ist, über 45 Minuten Programm zu machen. Hinzu tritt das Erleben eigener sozialer Kompetenz, denn nur in Ausnahmen werden die Praktikanten nicht als Lehrende ernst genommen, stattdessen dem ausgesetzt, was in manchen Anekdoten früherer Jahre so eindringlich berichtet ist: dem Härtetest, den die Klasse mit dem institutionell Schwachen durchführt.

Durchweg kommen die Praktikanten begeistert aus dem Praktikum und sie berichten nur selten etwa von dem Problem, dass sie „nicht genug gewusst" hätten, um diesen oder jenen Inhalt unterrichten zu können. Manche zaubern Stunden ensuite wie aus dem Hut, sie unterrichten fachfremd mit Hilfe der didaktischen Werkzeuge, von denen ihre Mentoren meinen, sie würden gut funktionieren. Das ist umso bemerkenswerter, als in einem das Praktikum vorbereitenden Seminar die Studenten nicht auf die Durchführung des Unterrichtens etwa durch das Durchspielen von Musterstunden vorbereitet wurden. Nur wenige Praktikanten berichten anschließend ans Praktikum darüber, dass sie nicht gewusst hätten, wie sie eine Stunde hätten planen können. Kurzum: Das biographische Projekt Lehrer kann gestärkt fortgesetzt werden. Das Besondere dieses Typs von schulpraktischen Studien besteht in der Schule in der Aufgabe, sich neben der eigenen Erprobung und der teilnehmenden Beobachtung darum zu bemühen, eine Stunde eines Lehrers mit Tonband und, wo möglich und notwendig, mit Video aufzunehmen und die Stunde anschließend zu transkribieren.

Das Seminar in der Universität analysiert exemplarisch einzelne transkribierte Stunden mit der Absicht und Methode, das mit der Praxiserfahrung wiederum ungemein vertraut Gewordene bewusst fremd werden zu lassen. Es geht darum, das Wiederkannte als alles andere als selbstverständlich herauszustellen, indem die Entwicklungslogik einer Stunde durch die mikrologische Rekonstruktion ihres Aufbaus deutlich gemacht wird. Das Verfahren der Sequenzanalyse verlangt, dass an jeder Stelle im Protokoll im Prinzip die Frage gestellt wird: Wie reagiert der Sprechakt auf das Vorherige, was kann er bedeuten und wie kann erwartet werden, dass auf ihn reagiert wird, etwa als Reaktion des Lehrenden auf eine Bemerkung des Schülers zu einer Aufgabe?

Die angehenden Lehrer sind nun aufgefordert, Lesarten zu entwickeln zu diesen Sprechakten, und sie erweisen sich als Gruppe in der Lage, eine Fülle von wohlgestalteten Anschlüssen für den Lehrenden wie auch Erklärungen zur Motivierung von Schüleräußerungen zu entwickeln. Diese offene extensive Lektüre produziert nun regelmäßig die Überraschung, dass vielfach Lehrende nicht so reagieren, wie es als sinnvoll antizipiert worden ist, und dass die Reaktionen der Lehrenden auf die Äußerungen der Schüler an der Motiviertheit dieser Aussagen vorbeigehen. So entsteht das Bild einer äußerst labilen, vielfach gebrochenen Kommunikation, die aber erst ins Bewusstsein gerät, wenn der ansonsten wie selbstverständlich ablaufende Unterrichtsprozess künstlich angehalten und gedankenexperimentell ausgelegt wird. Unterricht wird nun als ein krisenhaftes, von Unverständnis und Missverständnis geprägtes, gleichzeitig routiniert normalisiertes und unsicheres Geschehen einsichtig. Diese Erfahrung wiederholt sich, wenn die Aufgaben analysiert werden, die die Lehrenden den Schülern stellen. Das Material wie die Arbeitsaufgaben erweisen sich in der extensiven Lektüre ihrer Anforderungsstruktur und ihrer möglichen Bearbeitungsweisen oft als hoch problematisch, nicht dazu geeignet, den Schülern zum Verstehen der Inhalte zu verhelfen.

In unserem Zusammenhang wird interessant, wie die Studierenden auf diese unabweisbare Tatsache eines vielfachen Unterbietens der Normen für guten Unterricht reagieren. Eine kleine Gruppe von Lehramtsanwärtern lässt sich von der Analyse affizieren und entdeckt ungemein viel von dem, was es auf jeden Fall in der eigenen Praxis zukünftig zu vermeiden gilt. Sie entspricht damit der *Rauinschen* Gruppe der Engagierten. Auch hier zeigen biographische Erzählungen, dass nicht erst die Erfahrung mit der Analyse zu dieser Einsicht geführt hat; sie war schon im Prinzip als kritische Haltung gegenüber dem Unterrichtsgeschehen vorhanden. Nun aber kann sie substantiell vorgetragen werden.

Eine deutlich größere Gruppe reagiert auf die Defizitzuschreibung gelassen pragmatisch. Sie geht von der Möglichkeit aus, durch praktische Variation die

Dinge weitgehend in Ordnung zu bringen und äußert konstruktive Vorschläge. Nicht selten wird der analysierte Unterricht zu einem schlechten erklärt, der durch eine bessere didaktische Arbeit anders und erfolgreicher gestaltet werden kann. Diesen technisch ausgerichteten Lehramtsanwärtern geht es mithin darum, die richtigen *tools* zu finden. Die Analyse erschüttert sie nicht im Glauben darin, dass es solche gibt.

Prekär verhält sich eine dritte Gruppe von Studierenden. Sie beginnt bald mit der Opposition gegen die ihnen zugemutete Intentionalität eines vorbehaltlos objektivierenden und damit notwendig kritischen Blicks auf die Logik des pädagogischen Geschehens. Diese Lehramtsstudenten wehren sich mit dem Hinweis darauf, dass die Kritik destruktiv und weit übertrieben sei. Unterrichten sei nicht richtig zu verstehen, wenn durch die messerscharfe Darstellung das Versagen an übertriebenen Ansprüchen festgestellt werde.

Die Praktikanten werden damit zu Verteidigern einer Normalität, mit der die Alltäglichkeit des in den Transkripten entgegentretenden Unterrichts als alltägliche Wirklichkeit nicht nur erkannt, sondern auch als Norm anerkannt wird. Wer unterrichtet, könne nur mehr oder weniger so unterrichten wie beobachtet, denn alles andere sei eine Überforderung von Lehrenden wie Lernenden, die nicht gewünscht sein kann, weil sie nur Frustrationen bereit halte. Auch nach Maßgabe der institutionellen Bedingungen sei eine andere Praxis gar nicht herbeizuführen.

Hier drückt sich ein Widerstand aus, der mit der Verteidigung der erlebten und nun eigenständig durchgeführten Praxis des Unterrichtens einher geht. Die biographische Prägung durch einen Normalunterricht schlägt durch, er wird zum Maß der Dinge erklärt. Man könne auch guter Lehrer sein, ohne ein Superpädagoge zu werden. Zurückgewiesen wird die im Raum stehende Gefahr, ein schlechter Lehrer zu werden, indem verteidigt wird, was doch gut funktioniert habe. Das in der Kritik stark gemachte Berufsmotiv und die eigene Aspiration zielen darauf, einen ganz und gar normalen Unterricht zu machen, in dem die Schüler mitarbeiten, eine freundliche Atmosphäre entsteht, die gestellten Aufgaben erledigt werden, hier und da Schüler sich bessern und so fort. Pate steht letztlich der Unterricht, in dem man glaubt, gut mitgekommen zu sein, und den man nun selbst bereits gehalten hat.

Manche dieser Studierenden kämpfen gegen die Kritik an, andere halten sich zurück und erwarten, dass das Gewitter der Kritik vorbeiziehe. Nicht wenige geben in den Nachbesprechungen zu erkennen, dass sie so auch aus Angst reagieren. Wenn stimmt, was in der Analyse zutage getreten ist, so bedeutet das, dass sie sich nicht mehr so recht vorstellen können, die in der Analyse erst wirklich erkannte Aufgabe zu erfüllen. Sie verteidigen die dargestellten Lehrer, weil sie sich präventiv selbst bereits rechtfertigen als die Lehrer, die sie in den normalisierten Stunden gespiegelt sehen.

Die Spannung zwischen Job und Beruf passt zur Erklärung dieser Abwehr nicht so recht. Denn diese Lehrenden können sehr wohl einen engagierten Alltag mit dem Praktikum begonnen haben. Sie mögen in dieser Tätigkeit aufgehen, gerne unterrichten, manches ausprobieren, ein gutes Verhältnis zu den Schülern gewinnen, sich mit ihnen und ihren Problemen identifizieren; jedenfalls spricht das aus den Erzählungen dieser Gruppe.

Aber ein professioneller Habitus, mit dem eine kritische Selbstreflexion der Spannung zwischen den gestellten Aufgaben und Ansprüchen und der eigenen Praxis aufgebaut würde, eine solche Arbeit an der Selbstverbesserung muss daraus nicht folgen. Diese Beobachtung passt zu jener, dass eine große Gruppe in den Lehrberuf strebt, ohne eine anspruchsvolle Aspiration an das eigene pädagogische Wirken zu verfolgen.

3.3 Biographische Disponierung zur Selbstverbesserung

Vor etwa zehn Jahren hat sich die Politik der Schulentwicklung dieses Problems angenommen. Sie forderte die Schulen dazu auf, ihre Selbstverbesserung systematisch zu betreiben. Das Stichwort hieß Schulprogrammarbeit (*Gruschka* 2003; *Nikolaidis* 2012). Mit der die Schule insgesamt erfassenden Arbeit an einem internen Reformprogramm sollten Schwächen kenntlich werden, die aus einem Mangel an professioneller Selbstbesinnung erwachsen. Der alltägliche Betrieb sollte danach überprüft werden, inwiefern er den eigenen Ansprüchen und den Aufgaben entspricht, die die Schule zu erfüllen hat.

Schulen haben vielfach mit beträchtlichem Aufwand versucht, diesem Reflexions- und Reformanspruch zu genügen. Manche andere haben die Aufgabe wie die Herstellung einer neuen Aktenlage abgewehrt und bewältigt und damit die angediente Krisenindaktion ins Leere laufen lassen. Einzelne Schulen haben sogar die verlangte Eigenadressierung der Reform in eine Fremdadressierung umgedreht und auf die von außen kommenden Rahmenbedingungen ihrer Arbeit verwiesen, die die erfolgreiche pädagogische Arbeit behindern.

Für unseren Zusammenhang ist aufschlussreich, wie die Akteure und Autoren der Schulprogrammarbeit ihre eigenen pädagogischen Orientierungen in Beziehung setzten zu den realisierten Aufgaben und den Möglichkeiten der Reform. Wir wollten wissen: Sehen sie in der Programmarbeit eine Chance, ihre Vorstellungen von Schule einzubringen? Dazu haben wir mit den Akteuren der Programmarbeit Intensivinterviews geführt. Deren Ausgangsmaterial bestand jeweils aus dilemmatischen Szenen aus dem schulischen Alltag zu den Aufgaben der Erziehung, der Bildung, der Didaktik und der Schulform. Mit diesem Impuls sollten sowohl die pädagogischen Orientierungsmuster thematisch werden als auch das in ihnen angelegte Programm einer möglichen Schulentwicklung.

Gilt bei Pädagogen noch die Bindung an Beruflichkeit? 119

Die Interviewten bestätigten durchweg, dass in den Dilemmasituationen die zentralen Alternativen zur Problemlösung der alltäglichen Aufgaben angesprochen waren. Zugleich zeigten sie in ihrer Reaktion auf die vorgestellten Situationen, dass und wie sie Praxis als schlechte Kompromissbildung erlebten und auch zukünftig erwarten würden. Als theoretisch plausibel beziehungsweise auch praktisch wünschenswert bewerteten sie die beziehungsweise einzelne der präsentierten Konzepte, während sie zugleich eine Fülle von Bedingungen vortrugen, die eine konsequente pädagogische Praxis im Sinne dieser Konzepte verhindern müssten.

In der vorgestellten Erziehungssituation bestanden die Alternativen in einer Förderung der Mündigkeit durch Freiräume kontrafaktisch unterstellter Mündigkeit zwecks ihrer Entfaltung beziehungsweise in einer gelenkten Anweisung und Durchsetzung des richtigen Verhaltens und der Vermeidung von Disziplinproblemen durch Disziplinierung. Die Interviewten deuteten die Angebote im Rückgriff auf eigene Erfahrungen und die mit ihnen verbundenen Einstellungen zu möglichen Bearbeitungen des beispielhaft erzählten Konfliktes zur Ordnung respektive Unordnung in der selbstverwalteten Cafeteria. Sie sympathisierten mit der Erziehung zur Mündigkeit, sahen aber die Gefahr, dass diese entweder am Widerstand der Lehrenden, an andersartigen Erwartungen der Eltern oder auch an der Unfähigkeit der Schüler, die Freiräume mündig zu nutzen, scheitern müsste. Ähnlich reagierten sie auf die didaktische Alternative zwischen einer aktivierenden kompetenzorientierten Vorgehensweise und dem instruktionsorientierten Vermitteln von Wissen und Regeln. Schön wäre eine reformpädagogische Form der Arbeit und der eigenständigen Lösung von lebensnahen Aufgaben. Leider aber könnte das nur dann realisiert werden, wenn das Leistungsmessungssystem der Schule dem nicht widersprechen würde. Somit müsse im Zweifel doch für die Klassenarbeit unterrichtet werden. Andere didaktische Formate ließen sich nur in den Freiräumen von Projektwochen realisieren.

Nur selten kam es vor, dass Lehrende sich auf eine der beiden gegenübergestellten Alternativen festlegten oder in der Lage waren, ihre eigene Lösung der Probleme als kohärentes Konzept der Erziehung, Bildung und Didaktik zu artikulieren. Viel häufiger machte die Rekonstruktion der Reaktionen der Lehrenden auf das Szenario deutlich, wie in der Vermeidung einer solchen dezidierten Position zu Leerformeln und einer diffusen Postulatepädagogik gegriffen wurde. Sie präsentierten ihre pädagogischen Urteile mit in sich widersprüchlichen, aber gut klingenden Formeln. Indem diese Lehrer das Echo auf all das lieferten, was als gut und richtig im Schwange ist, fühlten sie sich auf der sicheren Seite. Sie reflektierten damit zugleich die in sich widersprüchliche Gemengelage von Forderungen, denen sie in ihrer pädagogischen Praxis ausgesetzt sind.

Die Konfrontation der Lehrer mit pädagogischen Konzepten setzte nicht an der Differenz zwischen Sein und Sollen an, sondern forderte sie dazu auf, eine eigene konsequente Modellierung eines Sollens als eine professionelle Problemlösung vorzustellen. Aber nur in seltenen Ausnahmen positionierten sich die Lehrenden entsprechend.

Die Schulprogrammarbeit lieferte ihnen die Chance der Verfolgung solcherart konsequenter Pädagogik. Die Autoren der Schulprogramme haben auf diese Option durchweg nicht zugegriffen. Vor die Wahl gestellt zwischen Alternativen, bestätigten sie weitgehend, was sie als alltägliche Praxis ihrer Schulen auswiesen. Das demonstriert eindringlich, dass berufliche Kompetenz und Identität letztlich bei aller von außen eindringenden Veränderungsanweisung auf die Bestätigung der beruflichen Routinen als der Fügung ins Gegebene ausgerichtet sind.

Wie schon die große Gruppe der Berufsanfänger nahelegte, waren auch die Autoren der Schulprogramme durchweg sicher in der Beurteilung ihrer Handlungsmöglichkeiten mit Rückgriff auf eine keineswegs krisengeschüttelte, sondern routinegestützte Auffassung von der relativen Angemessenheit ihrer Arbeit. Die Schulprogrammarbeit hatte sie nur kurz in die Krise dieses Selbstverständnisses gestürzt. Sie fragten nur anfangs, was denn an anderem, besserem oder mehr Programm entworfen werden müsse, damit die Schule ihre Aufgabe erfülle. Nach der Arbeit an der Beurteilung von Veränderungsbedarf und der Konfrontation mit konsequenten Modellen der Praxis, stellten sie sich weitgehend mit Formeln dar, mit denen sie die realisierte Praxis als Aufgabenerfüllung auswiesen. Hinzu traten in eher vegetativer Weise Hinweise zu möglichen Veränderungen in kleinen Projekten. Mit ihnen konnten sie sich ein wenig mehr von diesem und jenem vorstellen, eben so wie es die Reformbemühungen in der Schule bereits ausdrückten. Die Projekte verwiesen auf die Aktionsfelder engagierter junger Kollegen oder aber auch nur auf die Agenda einer technokratisch verstandenen Durchreichung der Reformanmutungen von oben (etwa *Klipperts* „Methodentraining", 1994). Damit ließ sich Gefolgsbereitschaft als Beflissenheit demonstrieren.

Diesen Befund einer Apologie des Bestehenden im Wissen um seine Alternativen haben wir als die Anwesenheit eines großen Bedürfnisses nach biographischer Identität im Beruf verstanden, dem also, sich in der eigenen Praxis als sinnvoll und verantwortlich Handelnder wiederzuerkennen. In den Interviews zeigte sich zugleich ein überaus bemerkenswerter Mangel an Urteilskompetenz. Nur selten reagierten die Lehrer nämlich auf die Szenarien mit durchgebildeten, frustrationsresistenten, praktisch wie theoretisch ausgewiesenen Konzepten für die pädagogische Praxis. Nicht wenige lavierten mit einem Mixtum compositum aus Elementen pädagogischer Deutungsmuster zur Erziehung, Bildung und Didaktik. Eine Entschiedenheit in der pädagogischen Orientierung, die wir noch von den angehenden Erziehern wie von den Lehramtspraktikanten überzeugend als Wollen dargestellt bekamen, war nicht mehr zu spüren. Just im Augenblick der Aufforderung zur Reform und nach Jahren der beruflichen Erfahrung wurde vermieden, einen professionellen Maßstab für das Handeln zu setzen und danach die Schule zu gestalten!

Das dagegen Erwartete haben wir bei Lehrern nur in einzelnen Schulen gefunden, die als pädagogische „Tendenzbetriebe" ihre kollektive Identität ausgebildet hatten. Unabhängig davon, ob alle in gleicher Weise unter einer Fahne segeln, haben sie von sich das Bild, dass sie dies auf der Basis eines geteilten pädagogischen Überzeugungsbodens tun können. Hier arbeiten Lehrende, die sich für diese Arbeit nicht nur qualifiziert haben, sondern auch berufen fühlen. In allen anderen Schulen aber scheint es schon der Mangel an einem solchen geteilten Überzeugungsboden unmöglich zu machen, eine konsequente Arbeit zu realisieren. Das gilt ohne Ansehen der Nischen, von denen manche Schule voll ist.

Es dominiert eine Form der Kompromissbildung, mit der in schlechter Formaldialektik das eine wie das andere mit der logischen Konsequenz als richtig erklärt wird, einen Mittelweg zu beschreiten. Mit ihm wird oft konzediert, dass eine der Positionen oder gar beide jeweils „eigentlich" richtig wären, aber die Wirklichkeit leider nicht erlaube, sie konsequent zu verfolgen. Um das zu begründen, werden von den Interviewten vielfältige Hinweise gegeben und Rechtfertigungen vorgetragen. So wird auf den Tanker Schule verwiesen, der sich nur wenig von seinem Kurs abbringen ließe. Von der Erschöpfung ist die Rede, die aus dem wiederholten Scheitern von Versuchen folge. Von den widersprüchlichen und undurchführbaren Forderungen der Kultusverwaltung und der unzureichenden Ausstattung der Schule wird gehandelt, von den alten Kollegen, die das Klima retardierend dominieren, aber auch von den Jungen, die man mäßigen müsse, weil sie das Rad neu erfinden wollen und sich über das solide Erreichte hinwegsetzen und so fort.

An diesen Deutungen ist nicht zuletzt interessant zu beobachten, wie eine widrige Realität in das eigene Berufsverständnis integriert wird. Das geht vom aufgeklärten Pragmatismus als dem eingeschränkten Erreichen des Erreichbaren über die Selbststilisierung durch Postulate, als wären sie pädagogische Praxis, bis zu dem Punkte, an dem ältere Akteure eine resignative Identität als Bewusstsein vom notorischen Ungenügen der eigenen jahrzehntelangen Arbeit am Beruf kundtun. Aber noch in diesem Modus der Unerfülltheit erweist sich das biographische Projekt des Lehrberufs als tragend.

3.4 Unterrichtsroutinen

Mit dem Rückgriff auf Ergebnisse einer umfangreichen Rekonstruktion des alltäglichen Unterrichtens in 8. Klassen unseres Schulwesens seien die Quereinblicke, die die Studien für das Thema bereit halten, abgerundet. Über fast alle Fächer wurden in vier hochkontrastiven Sekundarstufe-I-Schulen über zweihundert Unterrichtsaufnahmen gemacht, anschließend transkribiert und einer Sequenzanalyse ihres Verlaufes und ihrer Dynamik unterzogen. Die mit der Schulprogrammstudie nahegelegten Erwartungen an die durchschnittliche praktische Unterbietung des professionellen Tuns im Unterricht wurden bestätigt. Der alltägliche Unterricht ist dadurch ausgezeichnet, dass er als Veranstaltung mit wenigen Ausnahmen „rund läuft": Die Arbeitspensen werden passend dosiert und durchgenommen, die Schüler kooperieren durchgängig, Disziplinprobleme sind wenig auffällig. Sie kommen allein dann gehäuft vor, wenn der Unterrichtsverlauf und die gestellten Aufgaben Schülern als sinnlos und unlösbar erscheinen. Das aber ist überraschend selten der Fall. Die Lehrenden sind in ihrer großen Mehrheit den Schülern positiv zugewandt, reagieren freundlich und intervenieren geduldig helfend. Die gegenseitigen Erwartungen sind ausbalanciert. Die Lehrenden überfordern die Schüler nicht, während diese das ihren Lehrern durch Kooperationsbereitschaft honorieren.

Diese Normalität wird aber sofort als brüchig erkennbar, sobald der Analytiker der Stunde beginnt, das Geschehen genau zu beurteilen und in seiner immanenten Anspruchlichkeit ernst zu nehmen. Dann muss er explizieren, welches Wissen und Können wie vermittelt wird. Er geht damit auf Distanz zur rhetorischen Einhüllung, mit der gegenseitiges Einverständnis produziert wird. Dann wird deutlich, dass durchweg das, was als didaktisches Material den Schülern angeboten wird, nicht dazu angetan ist, die Sache, die das Material ja nur repräsentieren soll, transparent zu machen, sie für die Schüler zu erschließen und damit zu ihrem Verstehen zu verhelfen. Dann wird irritierend auffällig, wie stark die didaktische Vereinfachung der Tendenz folgt, den Anspruch der Sache zu reduzieren. Dabei wird nicht etwas so einfach wie möglich gemacht, sondern ungleich einfacher, als es ist. Oft lässt er sich mit der didaktischen Einkleidung nicht mehr erkennen. Das aber muss nicht daran hindern, dass die Schüler dennoch erfolgreich das gewünschte Verhalten zeigen, so indem sie eine Information aus dem Netz oder Text liefern, weil sie dort etwas unterstrichen haben, oder wenn sie mechanisch eine Übung wiederholen, ohne die Regel verstanden zu haben, der sie folgen.

Die Lehrenden kommentieren den Reduktionismus ihrer Forderungen vielfach mit Aussagen, die auf ihre tief gehende Verankerung einer negativen Anthropologie des Schülers verweisen. Diesen sei nicht mehr mit den Sachen „zu kommen", wie man es selbst noch erfahren habe. Um die Medienkinder noch ansprechen zu können, müssen sekundäre Motivierungen eingebaut werden. Die Schüler müssen didaktisch „angefüttert" werden, damit sie Zugang zur Arbeit finden. Sie sind mit lobender Bestätigung zu ermutigen, damit sie weitermachen, auch wenn kein sachlicher Anlass für das Lob gegeben ist. Von den Schülern dürfe nicht zu viel verlangt werden, um ihr Scheitern zu vermeiden. Deswegen werden Hilfen gegeben, die die Leistung mindern. Die Schüler seien so zu beschäftigen, dass sie mit Erfolgserlebnissen für den weiteren Unterricht gewonnen werden. Das soll hier nicht weiter beschrieben werden (hierzu *Gruschka* 2009; 2010; 2011; 2112). Besonders aufschlussreich für die damit indizierte professionelle Deformation ist die didaktische Selbstentmächtigung, die sich dabei durchweg beobachten lässt. Auf sie sei abschließend ein Blick geworfen.

Viele Lehrenden operieren mit didaktischen Mitteln, die ihnen auf der einen Seite eine erfolgreiche Durchnahme von etwas erlauben, die aber gleichzeitig nur solange funktionieren, wie ihr Sinn nicht befragt wird. Das aber lässt sich nicht mehr so leicht vermeiden, sobald Schüler die ihnen gestellten Aufgaben deswegen nicht lösen können, weil diese weder in Beziehung auf die Sache logisch aufgebaut sind, noch die Aufgaben die eingebrachten Kompetenzen berücksichtigen, noch die Kommentierungen der Lehrenden die auftretenden Brüche zwischen Vermittlungsabsicht und Aneignungsmöglichkeit überbrücken. Das ist der Augenblick, in dem sich herausstellen muss, ob der Lehrende so viel professionelles Selbstbewusstsein und Kompetenz besitzt, dass er nicht passend macht, was nicht passt, sondern zur Selbstkorrektur übergeht. Es geht mit ihr um die Übernahme der Verantwortung für das Lehren als Kern der professionellen Zuwendung zum Beruf.

Lehrende, die angesichts des augenscheinlich Fehlerhaften der Vermittlung bei dem Material als Rezept bleiben, delegieren ihre Zuständigkeit an den anonymen Didaktiker, ohne aus der operativen Zuständigkeit entlassen zu sein. Das kann nicht ohne Rückwirkungen auf die berufliche Identität bleiben. Der Lehrer erfährt sich faktisch als jemand, der nicht Herr im eigenen Haus ist. Er mag sich als Opfer der Schulpolitik erleben, als unzureichend ausgestattet mit Methoden der Erziehung. Aber wenn er als Lehrender nicht vermitteln kann, was er vermitteln will, und der Ausweg aus dem Problem in der Form einer Adressierung an „faule", unmotivierte und eingeschränkt bildsame Kinder verbaut ist, weil die Schüler die richtigen und berechtigten Rückfragen zu einem falschen Material und unlösbaren Aufgaben stellen, dann wird mit der Evidenz unzureichender Kompetenz auch die Legitimation des eigenen Lehramtes fragwürdig. In dieser objektiven Krise agieren nun nur wenige Lehrende krisenhaft. Stattdessen retten sie sich mit Erziehung als Disziplinierung, mit Versprechen auf spätere Klärung, und schaffen es in der Regel so, die Krise der Unterrichtskommunikation als dessen Unterbrechung einzufrieden. Dass nicht mehr manifest wird, während der Beobachter doch darauf wartet, dass die Situation zu Protest geht, enthält eine unerfreuliche Botschaft für alle, die vom Lehrer professionelles Verhalten erwarten: Unterrichten kann fortgesetzt werden als eine mehr oder weniger befriedigende berufliche Tätigkeit, auch wenn sie inhaltlich auf einem Schein des Lernens und Lehrens aufruht. Die Kompetenz des Lehrers besteht im Kern damit darin, Unterricht zu halten und den Umgang mit Schülern als Unterrichten zu bewältigen. Dafür ist nicht entscheidend, ob dabei etwas erfolgreich unterrichtet wird. Was schon die Praktikanten erstaunt als Erfolg verbuchten, lässt sich in die anschließende Praxis weitgehend problemlos prolongieren.

Mit der Erfahrung muss es nicht zu einem signifikanten Zuwachs an Lehrfähigkeit kommen. Aus ihr folgen nicht nur nicht notwendig, sondern wohl auch nur selten die Elaboration pädagogischer Kompetenz und die Einrichtung eines professionellen Selbstbildes, das sich an Maßstäben des Gelingens von Bildung, Erziehung und Vermittlung statt am Vollzug von Aufgaben ausrichtet. Im Vollzug wird augenscheinlich so viel als Sinn erfahren, dass er zum Fluchtpunkt für das biographische Projekt, den Beruf des Pädagogen, wird.

4 Fazit

Wir finden bei Pädagogen eine große Bereitschaft, die spezifische Beruflichkeit als biographisch tragendes Projekt anzunehmen. Genauso bestätigt sich, dass die Praxis im Beruf die aussichtsreiche Bearbeitung der pädagogischen Aufgabenstellungen zur Geltung bringen muss. Aber auf der anderen Seite sind die pragmatischen Erfüllungsbedingungen sowohl zur Seite der subjektiven Aspiration als auch der institutionellen Rahmung des Geschehens so weich angelegt, dass Praxis sich weitgehend problemlos erhält, auch wenn sie die in sie notwendig gesetzten Erwartungen nicht erfüllt. Pädagogen sollen ungemein viel können und auch können wollen, sie „können aber auch ganz anders", und das geht weder subjektiv noch objektiv zu Protest. Pädagogik ist damit geschlagen von der widersprüchlichen Einheit zwischen hohen Anforderungen und dem stummen Einverständnis in ihre Nicht-Erfüllbarkeit, zwischen den Normen, die den pädagogischen Umgang allererst legitimieren und den Funktionen der gesellschaftlichen und institutionellen Reproduktion, mit denen Selektion wie der Betrieb gerechtfertigt werden kann. Das genau spiegelt sich in den beiden Polen pädagogischer Professionalität.

Literatur

Adorno, Theodor W., 1977: Gesammelte Schriften, 10.2: Kulturkritik und Gesellschaft, II, Frankfurt a.M.
Allert u.a. (= Allert, Tilmann; Gruschka, Andreas; Haubl, Rolf; Müller-Lichtenheld, Heinz; Ohlhaver, Frank; Tiedtke Michael), 2004: Schulpraktische Studien forschungsbezogenen Typs, Frankfurt a.M. (http://www.apaek.uni-frankfurt.de/angebote/doz/arbeitsprogramm.html [Zugriff: 06.12.2011])

Bauer u.a. (= Bauer, Karl-Oswald; Kopka, Andreas; Brindt, Stefan), 1996: Pädagogische Professionalität und Lehrerarbeit, Weinheim
Baumert, Jürgen; Kunter, Mareike, 2006: Stichwort: Professionelle Kompetenz von Lehrern; in: Zeitschrift für Erziehungswissenschaft 4/06, 469-520
Blankertz, Herwig, 2011: Die Geschichte der Pädagogik – von der Aufklärung bis zur Gegenwart, Wetzlar; zuerst: 1982
Bosenius, Petra, 1992: Fremdsprachenstudium und Fremdsprachenerwerb, Münster und New York
Gruschka, Andreas, 1985: Wie Schüler Erzieher werden, Wetzlar
Ders. (Hrsg.), 1994: Bürgerliche Kälte und Pädagogik. Moral in Gesellschaft und Erziehung, Wetzlar
Ders., 2008: Präsentieren als neue Unterrichtsform. Die pädagogische Eigenlogik einer Methode, Opladen
Ders., 2009: Erkenntnis in und durch Unterricht. Empirische Studien zur Bedeutung der Erkenntnis- und Wissenschaftstheorie für die Didaktik, Wetzlar
Ders., 2010: An den Grenzen des Unterrichts (= Pädagogische Fallanthologie, 10), Opladen
Ders., 2011: Verstehen lehren. Ein Plädoyer für guten Unterricht, Stuttgart
Ders., 2012: Unterrichten – eine pädagogische Theorie auf empirischer Basis, Opladen (in Vorb.)
Ders. u.a. (= Gruschka, Andreas; Heinrich, Martin; Köck, Nicole; Martin, Ellen; Pollmanns, Marion; Tiedtke, Michael), 2003 : Innere Schulreform durch Kriseninduktion. Fallrekonstruktionen und Strukturanalysen zu den Wirkungen administeriell verordneter Schulprogrammarbeit. Projektdesign und Zwischenbericht, Frankfurt a.M.
Hericks u.a. (= Hericks, Uwe, Keffer, Josef; Kräft, Christof; Kunze, Ingrid) (Hrsg.), 2001: Bildungsgangdidaktik. Perspektiven für Fachunterricht und Lehrerbildung, Opladen
Holling, Eggert; Bammé, Arno, 1976: Lehrer zwischen Anspruch und Wirklichkeit, Frankfurt a.M.
Klippert, Heinz, 1994: Methodentraining. Übungsbausteine für den Unterricht, Weinheim und Basel
Kunter u.a. (= Kunter, Mareike; Baumert, Jürgen; Blum, Werner; Klusmann, Uta; Krauss, Stefan; Neubrand, Michael) (Hrsg.), 2011: Professionelle Kompetenz von Lehrkräften: Ergebnisse des Forschungsprogramms COACTIV, Münster usw.
Mollenhauer, Klaus, 1970: Erziehung und Emanzipation. Polemische Skizzen, München
Ders., 1991: Im Gespräch mit Theodor Schulze; in: Kaufmann, Hans Bernhard; Lütgert, Will; Schulze, Theodor; Schweitzer, Friedrich (Hrsg.): Kontinuität und Traditionsbrüche in der Pädagogik. Ein Gespräch zwischen den Generationen, Weinheim, 67-87
Müller-Fohrbrodt u.a. (= Müller-Fohrbrodt, Gisela; Cloetta, Bernhard; Dann, Hanns-Dietrich), 1978: Der Praxisschock bei jungen Lehrern, Stuttgart
Nikolaidis, Dimitrios, 2012: Die Produktivität pädagogischer Deutungsmuster für die Schulentwicklung; in Pädagogische Korrespondenz. Zeitschrift für kritische Zeitdiagnostik in Pädagogik und Gesellschaft 45 (in Vorb.)

Oevermann, Ulrich, 1996: Theoretische Skizze einer revidierten Theorie professionalisierten Handelns; in: Helsper, Werner; Combe, Arno (Hrsg.): Pädagogische Professionalität. Untersuchungen zum Typus pädagogischen Handelns, Frankfurt a.M., 70-182

Ders., 2003: Brauchen wir heute eine noch eine gesetzliche Schulpflicht und welches wären die Vorzüge ihrer Abschaffung? In: Pädagogische Korrespondenz. Zeitschrift für kritische Zeitdiagnostik in Pädagogik und Gesellschaft 30, 54-70

Ohlhaver, Frank, 2009: Der Lehrer „riskiert die Zügel des Unterrichts aus der Hand zu geben, da er sich auf die Thematik der Schüler einlässt". Typische Praxen von Lehramtsstudenten in fallrekonstruktiver pädagogischer Kasuistik; in: Pädagogische Korrespondenz. Zeitschrift für kritische Zeitdiagnostik in Pädagogik und Gesellschaft 39, 21-45

Radtke, Frank-Olaf, 1996: Wissen und Können. Die Rolle der Erziehungswissenschaft in der Erziehung, Opladen

Rauin, Udo, 2007: Im Studium wenig engagiert – im Beruf schnell überfordert. Studierverhalten und Karrieren im Lehrerberuf – Kann man Risiken schon im Studium prognostizieren? In: Forschung Frankfurt 3/07, 60-64 (http://www.forschung-frankfurt.uni-frankfurt.de/2007/Forschung_Frankfurt_2007/3-07/Im_Studium_wenig_12_.pdf [Zugriff: 13.12.2011])

Rauschenberger, Hans (Hrsg), 1989, Unterricht als Zivilisationsform. Zugänge zu unerledigten Themen der Didaktik, Bodenheim

Schefer, Gerwin, 1969: Das Gesellschaftsbild des Gymnasiallehrers. Eine Bewußtseinsanalyse des deutschen Studienrats, Frankfurt a.M.

Schlicht, Hermann-Josef, 1985: Wie ich Erzieher wurde – Schüler erzählen ihre Lerngeschichte; Nutzen und Anwendung lernbiographischer Interviews bei der Evaluation des doppelqualifizierenden Bildungsganges „Erzieher in Verbindung mit der Allgemeinen Hochschulreife bzw. Fachhochschulreife des Kollegschulversuches Nordrhein-Westfalen", Frankfurt a.M. usw.

Autor

Andreas Gruschka, geb. 1950, Prof. Dr., Universität Frankfurt a.M., Fachbereich Erziehungswissenschaften, Institut für Pädagogik der Sekundarstufe (a.gruschka@em.uni-frankfurt.de); Arbeitsschwerpunkte: Empirische Bildungsforschung, Methodologie pädagogischer Forschung, Didaktik, Kritische Pädagogik.

→ Gruschka, Andreas, 2011: Pädagogische Forschung als Erforschung des Pädagogischen. Eine Grundlegung, Opladen

MATTHIAS KNUTH

Berufliche Anerkennung und Erwerbsintegration von Eingewanderten[1]

1 Einleitung

Dass Migration das Humankapital von Migrant/inn/en beziehungsweise seine Verwertung im Zielland beeinträchtigen kann, ist seit langem bekannt. Soweit berufliche Qualifikationen kulturell (sprachlich) und institutionell in die Verhältnisse im Herkunftsland eingebettet sind beziehungsweise sich auf eine bestimmte Wirtschafts- und Tätigkeitsstruktur und technische Ausstattung beziehen, die sich hinsichtlich der Herkunfts- und Zielländer unterscheiden, sind (u.U. wesentliche) Bestandteile der beruflichen Qualifikation im Zielland nicht anwendbar oder werden auf dem Arbeitsmarkt nicht nachgefragt. Insoweit stellt die Entwertung von Qualifikationen unvermeidliche Kosten der Migration dar und bildet keinen Fall von Diskriminierung. Darüber hinaus jedoch kann es sein, dass mitgebrachte Qualifikationen, die im Zielland durchaus einsetzbar wären und die auf dem Arbeitsmarkt auch nachgefragt werden, soweit Einheimische diese Qualifikationen besitzen, von Eingewanderten nicht adäquat verwertet werden können, weil diese Qualifikationen nicht formal anerkannt werden. Diese „institutionelle Diskriminierung"[2] auf dem Arbeitsmarkt ist umso wahrscheinlicher, je stärker ein nationaler Arbeitsmarkt beruflich strukturiert ist und je stärker diese Beruflichkeit durch die Anforderung, Qualifikationen durch Zertifikate nachzuweisen, institutionalisiert ist. Ob aufgrund von institutioneller Diskriminierung oder aufgrund des Verlustes des heimischen Verwertungskontextes von Qualifikationen – in jedem Falle stellt die Erfahrung, die mitgebrachte berufliche Qualifikation nicht verwerten zu können, einen tiefgreifenden und bei der Wanderungsentscheidung meistens nicht antizipierten biografischen Einschnitt dar, der zu den übrigen mit einer Migration einhergehenden Umbruchserfahrungen hinzukommt und sich dauerhaft auf die Integrationschancen auswirkt. Eine nicht unerhebliche Rolle spielt hierbei, dass die subjektive berufliche Identität gebro-

---

[1] Für die Umstellung der vorhandenen Auswertungen auf die für das Berufsqualifikationsfeststellungsgesetz relevante Systematik danke ich *Martin Brussig*.
[2] Die Entwicklung des Konzepts der „institutionellen Diskriminierung" wurde vor allem von der US-amerikanischen Bürgerrechtsbewegung ausgelöst – vgl. *Carmichael /Hamilton* 1967; *Feagin /Feagin* 1978; *Alvarez* 1979; *Williams* 1985; *Gomolla* 2005.

chen statt (falls überhaupt notwendig) weiterentwickelt wird. Das erklärt statistische Befunde, die darauf hindeuten, dass die Nichtanerkennung einer mitgebrachten Qualifikation sich auf die Erwerbsintegration noch negativer auswirkt, als keine Qualifikation mitgebracht zu haben.

Diskriminierung auf dem Arbeitsmarkt wegen des Fehlens der formellen Anerkennung von Qualifikationen hat wiederum zwei unterschiedlich gravierende Ausprägungen: Zum einen gibt es den rechtlich zwingenden Ausschluss von der Ausübung bestimmter Berufe, die – aus welchen, oft nur historisch zu erklärenden Gründen auch immer – nur von Inhaber/inne/n des entsprechenden Zertifikats oder – schärfer noch – früher nur von *deutschen* (oder während des NS-Regimes gar „arischen") Inhabern des Zertifikats ausgeübt werden dürfen (*direkte* institutionelle Diskriminierung). Zum anderen kann aber auch im nicht-reglementierten Teil des Arbeitsmarktes das Fehlen eines anerkannten Qualifikationsnachweises zu unterwertiger Beschäftigung oder gar zu Arbeitslosigkeit führen, sei es, dass potenzielle Arbeitgeber kein Vertrauen in die vom Bewerber geltend gemachte, aber nicht durch die in Deutschland gültigen Zertifikate nachgewiesene Qualifikation haben, sei es, dass sie die Lage eingewanderter Bewerber ohne anerkannten Qualifikationsnachweis ausnutzen, indem sie die betreffende Person für eine schlechter bezahlte Position einstellen, um dann wahrscheinlich doch die vorhandene „Überschussqualifikation" kostenlos zu nutzen. Die Akzeptanz von Personalentscheidungen durch die vorhandene Belegschaft und ihre Interessenvertretung und die betrieblichen Vorstellungen von Lohngerechtigkeit können im letzteren Falle durchaus eine Rolle spielen, so dass die Zuweisung der Verantwortlichkeit kaum eindeutig möglich ist – eben dieses macht die Diskriminierung zu einer „institutionellen", in diesem Fall einer *indirekten*, die aus der beruflichen Verfasstheit des deutschen Arbeitsmarktes und ihrer Verankerung im Bewusstsein der Akteure entspringt. *Direkte* institutionelle Diskriminierung hat ihre guten oder schlechten Gründe, die hinterfragt werden können und deren Berechtigung verneint werden kann, um die Diskriminierung abzustellen; *indirekte* institutionelle Diskriminierung entsteht scheinbar ungewollt, ergibt sich aus Regeln und Entscheidungen, in deren Kalkül das Opfer der Diskriminierung gar nicht explizit vorkommt, hat somit keinen erkennbar Verantwortlichen, eignet sich nicht für moralische Schuldzuschreibungen und ist daher politisch schwieriger zu bekämpfen (*Gomolla* 2005).

Das Beispiel unterwertiger Beschäftigung wegen fehlender beruflicher Anerkennung verweist auf den doppelten Sinn von „Anerkennung": Einerseits die formelle Bestätigung eines Sachverhalts, die Erklärung der Gültigkeit einer Urkunde und damit gegebenenfalls auch die Zulassung und Berechtigung zu bestimmten Funktionen und Tätigkeiten; andererseits die Bewertung und monetäre Gratifikation von Arbeitsleistungen und damit letztlich auch die gesellschaftliche Wertschätzung der Person, die diese Arbeitsleistungen erbringt. Die Thematik der Anerkennung beruflicher Qualifikationen beschränkt sich folglich nicht auf den mikroökonomischen Aspekt der Erwerbsintegration und Einkommenserzielung des eingewanderten Individuums, die makroökonomische Perspektive der optimalen Nutzung des im Inland vorhandenen Humankapitals oder die Schaffung attraktiverer Bedingungen für künftig zu gewinnende Einwanderer, sondern sie strahlt aus auf die gesamte so genannte „Integrationsdebatte" und macht deutlich, dass es eben nicht nur darum geht, wie Eingewanderte „sich" integrieren, sondern auch darum, inwieweit die institutionelle Verfasstheit der deutschen Gesellschaft Integration unterstützt oder im Gegenteil behindert oder gar blockiert.

Dass der deutsche Arbeitsmarkt in besonderem Maße beruflich strukturiert ist und dass Zertifikate dabei eine herausragende Rolle spielen, gehört zu seinen grundlegenden Charakteristiken (*Bosch* 2010). Da Deutschland zudem unter den größeren Ländern der Europäischen Union den höchsten Anteil eingewanderter Bevölkerung aufweist, sollte man erwarten, dass das oben allgemein charakterisierte Anerkennungsproblem als Hemmnis der Integration von Eingewanderten in den Arbeitsmarkt eine bedeutsame Rolle spielt. Nach dem Mikrozensus 2008 leben in Deutschland etwas mehr als drei Millionen Personen, die ihren höchsten Schul- oder Berufsabschluss im Ausland erworben haben, wobei nur in 15 Prozent der Fälle (knapp 500.000) die Gleichwertigkeit mit einem deutschen Abschluss festgestellt sei (*Statistisches Bundesamt* 2010). In der deutschen Debatte über Einwanderung und Integration hat die Anerkennungsproblematik keine Rolle gespielt, bis die europäische Binnenmarktintegration das Thema auf die Tagesordnung setzte (s.u.). Die fehlende Sensibilität für das Thema dürfte nicht zuletzt damit zusammenhängen, dass Eingewanderte in Deutschland – aufgrund der Tradition der Anwerbungen in den 1950er und 1960er Jahren – als unqualifizierte Industriearbeiter wahrgenommen wurden, für die quasi definitionsgemäß ein Anerkennungsproblem nicht existieren konnte. Bis heute ist die tiefgreifende Veränderung der Herkunftsstruktur der Eingewanderten, die nach dem Fall des „Eisernen Vorhangs" eintrat, im öffentlichen Bewusstsein nicht ausreichend präsent, wie die Verknüpfung des Integrationsdiskurses mit dem „Islam-Diskurs" zeigt. Nicht aus der akademischen Forschung, sondern aus dem Kontext von Beratungsnetzwerken für Migrant/inn/en kam 2007 die *brain waste*-Studie (*Englmann/Müller* 2007), die die berufliche Anerkennungsproblematik schlagartig aus dem Arkanum rechtswissenschaftlicher Expertise in die gesellschaftspolitische Arena transportierte.

Der Beitrag konzentriert sich im Weiteren auf zwei Kernpunkte: Zum einen geht es darum (Abschnitt 2), den Geltungsbereich und die Reichweite des Ende 2011 verabschiedeten „Berufsqualifikationsfeststellungsgesetzes" zu explizieren, was letztlich darauf hinausläuft, im Spiegel dieses Gesetzes die institutionelle

Berufsordnung Deutschland in ihrer Gesamtheit – und nicht nur in der üblichen Beschränkung auf das so genannte duale System, allenfalls erweitert um einen Blick auf die Übergangs- und Ersatzsysteme – nachzuzeichnen. Vor diesem Hintergrund ist dann die Frage zu stellen, in welchem Ausmaß die Personengruppen, deren Arbeitsmarktsituation das Gesetz verbessern will, überhaupt von ihm profitieren können. In Ermangelung einer Datenbasis über die Gesamtheit der Eingewanderten hinsichtlich ihrer im Ausland erworbenen Berufsqualifikationen, deren Anerkennung oder Nichtanerkennung sowie schließlich der Auswirkung von Anerkennung oder Nichtanerkennung auf die Verwertung von Qualifikationen auf dem Arbeitsmarkt beschränken wir uns in Abschnitt 3 auf die Analyse von Daten über „erwerbsfähige Leistungsberechtigte" nach dem Sozialgesetzbuch II, das heißt auf eine Personengruppe, der die Verwertung ihrer Qualifikationen, soweit sie solche mitgebracht haben, offensichtlich nicht gelungen ist. Abschnitt 4 geht auf die weiteren Voraussetzungen einer Anerkennung nach dem neuen Gesetz ein, und Abschnitt 5 versucht eine Zusammenfassung mit Ausblick.

2 Das „Berufsqualifikationsfeststellungsgesetz"

2.1 Entstehung

Nach einer langen Vorgeschichte, die vom „Dresdener Bildungsgipfel" 2008 über Positionspapiere aus den insgesamt acht betroffenen Ressorts und 13 am 9. Dezember 2009 vom Bundeskabinett gebilligte „Eckpunkte" des zuständigen Bundesministeriums für Bildung und Forschung (*Bundesregierung* 2009) im Juni 2011 zu einem Gesetzentwurf führte, wurde das „Gesetz zur Verbesserung der Feststellung und Anerkennung im Ausland erworbener Berufsqualifikationen" (BQFG) schließlich im Dezember 2011 vom Bundestag mit Zustimmung des Bundesrates beschlossen. Es tritt in seinen Grundzügen am 1. April, in wesentlichen Verfahrensvorschriften aber erst am 1. Dezember 2012 in Kraft. Die lange Vorbereitungszeit dieses Gesetzes lässt bereits die Schwierigkeiten erahnen, ein Anerkennungsverfahren für ausländische Berufsqualifikationen in die bizarre Landschaft des deutschen Berufsrechts zu implementieren, ohne dessen Grundstrukturen zu ändern und ohne dabei ausländische Qualifikationen besser zu stellen als im Inland erworbene (die allseits gefürchtete, so genannte Inländerdiskriminierung).

2.2 Gesetzeszweck

Als Zweck des Gesetzes wird in § 1 die „bessere Nutzung von im Ausland erworbenen Berufsqualifikationen für den deutschen Arbeitsmarkt, um eine qualifikationsnahe Beschäftigung zu ermöglichen", benannt. Nur in der Gesetzesbegründung ist – neben der „Sicherung des Fachkräfteangebots" – auch von „Integration von im Land lebenden Migrantinnen und Migranten in den deutschen Arbeitsmarkt" sowie von der „Vermeidung von Arbeitslosigkeit" die Rede. Als Regelungsziel bezeichnet die Gesetzesbegründung, „nach Deutschland mitgebrachte Berufsabschlüsse und sonstige berufsrelevante Qualifikationen unter Berücksichtigung der Besonderheiten der einzelnen Berufsgruppen in möglichst einheitlichen Verfahren arbeitsmarktgängig und damit für den Einzelnen wie für Arbeitgeber besser verwertbar zu machen." Als wesentlicher Fortschritt wird hervorgehoben, dass die deutsche Staatsangehörigkeit beziehungsweise EU-Bürgerschaft der Antragsteller/innen künftig für die Anerkennung keine Rolle mehr spielt; bei einigen bundesrechtlich geregelten Berufen außerhalb des „dualen Systems" kommt es aber statt dessen weiterhin darauf an, in welchem Land die Berufsqualifikation erworben wurde (s.u.), was für die meisten Betroffenen auf das Gleiche hinauslaufen dürfte.

Natürlich schafft das neue Gesetz kein „Recht auf Anerkennung", wie es teilweise in der Presse heißt, sondern lediglich das Recht auf ein *Verfahren*, in dem gegebenenfalls die Gleichwertigkeit der im Ausland erworbenen Berufsqualifikationen zu einem inländischen Referenzberuf, anderenfalls aber die „wesentlichen Unterschiede" festgestellt und bescheinigt werden. Die entscheidende Neuerung besteht darin, dass Personen, die in Deutschland eine ihrer im Ausland erworbenen Berufsqualifikation entsprechende Erwerbstätigkeit ausüben wollen, das Recht auf ein geregeltes Verfahren erhalten, das in der Regel innerhalb von drei Monaten abzuschließen ist und mit Bescheid und Rechtsbehelfsbelehrung endet. Die Feststellung „wesentlicher Unterschiede" im Falle der Nichtanerkennung der Gleichwertigkeit kann den Ausgangspunkt für gezielte Anpassungs- und Aufstockungsqualifizierungen und eine anschließend inländische Prüfung bilden. Das Gesetz eröffnet jedoch keinerlei neue Möglichkeiten, eine solche Qualifizierung beziehungsweise den Unterhalt während der Teilnahme an ihr zu finanzieren – im Gegenteil: Parallel zur Verabschiedung dieses Gesetzes wurden die Etats der Arbeitsagenturen und Jobcenter für aktive Arbeitsförderung weiter eingeschränkt, und einen Rechtsanspruch von Arbeitslosen auf Qualifizierung gibt es schon lange nicht mehr.

Das neue Gesetz wurde von der zuständigen Ministerin als „Meilenstein für eine echte Integration" gefeiert, und es hat große Erwartungen geweckt. Weithin bemühte die Presse das Stereotyp vom Taxi fahrenden Ingenieur, der nun endlich qualifikationsadäquat arbeiten könne – obwohl das Ministerium korrekter Weise darauf hinwies, dass es zur Anerkennung von Ingenieuren entsprechender Gesetzgebungsakte der *Länder* bedürfe (*BMBF* 2011). Derartige Missverständnisse sind typisch – auch der Autor musste die Erfahrung machen, dass es praktisch unmöglich war, anfragenden Journalisten die Potenziale und Lücken des neuen Gesetzes zu erklären, weil dieses letztlich darauf hinausläuft, die Struktur des deutschen Berufsrechts insgesamt zu erklären – die aber im allgemeinen Bewusstsein nicht präsent ist, keine offensichtliche übergreifende Logik aufweist und im Zuge der Auseinandersetzung mit der Problematik überhaupt erst erarbeitet werden muss.

Da das neue Gesetz an den Grundstrukturen des deutschen Berufsrechtes nichts ändert (wie könnte man auch auf den Gedanken kommen, bewährte Institutionen wegen ein paar Hunderttausend Migrant/inn/en auf den Kopf zu stellen!), ändert sich auch nichts daran, dass geschätzte vierhundert unterschiedliche Stellen für die Feststellungsverfahren zuständig sein werden und dass die Strukturierung und Zuordnung dieser Stellen von Bundesland zu Bundesland variiert, so dass Eingewanderte auch nicht vom Erfahrungswissen ihrer Verwandten und Landsleute profitieren können, die in jeweils anderen Bundesländern leben. Die Weigerung der Bundesregierung, mit diesem Gesetz zugleich auch eine entsprechende Beratungsinfrastruktur zu institutionalisieren, provozierte die Kritik der SPD-geführten Bundesländer im Bundesrat und führte dazu, dass sich Nordrhein-Westfalen der Stimme enthielt. Auch die Empfehlung des Autors, zumindest diejenigen Jobcenter nach dem SGB II, die über relevante Anteile von Personen mit Migrationshintergrund unter den von ihnen betreuten Leistungen Beziehenden mit spezialisierten Berater/inne/n auszustatten (*Frings/Knuth* 2010), wurde von der Bundesregierung ausdrücklich in den Wind geschlagen; das Projekt „Anerkennungsberatung" bei der Zentralen Auslands- und Fachvermittlung (ZAV) lief nach nur etwas mehr als zwei Jahren zum Ende des Jahres 2011 aus (*BA* 2011).

2.3 Geltungsbereich

Grundzüge der Bundeszuständigkeit

Bei der Einschätzung möglicher Auswirkungen des BQFG ist zunächst zu beachten, dass es sich hier um ein *Bundesgesetz* handelt, das sich unvermeidlich in den Grenzen der Gesetzgebungskompetenz des Bundes für Angelegenheiten der Berufsbildung bewegt. Während Einheimische erfolgreiche Ausbildungs- und Berufskarrieren absolvieren können, ohne sich jemals darüber Rechenschaft geben zu müssen, ob der Beruf, den sie lernen oder ausüben, durch Bundes- oder Landesrecht oder überhaupt nicht geregelt ist, ist diese Frage für Einwanderer mit einer im Ausland erworbenen beruflichen Qualifikation von grundlegender Bedeutung. Derzeit entscheidet sich entlang dieser Linie, ob das neue Gesetz für einen bestimmten Beruf überhaupt einschlägig ist. Menschen, die mit dem föderalen Aufbau des deutschen Gemeinwesens nicht vertraut sind, dürften allein schon dadurch verwirrt sein, dass es eine solche Grenzlinie überhaupt geben kann; wo genau sie verläuft, ist jedoch auch für Experten im Einzelfall eines bestimmten Berufes oft schwer nachvollziehbar – und vor allem kaum durch allgemeine Prinzipien erklärbar.

Dieses hängt unter anderem damit zusammen, dass die Abgrenzung der Gesetzgebungskompetenzen im Grundgesetz in der Weise erfolgt, dass die Länder zunächst einmal die primäre Gesetzgebungskompetenz für alles haben (Art. 70, Abs. 1 GG). Dieser Grundsatz wird dann eingeschränkt, wenn

a) das Grundgesetz die Gesetzgebungskompetenz ausdrücklich dem Bund verleiht (Art. 71 GG: so genannte *ausschließliche Gesetzgebung* des Bundes) oder wenn
b) der Bund im Bereich der *konkurrierenden Gesetzgebung* von seiner Gesetzgebungszuständigkeit Gebrauch macht (Art. 72 GG).

Bereiche der konkurrierenden Gesetzgebung mit Relevanz für die Berufsordnung sind unter anderem „das Recht der Wirtschaft", die „Zulassung zu ärztlichen und anderen Heilberufen und zum Heilgewerbe sowie das Recht des Apothekenwesens", „Maßnahmen gegen gemeingefährliche oder übertragbare Krankheiten bei Menschen und Tieren", „das Recht der Lebensmittel einschließlich der ihrer Gewinnung dienenden Tiere", die Schifffahrt, der Straßenverkehr und das Kraftfahrzeugwesen sowie schließlich „die Statusrechte und -pflichten der Beamten der Länder, Gemeinden und anderen Körperschaften des öffentlichen Rechts sowie der Richter in den Ländern" (Art. 74 Abs. 1 GG, versch. Ziffern). Zugleich findet sich hier implizit die Erklärung, weshalb die Vorbereitung des BQFG Abstimmungen unter acht Fachministerien erforderte, da die einzelnen Kompetenzgegenstände Zuständigkeiten des Gesundheitsministeriums, des Landwirtschaftsministeriums, des Verkehrsministeriums und so weiter auch für die jeweiligen spezifischen Berufe begründen.

Aus der Logik der konkurrierenden Gesetzgebung folgt, dass die Länder im Zuge des wirtschaftlichen Strukturwandels neu entstehende Berufe regeln konnten und weiterhin regeln können, solange der Bund dies nicht getan hat. Diese theoretische Allzuständigkeit der Länder *by default* dürfte erklären, weshalb in der Aufteilung der Zuständigkeiten von Bund und Ländern für die Berufsordnung kaum allgemeingültige inhaltliche Prinzipien zu erkennen sind. Gesetzgebungskompetenz der Länder – im Plural – bedeutet im Übrigen, dass natürlich jedes Bundesland seine eigenen Regelungen treffen kann. Folglich gibt es in manchen Bundesländern Berufe, die es in anderen nicht gibt, und Berufe mit gleichlautenden Bezeichnungen können von Land zu Land unterschiedlich geregelt sein. In jedem Fall aber ergibt sich aus der Bildungshoheit der Länder, dass sie für die Reglementierung von *Bildungs*berufen zuständig sind, weshalb das BQFG unter anderem Lehrern, Erziehern und Sozialpädagogen nicht hilft.

Das „duale System" der Berufsbildung

Nach dieser gründlichen Verwirrung des Lesers kann nun glücklicher Weise doch auf eine ganz bedeutsame Leitplanke hingewiesen werden: Aufgrund der bereits benannten konkurrierenden Gesetzgebungskompetenz des Bundes für das „Recht der Wirtschaft" hat dieser das Berufsbildungsgesetz geschaffen, das für die Berufsbildung „in Betrieben der Wirtschaft, in vergleichbaren Einrichtungen außerhalb der Wirtschaft, insbesondere des öffentlichen Dienstes, der Angehörigen freier Berufe und in Haushalten" sowie in „sonstigen Berufsbildungseinrichtungen außerhalb der schulischen und betrieblichen Berufsbildung" gilt, sofern hierbei eine Lernortkooperation mit berufsbildenden Schulen vorgesehen ist (§ 2 BBiG) – wobei Letztere zwar in das hier umschriebene System der so genannten „dualen Berufsbildung" einbezogen sind, selbst jedoch den Schulgesetzen der Länder unterliegen. Durch das Berufsbildungsgesetz sind derzeit rund 350 Ausbildungsberufe erfasst.

Die Bundeszuständigkeit für diese Berufe bedeutet nun aber nicht etwa, dass der Bund unmittelbar die Anerkennung von Qualifikationen für diese Berufe betreiben und entsprechende Stellen unterhalten könnte. „Zuständige Stellen" sowohl für die inländische Berufsbildung nach dem Berufsbildungsgesetz als auch für die Feststellung und Anerkennung von im Ausland erworbenen beruflichen Qualifikationen sind vielmehr – je nach Beruf – die Handwerkskammern, die Industrie- und Handelskammern, die Landwirtschaftskammern sowie die diversen Kammern der Freien Berufe. Eingewanderte mit im Ausland erworbenen beruflichen Qualifikationen müssen also – unabhängig davon, wie sie diese Qualifikation erworben haben – zunächst einmal feststellen, ob der vermutete und angestrebte Referenzberuf, den sie in Deutschland ausüben wollen, zu den 350 Ausbildungsberufen des BBiG gehört, und wenn ja, welcher Zweig von Kammern für diesen Beruf zuständig ist, sowie schließlich, wo sich die örtlich zuständige Kammer befindet – beziehungsweise ob diese das Anerkennungsverfahren nach dem BQFG auf eine andere Kammer übertragen hat, um diese Verfahren zu bündeln (was sich im Zeitverlauf auch ändern kann).

Weitere bundesrechtlich geregelte Berufe

Wäre es mit der Zuständigkeit des Bundes für Berufe nach dem BBiG getan, so wäre die Sache einigermaßen klar – wenn auch nicht befriedigend für Eingewanderte oder an Einwanderung Interessierte, die Qualifikationen in anderen als diesen Berufen anerkannt haben möchten. Wie aber aus den obigen Zitaten aus dem Grundgesetz hervorgeht, besitzt der Bund konkurrierende Gesetzgebungszuständigkeiten für noch eine Reihe von anderen Bereichen, woraus sich Zuständigkeiten auch für die Ordnung derjenigen Berufe ableiten, durch die das Funktionieren dieser Bereiche gewährleistet wird. Eine vollständige Liste der betreffenden Berufe oder der Bundesgesetze, in denen sie geregelt sind, ist, soweit ersichtlich, nirgends erhältlich, sondern wird derzeit gerade erst erarbeitet. Ohne Gewähr für die Vollständigkeit lassen sich Rückschlüsse ziehen aus den Änderungsvorschriften des BQFG für etwa sechzig weitere Bundesgesetze, die aber in manchen Fällen gerade die ausdrückliche Ausnahme vom Geltungsbereich des BQFG beinhalten.[3] Offensichtlich und unmittelbar aus dem Grundgesetz ableitbar ist die Bundeszuständigkeit zum Beispiel für die jeweiligen Approbationsordnungen für Apotheker, Ärzte, Zahnärzte und Tierärzte, für Psychotherapeuten, für zahlreiche nichtakademische Heilberufe[4] sowie für die Rechtsanwälte (aber keine Anwendung des BQFG für Anwälte außer für „Europäische Rechtsanwälte"), Notare (keine Anwendung), Richter (keine Anwendung), die Rechtspfleger (keine Anwendung), Wirtschaftsprüfer (keine Anwendung), Steuerberater und Bundesbeamte (keine Anwendung des BQFG). Für das allgemeine Verständnis weniger offensichtlich ist die Bundeszuständigkeit für Bewacher, Versicherungsvermittler, Tierzüchter, Pflanzenschutzsachkundige, Sprengmeister, Fahrlehrer und Kraftfahrsachverständige. Bei manchen dieser Berufe ist die Zuständigkeit für die Prüfung beziehungsweise die Feststellung und Anerkennung wiederum Kammern zugewiesen, obwohl es sich nicht um Berufe nach dem

---

[3] In diesen Fällen ist die EU-Richtlinie 2005/36 über die Anerkennung von Berufsqualifikationen bereits in dem den jeweiligen Beruf regelnden Spezialgesetz umgesetzt, soweit sie umgesetzt werden musste oder der deutsche Gesetzgeber sie umsetzen wollte. Die jeweiligen Fachgesetze für einzelne Berufe und Berufsgruppen haben Vorrang vor dem BQFG. Das heißt aber zugleich, dass Berufsqualifikationen, die in Staaten außerhalb der EU bzw. der Vertragsstaaten des Europäischen Wirtschaftsraums oder der Schweiz erworben wurden, von der Möglichkeit der Anerkennung *ausgeschlossen* bleiben. Dass es dabei nun nicht mehr auf die Staatsangehörigkeit, sondern auf das Land des Qualifikationserwerbs ankommt, dürfte in der Praxis nur für wenige Betroffene einen Unterschied machen.

[4] Krankenpfleger, Altenpfleger, Hebammen und Entbindungspfleger, Medizinisch-Technische Assistent/inn/en, Pharmazeutisch-Technische Assistent/inn/en, Masseure und Physiotherapeuten, medizinische Bademeister, Diätassistenten, Ergotherapeut/inn/en, Logopäd/inn/en, Orthoptist/inn/en, Podolog/inn/en.

BBiG handelt; in anderen Fällen sind andere Stellen zuständig, die das jeweilige Land bestimmen soll.

Eingewanderte, die die Bewertung und Anerkennung von ausländischen Berufsqualifikationen anstreben, müssen also klären:

1. Welcher deutsche Beruf entspricht meiner Qualifikation?
2. Handelt es sich um einen Beruf in Bundeszuständigkeit? – Wenn nein, ist das BQFG *nicht* anwendbar, und sie müssen auf noch ausstehende analoge Gesetzgebung der Länder warten.
3. Handelt es sich um einen der 350 Berufe nach dem BBiG? – Wenn ja, ist „nur noch" die zuständige Kammer ausfindig zu machen (s.o.).
4. Wenn es sich um einen spezialgesetzlich geregelten Beruf in Bundeszuständigkeit handelt: Gelten die allgemeinen Regelungen des BQFG (Art. 1), gelten durch das BQFG eingeführte Spezialregelungen für diesen Beruf, die in die jeweiligen Spezialgesetze eingefügt wurden, oder handelt es sich um einen Beruf, der von der Anwendung des BQFG ausgenommen ist? – Wenn ausgenommen: Welche Regelungen gelten für EU-Bürger, für Bürger der Schweiz oder Bürger von Vertragsstaaten des Europäischen Wirtschaftsraums (sofern die betreffende Person Bürger/in eines dieser Länder ist)?
5. Wenn eine Anerkennungsmöglichkeit vorgesehen ist: Welches ist die in diesem Fall zuständige Stelle? – Auch bei „Bundesberufen" sind die Länder zuständig für die Bestimmung der zuständigen Stellen!

Keine Geltung des BQFG für Berufe nach Landesrecht

Aufgrund der oben erläuterten Regelungen zur konkurrierenden Gesetzgebung sind die Länder im Prinzip für „alle anderen" Berufe zuständig. Für diese gilt das BQFG nicht; die Länder sind dabei, gleichartige Gesetze auf den Weg zu bringen, aber natürlich gibt es keine Garantie, dass das gelingt. Durch das BQFG jedenfalls ändert sich nichts für zum Beispiel folgende bei Eingewanderten häufig anzutreffende Berufe: Lehrer/innen an öffentlichen Schulen, Ingenieure/innen, Sozialpädagog/inn/en, Erzieher/innen, Architekt/inn/en.

Im Gesundheitsbereich existieren zahlreiche Helferberufe nach Landesrecht. Nach derzeitiger Rechtslage ergibt sich das Paradoxon, dass die weniger anspruchsvolle Qualifikation mangels eines entsprechend geregelten Verfahrens wenig Chance auf Anerkennung hat, während die dem jeweiligen bundesrechtlich geregelten Beruf entsprechende höhere Qualifikation anerkannt werden kann.

2.4 Wirkungsbereich des BQFG

Eine Verbesserung der Chancen zur Anerkennung von im Ausland erworbenen beruflichen Qualifikationen kann das BQFG nur für diejenigen bewirken, die nicht schon vor dem Inkrafttreten dieses Gesetzes einen entsprechenden Anspruch hatten. Folglich ist der formale Geltungsbereich des BQFG nicht gleichzusetzen mit dem Gewinn an Reichweite, den es beinhaltet.

Spätaussiedler

Nach § 10 des Bundesvertriebenengesetzes haben Spätaussiedler immer schon einen Anspruch auf die Anerkennung von Prüfungen oder Befähigungsnachweisen, die bis zum 8. Mai 1945, dem Datum der Kapitulation, im Gebiet des Deutschen Reiches vom 31. Dezember 1937 abgelegt oder erworben wurden. Während diese Regelung aufgrund des inzwischen erreichten Lebensalters der davon betroffenen Personen heute keine praktische Bedeutung mehr hat, gilt für die von Spätaussiedlern in den *Aussiedlungsgebieten* abgelegten oder erworbenen Prüfungen oder Befähigungsnachweise ein Anspruch auf Anerkennung bei Gleichwertigkeit, also eine ganz ähnliche Regelung wie die nun nach dem BQFG eingeführte. Bezüglich der Glaubhaftmachung des Erwerbs von Qualifikationen trotz des etwaigen Verlustes der diesen belegenden Urkunden und Unterlagen genießen Spätaussiedler einen viel größeren Vertrauensvorschuss als er den übrigen Eingewanderten nun nach dem BQFG eingeräumt wird.

Reglementierte versus nichtreglementierte Berufe

Das Berufsrecht unterscheidet reglementierte und nicht reglementierte Berufe. Bei ersteren ist der Besitz des entsprechenden Ausbildungs- oder Befähigungsnachweises die Voraussetzung dafür, den Beruf überhaupt ausüben zu dürfen. Bei letzteren dagegen dient der Ausbildungsnachweis lediglich als Qualitätssiegel auf dem Arbeitsmarkt; wie wichtig ein potenzieller Arbeitgeber dieses nimmt und wie stark er die zertifizierte Qualifikation finanziell honoriert, bleibt der freien Verhandlung der Vertragspartner überlassen, gegebenenfalls gelenkt durch Tarifverträge und betriebliche Mitbestimmung. Folglich hat das Prinzip der Arbeitnehmer-Freizügigkeit, das die Rechtfertigung für den Eingriff der EU in das nationale Berufsrecht bildet, nur Auswirkungen auf *reglementierte* Berufe.

Entscheidend ist dabei die Reglementierung eines Berufes in Deutschland; ob dieser Beruf auch in dem Land reglementiert ist, in dem die Berufsqualifikation erworben wurde, ist unerheblich. Das BQFG gilt ausdrücklich für reglementierte und nicht reglementierte Berufe gleichermaßen. Relevant ist diese Unterscheidung jedoch für die Frage, wer durch dieses Gesetz Anerkennungsmöglichkeiten erhält, die nicht bereits derzeit schon bestehen.

EU-Recht

Aufgrund der Richtline 2005/36/EG vom 7. September 2005 (wirksam seit Oktober 2007) haben EU-Bürger, die einen reglementierten Beruf in einem anderen Mitgliedstaat ausüben wollen als in dem, in dem sie ihre Berufsqualifikation erworben haben, einen Anspruch auf Anerkennung ihrer Berufsqualifikationen, damit sie ihren Beruf auch in diesem anderen Mitgliedstaat ausüben und somit ihr Recht auf berufliche Freizügigkeit verwirklichen können. Die Voraussetzungen und Verfahren im Einzelnen sind kompliziert, teilweise spezifisch für einzelne Berufe und müssen hier nicht dargestellt werden.

Entscheidend ist, dass EU-Bürger im Hinblick auf die Anerkennung in *reglementierten* Berufen durch das BQFG keine grundsätzlich neuen Ansprüche erhalten. Sie könnten dennoch vielleicht indirekt davon profitieren, wenn die gesamte Anerkennungspraxis durch das BQFG durch die häufigere Inanspruchnahme „gängiger" werden sollte. Soweit es dagegen um *nicht reglementierte* Berufe geht, ist das BQFG auch für EU-Bürger bedeutsam: Sie haben nunmehr Anspruch auf eine Prüfung und gegebenenfalls Bescheinigung der Gleichwertigkeit ihrer mitgebrachten Berufsqualifikation, wodurch sich ihre Chancen auf dem deutschen Arbeitsmarkt unter Umständen verbessern.

Akademische Berufe

Zahlreiche reglementierte akademische Berufe wurden bereits erwähnt, teils im Kontext des Bundesrechts (vom BQFG betroffen, sofern nicht ausdrücklich ausgenommen), teils im Kontext des Landesrechts (vom BQFG nicht erfasst). Was ist aber mit den übrigen akademischen Abschlüssen in den Geistes-, Kultur-, Sozial-, Wirtschafts- und Naturwissenschaften sowie den künstlerischen Fächern, soweit es hier nicht um die Staatsexamina der Lehrer in den betreffenden Fächern geht?

Auch diese Abschlüsse sind vom BQFG *nicht* betroffen. Obwohl auch hier öffentlich immer von „Anerkennung" die Rede ist, ist zunächst einmal festzustellen: Ein Verfahren zur „Anerkennung" der Gleichwertigkeit des Soziologie-Masters aus Melbourne oder Madrid mit dem aus München als *Berufsabschluss* gibt es ebenso wenig wie es ein Verfahren zur Anerkennung der Gleichwertigkeit des

Masters aus Bremen mit dem aus Duisburg gibt.[5] Es handelt sich hier um akademische Grade und Titel, nicht um Befähigungsnachweise, und die Bewertung entsprechender Urkunden und Benotungen ist dem jeweiligen Arbeitgeber freigestellt. Im akademischen Bereich besteht insofern, soweit es sich um nichtreglementierte, also nicht durch Staatsprüfungen zu erwerbende Abschlüsse handelt, von vornherein kein *rechtlicher* Unterschied zwischen inländischen und ausländischen Abschlüssen, und erklärtes Ziel des „Bologna-Prozesses" war es, dieses auch durch gleichlautende Bezeichnungen der akademischen Grade deutlich zu machen. Um Unkenntnis oder Zweifel inländischer Arbeitgeber bezüglich ausländischer Abschlüsse zu überwinden, können die Bewerber gegen geringe Gebühr eine Zeugnis*bewertung* der Zentralstelle für ausländisches Bildungswesen (ZAB) einholen.[6] Diese beinhaltet keine „Anerkennung" im rechtlichen Sinne, sondern gibt staatlich autorisierte Auskunft darüber, ob die das Zeugnis ausstellende Hochschule tatsächlich existiert (und nicht etwa ein Internetportal zum Handel von Titeln ist), ob sie über im entsprechenden Fach ausgewiesene Hochschullehrer/innen verfügt, was der Studiengang im Wesentlichen beinhaltet, welcher Ebene im Hochschulwesen des betreffenden Landes die Einrichtung zuzurechnen ist und welchem deutschen Bildungsabschluss der ausländische vergleichbar ist. Damit wird die Glaubwürdigkeit und Wertigkeit eines akademischen Grades oder Titels, nicht die Gleichwertigkeit der Qualifikationen einer Person bewertet, und es ist daraus kein Anspruch abzuleiten – akademische Abschlüsse, gleichgültig ob im In- oder Ausland erworben, „berechtigen" zu nichts weiter als dem Führen des entsprechenden Grades oder Titels.

2.4 Zwischenfazit: Geltungs- und Wirkungsbereiche des BQFG

Aufgrund der obigen Überlegungen ist zu unterscheiden zwischen dem formellen Geltungsbereich des BQFG und dem Bereich, in dem es zusätzliche rechtliche Wirkungen entfaltet, die nicht schon durch bisherige Regelungen gegeben waren. Diese werden in Tabelle 1 schematisch dargestellt.

Gemessen an der Gesamtzahl möglicher Kombinationen von Geltungs- und Ausschlussgründen (Felder in Tabelle 1) erscheint der potenzielle Wirkungsbereich des BQFG für Personengruppen, die nicht vorher schon vergleichbare Rechte genossen, eher klein. Hierbei darf jedoch nicht übersehen werden, dass

---

[5] Hiervon *grundsätzlich* zu unterscheiden ist die Anerkennung von ausländischen Studienleistungen für ein im Inland aufzunehmendes oder fortzusetzendes Studium – was hier nicht unser Thema ist.
[6] http://www.kmk.org/presse-und-aktuelles/meldung/deutliche-verbesserungen-im-anerkennungsverfahren-fuer-auslaendische-hochschulabschluesse.html

Tabelle 1: Übersicht über Geltungs- und Wirkungsbereiche des BQFG

		Sonstige	EU-Bürger		Spät-aussiedler
			Nicht reglementierte Berufe	Reglementierte Berufe	
Bundesrecht	350 Berufe nach BBiG			≈ Meistertitel als Voraussetzung der Selbstständigkeit im Handwerk	
	Bundesrechtlich geregelte akademische Berufe, soweit nicht vom BQFG ausgenommen				
	Weitere bundesrechtlich geregelte Berufe				
Landesrecht	Vollzeitschulische Berufsausbildungen				
	Nach Landesrecht geregelte akademische Berufe				
	Weitere nach Landesrecht geregelte Berufe				
Hochschulen	Hochschulabschlüsse	Lissabon-Übereinkommen von 1997, ratifiziert 2007			

- Wirksamkeitsbereich
- Geltungsbereich ohne zusätzliche Wirksamkeit
- Keine Geltung des BQFG

der Kernbereich des BQFG, die duale Berufsbildung nach dem BBiG, mit 350 Berufen und circa sechzig Prozent Beteiligungsquote der jeweiligen inländischen Geburtskohorten das deutsche Berufsbildungssystem quantitativ eindeutig dominiert. Für Nicht-EU-Bürger generell und für EU-Bürger im Bereich der nicht reglementierten Berufe scheint sich damit durchaus ein beachtliches Wirkungspotenzial für das BQFG zu ergeben – vorausgesetzt allerdings, die im Ausland erworbenen Abschlüsse haben eine Chance, als gleichwertig mit einem der 350 BBiG-Berufe anerkannt zu werden. Folglich stellt sich die Frage, welcher Art die Abschlüsse sind, die in Deutschland lebende Bildungsausländer mitgebracht haben und die bisher nicht anerkannt sind.

3 Potenziale der Anerkennung von ausländischen Berufsqualifikationen bei Bezieher/inne/n von Grundsicherungsleistungen

Die Bundesregierung gibt die Zahl der vom BQFG „unmittelbar profitierenden" Personen mit 300.000 an.[7] Wie diese Zahl zustande kommt, ist unklar; sie könnte sich auf die Zahl von Personen im neu geregelten Wirksamkeitsbereich des Gesetzes, auf die Zahl erwarteter Antragstellungen aus diesem Personenkreis oder auf eine Schätzung der Antragstellungen mit Erfolgsaussicht beziehen.

Schul- und Berufsabschlüsse in einer einzigen Frage vermischend, kommt der Mikrozensus 2008 zu dem Ergebnis, dass nur 14 Prozent der Befragten mit Migrationshintergrund und einem ausländischen Abschluss diesen in Deutschland als gleichwertig anerkannt bekommen haben. Zwei Drittel der Befragten gibt allerdings auch an, einen solchen Antrag gar nicht gestellt zu haben, und zwar überwiegend, weil dieses nicht notwendig sei (*Statistisches Bundesamt* 2010). Es ist nicht wirklich klar, was das bedeutet, solange man nicht weiß, um welche Abschlüsse es sich handelt.

Aus diesem Grund greifen wir zurück auf die Ergebnisse einer Befragung von Personen im Bezug von Arbeitslosengeld II (ALG II). Natürlich ist diese Gruppe nicht repräsentativ für die Wohnbevölkerung; sie enthält jedoch gerade die Migrant/inn/en, bei denen Probleme der Erwerbsintegration in die Hilfebedürftigkeit geführt haben.

---

[7] Pressemitteilung 356 der Integrationsbeauftragten, 30. September 2011 (http://www.bundesregierung.de/Content/DE/Pressemitteilungen/BPA/2011/09/2011-09-30-boehmer-abschluesse.html [Zugriff: 11.02.2012]).

3.1 Datenbasis

Von 2006 bis 2009 koordinierte der Autor ein vom Bundesministerium für Arbeit und Soziales in Auftrag gegebenen Projekt zu den „Wirkungen des SGB II auf Personen mit Migrationshintergrund" (*Knuth* 2010). Dieses Projekt war eng verzahnt mit der teilweise gleichzeitig laufenden Evaluation der so genannten „Experimentierklausel" (zum Experiment erklärtes Nebeneinander von zwei konkurrierenden Formen der Aufgabenwahrnehmung im SGB II, den „Arbeitsgemeinschaften" und den „Optionskommunen"; *Bundesregierung* 2008). Im Rahmen des letztgenannten Projektes wurde eine als Panel in zwei Wellen organisierte Befragung von Bezieher/innen von ALG II durchgeführt (im Folgenden „Kundenbefragung"), die für die Zwecke des erstgenannten Projektes um eine Reihe von Fragen angereichert wurde, die sich speziell an Leistungen Beziehende mit Migrationshintergrund richteten. Hierbei wurde auch nach der Anerkennung der Berufsqualifikation gefragt.[8]

3.2 Zur empirischen Relevanz der Anerkennung ausländischer Berufsqualifikationen

Die Paneleigenschaft der Kundenbefragung erlaubte es, Effekte des Qualifikations- und Anerkennungsstatus auf die Wahrscheinlichkeit der Aufnahme einer Erwerbstätigkeit im Beobachtungsabstand von knapp einem Jahr zu schätzen. Bei in der Gesamtstichprobe eher seltener Erwerbsaufnahme von 16 Prozent der

---

[8] Die folgenden Aussagen beziehen sich auf die so genannte Bestandsstichprobe. Die für die Evaluation der Experimentierklausel zusätzlich aus den Neuzugängen eines anschließenden Zeitraums gezogene Zugangsstichprobe wurde im Rahmen des Projekts zu Personen mit Migrationshintergrund nicht verwendet. Die Befragten bezogen zum Zeitpunkt der Stichprobenziehung im August 2006 Arbeitslosengeld II, waren also bedürftig und erzielten somit, soweit sie überhaupt erwerbstätig waren, jedenfalls kein bedarfsdeckendes Einkommen. Arbeitslosigkeit im Sinne der Definition des SGB III, auf der die entsprechenden Statistiken der Bundesagentur für Arbeit beruhen, war nicht Gegenstand der Erhebung. Bezüglich der Anerkennung der Berufsqualifikation wurde eine einzige Frage gestellt; ein differenzierterer Einstieg in die Problematik hätte den Rahmen der Untersuchung gesprengt. Insofern ist darauf hinzuweisen, dass die Klassifizierung „mitgebrachter" Berufsqualifikationen nach den Herkunftsländern ihrer Träger erfolgt, nicht nach dem Ort ihres Erwerbs, wie es das BQFG eigentlich erfordert. In der Praxis dürfte der Unterschied gering sein. Außerdem bezog sich die Frage nach der Anerkennung des Abschlusses nicht explizit auf das Ergebnis eines formellen Verfahrens, das es ja bis heute nicht für alle Berufe und Herkunftsgruppen gibt; es ist daher möglich, dass Personen, die in Deutschland schon einmal qualifikationsadäquat beschäftigt waren, ihren Abschluss als „anerkannt" bezeichnen, ohne ein Anerkennungsverfahren durchlaufen zu haben. Dieses dürfte insbesondere bei Hochschulabsolventen mit nicht reglementierten Berufen der Fall sein.

ALG II Beziehenden[9] (*Brussig/Knuth* 2011, 16) ergibt sich unter Kontrolle von Alter, Geschlecht, Haushaltskonstellation, Behinderung, bisheriger Arbeitslosigkeitserfahrung und regionaler Arbeitsmarktsituation, dass sich bei Personen mit Migrationshintergrund die Nichtanerkennung der Berufsqualifikation noch negativer auf die Erwerbsintegration auswirkt als das Fehlen einer Berufsqualifikation, während sich umgekehrt die Anerkennung noch positiver auswirkt als der Erwerb eines Abschlusses im Inland (*IAQ u.a.* 2009, 126). Qualitative Untersuchungsbefunde legen die Interpretation nahe, dass die Nichtanerkennung insbesondere von akademischen Qualifikationen zu Frustrationen und Statusinkonsistenzen führt, die die Erwerbsintegration zusätzlich erschweren („überqualifiziert und ungelernt").

Jedenfalls ist als Ergebnis der Analyse festzuhalten, dass die Anerkennung beziehungsweise Nichtanerkennung von im Ausland erworbenen Berufsqualifikationen auf dem deutschen Arbeitsmarkt genau so wirkt, wie man es von einem in hohem Maße beruflich strukturierten und an Zertifikaten ausgerichteten Arbeitsmarkt erwarten sollte. Die Anerkennungsfrage ist deshalb für die Berufsintegration von Eingewanderten von ganz entscheidender Bedeutung.

3.3 Deskriptive Befunde zur Berufsqualifikation und ihrer Anerkennung

Tabelle 2 stellt den Qualifikations- und Anerkennungsstatus einzelner Herkunftsgruppen von ALG II Beziehenden mit Migrationshintergrund dar. Die Auswertung beschränkt sich auf Personen ab 25 Jahre, enthält aber auch in Deutschland Geborene, die einen Qualifikationsabschluss in Deutschland erworben haben.

Die weit verbreitete, durch die Statistiken der Bundesagentur für Arbeit[10] bestärkte Vorstellung, dass arbeitslose Migrant/inn/en überwiegend über keine Berufsausbildung verfügten, trifft durchaus für die Herkunftsgruppen der seinerzeitigen „Gastarbeiter" zu – soweit nicht die zweite und dritte Generation Abschlüsse in Deutschland erworben hat –, aber nicht für die Angehörigen der späteren Einwanderungswellen. Insbesondere von Eingewanderten aus Mittel-

---

[9] Ein Prozentpunkt positive Differenz zum Evaluationsbericht über die „Experimentierklausel" (*Bundesregierung* 2008, 100) ergibt sich durch Hochrechnung der Ausgangswerte auf das Bundesgebiet: Zwecks Paarvergleich zwischen „Arbeitsgemeinschaften" und „Optionskommunen" musste seinerzeit eine geschichtete, nicht für das Bundesgebiet repräsentative Stichprobe gezogen werden. Alle Aussagen im vorliegenden Text basieren auf den für das Bundesgebiet hochgerechneten Werten.

[10] Nach der amtlichen Statistik haben 76 Prozent der arbeitslosen Ausländer – Daten für „Migrationshintergrund" sind nicht verfügbar – keine abgeschlossene Berufsausbildung Bundesagentur für Arbeit – Statistik 2011. Dieses Ergebnis rührt daher, dass nicht anerkannte Ausbildungen in der Statistik nicht erfasst werden.

und Osteuropa, aus der „übrigen Welt" und von Spätaussiedlern werden zu relevanten Anteilen berufliche oder akademische Qualifikationen berichtet, die in Deutschland nicht anerkannt sind. Auffällig ist, dass der Anteil der Nichtanerkennung bei den Spätaussiedlern besonders hoch ist, obwohl diese nach § 10 Bundesvertriebenengesetz bereits ein umfassendes Anerkennungsrecht besitzen (vgl. a. *Brück-Klingberg u.a.* 2007).

Tabelle 2: Qualifikations- und Anerkennungsstatus von ALG II Beziehenden mit Migrationshintergrund ab 25 Jahre, nach Herkunftsregionen, 2008

Herkunftsregion	K.A.	Kein Abschluss	Ausländischer Abschluss		Deutscher Abschluss
			Nicht anerkannt	Anerkannt	
Türkei	4,7	70,1	7,7	3,3	14,2
Ehemalige südeuropäische Anwerbungsländer (EU)[*)]	1,1	56,3	8,0	5,7	29,0
Spätaussiedler	5,8	21,6	45,1	13,0	14,5
MOE/GUS[**] (soweit nicht EU)	2,0	34,8	42,9	14,7	5,6
Übrige EU[***]	2,9	24,9	23,9	19,6	28,8
Übrige Welt	5,1	34,3	31,3	7,8	21,5
Insgesamt (N = 2.109)	3,8	40,5	28,2	11,1	16,4

*) Eingeschränkte Interpretationsmöglichkeiten wegen kleiner Fallzahlen
**) MOE/GUS = Mittel- und Osteuropa plus außereuropäische Angehörige der „Gemeinschaft Unabhängiger Staaten"
***) EU ohne Spanien, Portugal, Italien, Griechenland sowie ohne die mittel- und (süd-) osteuropäischen Mitgliedsstaaten
Quelle: Kundenbefragung, 2. Welle. Auf Bundesgebiet hochgerechnete Werte für Anteile in der jeweiligen Herkunftsgruppe

Tabelle 3 gliedert anerkannte und nicht anerkannte Abschlüsse nach dem Niveau auf.[11] Bemerkenswert ist der hohe Anteil von Hochschulabschlüssen unter

---

[11] Wegen der geringen Fallzahlen bei den anerkannten Abschlüssen ist eine gleichzeitige Aufgliederung nach Herkunftsgruppen nicht möglich. Hieraus darf nicht ohne weiteres auf geringe Anerkennungschancen geschlossen werden; bedeutsamer dürfte sein, dass Personen mit anerkannten

ALG II Beziehenden mit Migrationshintergrund, und zwar gerade auch der Anteil von Hochschulabschlüssen, die als „anerkannt" bezeichnet werden. Jedenfalls zum Zeitpunkt der Stichprobenziehung hatte der als anerkannt bezeichnete Hochschulabschluss die jeweiligen Inhaber/innen nicht vor der Bedürftigkeit bewahrt.

Tabelle 3: Art der im Ausland erworbenen Abschlüsse nach berichtetem Anerkennungsstatus, 2008

	Anerkannt	Nicht anerkannt
Betriebliche Berufsausbildung	21,9	35,7
Schulische Berufsausbildung (einschl. Fachschule, Fachakademie)	26,3	36,7
(Fach-)Hochschulabschluss	51,8	27,6
Summe	100	100
Insgesamt (N)	327	647

Quelle: Kundenbefragung, 2. Welle. Auf Bundesgebiet hochgerechnete Werte für Anteile in der jeweiligen Spalte

In Tabelle 4 werden die 647 nicht anerkannten Abschlüsse aus der rechten Spalte von Tabelle 3 nach Art und Herkunftsregion betrachtet, um das durch das BQFG zu erschließende „Anerkennungspotenzial" unter ALG II Beziehenden abschätzen zu können. Für die Spätaussiedler schafft das BQFG keine neuen Anspruchsgrundlagen; wir klammern sie daher aus der Betrachtung aus. EU-Bürger genießen zwar bereits Anerkennungsrechte bei den reglementierten Berufen; im Bereich der betrieblichen Berufsausbildungen bezieht sich das aber nur auf den „Meisterzwang" für einige Gewerke – ganz überwiegend bringt ihnen das BQFG einen Fortschritt, daher werden EU-Bürger in die Schätzung der vom BQFG Profitierenden einbezogen. Für Hochschulabschlüsse gelten das BQFG beziehungsweise durch Artikel des BQFG in die einzelnen Berufsordnungen eingeführte, meist restriktivere Regelungen nur insoweit, als es sich um bundesrechtlich reglementierte Berufe handelt; daher ist zu vermuten, dass das durch das BQFG geschaffene Anerkennungspotenzial gering ist – aus diesem Grund werden die Hochschulabschlüsse aus unserer Zählung ausgeklammert. Der hauptsächliche Wirksamkeitsbereich des BQFG betrifft die betrieblichen Berufsausbildungen mit knapp dreißig Prozent aller nicht anerkannten Abschlüsse

---

ausländischen Abschlüssen höhere Beschäftigungschancen haben und deshalb seltener im Bezug von ALG II anzutreffen sind.

Tabelle 4: Verteilung der nicht anerkannten Abschlüsse
nach Art und Herkunftsregion, 2008

	Betriebliche Berufsausbildungen	Schulische Berufsausbildungen	Hochschulabschlüsse	Zusammen
Spätaussiedler	6,4	9,0	4,0	19,4
EU	7,2	4,2	4,0	15,4
Türkei	4,2	1,1	1,3	6,6
MOE/GUS* (soweit nicht EU)	5,6	18,2	15,1	38,9
Übrige Welt	12,5	4,2	3,1	19,8
Zusammen	29,5	27,7 (Annahme: 10,0 mit betrieblichem Referenzberuf)		100 n = 647

Quelle: Kundenbefragung, 2. Welle. Auf Bundesgebiet hochgerechnete Werte für Anteile der Gesamtverteilung

(stark umrandeter Bereich der Tab. 4). Bei den schulischen Berufsausbildungen (gestrichelt umrandeter Bereich) kommt es darauf an, ob es sich um landesrechtlich geordnete Berufe handelt (keine Auswirkung des BQFG) oder ob der Referenzberuf zu den Berufen des „dualen Systems" gehört.[12] Unter der – leider nicht weiter begründbaren – Annahme, dass knapp ein Drittel der schulischen Berufsausbildungen Berufe nach dem BBiG betrifft, ergeben sich zusammen mit den betrieblichen Berufsausbildungen unter ALG II Beziehenden mit Migrationshintergrund etwa vierzig Prozent der Fälle von Nichtanerkennung, die durch das BQFG eine neue Chance erhalten könnten. Im Bereich des ALG II-Bezugs wären das etwa 100.000 Personen; für die eingewanderte Bevölkerung insgesamt erscheint folglich, unter Zugrundelegung der SGB II-Hilfequote für Personen mit Migrationshintergrund im Erwerbsalter, die von der Bundesregierung angenommene Größenordnung von 300.000 Personen nicht unrealistisch. Es würde sich dann um die Anzahl derjenigen handeln, die durch das BQFG eine neue, bisher für sie nicht bestehende Möglichkeit erhalten, einen Antrag auf Feststellung der Gleichwertigkeit ihrer mitgebrachten Qualifikationen zu stellen. Das ist ein durchaus nicht zu vernachlässigendes Wirksamkeitspotenzial; aber es wird auch

---

[12] Dann ist das BQFG anwendbar, aber bei den im Herkunftsland schulisch erworbenen Qualifikationen besteht ein größeres Risiko, dass „wesentliche Unterschiede" zu den in Deutschland „dual" organisierten Referenzberufen festgestellt werden.

deutlich, dass das BQFG nur einen Teil der Anerkennungsprobleme überhaupt adressieren, geschweige denn lösen kann. Denn das Recht, in ein Anerkennungsverfahren einzusteigen, darf nicht verwechselt werden mit einem „Recht auf Anerkennung": Ein allzu großzügiger Beurteilungsmaßstab verbietet sich schon deshalb, weil die zwangsläufige Folge eine Entwertung der Gleichwertigkeitsfeststellungen wäre, so dass das Ziel einer Gleichstellung auf dem Arbeitsmarkt gerade nicht erreicht würde.

4 Voraussetzungen für die Feststellung der Gleichwertigkeit

Die Voraussetzungen für die Feststellung der Gleichwertigkeit von im Ausland erworbener Berufsqualifikationen sind hoch, und es ist schwer abschätzbar, welcher Anteil der formal durch das BQFG zusätzlich Antragsberechtigten diese Voraussetzungen erfüllen kann. Zunächst einmal wird vorausgesetzt, dass die Berufsstruktur im Herkunftsland der deutschen zumindest insoweit entspricht, dass sich überhaupt ein Referenzberuf finden lässt, mit dem ein Vergleich sinnvoll durchgeführt werden kann. Darüber hinaus aber setzt das Gesetz auch voraus, dass die Ausbildung im Herkunftsland hinsichtlich ihrer Durchführung und Rahmenbedingungen den deutschen Berufsausbildungen ähnlich ist. Genauer gesagt, wird unter Berufsbildung im Sinne des BQFG „eine durch Rechts- oder Verwaltungsvorschriften geregelte Berufsausbildung oder berufliche Fortbildung" verstanden, die „in einem geordneten Ausbildungsgang" stattfindet (§ 3 Abs. 3 BQFG). Das Gesetz setzt also nicht nur eine Strukturähnlichkeit der Berufe und der Wege in diese Berufe voraus – ein Problem zum Beispiel bei in einer ausländischen (Fach-)Hochschule erworbenen Qualifikationen für Tätigkeiten, die in Deutschland im „dualen System" erlernt werden –, sondern auch eine Strukturähnlichkeit der Herkunftsstaaten in dem Sinne, dass diese es für notwendig halten würden, Berufsausbildungen oder Fortbildungen durch Rechts- oder Verwaltungsvorschriften zu regeln, und dass sie in der Lage wären, die Geordnetheit solcher Ausbildungsgänge durchzusetzen und zu gewährleisten.

Ein beträchtlicher und zukünftig wahrscheinlich wachsender Teil von Migrationsströmen (die sog. *push*-Migration) wird durch Verhältnisse ausgelöst, in denen Staaten die Geordnetheit von Ausbildungsgängen und noch viel lebensnotwendigere Dinge nicht gewährleisten können oder in denen von Staatlichkeit in unserem Sinne gar keine Rede (mehr) sein kann. In anderen Ländern wie zum Beispiel in Ghana gibt es eine lebendige Tradition betrieblicher Lehrlingsausbildung – aber im informellen Sektor, also ohne Rechts- und Verwaltungsvorschriften (*gtz/ded* 2010). Überspitzt gesagt könnte es sein, dass das BQFG einerseits Probleme lösen will, die in der Praxis keine Rolle spielen und andererseits Regelungen trifft, deren Voraussetzungen nicht in relevanter Zahl gegeben sind. Der französische Koch (EU-Bürger, nicht reglementierter Beruf) bekommt zwar jetzt einen Anspruch auf Anerkennung seiner Qualifikation, findet aber vermutlich bereits heute auch ohne Anerkennung seinen Platz auf dem deutschen Arbeitsmarkt. Sein senegalesischer Kollege hingegen könnte Schwierigkeiten haben, seinen geordneten Ausbildungsgang nach Rechts- und Verwaltungsvorschriften nachzuweisen, und wer aus den derzeitigen Kämpfen in Syrien nichts als sein Leben retten konnte, wird Schwierigkeiten haben, überhaupt irgendetwas nachzuweisen. Für die ukrainische Lehrerin und den russischen Ingenieur ändert sich durch das neue Gesetz nichts, für ihre als Spätaussiedler anerkannten Herkunftsgenossen auch nicht – Erstere haben weiterhin kein Recht auf Anerkennung, Letztere haben es schon immer –, und es ist unzureichend erforscht, warum dieses Recht bisher nicht stärker gegriffen hat (*Brück-Klingberg u.a.* 2007).

5 Zusammenfassung und Ausblick

Das „Berufsqualifikationsfeststellungsgesetz" ist ein spätes Signal im Sinne der viel beschworenen „Willkommenskultur" für Einwanderer, aber seine praktischen Auswirkungen dürfen nicht überschätzt werden. Sein Geltungsbereich ist beschränkt auf bundesrechtlich geregelte Berufe, und neue Rechtsansprüche schafft es nur für diejenigen, die solche Ansprüche bisher nicht hatten. Geringe Anerkennungsquoten auch in der letztgenannten Gruppe deuten auf die Schwierigkeiten des Verfahrens und die Probleme der Orientierung in der deutschen Berufsordnung hin. Bei eher geringen Einwanderungszahlen in den letzten Jahren ist anzunehmen, dass ein großer Teil der Adressaten des Gesetzes bereits seit vielen Jahren in Deutschland ansässig ist. Die Erwerbsverläufe dieser Personen sind bereits durch bisher fehlende oder für sie in der Praxis nicht erreichbare Anerkennungsmöglichkeiten nachhaltig geschädigt, sodass das Gesetz für sie zu spät kommt. Und schließlich bleibt auch für diejenigen, die durch das Gesetz tatsächlich eine neue Chance erhalten, die für sie erwerbsbiografisch noch sinnvoll ist, und die dann auch trotz unzureichender Beratungsinfrastruktur die richtige „zuständige Stelle" finden, immer noch die offene Frage, ob ihre aus dem Ausland mitgebrachte Berufsqualifikation einem deutschen Referenzberuf insoweit ähnlich ist, dass eine Gleichwertigkeit festgestellt werden kann. Werden dagegen „wesentliche Unterschiede" festgestellt, so fehlt es an einem Anschlusssystem der Förderung beruflicher Ergänzungsfortbildungen oder Aufbaustudien.

Wenn bewährte und in einem einstmals weitgehend geschlossenen nationalen Arbeitsmarkt funktional erfolgreiche Institutionen es Eingewanderten besonders schwer machen, ihre mitgebrachten Qualifikationen zu verwerten, dann ist das nicht nur nachteilig und ungerecht für die Betroffenen. Es ist nicht nur ein Verlust an möglichem gesellschaftlichem Wohlstand und eine potenziell zusätzliche Belastung für die sozialen Sicherungssysteme, die abgeschnittene Erwerbsmöglichkeiten ersetzen müssen. Unter Bedingungen eines zunehmend transnationalen Arbeitsmarktes und bei gegebenem Mandat der EU, diesen zumindest für den Europäischen Wirtschaftsraum herzustellen, ist eine solche Situation bedrohlich für diese Institutionen als solche. Da die EU kein Mandat hat, ihren Mitgliedsstaaten eine bestimmte „gute" Wirtschafts- und Sozialordnung vorzuschreiben, wirken die europäischen Integrationsmechanismen zwangsläufig negativ und nivellierend. Gestützt auf subjektive Rechte von Individuen und Unternehmen sind sie auf die Beseitigung von Mobilitätshemmnissen, Wettbewerbsverzerrungen und Diskriminierungen gerichtet. Individuelle Rechte werden zu Lasten von Institutionen gestärkt, was den unmittelbar Betroffenen im Einzelfall nützt, in der Tendenz aber kollektive Schutzmechanismen untergräbt (*Barbier/Colomb* 2012). Bezogen auf unseren Gegenstand würde dieser Fall eintreten, sobald die EU ihre Politik zur Anerkennung von Qualifikationen über die reglementierten Berufe, also die expliziten Zugangsbarrieren hinaus auf die impliziten erstrecken würde oder sobald die Grundsätze der Europäischen Antidiskriminierungsrichtlinie über Rasse und ethnische Herkunft hinaus auf die bloße Tatsache des „Gewandert-Seins" ausgedehnt würden.

Der einzige wirksame Schutz gegen die potenziell deregulatorische Wirkung der EU-Politik würde beim Thema „Anerkennung von Berufsqualifikationen" in einer positiven Aktion bestehen, die indirekt diskriminierende Wirkungen von Institutionen so weit wie möglich neutralisiert. Wir bräuchten also nicht nur ein Recht auf ein Anerkennungsverfahren, sondern eine wirksame und kontinuierliche Begleitung von Anerkennung und Nachqualifizierung. Wir bräuchten nicht nur „zuständige Stellen", sondern eine in der Fläche vertretene und in den wichtigsten Herkunftssprachen kommunikationsfähige zentrale Anlaufstelle. Und wir müssten die Gefahr der Inländerdiskriminierung nicht dadurch vermeiden, dass wir nur mit äußerster Zurückhaltung etwas für Eingewanderte tun, sondern dadurch, dass auch Bildungsinländer (wieder) zweite und dritte Chancen der Berufsbildung erhalten.

Literatur

Alvarez, Rudolfo, 1979: Institutional Discrimination in Organizations and their Environments, in: Ders. (Hrsg.): Discrimination in organizations, San Francisco, 2-49

Barbier, Jean-Claude; Colomb, Fabrice, 2012: Governance and social policy: larger and larger uncertainties looming. GUSTO project: The Governance of Uncertainty and Sustainability: Tensions and Opportunities (Policy Brief, 5.4: http://www.gusto-project.eu/index.php?option=com_content&view=article&id=340:policy-brief-54-eu-governance&catid=44:wp5&Itemid=61 [Zugriff: 17.03.2012])

Bosch, Gerhard, 2010: Strukturen und Dynamik von Arbeitsmärkten, in: Böhle, Fritz; Voß, G. Günter; Wachtler, Günther (Hrsg.): Handbuch Arbeitssoziologie, Wiesbaden, 643-670

Brück-Klingberg u.a. (= Brück-Klingberg, Andrea; Burkert, Carola; Seibert, Holger; Wapler, Rüdiger), 2007: Verkehrte Welt: Spätaussiedler mit höherer Bildung sind öfter arbeitslos (= IAB-Kurzbericht 8/2007: http://doku.iab.de/kurzber/2007/kb0807.pdf [Zugriff: 17.03.2012])

Brussig, Martin; Knuth, Matthias, 2011: Die Zukunft der Grundsicherung – Individualisieren, konzentrieren, intensivieren. Expertise im Auftrag der Abteilung Wirtschafts- und Sozialpolitik der Friedrich-Ebert-Stiftung, Bonn (http://library.fes.de/pdf-files/wiso/08713.pdf)

BA (= Bundesagentur für Arbeit – Zentrale Auslands- und Fachvermittlung [ZAV]), 2011: Anerkennungsberatung der ZAV. Erfahrungsbericht 2009-2011, Bonn

BMBF (= Bundesministerium für Bildung und Forschung), 2011: Bundesrat stimmt Anerkennungsgesetz zu (= Pressemitteilung 140/2011: http://www.bmbf.de/press/3171.php [Zugriff: 04.02.2012])

Bundesregierung, 2008: Bericht zur Evaluation der Experimentierklausel nach § 6c des Zweiten Buches Sozialgesetzbuch. Unterrichtung durch die Bundesregierung, Berlin (Bundestagsdrucksache, 16/11488: http://dip21.bundestag.de/dip21/btd/16/114/1611488.pdf [Zugriff: 17.03.2012])

Bundesregierung, 2009: Verbesserung der Feststellung und Anerkennung von im Ausland erworbenen beruflichen Qualifikationen und Berufsabschlüssen. Eckpunkte der Bundesregierung, Berlin (http://www.bmbf.de/pub/eckpunkte_anerkennung_berufsabschluesse.pdf [Zugriff: 17.03.2012])

Carmichael, Stokely; Hamilton, Charles V., 1967: Black Power. The politics of liberation in America, New York

Englmann, Bettina; Müller, Martina, 2007: Brain Waste. Die Anerkennung von ausländischen Qualifikationen in Deutschland, Augsburg (http://www.berufliche-anerkennung.de/brain%20waste.pdf [Zugriff: 17.03.2012])

Feagin, Joe Richard; Feagin, Clairece Booher, 1978: Discrimination American style. Institutional racism and sexism, Englewood Cliffs, N.J.

Frings, Dorothee; Knuth, Matthias, 2010: Weiterentwicklung des SGB II und seiner Organisationspraxis in integrationspolitischer Perspektive, in: Knuth, Matthias (Hrsg.): Arbeitsmarktintegration und Integrationspolitik. Zur notwendigen Verknüpfung zweier Politikfelder. Eine Untersuchung über SGB II-Leistungsbeziehende mit Migrationshintergrund, Baden-Baden, 213-234

Gomolla, Mechtild, 2005: Schulentwicklung in der Einwanderungsgesellschaft. Strategien gegen institutionelle Diskriminierung in England, Deutschland und in der Schweiz (= Interkulturelle Bildungsforschung, 14), Münster

gtz/ded, 2010: Bericht über die Prüfmission zur Berufsbildungsinitiative in Ghana (Ghana Skills Development Initiative – GSDI). Im Auftrag der Deutschen Gesellschaft für Technische Zusammenarbeit (GTZ) GmbH in Zusammenarbeit mit dem Deutschen Entwicklungsdienst (DED), Eschborn

IAQ (= *Institut Arbeit und Qualifikation*) *u.a.*, 2009: Wirkungen des SGB II auf Personen mit Migrationshintergrund. Abschlussbericht. Hauptband (= Bundesministerium für Arbeit und Soziales, Forschungsbericht, 395), Berlin (http://www.bmas.de/Shared Docs/Downloads/DE/PDF-Publikationen/forschungsbericht-f395.pdf?__blob=publicationFile [Zugriff: 17.03.2012])

Knuth, Matthias (Hrsg.), 2010: Arbeitsmarktintegration und Integrationspolitik. Zur notwendigen Verknüpfung zweier Politikfelder. Eine Untersuchung über SGB II-Leistungsbeziehende mit Migrationshintergrund, Baden-Baden

Statistisches Bundesamt, 2010: Bevölkerung und Erwerbstätigkeit. Bevölkerung mit Migrationshintergrund – Ergebnisse des Mikrozensus 2009 (Fachserie 1, Reihe 2.2), Wiesbaden (https://www.destatis.de/DE/Publikationen/Thematisch/Bevoelkerung/ MigrationIntegration/Migrationshintergrund2010220097004.pdf?__blob=publicationFile [Zugriff: 17.03.2012])

Williams, Jenny, 1985: Redefining institutional racism, in: Ethnic and Racial Studies 8 (3), 323-348

Autor

Matthias Knuth, 1949, apl. Prof. Dr., Institut Arbeit und Qualifikation der Universität Duisburg-Essen (matthias.knuth@uni-due.de). Aktuelle Arbeitsschwerpunkte: Arbeitsmarktmobilität, Arbeitsmarktpolitik, International vergleichende Sozialpolitik, Erwerbstätigkeit von Älteren und Personen mit Migrationshintergrund.
→ Knuth, Matthias, 2011: Widersprüchliche Dynamiken im deutschen Arbeitsmarkt, in: WSI-Mitteilungen 64 (11), 580-587

ANNA SIEMSEN

Zur Entwicklung von Beruf und Berufserziehung*

Das Berufsproblem der Arbeiterschaft

Die Arbeiterfrage umfaßt die gesamte gesellschaftliche, wirtschaftliche und rechtliche Lage der Arbeiterschaft und ist insoweit umfassender als die Berufsfrage, die sich zunächst gar nicht als ein Klassenproblem, sondern als eine Lebensfrage des einzelnen darzustellen scheint. So wird sie in der Tat heute auch noch von den meisten gefaßt. Während die Arbeiterschaft gewöhnt ist, Fragen des Arbeiterrechtes, des Arbeiterschutzes, der Arbeitszeit und in wachsendem Maße auch Lohnfragen als Klassenfragen zu behandeln,[1] wird die Berufsfrage durchweg noch ganz individualistisch angesehen und behandelt. In der Berufswahl und in der Berufsausbildung vor allem haben sich noch ganz vorkapitalistische Gewohnheiten erhalten, die mit den sonstigen Verhältnissen durchaus im Gegensatz stehen.[2] – Daß dem so ist, findet seine Erklärung darin, daß die drin-

---

* Leicht gekürzter Wiederabdruck der Kapitel „Das Berufsproblem der Arbeiterschaft" und „Berufsausbildung und Berufsschulwesen" aus *Anna Siemsens* 1926 bei der E. Laub'schen Verlagsbuchhandlung in Berlin innerhalb der von *Max Adler* herausgegebenen Reihe „Neue Menschen" erschienenen Bandes „Beruf und Erziehung" (S. 90-101 resp. 150-165). Siemsen (1882-1951, Promotion 1909, von 1933 bis 1946 im Schweizer Exil), die als eine der profiliertesten Vertreterinnen sozialistisch motivierter Pädagogik in Deutschland gilt, als Lehrerin und in verschiedenen Schulverwaltungen arbeitete, war zu der Zeit Honorarprofessorin an der Universität Jena. S.a. http://www.arbeiterjugend.de/cms/index.php/component/content/article/38-quellen/101-anna-siemsen.html.

[1] Siehe dazu vor allem *Webb*[/*Webb* (1902)], wie der Lohnkampf der einzelnen Berufe sich allmählich in einen Klassenkampf der Arbeiterschaft um das *living wage*, den „Lebenslohn", zusammenschließt, ohne daß den Einzelberufen darum ihre Maximallöhne und der Kampf darum verboten sind.

[2] Auch dazu die sehr wichtigen Feststellungen [der] *Webbs* über die mannigfachen Versuche, in der Art mittelalterlicher Zünfte den Eintritt in den Beruf zu erschweren und die Lehrlingszahl zu beschränken. In Deutschland haben die auf anderer Grundlage entstandenen Gewerkschaften nie so weit gehen können. Eine starke Unterströmung auf Schließung des Berufs ist aber bei den Mitgliedern unverkennbar. In den in sehr vieler Hinsicht zünftlerischen Beamtenorganisationen nimmt dies Bestreben die Form an, daß Steigerung der Examen- und Ausbildungsforderungen verlangt wird,

gendsten Bedürfnisse der Arbeiterschaft, welche sie zum Zusammenschluß zwangen, nicht in dieser Linie lagen. Hebung des Existenzminimums, Schutz vor den Gefahren des Betriebes, Verkürzung der Arbeitszeit, Sicherung im Alter, in Krankheit und Erwerbslosigkeit, dazu das Recht der Koalition, um ihre Interessen wirksam zu vertreten: in diesen Dingen ist zunächst notwendigerweise das Interesse und die Kraft der Arbeiterschaft erschöpft. Und ihre erfolgreiche Vertretung schließt ein gutes Teil Berufspolitik mit ein. Trotzdem bleibt die Berufslage und damit das gesamte Leben der Arbeiterschaft problematisch, auch wenn wir annehmen, daß alle diese Fragen innerhalb der heutigen Gesellschaft lösbar und zu möglichster Zufriedenheit gelöst seien.

Die Lösung des einzelnen von der Überlieferung und Gebundenheit eines Standes zur Freiheit des individuell gewählten Berufs, die beim Bürgertum begann und von hier aus die Gesellschaft umgestaltete, hat beim Bauern und Handwerker weit langsamer eingesetzt und ist nur in dem Maße eingetreten, wie Bauernschaft und Handwerk sich zersetzen. Wir haben daher in Bauerngegenden mit festem Erbrecht und altem Besitz noch heute die Standesgebundenheit früherer Epochen. Wie die ganze Lebenshaltung, wird vor allem Familie und Erziehung dadurch beeinflußt. Erziehungsfragen in unserm Sinne gibt es in diesen Kreisen, wo Vorbild und Gewöhnung noch ihre alte Bedeutung haben, nicht, sondern nur technische Ausbildungsfragen, soweit die rationelle landwirtschaftliche Betriebsführung ihr Recht fordert. Es handelt sich darum, den Bauernstand in Verbindung zu setzen mit der andersgearteten Umwelt, nicht dem Bauern eine verlorene Lebensgeschlossenheit und -sicherheit wiederzugeben. Berufsfragen entstehen nur, soweit es sich um die Unterbringung nicht erbberechtigter Kinder handelt. Sie werden überwiegend durch Geburtenregelung und Heirat innerhalb des geschlossenen Bauernstandes geordnet. Auch wo beide Mittel versagen, haben sie nur Grenzbedeutung. Die, welche nicht in der alten Ordnung unterzubringen sind, scheiden aus dem Stande aus, steigen ins Bürgertum oder sinken ins Proletariat und vermehren so die Berufsschwierigkeiten in beiden. [...]

Allgemein hat die Zersetzung im Handwerk durchgegriffen, sei es, daß handwerkliche Gewerbe ganz von der Industrie aufgesogen werden, wie es beim Metall- und Buchgewerbe fast restlos der Fall ist, sei es, daß sie in Abhängigkeit von der Industrie als Hausgewerbe sich halten, wie die Gewerbe mancher Gebirgsgegenden – Schwarzwälder Uhren-, fränkische Holz-, Thüringer Glas- und Spielwarenindustrie – sei es als Ersatz- und Ergänzungsgewerbe, wie große Teile des Bekleidungs- und Nahrungsgewerbes und der optischen Gewerbe, sei es, daß sie als Kleingewerbe selbständig bleiben, aber von der Industrie Halbfabrikate

---

nicht nur, um die Nachwuchskonkurrenz zu unterbinden, sondern auch, um Gehaltsforderungen darauf zu gründen.

Zur Entwicklung von Beruf und Berufserziehung 155

und Massenartikel beziehen, wie fast alle ins Kunstgewerbliche streifenden Berufe. Es bleiben große Gruppen handwerklicher Berufe bestehen, aber ihre Zahl ist sehr beschränkt, ihre wirtschaftliche Bedeutung zurückgegangen, Ausdehnungsmöglichkeiten sind kaum gegeben, Aufstiegsmöglichkeiten nur durch den Übergang in die Industrie, d.h. zur maschinellen Massenproduktion, oder in die künstlerischen Berufe, die durch Entwürfe und Herstellen von Liebhaber- und Luxusartikeln sich behaupten, wobei aber Erfindung entscheidender als handwerkliche Arbeit zum beruflichen Erfolg beiträgt. (So vor allem im Buchgewerbe.)

Diese Ausbildung hat ihre volle Berechtigung da, wo noch alte Gewerbeverhältnisse herrschen, wo der einzelne Handwerksmeister in seinem kleinen Betriebe das gesamte Gewerbe technisch richtig betreiben kann, und wo der Lehrling normalerweise zum Handwerksmeister wird. Diese Fälle sind die Ausnahme, und daher wird diese ganze Ausbildungsart langsam zersetzt und umgestaltet durch den Druck der Verhältnisse. Da der Handwerksbetrieb immer unvollständiger, immer mehr Teil- und Ergänzungsbetrieb geworden ist, so braucht die Meisterlehre Ergänzung theoretischer und praktischer Art. Da die Lehre nicht mehr die Garantie voller Ausbildung bietet, gestaltet sich die Prüfung des Gesellen immer mehr um und gerät unter öffentliche Kontrolle. Da die Lehre in der Regel nicht mehr zur selbständigen Meisterschaft führt, so wird das patriarchalische Verhältnis als ungerechter Zwang, die Verwendung zur Hilfe auch bei Arbeiten, die für die Ausbildung wertlos sind, als Ausnutzung empfunden. Der „Meister" wird zum „Lehrherrn"; der Lehrling rückt ebenso wie der Geselle in die typische Stellung – und Einstellung – des Arbeitnehmers. Und die Grenze zwischen Lehrling und jugendlichem Arbeiter beginnt sich zu verwischen. Da für die Gesellen gegenüber dem gelernten Arbeiter eine eigentliche Grenze kaum mehr besteht, und nur die Meistersöhne hier etwa die Rolle der volontierenden Unternehmersöhne einnehmen, tritt damit der Handwerkerlehrling und -geselle mehr und mehr in eine Reihe mit dem Industriearbeiter, und was über dessen Berufs- und Erziehungsprobleme zu sagen ist, wird auch auf jene anwendbar.

Was die Berufslage der Arbeiter von vornherein unterscheidet von der der arbeitenden Menschen in der vorkapitalistischen Zeit, das ist die berufliche Ungesichertheit und die Zufälligkeit. Allerdings kann auch hier der Beruf durchaus vom Vater auf den Sohn „vererben". Das ist im größten Maße der Fall, beim landwirtschaftlichen Arbeiter besonders dann, wenn er Instmann oder Heuerling ist oder sich in ähnlichen gebundenen Verhältnissen befindet, beim industriellen Arbeiter in Gegenden mit vorherrschenden oder alteingesessenen Industrien und überall, wo geringe Erwerbsmöglichkeiten nur den Eintritt in die wenigen vorhandenen Betriebe oder die Auswanderung freigeben. Der Zwang zum väterlichen Beruf ist hier kaum minder entscheidend als in ständisch gebundenen Verhältnissen, und insoweit kann der einzelne seinen Beruf wohl geburtsbestimmt nennen. Aber mit der Gebundenheit ist keine Sicherheit gegeben.

Charakteristika der modernen Wirtschaft sind ihre Traditionslosigkeit, ihre internationalen Abhängigkeiten und ihre Krisenhaftigkeit. Technische und betriebsmäßige Neuerungen, Änderungen der Weltmarktslage, Wechsel der Konjunktur können die Arbeitsmöglichkeiten vollkommen umgestalten und den Arbeiter aus seinem Berufe treiben, ohne daß er Möglichkeiten der Abwehr oder Vorsorge besitzt. Die drohende Arbeitslosigkeit, die bei tiefgehenden Umgestaltungen zur Berufslosigkeit werden kann (wenn ein Gewerbe aus Mangel an Nachfrage aufhört, eine bestimmte Produktion wegen Erschöpfung der Rohstoffquellen eingestellt werden muß), ist des Arbeiters individuelle Angelegenheit, um die sich kein anderer kümmert noch kümmern kann. Auch die gewerkschaftlichen Organisationen versagen hier, wie wir in der Nachkriegszeit gerade bei starken Organisationen erlebt haben. Sie vermögen die Arbeitsverhältnisse zu bessern, nicht Arbeitsmöglichkeiten zu schaffen, und diese Grundlage jedes gesunden Berufes, die dauernde Sicherung der wirtschaftlichen Existenz, fehlt also dem Arbeiter mit Notwendigkeit.[...]

Hinzu kommt, daß der Arbeiter nicht in ein direktes Verhältnis zu seiner Arbeit und dem Resultat seiner Arbeit kommt, sondern in ein indirektes durch den Unternehmer, den „Arbeitgeber". Das ist allerdings nichts Neues. In jedem wirtschaftlichen Verhältnis ist das mehr oder minder der Fall. Bei Sklaven wie bei Leibeigenen gehört mit dem Menschen auch seine Arbeitsleistung dem Herrn, soweit nicht Ausnahmen ausdrücklich gegeben werden oder die Leistungen – wie bei manchen Fronverhältnissen – ausdrücklich begrenzt sind. Mit dieser Abhängigkeit ist aber für den Beherrschten die Sicherheit seines Daseins gewährleistet. Wo diese Sicherung durch andere fehlt, im freien Berufe, tritt dafür das unmittelbare Verhältnis ein zwischen Arbeitsleistung und wirtschaftlichem Erfolg für den Arbeitenden. Dies wird zum Anreiz beim Landwirt, Gewerbetreibenden, Kaufmann, in den intellektuellen Berufen. Es ist deshalb auch absolut sinnlos, in diesen Berufen das Achtstundentagproblem und ähnliche spezielle Arbeiterprobleme aufzuwerfen, wie das von Unternehmerseite gern geschieht. Wo im Beamtentum dies direkte Verhältnis fehlt, tritt als Ersatz die unbedingte lebenslängliche Sicherstellung ein. Nur beim Arbeiter im weitesten Sinne – das heißt bei allen Kategorien von Arbeitnehmern – fehlt neben der Sicherung auch die unmittelbare Beziehung zwischen Leistung und wirtschaftlichem Erfolg. Die Akkordarbeit stellt sie nur scheinbar her, da die Akkordsätze nicht etwa von der allgemeinen Wirtschaftslage abhängen – diese Abhängigkeit der Leistung und ihrer Wirkung von der allgemeinen Lage ist überall da – sondern von der Macht der Unternehmer auf der einen, der Arbeitnehmer auf der andern Seite. Der Akkordlohn ist wie Zeitlohn und Arbeitszeit aus einer Frage des individuellen Erfolges zu einer Organisationsangelegenheit geworden. – Schwerer aber wiegt, daß der Akkordlohn nur die Quantität der individuellen Arbeitsleistung abschätzt, ihre Qualität aber nur innerhalb gewisser Leistungsgruppen in Anschlag bringt.

Damit kommen wir zu einer dritten Sonderheit der Berufslage des Arbeiters. Seine Leistung findet eine nur zahlenmäßige Bewertung, sie wird entpersönlicht. Auch dies Charakteristikum ist nicht ausschließlich auf die Arbeiterschaft beschränkt. Wir finden es in allen bürgerlichen Berufen wieder, wo überall eine spezialisierte Durchschnittsleistung den Maßstab gibt und der Beruf damit, seines persönlichen Wertes und Reizes entleert, zur Vereinseitigung und Mechanisierung drängt, die von gehäuften Durchschnittsleistungen sich nicht trennen läßt. Immerhin ist es in einer Reihe von bürgerlichen Berufen möglich, sich diesem Zwange mehr oder weniger zu entziehen. Diesen bevorzugten Berufen oder denen, die wenigstens den Schein solcher Freiheit vortäuschen, wenden sich vorzugsweise diejenigen zu, die noch Anspruch auf persönliches Leben auch im Berufe erheben.

Für die Arbeiterschaft fehlt eine solche Möglichkeit durchweg. Auch eine gehobene Stellung, auch die Tätigkeit eines hochqualifizierten Arbeiters, verlangt eine sehr spezialisierte, einseitige und als Massenleistung zu wertende Tätigkeit. Gerade das Spezialistentum sichert dem qualifizierten Arbeiter den Vorzug vor dem ungelernten. Die Möglichkeiten zu persönlicher Initiative, Selbstbehauptung, Verantwortung, die in andern Berufen noch persönliche Entwicklungsmöglichkeiten geben, fehlen im Arbeitsverhältnis der heutigen Gesellschaft. Diese Möglichkeiten liegen auf einem andern Gebiet als dem Berufe: im Verhältnis zu den Arbeitskollegen.

In der Berufsarbeit selbst wird die Einseitigkeit und Schematisierung um so größer, je weiter man einerseits vom qualifizierten Arbeiter zum ungelernten kommt, je mehr andererseits die fortschreitende Technik die Arbeit typisiert, normalisiert, schematisiert und mechanisiert, je mehr also Erfindung, Willkür, Initiative, Verantwortung und Nachdenken des einzelnen ausgeschaltet wird, je mehr seine Arbeit als mechanische Ausführung fremder Gedankenarbeit erscheint. [...]

Was sich [...] schon klar erkennen läßt, ist dies, daß die Kennzeichen, die den bürgerlichen Beruf problematisch machen: Zufälligkeit, Ungesichertheit, Einseitigkeit, um so stärker auftreten, je mehr der Beruf sich dem Proletariate nähert; daß sie im Proletariat den Beruf selbst als Zentrum für Leben und Persönlichkeit aufheben und an seine Stelle das ganz ungesicherte, abhängige und auf einseitige Einzelleistung abgestellte Arbeitsverhältnis setzen, daß damit das Schwergewicht des Menschenlebens gar nicht mehr im Beruf gesucht werden kann. Entweder geht der Mensch als Persönlichkeit verloren, oder er muß sich eine andere Sphäre des Lebens und der Wirksamkeit schaffen.

Für die Erziehung entsteht hier ein Dilemma, dessen Folgen wir noch im einzelnen aufzuweisen haben. Klar ist schon an dieser Stelle, daß es sich nicht rein pädagogisch, sondern nur gesellschaftlich lösen läßt.

Berufsausbildung und Berufsschulwesen

Die Berufsausbildung ist ursprünglich allgemein eine rein praktische gewesen. Der Arzt, der Advokat, der Theologe und der Lehrer, sie alle lernten ihren Beruf durch Übung ebenso wie die Landwirte und die Handwerker. Am frühesten bedurfte der Theologe der theoretischen Schulung. Die ersten Schulen sind geistliche Schulen. An sie gliedert sich sehr langsam das Schulwesen für die übrigen Berufe an. Die ersten umfassenden Bildungsanstalten, „Universitäten", sind Berufsschulen für jene Berufe, die theoretischer Schulung bedurften. Die vier Fakultäten, die heute noch mühsam in ihrem Rahmen ein völlig anders gerichtetes und gestaltetes Bildungswesen unterbringen, sind des Zeuge. Die Philosophie war die Vorstufe für die gelehrten Berufe des Arztes, Juristen und Geistlichen. Und neben der theoretischen Bildung dieser ersten und umfassendsten Berufsschule blieb die praktische Lehre. Es war das Bedürfnis des Staates nach geschulten Funktionären, also wieder ein Berufsbedürfnis, das neben den geistlichen Schulen die Fürstenschulen entstehen ließ oder geistliche Schulen in weltliche verwandelte, das Bedürfnis der Städte nach städtischen Beamten, was zur Gründung der städtischen Gelehrtenschulen führte. Neben diesen reinen Berufsinteressen erwächst freilich aus dem Studium der Griechen und Römer, während die ständischen Schranken zerfallen, der Gedanke einer freien menschlichen Bildung durch die Nachahmung der Antike. Er gewinnt an Stärke mit der wachsenden Stärke der neu sich bildenden bürgerlichen Gesellschaft. Und die Verquickung jenes humanistischen Ideals mit dem Persönlichkeitsgedanken des revolutionären Bürgertums gestaltet die alten Gelehrtenschulen, die reine Vorschulen für die akademische Berufsbildung waren, wenigstens dem Ziele nach zu Schulen der reinen Menschenbildung, den humanistischen Gymnasien, um. Daß sie in der Tat immer die Vorschulen für die höheren Berufe blieben und niemals rein dem ideologisch gewollten Zweck dienen konnten, gab ihnen im 19. Jahrhundert ihren Zwittercharakter und machte sie mehr und mehr unfähig, dem zweiten praktischen Zwecke voll zu genügen. Endlich riß diese Verwechslung menschlicher Bildung mit einer humanistischen Bildung, die ihrem Wesen nach ein Luxus weniger bleiben mußte, eine Kluft zwischen den „Gebildeten" und denen, die nur durch die Volksschule gegangen waren. Die ganze unsichere und unglückliche Lage unseres höheren Schulwesens erklärt sich aus dieser Entwicklung.

Die Volksschulen sind im Gegensatz zur Universität und den höheren Schulen von Anfang an nicht Fach- oder Berufsschulen gewesen. Sie entstanden zunächst aus den kirchlichen Bedürfnissen und als kirchliche Einrichtungen, dann aus dem Bestreben der absolutistischen Staatsbehörde, das Land steuerfähig zu machen, also die Untertanen wirtschaftlich zu heben und ihnen gewisse allgemeine Kenntnisse und Fertigkeiten für die wirtschaftliche Arbeit mitzugeben. Der Humanitätsgedanke setzt sich dann auch in den Theorien über die Volksschule durch. An der praktischen Wirklichkeit ändert er nicht viel. Und mit dem Augenblicke, als die wirtschaftliche Initiative vom Staate auf private Kreise des Bürgertums überging, hörte auch das Interesse des Staates an einer Fortentwicklung der Volksbildung auf. Die Geschichte des Volksschulwesens ist im 19. Jahrhundert in allen europäischen Staaten eine Geschichte der Stagnation, die nur unterbrochen wird, wenn wirtschaftliche Not zu Reformen zwingt, oder politische Krisen die Regierungen geneigt machen, Volksforderungen entgegenzukommen. Für den Ausbau beruflicher Schulen ist zunächst keinerlei Neigung vorhanden. Erst als die wirtschaftliche Entwicklung zur Selbsthilfe führt, erzwingt diese das staatliche Vorgehen. Indessen setzt die staatliche Tätigkeit auch dann langsam, unzusammenhängend und ungleichmäßig auf den verschiedenen Gebieten ein. Und die verschiedenen Länder verfahren verschieden, je nach wirtschaftlicher Besonderheit und politischer Struktur. Kleine Länder, die sich wirtschaftlich schwer behaupten, zeigen oft vorbildliche Tatkraft. So haben die Skandinavier am ersten ein landwirtschaftliches Schulwesen, die Schweiz hat ein hervorragendes gewerbliches ausgebaut. Frankreich, demokratisch gerichtet, mit starkem beruflichen Mittelstand und behördlich zentralisiertem Schulwesen, hat ein berufliches Schulwesen von langer Tradition, während England, unter der Tradition der lokalen Selbstverwaltung, erst 1918 ein Berufsschulgesetz erhielt, das es heute noch nicht durchgeführt hat. Deutschland lebt vor wie nach dem Kriege in einem Durcheinander der verschiedenartigsten landesgesetzlichen Regelungen, so daß es fast unmöglich ist, nur einen Weg durch das Chaos zu finden.[...]

Im beginnenden Kapitalismus liegt die Führung zunächst beim Handel. Der Unternehmer ist in erster Linie Kaufmann, die technische Entwicklung wird angeregt durch das wirtschaftliche Bedürfnis und diesem dienstbar gemacht. Technische Erfinder gelangen zur wirtschaftlichen Bedeutung nur, soweit sie gleichzeitig Kaufleute sind. Der Kaufmann ist in der Gesellschaft der neue, aufsteigende Mann, der eine neue Epoche ankündigt.[...] Die Unterscheidung zwischen gewerblichen und reinen Handelsunternehmen wird dabei zunächst nicht gemacht,[...] wie sie rechtlich auch nicht zu machen war. Organisiert waren auch die vorwiegend gewerblichen Unternehmer in den Kaufmannschaften. Und hier stellt sich auch zuerst das Bedürfnis nach Ausbildungseinrichtungen heraus, sobald auswärtige Handelsbeziehungen Sprachkenntnisse und ausgedehnte Buchführung unentbehrlich machten, so daß die praktische Handelslehre nicht ausreichte. Die Schulen der Kaufmannschaften reichen bis in das 18. Jahrhundert zurück. Aus ihnen haben sich öffentliche Handelsschulen und Pflichtfortbildungsschulen, Handelshochschulen und ein wucherndes Gestrüpp privater Schulen entwickelt. In Deutschland und anderwärts führen sie ein buntscheckiges Dasein nebeneinander, sind zumeist die Stätten eines rein fachlichen Trainings, ohne umfassendere Bildungsaufgaben wahrzunehmen, zeigen aber gerade deshalb eine starke Geschlossenheit und sind bis in die letzte Zeit von den Problemen der anderen Berufsausbildungen wenig berührt worden. Da im Handelsberuf die Hauptarbeit von theoretisch geschulten Kräften geleistet werden muß, Handarbeit im Großhandel von diesen gar nicht, im Einzelverkauf nur in Verbindung mit Kopfarbeit gefordert wird, bildet sich in den Handelsangestellten ein Mittelstand heraus, mit relativ behaglicher und gesicherter Lebensführung, mit Aufstiegsmöglichkeiten und -hoffnungen und dementsprechend mit einem Standesbewußtsein, das von der Berufseinstellung der gewerblichen Arbeiter wesensverschieden ist. Die auch im Handel tätigen reinen Handarbeiter kamen bis vor kurzem für eine Ausbildung garnicht in Frage, bildeten vielmehr eine Gruppe ausgesprochen ungelernter Arbeiter mit allen Kennzeichen derselben.[...]

Die letzten Jahrzehnte haben hier durchgreifend geändert. Großbetriebe schaffen eine Angestelltenschaft, die abhängig, spezialisiert, ohne Aufstiegsmöglichkeit und ungesichert, ihre Zugehörigkeit zum Proletariat nicht mehr unter Mittelstandsbehaglichkeit verdecken kann. Die wachsende Bedeutung der Gewerkschaften, der Zusammenschluß eines Teils der Angestelltenorganisationen mit den freien Gewerkschaften in Deutschland und eine beginnende Unruhe im kaufmännischen Schulwesen sind die Zeichen dieser veränderten Sachlage.

In der gewerblichen Produktion haben die technischen Erfindungen eine völlige Umwälzung hervorgerufen, lange ehe dies auf die Ausbildung einen Einfluß ausübte. Die frühen Versuche des 18. Jahrhunderts, die handwerkliche Ausbildung auf eine technisch naturwissenschaftliche Grundlage zu stellen,[3] brachen zusammen und führten im 19. Jahrhundert nur zu den neuen „allgemein bildenden" Schultypen der Real-, Oberrealschule und des Realgymnasiums. Es war zunächst nicht das Bedürfnis, die Handarbeiter auszubilden, das ein technisches Schulwesen schuf, sondern die Notwendigkeit, in den Betrieben technisch gebildete Betriebsleiter, Konstrukteure und Werkmeister zu besitzen, aus der

---

[3] Es kommen hier für Deutschland vor allem die Versuche des Jenaer Mathematikers Weigel, des Hallenser Theologen Semler und des Berliner Predigers Hecker in Frage, aus dessen Handwerkerschule sich die erste preußische Realschule entwickelte.

heraus Ausbildungseinrichtungen geschaffen wurden. Je mehr sich die Wissenschaft ausbreitete und differenzierte, je mehr andererseits die Betriebe wuchsen und mit ihnen der Bedarf an leitendem, organisierendem, entwerfendem, konstruierendem und überwachendem Personal, desto mehr wuchsen und vermannigfaltigten sich die Schulen von der ersten technischen Universalschule an [...] bis zu der heutigen Vielheit von technischen Hochschulen, höheren und niederen Fachschulen, Abendschulen und Pflichtfortbildungsschulen. Diese Entwicklung, die von oben ausgeht, immer die höchste Schicht von Betriebsangestellten erfassend und darunter eine technisch unselbständige, leitungsbedürftige Masse zurücklassend, ist wesentlich für die autokratische Betriebsführung in einer vom kapitalistischen Unternehmer beherrschten Wirtschaft. Ihr Ergebnis ist ein Unsystem gegeneinander abgeschlossener Schulen ersten, zweiten und dritten Grades, die ihre Bildung sorgfältig dosieren, um nicht ein Übergreifen von einem Grad zum andern möglich zu machen. Eine Weiterentwicklung in dieser Richtung ist heute nicht mehr möglich, da man bis zur letzten Schicht, der Masse der ungelernten Arbeiter vorgedrungen ist. Diese ist in der alten Art, die auf eine abgeschlossene Sonderleistung an bestimmter Stelle in einem stabilen Betriebe hinzielt, nicht zu schulen. Sie bildet aber, falls sie ganz ungeschult bleibt, einen Fremdkörper im Betrieb und ein Moment der Beunruhigung in einer Schulorganisation, die alle Arbeitenden umfassen soll. Die „Arbeiterschule", die Schule der Ungelernten, ist das Schmerzenskind unseres beruflichen Schulwesens. Von hier aus rollt sich das ganze Ausbildungs- und Schulproblem auf, ebenso wie von dieser Schicht des Proletariats immer wieder die gesamte Frage nach der Berufslage des Arbeiters gestellt wird.

Noch in einem anderen Punkte wird diese Frage im gewerblichen Schulwesen brennend: bei der Verbindung von praktischer und theoretischer Schulung. Solange die technische Entwicklung langsamer ging, kleine und mittlere Betriebe überwogen und das Handwerk neben der Industrie einige Lebenskraft bewahrte, genügte für die beschränkte Zahl technischer Leiter neben der theoretischen Ausbildung eine praktische Volontärzeit im Betrieb, die notwendigen praktisch geschulten Kräfte stellte die Handwerkslehre, und übrigens deckte die Industrie ihren Bedarf mit einem steten Zustrom berufsfremder und ungeschulter Kräfte. Je verwickelter die Arbeitsmethoden wurden, und je mehr die Betriebe wuchsen, desto mannigfacher wurden die Abstufungen zwischen den akademischen Nurtheoretikern und den ungelernten Nurpraktikern, desto schwieriger die Verbindung zwischen theoretischer und praktischer Schulung, für welche letztere das Handwerk weniger und weniger in Frage kam. Große Betriebe lösen sie durch die Einrichtung von Lehrwerkstätten, die mit einer Werkschule unter Leitung eines im Betrieb angestellten Technikers verbunden sind. Kleinere sind zur Tragung solch kostspieliger Einrichtungen nicht in der Lage. Da nun die Betriebe, welche sich mit Lehrwerkstätten belasten, keinerlei Interesse daran haben, den Konkurrenzbetrieben Kräfte auszubilden, müssen sie ihre Ausbildung nach Möglichkeit auf ihren Betrieb zuschneiden und den jungen Arbeitern den Gedanken und die Möglichkeit einer Abwanderung aus dem Betrieb nehmen. Bei der starken Neigung zur Taylorisierung bieten solche Werkschulen die Möglichkeit, die Jugendlichen ganz mechanisch zu Betriebsspezialisten zu drillen. Schwerwiegender aber noch ist, daß die jungen Menschen in den mit solchen Werkschulen immer verbundenen Prüfungen ausschließlich nach dem Interesse des Werkes ausgesiebt werden, ohne Rücksicht auf die Schädigung, welche Zurückgewiesene wirtschaftlich und seelisch durch den Mißerfolg erleiden. Diese ganze Ausbildung stellt also einerseits durch die enge Verbindung zwischen praktischer und theoretischer Arbeit und durch die Eingliederung des Lernenden in eine produktive Gemeinschaft den entwickeltsten Typ der heutigen beruflichen Ausbildung dar; gerade deswegen aber zeigt sie andererseits am schärfsten die Unmöglichkeit unserer heutigen gesellschaftlichen Grundlage, in welcher die Idee einer wahrhaften Gesellschaftserziehung nicht zu erfüllen ist. Statt daß bei dieser Ausbildung der Mensch nach seiner persönlichen Begabung in die gesellschaftliche Entwicklung hineingestellt wird, wird ihm aufgezwungen, was im Augenblick für ein ganz begrenztes Privatunternehmen den größten Profit verspricht. Statt daß er zu einer möglichst freien Tätigkeit in wechselnden gesellschaftlichen Zusammenhängen befähigt wird, wird er für eine äußerst beschränkte Aufgabe spezialisiert, die unter Umständen direkt gesellschaftswidrig sein kann (z.B. bei Herstellung von Kriegsmaterial, gesundheitschädlichen Drogen, Luxuswaren usw.). Statt daß die Gesamtzahl der in der Gesellschaft heranwachsenden jungen Menschen zur ihnen gemäßen gesellschaftlichen Ausbildung gelangt, wird eine willkürlich herausgegriffene Minderzahl ausgebildet, die andern werden ihrem Schicksal überlassen, ohne Rücksicht darauf, ob sie nicht späterhin, unverwendbar für irgendwelche gesellschaftlich nützliche Tätigkeit, zu einem hemmenden Ballast werden.

So klar dieser Typus aber auch seinen gesellschaftswidrigen Charakter zeigt, wird dieser selbst in Arbeiterkreisen großenteils verkannt. Sogar das Zentralorgan der deutschen Arbeiterschaft [„Vorwärts", 29.10.1924] brachte über eine solche Werkschule einen uneingeschränkt lobenden Artikel, ohne nur ein Bedenken irgendwelcher Art anzudeuten. Das läßt sich erklären nur aus der Tatsache, daß hier in der Tat eine technische Vollendung vorliegt, die unsere öffentlichen Schulen nicht erreichen können, solange sie von jeder wirtschaftlichen Produktion abgeschnitten sind. Die Versuche mit Schulwerkstätten, die in Frankreich schon um die siebziger Jahre angestellt wurden und nach Deutschland besonders durch *Kerschensteiner* verpflanzt sind, sind erfolgreich nur, sofern wirklich produziert wird, während Demonstrationswerkstätten unfruchtbar für

Zur Entwicklung von Beruf und Berufserziehung 163

die Erziehung bleiben. Produktive Werkstätten lassen sich aber vom Betriebe nur lösen, falls das Gewerbe ein Kleingewerbe ist, das man in kleinstem Maßstabe, also auch in einer Schule, befriedigend betreiben kann. So ist dies Problem nicht lösbar, solange die öffentlichen Schuleinrichtungen von der Wirtschaft und ihrer Produktion abgeschnitten sind, und solange die Wirtschaft, nur auf private Profitmacherei abgestellt, sich der Aufgabe gesellschaftlicher Erziehung verschließt. Nur eine demokratisch verwaltete Gemeinwirtschaft wird die Lösung dieser Aufgaben übernehmen können.[4]

Unter andersartigen Schwierigkeiten hat die eigentliche Handwerksausbildung durch die ganze von uns beobachtete Epoche gestanden. Hier lagen die Verhältnisse dem Anschein nach insoweit günstig, als für diese Ausbildung das lebhafteste Interesse von seiten der Behörden wie der Wirtschaftsorganisationen vorhanden war. Begründet ist das darin, daß das Handwerk durch diese ganze Epoche hindurch in Niedergang begriffen war und Not litt. Das zeigte sich sowohl in der wirtschaftlichen Lage seiner Angehörigen wie in der sinkenden Qualität seiner Leistungen. Nun ist es eine Wesenheit bureaukratischer Verwaltungen, daß sie sich unfähig erweisen zu einem in die Zukunft weisenden Neuaufbau, dagegen zu Rettungsaktionen bei Verfallerscheinungen stets bereit sind. Die Rettungsaktion gegenüber dem Handwerk hieß: verbesserte Ausbildung. So entstanden seit dem 18. Jahrhundert ungezählte staatliche, kommunale, körperschaftliche Zeichen-, Handwerker-, Kunstgewerbeschulen, die ohne wesentlichen Einfluß auf die Entwicklung, ohne wesenhafte Leistungen eine Unmenge von Kraft und Geld verpulvert haben. Zu Bedeutung haben sie es nur da gebracht, wo eine geschlossene Kleinindustrie in ihnen Mittelpunkt und Anregung fand (sächsische Spitzen-, westdeutsche Metall-, süddeutsche Juwelierschulen), wo die Verbindung mit einer entwickelten Industrie vorhanden war (chemische, Optiker-, Buchgewerbe- und Textilschulen), oder wo ein bewußter Wille die Voraussetzungen für strenge und sachgemäße Normalisierung zu schaffen bereit war (Ansätze in einzelnen Kunstgewerbeschulen und beim Weimarer Bauhaus).[...]

Am spätesten hat sich die Landwirtschaft ihr Schulwesen aufgebaut, da sie am stärksten in den Grenzen der Erblichkeit und damit der praktischen Überlieferung blieb. Auch hier geht der Aufbau von oben nach unten. Nur die höchsten Posten schienen einer andern als der praktischen Ausbildung (auf dem ererbten Gut, als Knecht oder als Volontär) zu bedürfen. Je mehr die rationelle Betriebswirtschaft aber auch mittlere und kleine Betriebe erfaßt, desto notwendiger wird

---

[4] Es verdient Beachtung, daß Deutschlands größtes gemeinwirtschaftliches Unternehmen, die Eisenbahn, sich ein besonderes Schulwesen aufgebaut hat. Was hier eine befriedigende Lösung hindert, ist nicht materielle Schwierigkeit, sondern der undemokratische, bureaukratische und mehr und mehr von der Privatwirtschaft bestimmte Charakter unserer öffentlichen Verwaltung.

ein Aufbau von unten auf. Die Länder mit gut ausgebauten landwirtschaftlichen Schulen, allen voran der kleine Bauernstaat Dänemark, weisen solch große Fortschritte im landwirtschaftlichen Betriebe auf, daß der Widerstand auch in Deutschland zerschmilzt. Und das landwirtschaftliche Schulwesen hat den großen Vorzug, nicht von den höheren Schulen der Reifeprüfung her infiziert zu sein, weil die Schulentwicklung noch auf ein ungebrochenes Berufs- oder richtiger Standesbewußtsein stieß, das sich die fremde humanistische Bildung nicht als Vorzug aufreden ließ, wie die Angehörigen der gewerblichen und Handelsberufe. Dagegen stieß und stößt die unterste Stufe der Berufsausbildung, die Pflichtschule, hier auf die größten Schwierigkeiten. Man glaubt, ohne sie fertig zu werden, will nur „Hände" im Betriebe und findet im ländlichen Proletariat unter Kleinbauern infolge der gedrückten Lage dieser Klasse nicht den Wunsch und Antrieb zu irgendeiner Ausbildung.

Hier wie überall konzentriert sich also das Berufserziehungsproblem in der Frage der Ungelernten, deren Masse am reinsten den Charakter des Proletariers zeigt, der aus dem Beruf in ein jederzeit lösbares, zufälliges und inhaltleeres Lohnverhältnis gedrängt ist. Die Frage der Ausbildung für diese Arbeitsmassen ist akut geworden für Deutschland mit der Einführung der formalen Demokratie. Deren Ideologie wurde wirksam in der Forderung der staatsbürgerlichen Bildung für alle. Der Theoretiker dieser demokratischen Erziehungslehre *Kerschensteiner* [1919; 1921] hatte bereits vor dem Kriege den Staatsbürger mit den beruflich tätigen Menschen gleichgesetzt und staatsbürgerliche Erziehung vom Berufe aus gefordert. Seine Theorie traf zusammen mit dem von anderer Seite [insbes. *Spranger* 1919; 1921; *Kühne* 1923] gemachten Versuch, die als unhaltbar erkannte Idee einer allgemeinen Bildung neu zu fundamentieren durch die Forderung des persönlichen Aufstiegs von einem individuellen Bildungszentrum über gruppenumfassende Bildungstypen zu einer in der Unendlichkeit liegenden Bildungstotalität. Die Berufsbildung wird hier als die typenbildende angesprochen, so daß der Weg zur Allgemeinbildung für diese Theoretiker die Berufsbildung ist. Diese beiden Berufsbildungstheorien beherrschen heute die pädagogische Erörterung. So haben wir durch eine merkwürdige Ironie der Entwicklung das Schauspiel, daß der Beruf als Bildungszentrum anerkannt wird und man durch ihn die Erziehung bestimmen will in dem Augenblick, wo er allgemein zum bloßen Erwerb zusammengeschrumpft, für weiteste Kreise nicht einmal die primitivste Funktion der Lebenssicherung erfüllt, geschweige daß er Lebensinhalt und Entwicklungsgrundlage bilden könnte.

Zusammenfassend haben wir festzustellen, daß die Untrennbarkeit von Bildung und gesellschaftlicher Arbeit in der Entwicklung des 19. Jahrhunderts klar zum Ausdruck kommt. Im gleichen Maße, wie mit der individuellen Wahl freigegebener Berufe eine bürgerliche Wirtschaft sich entwickelt, wird das Bedürfnis beruflicher Ausbildungseinrichtungen wach und setzt sich trotz gesellschaftlicher Vorurteile, traditioneller Festlegung auf andere Schularten und staatlichen Widerstandes überall durch. Der unklare und wirklichkeitsfremde humanistische Bildungsgedanke hindert aber den einheitlichen Aufbau dieses modernen Schulwesens. Überall, wo die humanistische höhere Schule das Bildungswesen beherrscht, vor allem in Deutschland, entstehen daher zwei ganz getrennte Schulorganisationen nebeneinander, wobei die neu erwachsende moderne Schule von der traditionell bevorzugten gehemmt und gegensätzlich beeinflußt wird. Rein äußerlich, aber praktisch verhängnisvoll kommt das z.B. in Preußen und den meisten andern Bundesstaaten zum Ausdruck dadurch, daß die Berufsausbildung auf die verschiedensten Ministerien verteilt, und nur die älteren, sogenannten allgemeinen Bildungsschulen, die Volksschulen und die alten Gelehrtenschulen (also die ältesten Berufsschulen), bei demselben Ministerium, dem Kultus- oder Unterrichtsministerium, vereinigt sind.

Ändern kann und wird dies nur die Erkenntnis der Sachlage: daß alle Bildung schlechterdings von der späteren Lebensarbeit nicht zu trennen ist, daß also heute der Beruf die Bildung bestimmen muß, und daß, falls menschliche Entwicklung und Beruf sich als unvereinbar erweisen, nicht etwa die Bildung vom Beruf getrennt werden kann. Unsere Aufgabe besteht vielmehr darin, die Berufe aus ihrer Isolierung zu lösen und aufs neue zu vermenschlichen.

Literatur

Kerschensteiner[, *Georg,* 1921]: Grundfragen der Schulorganisation[: Eine Sammlung von Reden, Aufsätzen und Organisationsbeispielen, Leipzig und Berlin, 4., verb. Aufl.]

Kerschensteiner[, *Georg,* 1919]: [Der Begriff der] Staatsbürgerliche[n] Erziehung[, Leipzig und Berlin, 4. erw. Aufl.]

Kühne, A[*lfred*], 1923 : Berufsbildung und Allgemeinbildung[, in: Ders. (Hrsg.),] Handbuch für das Berufs- und Fachschulwesen[: hrsgg. im Auftrag des Zentralinstituts für Erziehung und Unterricht in Berlin], Leipzig

Spranger, E[*duard*], 1919: Kultur und Erziehung [. Gesammelte pädagogische Aufsätze, Leipzig]

Spranger, E[*duard*], 1921: Lebensformen [. Geisteswissenschaftliche Psychologie und Ethik der Persönlichkeit, Halle]

Webb, S[*idney*]*; Webb, B*[*eatrice*], 1902: Industrial Democracy [Neuausgabe, London usw.]

ALAN BROWN, JENNY BIMROSE

Role of Vocational Training and Learning at Work in Individual Career Development Across the Life-Course: Examples from Across Europe

1 Introduction

Since 2000 the European Union has sought to become the most competitive and dynamic knowledge-based economy in the world. In line with this goal, member states committed themselves to increasing European cooperation in initial vocational training, supporting greater take-up of continuing vocational training (CVT) and promoting recognition and accreditation of other forms of learning at work. Much research in this area has focused upon the take-up of formal CVT provision or establishing through surveys patterns of individual learning and development, typically in the last month or year. What was often missing, however, in both research and policy was some sense of how individuals are putting learning and development to use in their evolving careers over a much longer time period. The study reported here was commissioned by the European Commission in 2008 and sought to develop an understanding of the different ways individuals' careers are unfolding over time and the implications for this for European policies on CVT. This approach also sought to shed light on how these different types of learning interact across the life-course and how they may facilitate mobility in the labour thereby one of the key challenges identified in 'Key competences for a changing world' (*EC Communication* 2009). This chapter outlines the key findings and issues arising from the research (*Brown et al.* 2010).

The nature of career development is continuing to change, with careers being viewed as 'the evolving sequence of a person's work experiences over time' (*Arthur et al.* 1989, 8). *Ball* (1996) recognises that individuals are able to take responsibility for their own career choices and decisions and, in order for this to be effectively achieved, individuals' ability to review and reflect upon their career transitions needs to be developed. On the other hand, individuals who take opportunities that present themselves and try to turn them to their advantage are engaged in opportunistic career decision making (*Bimrose et al.* 2008), which can also be critical in shaping careers.

The research findings draw mainly upon evidence from a survey and a literature review but are exemplified with 'case histories' of individuals drawn from supplementary interviews. A brief summary of the survey is as follows: there were 1148 respondents drawn from ten countries – they were mainly in full-time permanent employment in their mid-career (aged 30 to 55), having achieved skilled worker or graduate qualifications in engineering, information and communication technology (ICT) or health, working primarily in health, ICT, education or manufacturing. The ten countries surveyed were France; Germany; Italy; Netherlands; Norway; Poland; Portugal; Romania; Turkey and the United Kingdom. The sample mainly comprised people qualified for, and in most cases working in, skilled, associate professional or professional occupations, with a small subset of people with few qualifications or who had at some stage of their career worked in jobs requiring few qualifications. The supplementary interviews carried out prior to and subsequent to the survey involved eighty individuals from Germany, Italy, Norway and the United Kingdom and were designed to draw out fuller narrative career and learning biographies.

2 Key themes on role of vocational training and learning at work in individual career development across the life-course

2.1 Complementary role played by vocational training and learning at work

Respondents, mainly highly skilled workers in their mid-career, acquired the knowledge, skills and understanding necessary to perform in their most recent job in a wide variety of ways. Indeed the most striking results show the breadth and depth of forms of learning and development relevant to work (table 1). That 71 per cent of respondents pointed to the importance of their initial education or training (typically an apprenticeship and/or Higher Education studies) highlighted how this provided a continuing underpinning to their work. However, that over 28 per cent did not highlight this shows that some people develop their careers well beyond their initial training while others reorient their career in ways that distance them from their original education and training. Initial education and training is rarely sufficient in order to reach an 'experienced worker' standard. There are different performance and task expectations for an experienced worker, at whatever level in an organization, than for a person who has just joined the organization immediately after completion of initial education or training (*Eraut et al.* 2004). The increasing demands are likely to require individuals to continue to develop their skills through engaging in challenging work activities which extend their skills in a number of respects (and this was the case for over 60 % of the sample).

Table 1: How individuals acquired their knowledge and skills to perform in their current or last job (percentages; multiple answers possible)

Your studies or initial training	71.5
Learning through work by carrying out challenging tasks	60.9
Self-directed / self-initiated learning, inside or outside workplace	55.7
Learning from others at work	52.5
Additional training in your current work	51.6
Learning through life experience	47.6
Learning from networks, working with clients	32.1
Other	5.1
N	1148

Learning through work by carrying out challenging tasks is common in many skilled or (associate) professional occupations and a number of case histories showed this led to significant upskilling or reskilling. Indeed for some individuals this led to 'virtuous spirals' of individual development where the successful completion of challenging tasks and opportunities for further learning and development (and possibly promotion) were mutually reinforcing. For example, in all three major sectoral contexts there were cases where individuals were given greater responsibility for projects, initiatives or teams as they demonstrated they could meet challenging targets.

Learning through self-directed or self-initiated learning, inside or outside the workplace, was highlighted by 56 per cent of respondents. Hence personal agency is important for individuals in responding to learning opportunities at work and/or in seeking to supplement their learning at work in order to pursue personal learning goals. For example, one employee upon promotion asked to visit the head-quarters of the engineering company in another country for two weeks in order to put what she was expected to do in her new role in a wider context of the company as a whole. Another example was where someone working in a care home sought to learn more about cultural diversity on her own in order to deal more effectively with a range of patients.

That over fifty per cent of respondents acknowledged that additional training, which was often associated with new ways of working, undertaking a new role or the introduction of new equipment, was important to improve their performance showed that CVT could play an important role in professional development as part of a mix of formal and more informal methods of skill development. Interestingly, in some hospital contexts one person undertakes most of the formal training associated with working with new equipment and then the new way of working is cascaded to colleagues in a more informal way (*Brown* 2002). This learning from colleagues was part of a more general learning from others at work which was also popular: 53 per cent of the sample had acquired valuable work-related knowledge and skills in this way. This area was one of only two where there was a significant gender difference. 59 per cent of (384) women reported they acquired the knowledge and skills to perform their current job through learning from others at work, compared with only 49 per cent of (516) men. Valuable knowledge and skills were also acquired through interactions at work and through the use of networks or engagement with clients, and, for almost 50 per cent of the sample, learning through life experience.

Table 2: Matching of skills and duties in current or last job (percentages)

I need further training to cope well with my duties	17.0
My duties correspond well with my present skills	40.9
I have the skills to cope with more demanding duties	37.0
I am new to the job so I need some further training to learn new aspects of my duties	5.1
Total	100.0
N	1115

Overall, it was clear that the knowledge, skills and understanding to underpin job performance can be developed in different, but complementary, ways, but for over a third of respondents their learning and development was running ahead of opportunities to display their capabilities, as they felt over-qualified to carry out their current duties (table 2). Different labour market conditions and patterns of organization of work strongly influenced availability of jobs with challenging work and significant opportunities for learning and development. Difficult labour market conditions affect ease of gaining employment, but even if someone is in employment economic conditions can still be felt. For example, *Michael Eraut et al.* (2004) identified how engineering graduates considered their skills and knowledge could actually start to decay if, early in their career, they were put on routine work because of a dearth of more challenging work.

Past work experience and formal qualifications are seen as very important to their current job by about 70 and 56 per cent of respondents respectively (table 3). Qualifications can, of course, also be important in getting an individual a particular job, even if they are not actually directly used in the job.

Table 3: Use of past work experience and formal qualifications in current or last job (percentages)

Use of past work experience		Use of formal qualifications	
Almost none	6.9	Almost none	11.1
A little	15.3	A little	30.4
A lot	39.7	A lot	34.2
Almost all	30.7	Almost all	22.1
This is my first job	7.5	I have no formal qualifications	2.2
Total	100.0	Total	100.0
N	1119	N	1119

Overall, for many people learning from past work experience would seem to complement learning represented in formal qualifications in supporting skill development at work. The survey highlighted the variety and depth of learning opportunities in many work settings and the increasing differentiation within and between labour markets in the extent to which learning opportunities are available in work settings. Formal CVT remains important for many workers, particularly in the context of dynamic and uncertain labour markets, as it can be used to up-date existing skills, develop new skills, consolidate and deepen work-related knowledge and understanding and help maintain employability over a longer period of time. Personal professional development often involves complementary forms of learning and development over time.

2.2 The importance of episodes of substantive learning and development across the life-course

The survey showed that CVT and learning while working were both often significant and the career biographies showed individuals had episodes of substantive learning and development which often transformed their prospects, while they were also learning more incrementally through challenging work:

Catherine: A self-employed management consultant learned while working in a series of highly challenging managerial roles in different sectors (local government, education and the third sector) as well as engaging with formal continuing education, interspersed with shorter periods of on- and off-the-job training. Some specific formal training was linked to the exercise of new responsibilities, for example, for inspection of services, but Catherine also used participation in formal continuing education programmes for personal development, to broaden social networks and to situate and deepen her developing professional knowledge and understanding in a wider context. She successfully completed a post-graduate diploma in the late 1970s, a part-time Master's programme in Public Sector Management in the 1980s and a part-time PhD in Strategic Management in the 1990s.

The above illustration is an example of a recurring theme of how employees working in learning-rich work environments often have a positive disposition towards learning and a proactive approach to career development (*Bimrose/ Brown* 2010; *Brown* 2004). In other cases, where there was only limited challenge in their work activities individuals' engagement with substantive learning and development was a way of upskilling leading to opportunities for more challenging work: for example, a junior science technician took two further technical qualifications and progressed to being a clinical technologist. Some people use intensive episodes of substantive learning for career progression, but others link various forms of learning intensively in different ways, for example, taking many smaller work-related units and qualifications:

Bella: Upskilling and reskilling through short courses and substantive continuing education and training in order to underpin a series of promotions from an administrator through trainer, operations manager, regional trainer to business change manager. Bella started work in public administration, completed a technician level qualification and then took a degree in professional learning and development which helped refocus her career as a trainer. While working in a variety of training and management roles over the next decade Bella completed ten certificated units in aspects of general management and human resources development and then took further qualifications in training, coaching and performance improvement to underpin her switch from regional trainer to business change manager.

The above examples illustrate how engagement with formal education and training could transform individual career prospects, but intensive periods of (substantive) learning across the life-course could take various forms: upskilling within recognised career pathways or reskilling associated with a significant career change. The upskilling within recognised career pathways was more common within certain sectors, such as engineering and health, and some countries, such as Germany, had more generalised progression pathways through individuals taking *Meister* qualifications. The upskilling or reskilling could comprise a formal educational programme, CVT, learning while working or a mixture of two or more of these components:

Mary now works as a Change Manager in Health Care, in charge of Change Management IT projects, but she started her career by working as a pharmacy assistant for five years after completing initial vocational training in 1973. Subsequently, 'I had at least ten career changes, including working as a Pharmaceutical Sales Rep. I have had numerous changes in my working career, for a variety of reasons, but mostly because I wanted to learn more, improve skills, learn something new or work somewhere new.' She completed a first degree in Psychology in 1995 and a Master's degree in Industrial Psychology in 2000.

However, the biographies also give examples of downward career drift where individuals had not engaged in any substantive learning and development since their early twenties – in some cases one consequence had been difficulty in finding new employment after being made redundant, while in others individuals hoped to 'hang on' in their jobs until retirement.

Overall, the survey and linked career biographies provided evidence of how people learn across the life-course. Rather than engaging in continuous learning at an even pace every year, people are likely to have periods of more and less intensive learning. The key here is to make a distinction between learning which fits into an individual's current set of values, attitudes, competences, networks, behaviour and identities and learning which leads to significant personal development or transformation. Respondents to the survey had little difficulty in identifying the important role of learning and development in making significant work-related transitions. CVT policy should recognise that while a focus on performance improvement can help individuals develop their current skills, they also need opportunities for personal development which transcend their current roles.

Lifelong Learning rhetoric about 'learning all the time' may be insufficient, because although continuing adaptation can keep individuals employable in their current roles, it is periods of intensive learning which tend to be decisive for individuals' career direction (that is, most people with successful careers display episodic learning: periods of intensive learning interspersed with 'quieter' times, which nevertheless can involve learning through challenging work etc.).

2.3 The importance of personal agency

Most respondents were well-qualified and had opportunities for learning and development associated with their jobs, but even so the extent of their engagement with a wide range of learning activities was striking: see table 4.

Table 4: Learning or training activities participated in the last five years (percentages; multiple answers possible)

Learning or training activity	%
Learning through work by carrying out challenging tasks	65.0
Learning through life experience	59.6
Seminars, conferences	59.6
Learning from others at work	58.2
Self-directed learning inside or outside the workplace	55.3
On-the-job training	53.5
Learning from networks, working with clients	50.2
Course provided by a training centre/organization/institution at your workplace	42.9
Course provided by training centre/organization/institution outside your workplace	42.5
Off-the job training	38.0
Additional training in your current work	35.9
Group training in your workplace provided by your employer	33.4
Individual training at your workplace provided by mentor/tutor/colleague	30.6
Training that leads to further qualifications	25.5
Correspondence course	7.4
Other	2.3
Total number of respondents	895

The rich range of learning activities participated in the last five years included both formal education and training activities, with learning through challenging work, networks, from others, experience and self-directed learning also figuring prominently. Interestingly, the reasons they took part in training and learning activities were primarily related to skill development and personal development (table 5), with over three quarters wanting to develop a broader range of skills or knowledge and two thirds wanting to develop more specialist skills or knowledge. Eighty per cent of the sample also expected to take part in learning and training activities over the following five years, with the reasons for participating largely mirroring those outlined in table 5.

Table 5: Reasons for taking part in training/learning activities (percentages; multiple answers possible)

I wanted to develop a broader range of skills and/or knowledge	77.9
I wanted to develop more specialist skills and/or knowledge	67.6
I took part for my own personal development	60.6
I wanted to perform new tasks or more demanding tasks in my current job	45.0
I thought it would improve my job prospects (i.e. find new job, advance my career, get a promotion, earn better money)	43.1
The successful completion of training activities is required for my occupation.	36.2
I wanted to change my career options	29.2
I wanted to prepare myself for a new job or new career	26.8
My employer requested/required me to do so	26.7
Because of rights to training granted by my employer or legislation	13.6
Because of threat of restructuring / redundancies in my area of work	4.4
I wanted to obtain unemployment benefits that depend on training attendance	0.4
Other	1.5
Total number of respondents	895

The respondents had mainly very positive attitudes towards learning (table 6): their jobs often required them to learn new things, employers were generally supportive, and most liked learning and were proactive in their own learning and development.

Table 6: Experiences of training or learning activities*

I like learning new things for my job	3.7
My job requires that I keep learning new things	3.6
I enjoy new challenges as they offer opportunities for learning	3.5
I take the initiative in finding new things to learn	3.3
I am serious about career development	3.2
I think my career is important	3.2
I learn new things for my job as it is a requirement	2.9
My employer supports my career development / learning activities	2.8
My opportunities for advancement are good	2.6
My employer does not support/offer any training	1.9
There are few opportunities for me to learn	1.7
I don't like learning new things	1.3
I am too old to learn	1.3
Total number of respondents	971

*) Scale means, 1 = strongly disagree, 4 = strongly agree

Most respondents had a strong sense of personal agency in their commitment to their own learning and career development (see also *Seibert et al.* 1999 and *Chiaburu et al.* 2006), despite individuals having had varying degrees of success in the labour market as their learning and work trajectories resonated with the structural conditions with which they were faced. For example, many older workers had had to negotiate major shifts in organisational structures as well as in their own work roles, particularly in transition economies such as Poland and Romania. Personal agency is an important driver of individual work and learning trajectories, and some individuals were reflexive about how their careers were developing and how their choices and possibilities could be expanded or constrained in different ways, as the following examples illustrate:

'My career advanced because I had a track record of success and delivery, I note that many organizations in the latter part of my career are more concerned with academic distinction than substantive evidence of capability.'

'I spent ten years getting my qualifications as an adult and worked part time in the education sector whilst I did it. On graduating I was looking for full time work and found a training position in the health service. Since then I have changed departments three times on different secondment opportunities and now do Project Management and IT. '

'I have had numerous changes in my working career, for a variety of reasons, but mostly because I wanted to learn more, improve skills, learn something new or work somewhere new.'

'When I left university with my qualifications I didn't have set career in mind. Over the years I have acquired experience by working in different sectors and with different people. All of this has developed my transferable skills and I take forward learning experiences from one work place to the next. I am now in a set career path and believe that the experiences along the way have helped to bring me here.'

From the survey it was clear that experience developed through engagement with challenging work is a major vehicle for professional growth, but this needs to be supplemented in a variety of ways and individuals have different degrees of choice in the combination of learning activities (formal, non-formal and informal) with which they engage. Individuals seek a degree of personal autonomy in how their careers develop (and in the meaning attached to career) but, in parallel, they also seek opportunities to exchange experiences with peers, colleagues and experts about possible lines of career development.

Overall then, those individuals with a proactive approach to career development are more likely to engage in CVT and lifelong learning and individual traits (such as a proactive personality and self-management behaviour) and experiences of learning influence engagement and persistence with CVT. Formal CVT provision could be highly valued as a form of personal development even without a direct career benefit (*Biesta* 2008) and one respondent commented 'I love learning – for the pure enjoyment of learning something new'. The survey findings offer reinforcement for the idea that individuals are responsible actors in creating their own career pathways through learning and development linked to opportunities in education, training, employment and other contexts. However, at the same time, there is an urgent need to support individuals in navigating their way through increasingly complex work and life contexts and, in particular, helping individuals become more reflexive at the individual level through provision of career guidance and counselling as a key component of a lifelong learning strategy (see also *Biesta* 2008).

2.4 Negotiating careers within different opportunity structures

Even within generally successful careers anxieties were expressed about career development at a time of organizational change and structural constraints – people recognised that navigating a career path could be fraught with difficulties:

'My career history has been largely determined by living in very rural areas. I became a careers adviser "by accident" because the employer happened to be based near-by and had a reputation as a good employer. I wanted to work 'with people' but for anything else I would have had to move. I have since moved to even more rural areas and this has meant I have haphazardly taken opportunities whenever they have arisen. This has led me to build up a wide range of skills and I think keeps me highly employable but doesn't necessarily mean that I am specialising in one area of my career. Because of my rural location senior jobs and ones where I might use my skills more fully are much less possible to progress into.'

'Employment opportunities in the public sector across Europe are very dependent on the different selection processes (e.g. in Spain you need to sit an exam to get a general post in the health service). Also, a non-medical consultant in public health in the UK couldn't get a job at that level in Spain. This is restricted for medical doctors. So career development in this area is pretty much exclusive to the UK, as far as I know.'

'I went to university in Canada as a mature student and single mother. I lived in a remote community but was unable to move to follow my preferred career or training. In 2004 I moved to Holland to live with my Dutch husband; my Canadian job did not transfer well, and I have been having problems learning Dutch. In addition, my age has been a barrier to employment, and, along with my non-EU passport, has made retraining too expensive.'

'My career development has been chequered, mainly because of part time working when my daughter was small. I was a single parent also, from another country. Now being in a senior position and on reflection I would say I was actively discriminated against in terms of opportunities for promotion etc because of being part time and also by nationality. I feel that because I had a very good education I was able to make progress despite the barriers. I was also determined to succeed! I think I have proved that to my satisfaction, [.... and] I feel I have contributed hugely to this organization and the public in my forty years [of work].'

Personal agency (pro-activity and responding to opportunities) is important but there is also value in helping individuals develop their own career story of where they have been and where they are going. Many individuals are actively shaping their personal work biographies (and even then they may value help in doing this), while others feel they would like to develop a clear sense of career direction but are struggling to do so without support:

'I don't feel like my career has been very well planned and I don't have a clear plan for how it will develop in the future, which means that it's difficult for me to choose training or learning (particularly long-term or big commitments) to develop my career.'

Career options and choices are limited by context, but individuals can use career self-management to negotiate their own position within these constraints (*King* 2004). Constraints, such as high unemployment, though can sometimes have longer term consequences:

'Initially my career was blighted by the recession of the early 1980s. I could not find work after university for four months, and I found the experience of unemployment (and unsuccessful job interviews) very traumatic. Once I had found work (in the book trade) I stayed in that sector for too long, fearful of unemployment again, although I was not happy; it was eleven years before I found my present career as a librarian, in which I am much happier.'

In the survey some workers were over-qualified for their jobs with their interest in learning being driven by personal development rather than career progression. Indeed given the strong emphasis of respondents to learning for personal development it may be that messages promoting learning for employability are less effective than those which stress personal development, establishing personal networks and meeting new challenges. That is, messages should emphasise the immediate benefits of being a learner rather than where it leads, particularly if the opportunity structures available to an individual at that time are limited (*Roberts* 1997).

The pathways available and different sets of expectations about career choice and occupational mobility are framed within clear opportunity structures which vary within and between sectors and countries. For example, in ICT both learning and career patterns are highly individualised and as informal learning plays a key role, formal qualifications and career progression are only loosely coupled. In engineering there is quite a strong linkage between learning and careers, as formal training has a key role for many in the close coupling between continuing vocational learning and individual career development (*Brown* 2004). In health the linkage between learning and careers was quite complex. In some cases making a career involved vertical mobility, whereas others were happy to continue in a single specialisation or engage in horizontal mobility. There was, however, strong continuity through highly formalised initial and continuing education and training pathways, with a wide range of development opportunities on offer for most people working in the health sector. As a consequence individual career progression was often linked to formal qualifications. Career pathways were therefore strongly framed by organisational opportunity structures in the different national health systems.

The use of the term 'opportunity structures' itself neatly expressed the tension between openness and flexibility and structured pathways. Both are valuable and it is finding an accommodation which works well for most members of a society but also provides opportunities for those who do not fit initially which should be the goal of a CVT policy informed by concerns for individual career development. It is extending the breadth and quality of the opportunity structures which should be the goal of policy in this area.

3 Effective ways to support individual career development across the life-course

3.1 Job mobility, reskilling and the importance of career guidance to lifelong learning

The survey and the literature review highlighted the importance of job mobility for individuals in a range of contexts in order to support upskilling, reskilling, employability and the integration of older workers for longer in the labour market and how individuals valued support in making career decisions (*Brown et al.* 2010). This support could take various forms, but from a policy perspective access to advice and guidance services for adults at times of transition could play a crucial role in facilitating positive outcomes for the individual and the smooth functioning of the labour market. For example, workers in undemanding jobs (low skilled employment), those wishing to change sectors or seeking to change intensity of work because of changed responsibilities, and older workers seeking a career change are all groups which could benefit from improved access to guidance services. Additionally, policy could give greater emphasis to the value of guidance in helping individuals articulate and possibly align goals, expectations, development strategies and outcomes in relation to learning and career development.

For workers feeling they need a new challenge after fifteen or twenty years working in the same occupation the economic case for giving them access to guidance services is very strong: many survey respondents who wanted a new challenge and had changed careers in their forties and fifties felt as a consequence they were likely to remain in the labour market for longer – it often seemed to give people a new lease of life.

Lifelong learning has different dimensions but policy has often been mainly concerned with skill development, especially upskilling, although some emphasis is now being given to reskilling – developing new skills and updating existing ones in order to apply them in new contexts. This shift of emphasis could be strengthened and policy could reinforce the value of learning through networks and other collaborative forms of knowledge creation and sharing. Also where individuals have had one or more episodes of substantive learning mid-career, then they often feel reinvigorated and stay longer in the labour market. A focus on, and commitment of resources to support, reskilling may actually be self-funding if as a consequence people continue working for longer.

3.2 Value of a developmental view of expertise in a knowledge-based society: importance of adaptability

The literature review highlighted how a key focus for moving towards a more knowledge-based society should be upon supporting the use of skills in context rather than just increasing the volume of skills in the workforce per se (*Brown et al.* 2010).The temptation for policy makers is to highlight the need for individuals to develop additional skills, knowledge and understanding without paying sufficient attention to the challenges involved in transferring skills, knowledge and experience between different settings. An expansive view of the development of expertise would acknowledge the importance of developing individuals' ability to recontextualise their skills, knowledge and understanding in different settings and support them in developing a frame of mind whereby they continually look to improve their own performance and support the learning and development of others. Such an approach would acknowledge the importance of collective approaches to learning from experience and the need for organisational commitment to support employees' continuing development. This more coherent and comprehensive view of the learning and development required to support continuing learning at work can interact with a wide range of education and training provision that varies according to subject, breadth, depth and timing. The shift is away from expertise being just concerned with achievement and competence to a more developmental view whereby there is a willingness to recognise that being able to adapt to changing circumstances is important and that combining and applying existing skills and knowledge in new ways is itself a major developmental challenge. The focus needs to be upon recognising that individual capabilities may need to be developed in a variety of ways, including for people with higher level skills in some areas developing skills and abilities at lower levels in other ways, and upon promoting adaptability. Adaptability is not just an individual characteristic it has social and structural features whereby the application of skills in different contexts can be actively promoted.

3.3 Support for skill development of workers in low skilled employment

Malcolm Brynin and *Sylvia Longhi* (2007) found that across Europe individuals in low skilled employment were most likely to enhance their skills by changing jobs. This finding is important in two respects. First, it means that public policy should encourage people to find more challenging work if they are in undemanding work – guidance and counselling could play a key role in this respect. Second, it chimes with a number of 'case histories' of people in our research study whereby their personal development took off as they passed through 'low skilled employment' with the switch to other forms of work opening up opportunities for learning and development whether these were related to training and more challenging work. For example, one respondent had started working in jobs requiring few qualifications, including as a shop assistant, and then joined the navy and after intensive periods of reskilling and upskilling became a submarine sonar operator; then a technician; then an operating theatre technician.

There is a paradox here. A number of respondents were engaged in low skilled work at some stage of their lives and such work could give them a foothold in the labour market and raise their self-esteem much higher than if they were unemployed. However, if they stayed too long doing routine work with few prospects of development then their skill sets could decay and their broader employability might also suffer.

Access to guidance services can be very important for the least well qualified. They are often offered fewer training opportunities and work in a more restrictive learning environment *(Fuller/Unwin* 2006) and so feel less motivated to engage in substantive learning precisely because learning does not fit seamlessly alongside their work. However, findings from the survey also made it clear that some people in low skilled employment did have a strong commitment to learning and development and had achieved significant career progression – this was particularly likely if they had developed a clear 'career narrative' of how their career had been progressing and might develop in future. Guidance could play a key role in this process in helping people establish such narratives. Changing employment so you had more challenging work was a powerful driver of skills development for the low skilled, while formal VET programmes were also sometimes seen as a vehicle to improve competences (including in some cases basic skills development), not least because this could involve the recovery and rebuilding of individuals' fragile learning identities (*Gallacher et al.* 2002).

3.4 Support for older workers

Many older respondents were engaged in active career development in their forties, fifties and beyond. For example, a programme manager in his sixties was co-ordinating a set of projects to bring about strategic change in a major health-care organisation. His career had been built on a 'track record of success and delivery' which meant he was at the forefront of developments. Another respondent, a woman in her fifties, ran a major change management programme in the health sector. She was

'an effective communicator with good networking skills, able to motivate and manage myself and others, with a track record of delivering service improvements and supporting staff to make changes'; able to 'move easily between the "big picture" of ideas, policy drivers and national context and local application in context, shaping strategic direction and service development.'

She represented her personal skills as

'thriving in fast moving environments; demonstrating drive, commitment and enthusiasm; networking, connecting people and supporting partnership working; self-motivated, working on personal initiative and used to meeting agreed timelines.'

Both these respondents had dynamic careers, which involved leading change not just adapting to it – anyone further than an image of an older person reluctant to change and develop is hard to imagine. Now the key point here is that where older workers were engaged in challenging work with opportunities to learn while working, then they are much more likely to wish to continue working.

However, some older respondents had much more stable careers and a few had decided that they were not going to engage any further in substantive learning and development above what was required to work effectively in their current job: 'coasting' towards retirement. The danger with 'coasting' is that employability becomes dependent almost solely upon current job. This attitude was sometimes also linked with a lack of reflexivity of individuals to think about their own skills, a reluctance to think in terms of skill sets – rather there was a tendency to rely upon an attachment to an occupational or organisational identity that may be vulnerable to change. In this context, coupled with the demographic shift towards an ageing workforce, it was clear that there could be real cost-benefit advantages in offering mid-career workers guidance which could extend the length of their careers.

One benefit could come from an increased willingness to continue working after a career shift for some, while others could also value the guidance process for affirming them in their current path. One interesting theme for a number of older respondents was how they had switched career in order to 'follow their dream' – this may have been translated into a leisure pursuit for some, but others were using their unrealised goals as a motivation for part-time work: one woman was teaching part-time fiction writing, 'but my one lifelong ambition is to become a published fiction author.' Combining work with a deep interest in and desire to make a living in music and the arts is common across the life-course, but it is the revisiting of the 'dream' later in life which may be of interest in exploring the relationship between career, work and identity for older workers.

These findings, taken together, have implications for meeting the challenge of demographic change through the integration of older workers for longer in the labour market. The keys to success in keeping a greater number of older workers in the workforce could lie in offering opportunities for learning and development for older workers as an essential component of an upskilling strategy, while access to guidance could be pivotal for those wishing to pursue a reskilling pathway.

4 Conclusion

The patterns of individual skills development across the life-course outlined in this chapter pose challenges to certain assumptions about the current organisation of much VET.

First, the current rhetoric about promoting lifelong learning could be more nuanced. Although many individuals learn in adaptive ways through challenging work, learning and development which results in substantive changes in attitudes, knowledge or behaviour is often episodic, and the rhetoric of lifelong learning should reflect these two different forms of development: adaptive learning may occur more or less continuously but individuals' transformative learning may follow an irregular rhythm and tempo across the life-course.

Second, the focus on formal qualifications as a proxy for learning and development does not do justice to the range, depth and variety of forms of learning while working. Indeed the current logic needs to be reversed: learning and development should be actively promoted, with validation of learning and the use of qualifications in this process being seen as second order issues.

Third, there is a need to provide support for people moving between sectors as well as offering development and progression within sectors.

Fourth, we should stop pathologising low skilled work. It is not a problem per se (and because of high replacement demand many people will continue to 'pass through' such employment) – it is *staying* in work which lacks challenge or opportunities for development which can erode an individual's broader employability prospects over the long term. It is important therefore to recognise that low skilled employment may have a place in a person's evolving career, especially where it raises a person's self-esteem, but to encourage and support people in seeking more challenging work, especially as this is rated as the most effective form of skill development by the low skilled in almost every country in Europe (*Brynin/Longhi* 2007).

Fifth, where individuals who do not engage in substantive upskilling or re-skilling, for say five to ten years, through either formal CVT or learning through work, they run the risk of being 'locked' into a particular way of working and are more vulnerable in the labour market if there is a significant change in their job or their circumstances. Linked to this point, if we want more older people to remain engaged in the labour market – and one of Europe's key future challenges is an improved integration of older employees into the labour market – there is a need to encourage more people to consider mid-career change. People need support and guidance to develop coherent career narratives of where they have been; what they are doing now and where they are going.

Sixth, a challenging working and learning environment facilitates informal learning and many workers value challenges at work and this in turn produces a positive disposition towards learning. Not all work supplies such challenges, however, and thought should be given as to ways to improve the proportion of high quality jobs. The opportunity structures in work as well as in education and training should be reviewed when thinking about the most effective ways to support VET.

Seventh, CVT development should recognise the complementarity of different forms of learning in support of skill development at work. The research findings provided a strong endorsement for the complementarity of learning through engaging with challenging work and institutionalised learning which is able to help individuals look beyond their immediate context. Such complementary learning has of course underpinned many apprenticeship systems, sandwich degrees and much professional training. However, the survey produced many examples of the value for individuals when they applied such modes of alternance learning across the life-course as a whole: that is, where learning was predominantly work-based but with periods of institutionalised learning interspersed.

Learning through challenging work alone may be insufficient and other forms of learning may be necessary to help the employee make a quantum leap in their broader understanding of a particular field. Indeed one driver of CVT policy could be enhancing individuals' capability to exercise greater control over their own lives, linked to the notion developed by *Amartya Sen* (1999) of the importance of developing individual capabilities in a broader sense. Applying this idea to skill development at work the ultimate goal is to increase the freedom for individuals to exercise greater control over their own lives (in relation to what they value being or doing): this includes expanding opportunities to access knowledge, meaningful work, significant relationships and exercise self-direction. Other capabilities (ways of being and doing) could then benefit from engagement with other forms of education and training.

References

Arthur et al. (= Arthur, Michael; Hall, Douglas; Lawrence, Barbara), 1989: Handbook of career theory, Cambridge
Ball, Ben, 1996: Assessing Your Career: Time for Change? British Psychological Society, Leicester
Biesta, Gert, 2008: Strategies for improving learning through the life-course, London
Bimrose et al. (= Bimrose, Jenny; Barnes, Sally-Anne; Hughes, Deirdre), 2008: Adult Career Progression and Advancement: A five year study of the effectiveness of guidance, Coventry
Bimrose, Jenny; Brown, Alan, 2010: Older workers' transitions in work-related learning, careers and identities, in: Ecclestone, Kathryn; Biesta, Gert; Hughes, Martin (eds.): Transitions and Learning Through the Lifecourse, Abingdon, 182-196
Brown, Alan, 2004: Engineering identities, in: Career Development International 9, 3, 245-273
Brown, Alan, 2002: Challenges of supporting learning of newly qualified professionals in health care, in: Nijhof, Wim; Heikkinen, Anja; Nieuwenhuis, Loek (eds.): Shaping flexibility in vocational education and training, Dordrecht, 243-257
Brown et al. (= Brown, Alan; Bimrose, Jenny; Barnes, Sally-Anne; Kirpal, Simone; Grønning, Terje; Dæhlen Marianne), 2010: Changing patterns of working, learning and career development across Europe, Coventry
Brynin, Malcolm; Longhi, Sylvia, 2007: The transformation of work? Occupational change in Europe, Essex
Chiaburu et al. (= Chiaburu, Dan; Baker, Vicki; Pitariu, Adrian), 2006: Beyond being proactive: what (else) matters for career self-management behaviors? In: Career Development International 11, 7, 619-632
Eraut et al. (= Eraut, Michael; Maillardet, Fred; Miller, Carolyn; Steadman, Stephen; Ali, Amer; Blackman, Claire; Furner, Judith), 2004: Learning in the professional workplace: relationships between learning factors and contextual factors (= AERA 2004 Conference paper), San Diego, CA
European Commission Communication, 2009) Key competences for a changing world: Draft 2010 joint progress report of the Council and the Commission on the implementation of the 'Education & Training 2010 work programme' SEC (2009) 640 final, 25.11.2009, Brussels
Fuller, Alison; Unwin, Lorna, 2006: Expansive and Restrictive Learning Environments, in: Evans, Karen; Hodkinson, Phil; Rainbird, Helen; Unwin, Lorna (eds.): Improving Workplace Learning, London

Gallacher et al. (= Gallacher, Jim; Crossan, Beth; Field, John; Merrill, Barbara), 2002: Learning Careers and the Social Space: Exploring the Fragile Identities of Adult Returners in the New Further Education, in: International Journal of Lifelong Education 21, 6, 493-509

King, Zella, 2004: Career self-management: Its nature, causes and consequences, in: Journal of Vocational Behavior 65, 1, 112-133

Roberts, Ken, 1997: Prolonged transitions to uncertain destinations: The implications for careers guidance, in: British Journal of Guidance and Counselling 25, 3, 345-360

Seibert et al. (= Seibert, Scott; Crant, Michael; Kraimer, Maria), 1999: Proactive personality and career success, in: Journal of Applied Psychology 84, 3, 416-427

Sen, Amartya, 1999: Development as Freedom, New York

Authors

Alan Brown, 1950, B.Sc., M.Sc., PhD, Professorial Fellow Institute for Employment Research, University of Warwick (alan.brown@warwick.ac.uk); current research focuses upon changing occupational identities, CVT, skill formation, organizational performance, networks and supporting knowledge sharing, development and learning in professional communities of practice.
→ Bimrose, Jenny; Brown, Alan; Barnes, Sally-Anne; Hughes, Deidre, 2011: The role of career adaptability in skills supply, United Kingdom Commission for Employment and Skills, Wath upon Dearne

Jenny Bimrose, 1949, B.A., M.Sc., PhD, Professorial Fellow Institute for Employment Research, University of Warwick (jenny.bimrose@warwick.ac.uk); current research focuses on theory and practice of career counselling and guidance and on gender, supporting guidance practitioners in use of labour market information, decision-making styles and career trajectories, examining knowledge maturing processes within and between organizations.
→ Bimrose, Jenny; McNair, Stephen, 2011: Career support for migrants: Transformation or Adaptation? In: Journal Of Vocational Behavior 78, 3, 325-333

Lorenz Lassnigg

Beruflichkeit in Österreich: Institutioneller Rahmen für komplexe Koordination und vieldeutige Versprechungen

Einleitung

Dieser Beitrag[1] versucht, eine Interpretation der Institutionalisierung von Beruflichkeit in Österreich zu geben und diese mit der subjektiven Perspektive zu verbinden. Der Argumentation liegen deutliche Besonderheiten der österreichischen Situation sowohl bei der Fassung von „Beruflichkeit" als auch bei der Berücksichtigung von „Subjektivierung" etwa im Vergleich zu den deutschen Diskussionen zugrunde. Es besteht in den einschlägigen Debatten eine vergleichsweise „Untertheoretisierung" der Kategorie des Berufs und folgerichtig auch eine Vernachlässigung der vielschichtigen Phänomene der „Beruflichkeit" im österreichischen Bildungswesen. Insbesondere fehlt in der österreichischen Diskussion die soziologische Interpretation der Berufe, die sowohl „durch Berufe geprägte gesellschaftliche Strukturen" als auch „die durch Beruf geprägten personalen Subjekte und ihre Tätigkeiten" (*Voß* 2002, 288) postuliert. Für die Diskussionen um die Subjektivierung und Entgrenzung der Arbeit fehlt bislang weitgehend die Resonanz, daher gibt es auch wenig empirisches Material, das die subjektive Perspektive der Beruflichkeit beleuchten würde.

Im Unterschied zur deutschen Diskussion, wo der Frage der theoretischen Fassung von „Beruf" und „Beruflichkeit" beträchtliche Aufmerksamkeit geschenkt wird (vgl. z.B. *Harney/Tenorth* 1999; *Kurtz* 2005; *Jacob/Kupka* 2005; *Kutscha* 2008), fehlt eine explizite Behandlung dieser Dimension in der österreichischen Berufsbildungsforschung. In einer umfassenden Überblicksdarstellung zur österreichischen Berufs- und Wirtschaftspädagogik (*Gramlinger u.a.* 2007/2008) sowie auch in einer früheren Auseinandersetzung mit der Lehrlingsausbildung (*Ribolits/Zuber* 1997) gibt es keine Thematisierung des Berufskonzepts – Schwerpunkte liegen auf institutionellen Aspekten sowie bei Fragen der Didaktik und der Betriebspädagogik. Der Berufsbegriff taucht lediglich als eine

---

[1] Der Autor bedankt sich bei den Herausgebern für die sehr hilfreichen und weitertreibenden Kommentare und Anregungen zu den früheren Fassungen des Textes, sowie insbesondere auch bei Axel Bolder für die Verbesserung der Lesbarkeit – verbleibende Irrtümer liegen selbstverständlich in der Verantwortung des Autors.

Art selbstverständlicher „impliziter Schattenkategorie" auf. Im Unterschied zu Deutschland, aber auch zu England, hat auch das politische Projekt der Entwicklung eines Qualifikationsrahmens keine tiefergehenden Diskussionen um das Berufskonzept ausgelöst. Die in Deutschland gesehene Bedrohung des „Berufsprinzips" wurde nicht thematisiert; trotz der in bestimmten Grundzügen der deutschen Tradition ähnlichen Formen von „Beruflichkeit" sind die Reaktionen viel positiver und moderater ausgefallen, und es wurde im Gegenteil eher eine Aufwertung der Berufsbildung durch diese Politik erwartet.

Zwei Aspekte der theoretisch-methodischen Zugangsweise sind zu betonen: Der theoretische Zugang ist institutionalistisch, das heißt der Beruf wird als institutionalisierte Struktur aufgefasst, die einerseits durch die Praktiken der Akteurinnen[2] produziert und reproduziert wird, und gleichzeitig andererseits als (legitimierte) soziale Struktur relativ unabhängig von diesen Praktiken existiert und diese wiederum strukturiert und beeinflusst. Diese Sicht bedeutet gleichzeitig, dass die beruflichen Strukturen gewissermaßen ein „Eigenleben" haben, das heißt nicht direkt oder mechanisch auf die Praktiken bezogen sind, auch keine eindimensionale „funktionale" Verknüpfung darstellen und daher nur bedingt steuerbar sind. Der zweite Aspekt ist eine offene konzeptuelle Fassung der Berufsdimension als „Beruflichkeit" in einer Analogie zum Begriff des *professionalism* in der neueren Professionsliteratur. Das heißt die Beruflichkeit wird als graduelles Phänomen gesehen, das auf der symbolischen Ebene angesiedelt ist und über Ausbildung und Beschäftigung „verteilt" ist, also in unterschiedlichen Teilbereichen in sehr unterschiedlichen Graden von Ausprägungen mit unterschiedlichen Graden der Institutionalisierung existieren kann; diese variable Ausprägung der Beruflichkeit spielt zum Beispiel auch bei den Überlegungen von *Peter Kupka* (2005) eine wichtige Rolle.

Im Unterschied zur vorherrschenden Sicht in der deutschen Diskussion wird der soziale oder funktionale Inhalt der Beruflichkeit, etwa der starke Zusammenhang von Beruf und Person, wie auch die moralische Dimension der Beruflichkeit konzeptionell fallen gelassen und ihre symbolische Bedeutung als eine Art „Sprache" oder „Medium" in den Vordergrund gestellt. Wesentlich ist dabei die kollektive Kategorisierung; die Überlegungen gehen also gewissermaßen in die gegenteilige Richtung gegenüber dem Konzept des „Individualberufs" (*Voß* 2002), in dem die kollektive Seite gelockert und die Variabilität betont wird. Im Hinblick auf die inhaltliche Bedeutung könnte man überspitzt sagen, dass in der österreichischen Verwendung des Begriffs nicht die *Unterscheidung* von Beruflichkeit und Arbeit (*Kutscha* 2008), sondern eine unreflektierte *Verkoppelung*

---

[2] Nachdem bisher die männliche Form für beide Geschlechter genommen wurde, ist es angemessen, nun die weibliche Form zu verwenden, um beide Geschlechter zu bezeichnen; mögliche Irritationen sind angestrebt.

von Arbeit und Beruf vorherrscht: Bildung, die auf Arbeit bezogen ist, wird als Berufsbildung bezeichnet. Entsprechend wird in den berufsbildungspolitischen Diskursen nicht die Besonderheit beruflicher gegenüber nicht-beruflicher Arbeit thematisiert, sondern die Diskurse werden ganz im traditionellen Sinne vor allem von der Spannung zwischen Beruf (Arbeit) einerseits und Bildung andererseits geleitet, was auch die institutionellen Strukturen des Bildungswesens in der Dualität zwischen betrieblicher und schulischer Berufs(aus)bildung spiegelt. Die Kritik an der neoliberalen Ökonomisierung und der „Verzweckung" der Bildung und Berufsbildung gegenüber einer Betonung der breiteren gesellschaftlichen, sozialen und politischen Zielsetzungen macht hier die wesentliche Diskussionslinie aus (vgl. *Ribolits* 1997).

Ähnlich wie in der österreichischen Diskussion keine konzeptuelle Aufmerksamkeit auf den Berufsbegriff gelenkt wird, ist auch die Diskussion um die subjektive, biografische Seite von Arbeit und Beruf weitgehend untergegangen. Die relativ junge österreichische Arbeitsforschung konzentriert sich ganz wesentlich auf die institutionellen Fragen der Regulation und Gestaltung von Arbeit und die Potentiale von demokratischer Arbeitspolitik als Abwehr der Tendenz zur verstärkten Ausbeutung im neoliberalen Regime.[3] Die Hoffnungen, die zunächst mit der Hinwendung zum Postfordismus in die Möglichkeiten der Subjektivierung gesetzt wurden, wurden rasch zurückgewiesen. Die arbeitssoziologische Forschung hat in den verschiedenen Bereichen der „neuen Wirtschaft" eindrucksvoll die überwiegenden Schattenseiten herausgearbeitet, die eine Verunsicherung und verstärkte (Selbst)-Ausbeutung mit sich bringen (z.B. *Zilian* 2000; *Prisching* 2006).

Die Diskurse um Berufsbildung haben keinen Raum für die Frage der Subjektivierung gefunden. Die Forschung hat hier gerade begonnen, die *status attainment*-Konzepte anzuwenden und breite Befragungen durchzuführen. Von den subjektiven Perspektiven ist man noch einigermaßen entfernt. Fragen in dieser Richtung wurden im Zuge der Studierendenbewegung 2010 in radikaler Weise gestellt, die Diskussion mit dem *mainstream* wurde aber rasch erfolglos abgebrochen (*Heissenberger u.a.* 2010). In den bildungspolitischen Debatten spielt zwar die Individualisierung eine wichtige Rolle, von wesentlichem Einfluss sind hier aber die kritischen Positionen von *Richard Senett*. Auch die einflussreiche, konservativ geführte gewerkschaftliche Vertretung der Lehrerinnen in der Berufsbildung nimmt ganz explizit anti-neoliberale Positionen ein (vgl. *BMHS-FCG* 2009, 68, 78).

---

[3] Beispielsweise gibt es in der Österreichischen Zeitschrift für Soziologie in den letzten Jahren so gut wie keine Hinweise auf die Diskurse um die „Subjektivierung der Arbeit" und schon gar keine österreichischen Untersuchungen dazu. Auch das führende Institut zur Arbeitsforschung (www.forba.at) hat sich dieser Diskurse nicht angenommen.

Die subjektive Seite wird im Titel zu diesem Beitrag durch den Ausdruck der „vieldeutigen Versprechungen" angesprochen. Der Begriff der Versprechungen stellt eine Beziehung zwischen den Akteurinnen und den Kategorien wie auch unter den verschiedenen Akteurinnen her, die auch eng mit Erwartungen zusammenhängt.[4] Grundsätzlich verspricht die Berufsbildung mit der Ausbildung zumindest eine gewisse Wahrscheinlichkeit des Zuganges zum ausgebildeten Beruf. Dieses (implizite) Versprechen – explizit wird es nicht getätigt – wird aber seitens der Anbieterinnen de facto mit so vielen Einschränkungen verbunden, dass es gleichzeitig in großem Maß wieder zurückgenommen wird. Beispielsweise gibt es keinerlei institutionalisierte Beobachtung der Berufszugänge und auch keinen Bedarf danach (*Lassnigg* 2011a). Seitens der Lernenden wie auch der Gelernten – dieser Begriff wird in Österreich konventionell vor allem für „(aus)-gelernte" Facharbeiterinnen verwendet – gibt es ebenfalls eine Fülle von Hinweisen auf die Ambivalenz, mit der dieses potentielle Versprechen angenommen wird, begonnen mit „falschen" Bildungs-Berufs-Wahlen bis zur weit verbreiteten baldigen Abwanderung aus dem Berufsfeld.

Im Folgenden werden zuerst die österreichischen Formen der Beruflichkeit und ihr Stellenwert im Verhältnis von Bildung und Arbeit skizziert (Abschnitt eins), in einem zweiten Schritt wird – wiederum am Beispiel Österreichs, aber mit Querverbindungen zu vergleichenden Perspektiven – die Beziehung der Beruflichkeit zu den Entwicklungen von „lernergebnisorientierten" Qualifikationsrahmen herausgearbeitet (Abschnitt zwei), und in einem dritten Schritt wird dann versucht, die subjektive Perspektive einzubringen, indem Verbindungen zwischen bestimmten Ausprägungen von Beruflichkeit auf der institutionellen Ebene mit den Praktiken der Akteurinnen hergestellt werden (Abschnitt drei). Schlussfolgerungen zur Bedeutung des Berufskonzepts und seiner Flexibilisierung, nicht zuletzt durch die Praktiken der Akteurinnen (im Abschnitt vier) schließen den Beitrag ab.

1 „Beruflichkeit" und das Zusammenspiel von Bildung und Arbeit in Österreich

Wenn von der Berufsausbildung in der Form der betrieblichen Lehre die Rede ist, dann werden die Schweiz und Österreich meistens mit dem deutschen „dualen System" in eins gesetzt. Dabei werden die Unterschiede zwischen diesen nationalen Systemen oft vergessen – das „duale System" gibt es genau genommen

---

[4] Ohne diese Begrifflichkeit zu verwenden, arbeitet *Christopher Winch* (2007) am englischen Beispiel ähnliche Mechanismen zu den Erwartungen gegenüber der Berufsbildung heraus.

nur in Deutschland; in der Schweiz ist die Rede von der Berufslehre und in Österreich von der Lehrlingsausbildung.[5] Wichtig ist auch, nicht nur die Sekundarstufe, sondern auch die Ausprägungen der Beruflichkeit auf der tertiären Ebene einzubeziehen.

Vordergründig sind Berufe als Entitäten in der Beschäftigung angesiedelt, in der Berufssoziologie als Bündelungen oder „Schneidungen" von Tätigkeiten in der Berufsausübung, an denen dann je nach Konzept noch verschiedenste weitere Konnotationen bis hin zu sozialen Gruppierungen und gesellschaftlichen Statuspositionen hängen. Da die Ausübung von Berufen immer irgendwie erlernt werden muss, hängen diese Entitäten auch mit dem Bildungswesen zusammen: Wenn jemand im Beruf X (z.B. Tischlerin) arbeitet, so kann man fragen, ob sie diesen Beruf erlernt hat; beziehungsweise wenn jemand diesen Beruf erlernt hat, kann sie auch sagen, ich bin Tischlerin, arbeite aber im Beruf Y. Es handelt sich hierbei um die Unterscheidung zwischen Beschäftigungs- beziehungsweise Erwerbsberuf auf der einen Seite und Ausbildungsberuf[6] auf der anderen, Diese Unterscheidung beziehungsweise doppelte Zugehörigkeit hat in der deutschen Theoretisierung, zum Beispiel mit dem Konzept der Zwei-Seiten-Form von *Thomas Kurtz* (2005), dazu geführt, die Berufe an der Schnittstelle zwischen Bildung und Beschäftigung anzusiedeln und eine Koppelung dieser Bereiche zu bewerkstelligen. Betrachtet man jedoch das breitere internationale Verständnis von Berufen, so werden diese vorwiegend als Beschäftigungsberufe aufgefasst, und die Ausbildungsberufe sind mehr oder weniger eine Besonderheit der Lehrlingsausbildung.

Mit diesen Überlegungen im Sinn kann man in Österreich zumindest vier verschieden Grundformen von Beruflichkeit als Verbindung von Bildung und Arbeit finden:

---

[5] Der Begriff des „dualen Systems" kann in unterschiedlichen Bedeutungen verstanden werden, als allgemeiner Ersatz für den traditionellen Begriff der Lehrlingsausbildung (*apprenticeship*), um einen Bedeutungswandel (z.B. Auszubildende anstatt Lehrling) zu konstituieren, oder als eine Art *trademark* für die spezifisch deutsche Version der Lehrlingsausbildung als „Duales System". Analysen der Unterschiede zwischen diesen Systemen sprechen in der Tat dafür, dass hier fundamentale Unterschiede bestehen – in Österreich wird dieser Begriff u.a. auch deshalb kritisiert, weil er eine Gleichwertigkeit von Betrieb und Schule suggeriert, während in der österreichischen Realität der Betrieb deutlich dominiert (*Lassnigg* 2011b). Neuere internationale Diskussionen verwenden den Begriff *collective skills systems*, um diese komplexen Systeme zu beschreiben (*Busemeyer/ Trampusch* 2012)

[6] Der Begriff Ausbildungsberuf wird hier im allgemeinen Sinne (nicht im Sinne der spezifischen Begrifflichkeit in Deutschland) verwendet, um die Ausbildungsseite der Lehrberufe gegenüber ihrer Beschäftigungsseite zu bezeichnen.

1. die formalisierten *Lehrberufe* in der betrieblichen Berufsausbildung,
2. unbestimmte Berufe beziehungsweise gehobene Berufe in groben fachlichen Gebieten in der *schulischen Berufsbildung*,[7]
3. disziplinäre oder thematische Felder in der wissenschaftlich fundierten Berufsausbildung an den *Fachhochschulen* und
4. akademische Professionen oder wissenschaftliche Disziplinen in der Berufsvorbildung an den *Universitäten*. Die Lehrberufe sind mit Beschäftigungsberufen verbunden, die übrigen Kategorien konstituieren (mit den genannten Ausnahmen) eine allgemeine Form von Beruflichkeit, der jedoch keine „richtigen" Berufe, weder im Sinne von Ausbildungsberufen noch im Sinne von Beschäftigungsberufen, entsprechen – man könnte sagen: *Berufsbildung ohne Berufe*.[8] Beruflichkeit signalisiert hier nur eine Art allgemeiner Orientierung an den Anforderungen der Berufswelt, die mangels Operationalisierung empirisch hinsichtlich der Verwendung nicht erfasst werden kann und auch im Hinblick auf die Herausbildung einer spezifischen „Berufsidentität", im Sinne eines Handwerks etwa, nur in sehr ausgewählten Bereichen (etwa in den traditionellen akademischen Professionen, in manchen Gesundheitsberufen oder eventuell in Lehr-, Erziehungs- und Sozialberufen) in Frage kommt. Es wird eher eine flexible Beruflichkeit im Sinne einer wenig bestimmten Verbindung zu breiten fachlichen Bereichen konstituiert, deren Unterscheidung zu dem, was „Beschäftigungsfähigkeit" bedeutet, nicht so ohne weiteres auf der Hand liegt. Die Besonderheiten dieser verschiedenen Ausprägungen können im Folgenden kurz skizziert werden.

Lehrlingsausbildung

Im Fall Österreichs wird die spezifische „Dualität" der Berufsbildung zwischen betrieblicher Lehrausbildung einerseits und vollzeitschulischer Berufsbildung in Mittleren und Höheren Berufsbildenden Vollzeit-Schulen andererseits oft übersehen. Nach den OECD-Statistiken werden auf der oberen Sekundarstufe in der Schweiz neunzig Prozent der Teilnehmerinnen an Berufsbildung in kombiniert betrieblichen Ausbildungsgängen (also Formen der Lehre) ausgebildet, in Deutschland sind es drei Viertel, in Österreich nur die Hälfte (*OECD* 2009, 304).

Damit spielt das *Berufsprinzip der betrieblichen Ausbildung* schon allein quantitativ eine begrenzte Rolle in der Beziehung zwischen Bildung und Arbeit. Blickt man näher auf die Formen der Institutionalisierung der Beruflichkeit in

---

[7] In manchen stärker regulierten Bereichen gibt es auch Schulen, die in definierte Berufsfelder führen, z.B. Kindergartenpädagogin, oder nicht-ärztliche Gesundheitsberufe; letztere werden in einem eigens abgegrenzten Ausbildungswesen unter der Zuständigkeit des Gesundheitsressorts erlernt.
[8] Tatsächlich besteht dann eine Aufgabe im Zuge der Lehrplanrevision darin, ziemlich offen empirisch überhaupt herauszufinden, in welchen Wirtschaftsbereichen die Absolventinnen bestimmter Schulbereiche tätig sind.

Österreich, so ergibt sich ein sehr spezielles Bild. Semantisch wird zwischen Berufs*ausbildung* in der betrieblichen Lehre und Berufs*bildung* in der vollzeitschulischen Ausbildung unterschieden.[9] Hier fallen institutionell gesehen die Beschäftigungs- und Ausbildungsberufe zusammen, und es gibt einen großen und komplexen regulatorischen Apparat, dessen Kernbestandteile die Gewerbeordnung und das Berufsausbildungsgesetz sind.

In der Form der österreichischen Lehrberufe findet eine sehr spezielle Institutionalisierung statt, indem diese eine wesentliche Rolle in der Zuordnung von Wirtschaftstätigkeiten zu den Interessenvertretungen der selbständigen Unternehmerinnen und damit bei der Durchsetzung der Pflichtmitgliedschaft spielen. Die Pflichtmitgliedschaft in diesen Interessenvertretungen ist ein Grundbestandteil der sogenannten „Sozialpartnerschaft" als der österreichischen Form des demokratischen Korporatismus.[10] Der ursprüngliche Weg zu diesen Prüfungen ist über die Lehrlingsausbildung verlaufen, im Laufe der Zeit wurden hier auch viele andere Formen von Ausbildungen einbezogen (Universität, Fachhochschule, Schule, Lehrgang, Lehrabschlussprüfung), und auch informelles Lernen über berufliche Erfahrung kann berücksichtigt werden.[11] Die Lehrberufe bilden das Grundgerüst der beruflichen Struktur in Österreich. Die Anbindung der anderen Ausbildungen ist nicht durch generelle Bestimmungen, sondern durch vielfältigste spezifische Entscheidungen geregelt, und es gibt letztlich auch individualisierte Anerkennungsmöglichkeiten wie den „individuellen Befähigungsnachweis" (§ 19 Gewerbeordnung). Das heißt es gibt, vor allem was die Zugangsberechtigungen zur Berufsausübung betrifft, ein formalisiertes indirektes, „flexibles" System der Subsumption von Ausbildungsgängen aus allen formalen Ebenen beruflicher Bildung – von den Vollzeitschulen bis zu den Universitäten – in das System der Lehrberufe; das berufliche Grundgerüst wird durch die Anrechnungen „flexibilisiert" und bis zu einem gewissen Grad „aufgelöst". Gleichzeitig be-

---

[9] Die Einheiten der Lehrlingsausbildung sind die in der „Lehrberufsliste" enthaltenen Lehrberufe, die neuerdings in Grund-, Haupt- und Spezialmodule gegliedert werden können; 2006 bis 2010 wurden sieben Modullehrberufe entwickelt (*BMWFJ* 2011). „Modullehrberufe", in denen mehrere traditionelle Lehrberufe zusammengefasst werden können, sind ein Widerspruch in sich, wenn man Module und Berufe als alternative ausschließende Organisationsformen sieht.

[10] Die Wirtschaftskammer (Unternehmen), die Arbeiterkammer (unselbständig Beschäftigte), und die Landwirtschaftskammern (Bauern) bilden zusammen mit dem Österreichischen Gewerkschaftsbund die zentralen Akteurinnen der Sozialpartnerschaft (die Industrie spielt institutionell eine geringe Rolle, und sie ist noch heute als *Ausnahme von Gewerbetätigkeiten* definiert). Für die Durchsetzung der Pflichtmitgliedschaft spielen die Lehrberufe eine zentrale Rolle, sowohl über die Definition von Tätigkeiten und Funktionen als auch über die Prüfungen, die den Zugang zu vielen Gewerben regeln – wenn sich die Lehrberufe ändern, so ändert sich diese Zuordnungsstruktur, was zu grundlegenden administrativen Komplikationen führt.

[11] Dazu gibt es gesetzliche Festlegungen: „Zeugnis über eine fachliche Tätigkeit oder über eine Tätigkeit in leitender Stellung oder über eine Tätigkeit als Betriebsleiter, sowie Nachweise über eine Tätigkeit als Selbstständiger": § 18(2) GewO; vgl. auch die Definitionen in § 18(3).

steht bei diesem Grundgerüst der beruflichen Struktur aufgrund der regulatorischen Funktion eine eingebaute Hemmung gegen ihre Veränderung und Anpassung, die ihre Rolle bei der Koordination zwischen Ausbildung und Beschäftigung grundlegend einschränkt. Veränderungen der beruflichen Strukturen im Bereich der Lehrberufe bestehen immer im Hinzufügen von neuen Elementen.

Schulische Berufsbildung ohne Berufe

Die beruflichen Vollzeitschulen sind zwar an die Lehrberufe angekoppelt, indem sie über bestimmte Regelungen ebenfalls den Berufszugang ermöglichen, sie verfolgen aber ein anderes Berufskonzept, das an der Ausbildungsseite anknüpft. Es wird in diesem Bereich von Berufs*bildung* gesprochen (im Unterschied zur Berufs*ausbildung* in der Lehre), und die Semantik verlagert sich von den Beschäftigungsberufen auf die Bildungsabschlüsse. Damit sind die beruflichen Profile in diesem Bildungsbereich formal gesehen allein durch die schulischen Bildungsgänge bestimmt, deren Grundstruktur in funktionaler Hinsicht völlig unsystematisch ist, aus vor allem historisch erklärbaren Kategorien besteht und im Schulorganisationsgesetz durch Verfassungsbestimmungen geregelt ist:[12] Die gesetzliche Formulierung, mit der die Beruflichkeit umschrieben wird, ist auf die Befähigung für die Ausübung eines (undefinierten) Berufes in einem breit angegebenen fachlichen Gebiet gerichtet.

Berufsvorbildung an Universitäten

Im Hochschulbereich gibt es schließlich zwei weitere Formen der Beruflichkeit. An den Universitäten gibt es starke Auseinandersetzungen um den Bezug der Studien zur beruflichen Ausbildung. Die in den Diskursen dominierende Formulierung lautet „wissenschaftliche Berufs*vor*bildung"; für die Bachelor-Studien wurde aber ein Zusatz der „Qualifizierung für berufliche Tätigkeiten" formuliert (Universitätsgesetz § 51(2)). Die Grundstruktur des Universitätsbereiches ist nach den wissenschaftlichen Disziplinen geordnet, die sehr unterschiedliche Bezüge zur Berufswelt haben. Die traditionellen akademischen Professionen können als Leitbild gesehen werden, wobei in diesen die eigentliche Berufsaus-

---

[12] Aufgrund der Konflikte um eine gemeinsame Mittelstufe wurden die Fragen der Schulorganisation in Form von Verfassungsgesetzen beschlossen, die nur mit Zweidrittel-Mehrheit im Parlament geändert werden können, darunter fällt auch die Grundstruktur des berufsbildenden Schulwesens. Eine fachliche Differenzierung gibt es in den technisch-gewerblichen Schulen und in den Gesundheitsberufen.

bildung in den verschiedenen Formen von Praxisphasen *nach* dem Studienabschluss erfolgte und immer noch erfolgt: Ärztinnen, Juristinnen, Architektinnen, Ziviltechnikerinnen, Professorinnen, Wissenschafterinnen, Apothekerinnen et cetera. Diese Berufe sind in Österreich sehr stark reguliert, in eigenen Kammern organisiert und werden selbständig ausgeübt, teilweise nach wie vor mit Kontrahierungsverbot. Mit den neueren Massenstudien erweiterte sich das Bildungsspektrum der Universitäten auf neue Betätigungsfelder, die keine derartige Ausprägung beruflicher Organisation entwickelt haben und einen Berufseinstieg beanspruchen, ohne dass derartig organisierte Ausbildungsphasen an die Studien anschließen – die Berufsvorbildung wird in diesen neuen Bereichen also nicht durch eine nachfolgende Berufsausbildung ergänzt. Teilweise sind ähnliche Formen weiterer Ausbildung entstanden, wie zum Beispiel beim Einstieg in Managementpositionen oder im Bereich der Psychotherapie. Es entwickelt sich seit langem und verstärkt mit dem umstrittenen Bologna-Prozess beziehungsweise der Universitätsreform 2002 der Anspruch, dass die Universitäten hier auch Aufgaben der „Qualifizierung für berufliche Tätigkeiten" übernehmen sollen, die über die Vorbildung im Bereich der klassischen Professionen hinausgehen; die Universitäten wehren sich jedoch gegen diesen Anspruch, den sie als Abwertung sehen.

Wissenschaftlich fundierte Berufsausbildung an Fachhochschulen

Mit der Neugründung der Fachhochschulen setzte Anfang der 1990er eine Differenzierung des Hochschulsektors ein. Deren Beruflichkeit ist als „wissenschaftlich fundierte Berufs*aus*bildung" definiert (Fachhochschul-Studiengesetz 1993 § 3(1)). Eine weitere Umschreibung von Berufen wird jedoch nicht vorgenommen, sondern obliegt dem Akkreditierungsverfahren. Im Unterschied zu den deutschen Fachhochschulen, die über weite Strecken disziplinär oder disziplinenähnlich organisiert sind, wurde der österreichische Sektor über die Akkreditierung einzelner Studiengänge von *bottom up* aufgebaut, wobei eine formalisierte Bedarfs- und Akzeptanzprüfung für die beantragten Ausbildungsprofile ein wesentlicher Teil des Akkreditierungsverfahrens ist. Fachhochschulen als Institutionen wurden dann erst in einer weiteren Stufe quasi als Zusammenfassung von akkreditierten Studiengängen begründet.

Die Beruflichkeit dieser Studiengänge war in der Entwicklungsphase sehr unterschiedlich ausgeprägt. Im Laufe der letzten Jahre setzte sich zunehmend der Anspruch einer „Kompetenzorientierung" in Form von Lernergebnissen durch, das heißt die Curricula sollen in Form von Lernergebnissen formuliert sein. Die Bezeichnungen der Studiengänge haben sich im Zuge des Akkreditierungsverfahrens entwickelt, und es hat sich hier eine starke Tendenz zu einer „Nischenpolitik" herausgebildet. Es gibt sehr unterschiedliche Gliederungskriterien in den einzelnen Fachhochschulen, zum Beispiel nach Kernkompetenzbereichen oder Kernbereichen, Fachbereichen, Disziplinen beziehungsweise Fakultäten, und die Studiengänge haben meistens disziplinäre oder thematische Bezeichnungen, die zwischen den einzelnen Fachhochschulen oft facettenreich differieren.

Institutionalisierung von Beruflichkeit in Österreich –
und die Perspektive der Subjekte?

Diese verschiedenen Formen der Beruflichkeit konstituieren sehr unterschiedliche Bedingungen für das Zusammenspiel von Bildung und Beruf und damit auf der Seite der Bildungsnachfrage für die Beschäftigerinnen ebenso wie für die Subjekte der Lernprozesse. Im Hinblick auf die Koordination kann man aufgrund dieser Analyse offensichtlich das gängige Bild, nach dem die Beschäftigungsberufe die sich verändernden „Anforderungen" konstituieren, an die sich die Ausbildungen möglichst „anpassen" sollen, um ein gutes *matching* zu bewerkstelligen, bestenfalls in Ausnahmefällen wiederfinden. Von der Struktur der Beruflichkeit her gesehen, wäre dies am ehesten in den Lehrberufen möglich, die jedoch aus den genannten institutionellen Gründen nur schwer angepasst werden können. In den anderen Bereichen sind die Beschäftigungsberufe mehr oder weniger deutlich von den Ausbildungen getrennt. Im Hinblick auf die subjektiven Perspektiven sind mehrere Aspekte von Bedeutung:

Erstens ist bei den Bildungswahlen eine Wahlsituation gegeben, die für die Subjekte eine Struktur von Alternativen mit unterschiedlichen Graden der Beruflichkeit und damit mit unterschiedlichen Anforderungen und „Versprechungen" konstituiert. Wesentliche Merkmale dieser Wahlsituation sind das Alter der Wählenden (nach der Pflichtschule mit 14-16 Jahren oder nach der Sekundarstufe mit 17-19 Jahren), die Spezifität im Hinblick auf den gewählten Beruf (v.a. bei der Lehrlingsausbildung erhöht) und die Reversibilität (bei der Lehrlingsausbildung und den mittleren berufsbildenden Schulen am geringsten). Die subjektiven Anforderungen im Hinblick auf eine „richtige" Wahl sind bei der Lehrlingsausbildung deutlich größer als bei allen anderen Alternativen. Im Hinblick auf die „Versprechungen" ist es tendenziell umgekehrt. Status und Einkommen versprechen im Durchschnitt bei allen Alternativen besser auszufallen als bei der Lehrlingsausbildung, während Letztere klarer absehbare Aussichten bietet: Im Falle der (eher unwahrscheinlichen) „richtigen" Wahl von Betrieb und Beruf sind auch bei der Lehrlingsausbildung vergleichsweise gute Aussichten zu erwarten. Insgesamt ist aufgrund der Komplexität der Wahlsituation und der involvierten Unsicherheiten – sowohl von den Voraussetzungen als auch von der unzureichenden Informationslage und Vorhersehbarkeit vor allem nach der

Pflichtschule her – von einer ziemlichen Lotterie-Situation auszugehen, in der der Reversibilität eine hohe Bedeutung zukommt. Der wichtigste Pfad ist entsprechend auch empirisch die Wahl einer berufsbildenden höheren Schule auf der ersten Stufe, mit der Möglichkeit, gegebenenfalls in den tertiären Bereich fortzuschreiten.

Zweitens gibt es eine sehr widersprüchliche Situation bezüglich der Vorbereitung auf diese Wahlen. Seit Jahren bestehen große Bestrebungen und Ansätze, Information und Beratung zur Einwirkung auf die subjektiven Perspektiven zu entwickeln, und es wird auch nach Maßnahmen in dieser Richtung gerufen; die tatsächlichen Aktionen lassen jedoch auf sich warten. Vielmehr kann man beobachten, dass tatsächlich eine Situation geschaffen wird, in der die Bildungswahlen in einem Nebel von fehlenden Informationen, Propaganda, Schuldzuweisungen und so weiter stattfinden. Ein wichtiges Element in diesem Zusammenhang der Vernebelung ist die Veränderungsrhetorik nach dem Motto „Nichts ist sicher außer dem Wandel". Im Hinblick auf die subjektiven Wirkungen kann dies auf dem Hintergrund eines festgefügten Berufsbildungswesens gewissermaßen als „Feuerschutz" für das System interpretiert werden, so dass sich die Leute in den gegebenen Bahnen bewegen und sich nicht aus den Löchern trauen und etwa nach Alternativen suchen.

2 Qualifikationspolitik als Eingriff in die Beruflichkeit

Durch den Europäischen Qualifikationsrahmen und die dadurch ausgelösten Aktivitäten zur Entwicklung von Nationalen Qualifikationsrahmen wurden Qualifikationen im Sinne von Abschlüssen oder Zertifikaten zu einem eigenen Gegenstand der Gestaltung und Politik (*OECD* 2007; *Bouder u.a..* 2009; *Werquin* 2007; *Coles/Werquin* 2009). Im Zentrum steht dabei die Unterscheidung zwischen der *inhaltlichen Komponente* der Bildung und Ausbildung, also dem was gelernt wird, und der *(formalen) Dokumentation* dessen, was gelernt wurde. Die Dokumentation des Gelernten in Form der Qualifikationen soll die vielfältigen Transaktionen zwischen den Lernerinnen (dem zukünftigen Qualifikationsangebot) und den potentiellen Beschäftigerinnen (seiner Nachfrage) unterstützen, die im einfachsten Fall also zwischen Arbeitsuchenden und offenen Stellen am Arbeitsmarkt stattfinden.[13].

---

[13]   Diese Transaktionen können aber auch in vielen anderen Formen stattfinden, etwa mit potentiellen Klientinnen oder Nachfragerinnen nach Produkten etc., wo ebenfalls die Dokumentation des Gelernten oft eine wesentliche Rolle spielt.

Verbindung von Bildung und Beschäftigung

Der Kern der Qualifikationspolitik besteht nun darin, dass über die formalen Qualifikationen eine wirksame Verbindung hergestellt werden soll zwischen dem, was im Bildungswesen gelernt wird, und dem, was in der Arbeitswelt gebraucht wird. Mit dieser Verbindung sollen zwei Aufgaben auf unterschiedlichen Ebenen erfüllt werden:

- die Information der Nachfragenden über das, was die Absolventinnen gelernt haben (individuelle Transaktionen),
- auf institutioneller Ebene der Abgleich dessen, was in der Arbeitswelt gebraucht wird, mit dem, was im Bildungswesen gelernt wird (da diese beiden Bereiche nicht automatisch aufeinander bezogen sind).

Die Verbindung wird auf einer symbolisch-kommunikativen Ebene hergestellt. Damit sie funktioniert, müssen die Qualifikationen zwei symbolische Transformationen erfolgreich bewältigen: Sie müssen das, was gelernt wurde, in geeigneter Form ausdrücken (Mechanismus 1), und sie müssen auch für den Vergleich mit dem, was gebraucht wird, geeignet sein (Mechanismus 2).

Das heißt es muss auch ein symbolischer Transformationsmechanismus auf der Nachfrageseite (der Beschäftigung) existieren, der den Lernbedarf in der Sprache der Qualifikationen ausdrückt, wenn tatsächlich eine Rückkoppelung zum Bildungswesen wirksam werden soll. Wenn nur der erste, nicht aber der zweite Mechanismus funktioniert, dann können die Nachfragenden zwar besser nach ihrem Belieben aus dem Angebot aussuchen, die strukturelle Beziehung zwischen Angebot und Nachfrage oder zwischen Bildung und Beschäftigung bleibt jedoch unsichtbar. In dieser Situation kann eine symbolisch-funktionale Umkehrung der Beziehung von Angebot und Nachfrage (*reversal of the relationship*) eintreten, wie dies *Annie Bouder u.a..* (2009) postulieren: Die Qualifikationen der Angebotsseite können die symbolische Lücke schließen, die durch das Fehlen des zweiten Mechanismus entsteht und de facto auch die *Nachfrageseite* strukturieren. Diese Umkehrung kann man als speziellen Fall der Transformation sehen, wobei damit der Ausfall der zweiten Transformation sozusagen überbrückt wird – indem die angebotsseitigen Einheiten die symbolische Strukturierung der Nachfrage übernehmen.

Nun kann dieses symbolische Kommunikationssystem durch verschiedene beschreibende Einheiten konstituiert werden, sie müssen nur die symbolische Transformation bewerkstelligen können, und sie müssen von den Teilnehmerinnen akzeptiert und verstanden werden. Das Konzept des *Berufs* ist im Prinzip eine geeignete Form der beschreibenden Einheit, es erfüllt offensichtlich die angegebenen Bedingungen: Der Berufsabschluss wird ausgedrückt als Qualifikation, der erfolgreiche Abschluss dokumentiert das, was gelernt wurde, und der formelle Bezug zwischen Ausbildungs- und Beschäftigungsberufen sichert den Bezug des Gelernten zum Bedarf – Probleme der Nutzung entstehen hier bisher daraus, dass das Konzept der Berufe im transnationalen Kontext offensichtlich nicht von allen Teilnehmerinnen gleichermaßen akzeptiert und verstanden wird.[14]

Man kann aber auch die *Disziplinen* im Hochschulbereich als einen vom Beruf unterschiedenen Typ von beschreibender Einheit sehen. Indem der Abschluss bis zu einem gewissen Grad signalisiert, was gelernt wurde, bewerkstelligt er die erste Transformation. Gleichzeitig wird die zweite Transformation, der Abgleich von Gelerntem mit dem Bedarf, entlastet, indem die disziplinäre Entwicklung der Wissenschaft zum treibenden Faktor der Entwicklung der Abschlüsse wird. Die Verkoppelung zur Beschäftigung wird in den traditionellen Fächern durch die nachgeordnete Ausbildung bewerkstelligt. In der neueren Entwicklung wird vor allem mit den Bachelor-Studien eine *Verberuflichung der Studien* versucht – es fragt sich jedoch, inwieweit diese Versuche geeignet sind, die zweite Transformation angemessen zu leisten, beziehungsweise was es für die weitere Entwicklung der Studien bedeutet, wenn sich die disziplinäre Entwicklung und die berufliche Entwicklung überlagern.[15] Möglicherweise ist die relative Entkoppelung von der beruflichen Entwicklung im Hochschulwesen über die Disziplinen eine Entlastung des Koordinationsproblems und erleichtert seine Lösung, indem die Umkehrung (*reversal of the relationship*) institutionalisiert wird.

Die Vorschläge, einen Qualifikationsrahmen auf *Lernergebnissen* aufzubauen, können in diesem Sinne ebenfalls als Versuche interpretiert werden, einen neuen Typus von symbolischen Einheiten zu etablieren, um die beiden Transformationen zu bewerkstelligen. Im Vergleich zu den Berufen, die sozusagen den Umriss bezeichnen und den Inhalt als durch die dahinterliegenden institutionellen Prozesse kontrolliert annehmen, wird die Aufmerksamkeit damit auf den Inhalt selbst verlagert: Es wird auf beiden Seiten beansprucht, durch die explizite Formulierung der Lernergebnisse das Gelernte und das zu Lernende offenzulegen; es soll gesichert werden, dass „das drin ist, was draufsteht".[16]

Hier ist die Frage wichtig, in welchem Verhältnis die verschiedenen symbolischen Einheiten (Berufe, Disziplinen, Lernergebnisse etc.) systematisch zuei-

---

[14] Dies spiegelt sich in den langjährigen gescheiterten Versuchen im Rahmen von CEDEFOP, direkte Äquivalenzen zwischen den beruflichen Abschlüssen der EU-Mitgliedsländer zu entwickeln.
[15] Hier liegt ein zentrales Problem des Bologna-Prozesses, diese Überlagerung in geeigneter Form zu organisieren, was sehr viel mit Beruflichkeit zu tun hat, indem es letztlich um die Kombination bzw. Differenzierung zwischen beruflichen (professionellen) Studien bzw. Abschlüssen und genuin forschungsbezogenen Studien bzw. Abschlüssen geht (Humboldt- vs. US-System).
[16] Inwieweit dies wirklich realistisch möglich ist, ist eine andere Frage, die hier nicht weiter vertieft werden kann; s. *Lassnigg* 2012.

nander stehen. In der deutschen Diskussion werden zwei Behauptungen oder Annahmen stark angezogen:

- Erstens besteht eine Tendenz, die verschiedenen Einheiten als substitutiv anzunehmen (Lernergebnisorientierung ersetzt oder gefährdet die Berufe);
- zweitens wird häufig eine essentialistisch-onthologische Diskussion geführt, ob die Berufe noch in irgendeiner Weise „der Realität" entsprechen oder ob die Entwicklung der Arbeitswelt dem Berufskonzept sozusagen „entschlüpft".

Die hier eingenommene Betrachtungsweise kommt bei beiden Fragen zu abweichenden Ergebnissen. Wenn man die beschreibenden Einheiten konsequent auf der symbolisch-institutionellen Ebene ansiedelt, gibt es keinen Grund, diese einander ausschließend zu sehen, sie können ebenso gut ergänzend wirken. Ebenso besteht ihre „Realität" im Kern darin, dass sie eben Symbolsysteme (Sprachen) darstellen, die sich auf andere „Realitäten" der Praktiken des Lernens und Arbeitens beziehen müssen (aber nicht diese Realität *sind*). Die Berufe als symbolische Einheiten können dann als *ein* Koordinationsmechanismus in diesem komplexen Gefüge gesehen werden, der mit allen anderen zusammenwirkt. Insbesondere der Markt (Bildungs- und Arbeitsmarkt) mit der symbolischen Einheit Geld spielt dabei eine wesentliche Rolle. Dann wird aber auch klar, dass die Anpassung zwischen Bildung und Arbeit auf *beiden* Seiten ein Problem auf der symbolischen und institutionellen Ebene darstellt (und nicht ein Problem zwischen Symbol und Realität).

Wenn man diese Logik nun auf die österreichische Berufsbildung bezieht, was bedeutet dann Qualifikationspolitik in diesem System und was ist von der Etablierung eines Qualifikationsrahmens zu erwarten? Was bedeutet es, dass Inhalt und Verlauf der Diskussionen sich von Deutschland beziehungsweise auch anderen Ländern wesentlich unterscheidet? Folgende Punkte erscheinen hier zentral:

- Erstens besteht im Unterschied zu anderen Ländern bereits ein mehr oder weniger flächendeckendes Qualifikationssystem, in dem der weitaus überwiegende Teil der Bevölkerung eine Qualifikation im Bereich der Berufs- oder Hochschulbildung erwirbt und in dem diese Qualifikationen im Wesentlichen auch akzeptiert und verstanden werden. Die Hauptaufgabe des Nationalen Qualifikationsrahmens wird dementsprechend von Anfang an darin gesehen, diese Qualifikationen auch im transnationalen Raum entsprechend gut (und besser als zuvor) zu etablieren. Dieser Ausgangspunkt unterscheidet sich wesentlich von Ländern und Systemen, die nicht über ein derartiges Qualifikationssystem verfügen und ein solches erst aufbauen müssen.[17]

---

[17] Typisch für den letzteren Fall ist zum Beispiel England, wo einige unterschiedliche Qualifikationssysteme nebeneinander bestanden haben, die dann lateral verknüpft wurden; vgl. *West* 2006.

- Zweitens – und dies hängt mit dem genannten Hauptproblem zusammen – sind die Einheiten des Qualifikationssystems ein Konglomerat von historisch gewachsenen Qualifikationen, die im Vergleich zu anderen Ländern und auch zu den heute etablierten Klassifikationen vor allem im Verhältnis zwischen Sekundar-, Postsekundar- und Hochschulqualifikationen wesentliche Besonderheiten aufweisen. Dies wurde im ersten Abschnitt am Beispiel der verschiedenen Formen von Beruflichkeit gezeigt. Die klassischen Lehrberufe, die dem Paradigma des Berufs am deutlichsten entsprechen, haben in diesem System zwar eine deutliche Position, im Vordergrund stehen aber die Qualifikationen der Berufsbildenden Höheren Schulen und die bisher zu wenig in das Qualifikationssystem integrierten, auf der Lehrlingsausbildung aufbauenden Qualifikationen (Meister u.ä.), die besser sichtbar gemacht werden sollen und für die wenn möglich eine Einstufung auf Hochschulebene angezielt wird. Eine Gefährdung der etablierten Berufe wird nicht gesehen, eher wird versucht, die Etablierung des Qualifikationsrahmens als Chance zur Aufwertung der Berufsausbildung zu sehen.
- Drittens besteht, anknüpfend an diese Aufwertungsfrage, ein wichtiges Thema in der vertikalen Strukturierung des Europäischen Qualifikationsrahmens. Damit werden die verschiedenen Berufsbildungsbereiche, die in Österreich bisher zwar bereits in einer informellen Bewertungshierarchie situiert waren, im Prinzip aber horizontal nebeneinander lagen, auch formal in eine vertikale Hierarchie eingeordnet. Vor allem die Lehrlingsausbildung und die berufsbildenden Schulen werden gewissermaßen übereinander geschoben, und auch die Berufsbildenden Höheren Schulen und die Meisterinnenausbildungen müssen gegenüber den Hochschulen eingeordnet werden. Diese Einstufungen wurden bereits zu einem zentralen Thema im Konsultationsprozess, nachdem im offiziellen Konsultationsdokument verschiedene Versionen von Einstufungsmöglichkeiten angeboten wurden. Die Grundstruktur orientiert sich am Vorschlag des Europäischen Qualifikationsrahmens mit acht Stufen und den zugehörigen Deskriptoren. Die Lehrlingsausbildung und die Berufsbildenden Mittleren Schulen werden in dieser Struktur gemeinsam für Stufe 3 vorgeschlagen, für die Berufsbildenden Höheren Schulen gibt es zwei Varianten: Stufe 4 oder 5; im Konsultationsprozess wurde teilweise auch für die hochschulische Stufe 6 plädiert. Diese Zuordnungen bringen die gegenwärtigen Bestrebungen zur Aufwertung der Lehrlingsausbildung in starke Konflikte, indem dadurch ein mehr oder weniger großer vertikaler Abstand zu den Berufsbildenden Höheren Schulen festgeschrieben wird.
- Viertens ergibt sich durch die angestrebte Beschreibung der Qualifikationen in Form von Lernergebnissen eine widersprüchliche Situation. Da es in Österreich keine Institutionalisierung eines elaborierten und theoretisierten Kompetenzkonzeptes gibt, ist die rhetorische Übernahme der „Lernergebnisorientierung" kein besonderes Problem. Da auch die Definition dessen, was „Lernergebnisorientierung" heißen kann, relativ vielschichtig und vage ist, ist eine empirische Operationalisierung und Bewertung der „Umsetzung", also der Beziehung zwischen der symbolischen Repräsentation und den anderen Repräsentationen nicht ohne weiteres möglich. Im Prozess der Entwicklung des Nationalen Qualifikationsrahmens wurden zunächst – ausdrücklich in einem ersten Schritt – die formalen Ausbildungsgänge den acht Stufen vorläufig „lernergebnisorientiert" zugeordnet. Die Einordnung der nicht formalen

und informellen Lernergebnisse wird erst in weiterer Folge in eigenen „Entwicklungskorridoren" angegangen. Dadurch wird die Gestaltung der Beziehung zwischen den verschiedenen Typen von beschreibenden Einheiten (Berufe, Lernergebnisse etc.) mehr oder weniger in die Zukunft verschoben. Gegen diesen „Etikettenschwindel" haben im Konsultationsprozess bisher nur die Fachhochschulen und die Interessenvertretung der Industrie ausdrücklich protestiert, jedoch ohne sichtbaren Effekt – die Sprachregelung ist: An der Lernergebnisorientierung der Curricula wird gearbeitet.

Europäische Qualifikationspolitik: Die Lernenden

Was können diese Entwicklungen nun aus einer subjektiven Perspektive bedeuten? Grundsätzlich kann man die Grundargumentation der EU-Bildungspolitik mit ihrer Maxime „die Lernenden in den Mittelpunkt" zu stellen und ihnen möglichst das *lifelong learning* zu ermöglichen, als Subjektivierung bezeichnen. Auch in den politischen Begründungen für die Politik des Qualifikationsrahmens wird den Lernenden sehr hohes Gewicht beigemessen. Wenn die individuellen Bürgerinnen nicht profitieren können, dann wäre – zumindest in der Rhetorik – diese Politik nicht der Mühe wert. Dabei spielen die *Lernergebnisse* eine zentrale Rolle, indem eine konsequente Durchsetzung dieser Konzeption auch die Etablierung der Anerkennung von informell erworbenen Kompetenzen enthält. Die Lernerinnen würden zum einen über die bessere Transparenz der Bildungsarchitektur in einem Qualifikationsrahmen und zum anderen über die Möglichkeit der Anerkennung von Lernergebnissen, die außerhalb des Bildungswesens erworben wurden. Im skizzierten Koordinationsmodell würden – wenn die Sache funktioniert, wie sie gedacht ist – vor allem auch die Nachfragenden am Arbeitsmarkt auf der Seite der Beschäftigung (die Firmen bzw. Arbeitgeberinnen) gestärkt, indem diese im oben genannten Mechanismus 1 bessere Informationen über die Inhalte der Ausbildung bekommen und im Mechanismus 2 (wenn er existiert) auch angehalten werden, ihren Bedarf nach Lernergebnissen zu eruieren und zu transportieren. Zumindest relativ geschwächt werden die Bildungsanbieterinnen, indem ihnen durch die Explizierung der Lernergebnisse und deren Erreichung ein Teil ihrer professionellen Kompetenz und Definitionsmacht genommen wird.

Wie stellt sich nun das Verhältnis zu den Berufen dar, wenn sich das Gewicht der Lernergebnisse im Koordinationsprozess erhöht, und was bedeutet dies für die Subjekte? Zwei Aspekte scheinen hier besonders wichtig und interessant zu sein: die Bedeutung und die Implikationen der Explizierung der Inhalte von Ausbildungen und Berufen durch die Lernergebnisse anstelle ihrer professionellen „Absorption" beziehungsweise Implizit-Haltung in den Qualifikationen, und der Fall, dass die Beschäftigerinnen gleichzeitig als Ausbildungsanbieterinnen auftreten, wie in der Lehrlingsausbildung oder auch der betrieblichen Weiterbildung.

Explizierung der Lernergebnisse

Für die Explizierung der Inhalte ist die Beziehung von Ausbildungsberufen und Beschäftigungsberufen wichtig. Wenn *Beschäftigungsberufe* dominieren (Beispiel USA, O*NET), dann liegt das Gewicht stark auf dem Mechanismus 2, der Explizierung der erforderten Lernergebnisse auf der Seite der Beschäftigung. Die jeweils dazu gehörigen Ausbildungen können im Prinzip offen angeboten und empirisch beobachtet und berichtet werden, die Koordination findet vor allem auf der Ebene der individuellen Transaktionen auf den Bildungs- und Arbeitsmärkten statt. Auf einer aggregierten Ebene wird eine Verbindung zwischen diesen beiden Märkten vor allem über das Gleichgewicht am Bildungsmarkt hergestellt, indem die Bildungsnachfragerinnen die „richtigen" Lernergebnisse nachfragen und die Bildungsanbieterinnen die „richtigen" Angebote herstellen. Die Bildungsanbieterinnen spielen hier eine wesentliche Rolle bei der Koppelung. Sie stehen zwischen der Bildungsnachfrage der Individuen und der Qualifikationsnachfrage der Beschäftigerinnen. Wenn Letztere entsprechend dem Mechanismus 2 die geforderten Lernergebnisse gut explizieren, dann können die Anbieterinnen direkt darauf reagieren. Dieser komplexe Prozess kann auch abgekürzt werden, indem die Beschäftigerinnen direkt bei den Bildungsanbieterinnen involviert werden und deren Angebot beeinflussen oder bestimmen (dies schränkt natürlich den Markt ein, ist aber einer der am stärksten betonten Aspekte in den EU-Dokumenten). Subjektivierung geht in diesem Fall grundsätzlich über die Marktentscheidungen der Individuen mit den damit verbundenen Risiken, Asymmetrien und Einschränkungen (Informationsprobleme, Budgetrestriktionen, Monopolisierungen etc.). Die Wahl findet hier zweistufig statt, indem die Individuen erstens über das angestrebte Beschäftigungsfeld entscheiden und zweitens darüber, welches die dafür geeignete (und leistbare) Ausbildung ist.

Im Fall von Ausbildungsberufen wird die Komplexität auf den ersten Blick eingeschränkt, indem die erforderlichen Lernergebnisse auf der Beschäftigungsseite direkt in das Bildungswesen eingebracht werden. Näher betrachtet, wird sie jedoch nur auf die Mechanismen der Herstellung von Kongruenz zwischen Ausbildungs- und Beschäftigungsberufen verschoben, wobei ein Hauptproblem und auch -streitpunkt in der erforderlichen institutionellen Definition der beruflichen Schneidungen besteht: Während sich im „offenen" Fall die Beschäftigungsberufe und ihre Umrisse unabhängig von den Ausbildungen entwickeln und im Prinzip viele Ausbildungen (kumulativ oder alternativ) in ein Feld führen können (das Paradigma ist hier die Kumulation von Modulen und informellen Lernergebnissen), erfordert das Konzept der Ausbildungsberufe die Definition der Größe und Komplexität der Pakete. Dies ist nur solange unproblematisch, als man annimmt, dass es reale Beschäftigungsberufe „gibt" und diese auch erkennbar sind: Dann sind die Pakete gegeben, und sie müssen nur erkannt und umgesetzt werden. Sobald man jedoch diese Annahme fallen lässt, und die Pakete „konstruktivistisch" als institutionell definiert sieht, gibt es nur noch „pragmatische" Lösungen, und es ist klar, dass die Struktur der Schneidungen von den Koordinatorinnen in einem Meer von kontingenten Verteilungen und Transaktionen definiert wird und entsprechend auch immer hinterfragbar ist. Hier erfolgt (idealiter) die Wahl einstufig, indem mit dem Ausbildungsberuf gleichzeitig der Beschäftigungsberuf gewählt wird.[18] Die Koordination steht und fällt in diesem Fall mit der Kongruenz zwischen Ausbildung und Beschäftigung, die über institutionelle Regelungen und Mechanismen hergestellt wird. In Deutschland ist dies ein sehr komplexer Prozess mit eigenen Verfahren und Institutionen (Bundesinstitut für Berufsbildung etc.), dennoch wird die Kongruenz immer wieder in Frage gestellt. In Österreich ist diese Koordination wie oben dargestellt mit dem Problem der regulativen Funktion der Lehrberufe behaftet, und die Verfahren sind insgesamt „hemdsärmelig", vorwiegend politische Aushandlungsprozesse in schwachen und wiederum komplexen Arrangements (Interessenvertretungen, Beiräte, Ministerium, teilweise Gesetzgeber).

Was nun die Frage der Explizierung der Lernergebnisse betrifft, so gehen die beiden skizzierten Koordinationstypen tendenziell insofern unterschiedliche Wege, als im ersten Fall eine modulare Zerlegbarkeit unterstellt wird, während beim Konzept der Ausbildungsberufe eher von einer holistischen Sicht umfassender komplexer Kompetenzprofile ausgegangen wird („berufliche Handlungskompetenz"), wobei das „wirkliche" Lernen, das eben aus dieser holistischen Anordnung entsteht, durch die Zerlegung zer- oder gestört würde. Für die Subjekte ergeben sich aus diesen beiden Varianten unterschiedliche Konsequenzen: Die modulare Lösung gibt ihnen eine hohe Entscheidungskompetenz und Verantwortung und verspricht gleichzeitig, dass die Zerlegung das Lernen zugänglicher machen würde. Die holistische Lösung entkoppelt das Lernen von der Strukturierung und verlagert einen großen Teil der Entscheidungsspielräume von den Subjekten zu den Anbieterinnen. Aus der britischen Lernforschung ergibt sich möglicherweise eine Synthese, die den Sinn transparenter Lernergebnisse auf die Mikroebene der Lernprozesse verlagert, jedoch die Explizierung der Lernergebnisse von breiteren Programmen oder Berufen für unmöglich hält:

---

[18] Wobei hier natürlich auch viele Freiheitsgrade bleiben, z.B. die Wahl des geeigneten Ausbildungsanbieters bzw. -betriebs; auch ist auf der Ebene der individuellen Transaktionen nicht bestimmt, ob der zweite Schritt der Verankerung im Beschäftigungsberuf tatsächlich gelingt bzw. dann überhaupt angestrebt wird.

"learning outcomes used in individual teaching events (1) are the most useful [...]. Learning outcomes specified for modules or short courses (2) state little more than a list of contents; they cannot be stated precisely and have limitations in guiding assessment. Learning outcomes specified for whole degree programmes (3) is a misuse of the term 'learning outcome' (*Hussey/Smith* 2008, 107).

Zusammenfallen von Nachfragenden und Anbietern bei den Ausbildungsbetrieben

Der Sonderfall der Ausbildungsbetriebe ist nun eine spezielle Konstellation, die gewissermaßen der Logik der Politik der Lernergebnisse entgegenwirkt. Erstens hat eine wesentliche Motivation der Ergebnisorientierung darin bestanden, die *provider capture* des Bildungswesens[19] gegenüber den Nutzerinnen zu zerstören und deren Position aufzuwerten. Als Nutzerinnen wurden sowohl die nachfragenden Betriebe als auch die Lernenden gesehen, wobei wesentliche Kritik an den *providern* vor allem auch von oder im Namen der Betriebe geübt wurde. Zumindest vordergründig[20] macht der Begriff der *provider capture* gegenüber den Betrieben keinen Sinn, wenn sie selbst die *provider* sind, man könnte ihn aber umso mehr gegenüber den Lernenden in Anschlag bringen. Zweitens kann man gerade aus dem Zusammenfallen der Aufgaben ableiten, dass das holistische Konzept dadurch unterstützt wird, dass die Betriebe im Wettbewerb nicht oder jedenfalls nur bedingt an der Explizierung der Lernergebnisse interessiert sind (Ausnahmen bestätigen die Regel). Die paternalistische Tendenz gegenüber den Subjekten wird durch diese Konstellation jedenfalls verstärkt, und möglichste Transparenz ist im Sinne der vorherrschenden Argumentation der Qualifikationspolitik angebracht.

3 Verbindungen zwischen Beruflichkeit und Praktiken der Politik, des Erwerbs und der Biografie

Nun wurde die Beruflichkeit im vorigen Abschnitt nur auf der Ebene der symbolischen Repräsentationen betrachtet. Wie im ersten Abschnitt gezeigt, ist sie aber auch in spezifischer Weise mit sozialen Strukturen und Akteurinnen verbunden,

---

[19] *Provider capture* ist ein Kampfbegriff des Neoliberalismus, der darauf abzielt, die „Kaperung" des Bildungssystems durch die Bildungsanbieter zugunsten der „Nachfrager" zu korrigieren – wobei v.a. im beruflichen Bildungswesen eher die Beschäftiger als Nachfrager verstanden werden.
[20] Tatsächlich sind die Interessenlagen hier verwickelt und seitens liberaler Ökonominnen besteht eine starke Skepsis gegenüber der Lehrlingsausbildung, da kapitalistische Unternehmen eigentlich nicht an der Vermittlung übertragbarer Qualifikationen interessiert sind.

deren subjektive Perspektiven dabei mit eine Rolle spielen. Berufe definieren auch Zugehörigkeiten von Personen und damit Ausschlüsse von Personen, und damit sind in weiterer Folge Strukturierungen verbunden, die in den Berufs- und Professionssoziologien vielfach untersucht wurden. Es ist hier nicht der Platz, diese vielfältigen Strukturierungen und Prozesse näher auszuführen; es ist aber wichtig zu betonen, dass der Ausgang von der Symbolebene eine essentialistisch-ontologische Definition von Berufen oder Professionen, also die Frage, was ein Beruf ist und wer genau dazugehört und so weiter, erspart.

Das Symbolsystem der Berufe (wie auch der Lernergebnisse) ist in diesem Sinne ein Bezugspunkt für die verschiedenen Akteurinnen, der ihre Praktiken – durchaus in unterschiedlicher Weise – strukturiert. Für manche ist das Symbolsystem der Berufe essentiell bei ihrer Positionierung in den gesellschaftlichen und politischen (Macht-)Strukturen, für andere dient es der Orientierung, wieder andere werden dadurch von bestimmten Gütern ausgeschlossen et cetera. Den empirischen Realisierungen dieser Vorgänge kann hier nicht weiter nachgegangen werden, wichtig ist nur, ihre Vielfalt und Komplexität gegenüber einem Bild homogener essentialistischer Identitäten oder Funktionen zu betonen. Es kann aber versucht werden, sozusagen aus einer „Außensicht" wichtige soziale Wirkungen aufzuzeigen, die dieses Symbolsystem und der Umgang damit auf bestimmte Akteurinnen haben können. Hier wurde der Begriff der vieldeutigen Versprechungen gewählt, um die subjektive Seite in diesen Beziehungen auf den Punkt zu bringen. Seine Tragfähigkeit soll hier noch ein wenig weiter ausgelotet werden, wobei auf das Wechselspiel mit der komplexen Koordination in den institutionellen Formen Wert gelegt wird.

Wenn man nach den Wirkungen auf die Subjekte fragt, können zunächst Wirkungen erster Ordnung (*direkte* Wirkungen der Berufe auf bestimmte Typen von Akteurinnen: Funktionärinnen der Berufsgruppen, konkurrierende Gruppen, Personen in der Ausbildungswahl, Arbeitsuchende, Migrantinnen etc.) von Wirkungen zweiter Ordnung (*indirekte* Wirkungen, die aus der Manipulation des Symbolsystems der Beruflichkeit selbst resultieren: institutionelle Neuordnungen, der Aufbau von anderen konkurrierenden oder ergänzenden Symbolsystemen, die Diskurse um die Krise des Berufs etc.) unterschieden werden. Vieldeutige Versprechungen gibt es auf beiden Ebenen, wobei diese interagieren. Eine besondere Thematik kann bei den indirekten Wirkungen identifiziert werden, indem hier stark an Relativierungen der Versprechen gearbeitet wird. Sehr wichtig ist dabei die Dynamik von Stabilität und Veränderung. Dieses Problem stellt sich in einer sich wandelnden Gesellschaft zwar überall, die Veränderungsdynamik wird aber bei den Berufen (wie auch beim Bildungswesen insgesamt) besonders betont. Dies kann mit der (oft negierten) Besonderheit erklärt werden, dass es sich bei diesen Institutionen gewissermaßen um gesellschaftliche und soziale „Stabilisatoren" handelt.

Der Sinn des Bildungswesens besteht ja zunächst darin, in die gesellschaftliche Welt und ihre Strukturen und Praktiken einzuführen, und der Sinn der Berufe besteht darin, die vielfältige, veränderliche (chaotische) Arbeitswelt symbolisch zu strukturieren, was eben gewisse Fixierungen erfordert (Symbole, die sich dauernd ändern, sind keine Symbole mehr). Gleichzeitig muss es neben der Stabilität aber auch Veränderung geben, und die weit verbreitete, geradezu hysterische Veränderungsrhetorik hängt vielleicht mit dieser Stabilisierungsrolle zusammen: Es entsteht der Eindruck, es müsste größerer Lärm gemacht werden, damit sich in diesen Bereichen auch nur ein wenig ändert. Angesichts der Komplexität des Koordinationsproblems wird auf die im Berufskonzept enthaltenen Versprechungen nicht so einfach verzichtet.

In diesem Sinne können hier die folgenden kursorischen Ideen über subjektive Wirkungen der Berufe angeboten werden, die sich aus der symbolischen Betrachtung für Österreich (teilweise aber auch darüber hinaus) ergeben. Folgende Aspekte werden angesprochen: erstens das Dauerthema der Krise der Beruflichkeit (neoliberale Zerstörungen), zweitens die Folgewirkungen der Konzeptionen der beruflichen Sozialisation und Identität (Einschluss/Ausschluss), drittens institutionelle Schließung und Machtstrukturen (Professionalisierung).

Krise der Beruflichkeit

Die „Krise der Beruflichkeit" kann als Gegenbild zur „Professionalization of Everyone" (*Wilensky* 1964) gesehen werden: Erwartungsabkühlung versus Erwartungssteigerung. Dabei kann der (politische) Diskurs von der Faktizität abgetrennt betrachtet werden. Im Zentrum steht das *Bild* des Lebensberufes als „fester Bestand im Wandel der Zeiten" mit der gleichzeitigen Bescheidung durch den Appell „Schuster bleib' bei deinen Leisten". Dieses Bild wird durch den Diskurs destruiert, auch wenn es nie mehr war als ein Bild, das gerade auch in den imaginierten „Hochzeiten" der Beruflichkeit in der Vergangenheit nur für eine mehr oder weniger kleine Minderheit der Bevölkerung galt.

In den 1920er Jahren haben in Österreich überhaupt nur zwanzig Prozent der jungen Bevölkerung, die dann bis in die 1960er erwerbstätig war und alle möglichen Wechselfälle von Krisen, Kriegen und Hochkonjunkturen erlebt hat, eine berufliche Ausbildung erworben; unter den Jugendlichen der 1950er Jahre, deren Erwerbsleben bis in die 1990er reichte, waren es immer noch weniger als die Hälfte. Erst seit dieser Zeit bis heute hat sich dies auf achtzig Prozent gesteigert; die Krise der Beruflichkeit geht also mit der *professionalization of everyone* einher! Es ist klar, dass selbst ein gegebenes, konstant bleibendes Ausmaß an Mobilität mehr Berufswechsel erfordert, wenn ein steigender beziehungsweise sogar weitaus überwiegender Teil der Bevölkerung einen bestimmten Beruf erlernt hat – der Übergang aus einer formal unqualifizierten Tätigkeit in der Landwirtschaft in andere Bereiche, der mit dem wirtschaftlichen Strukturwandel zur Industrie- und Dienstleistungsgesellschaft die wichtigste Form der Mobilität war, hat keinen Berufswechsel erfordert, da die Leute keinen „Beruf" hatten. Wenn fünfzig Prozent der Bevölkerung in einem gegebenen Zeitraum mobil sind, und nur zwanzig Prozent einen Beruf haben, kann die gesamte Mobilität ohne Berufswechsel stattfinden; wenn aber achtzig Prozent einen Beruf haben, so müssen bei wiederum fünfzig Prozent Mobilität mindestens dreißig Prozent den Beruf wechseln – damit wird der Gehalt der Versprechung nicht durch steigende Mobilität, sondern durch steigende Beruflichkeit reduziert. Die *professionalization of everyone*, also der Erfolg der Beruflichkeit, produziert diese Krise beziehungsweise einen Teil der Krise der Beruflichkeit. In Österreich haben beispielsweise empirische Analysen noch für die späten 1990er Jahre, als sie bereits allenthalben ausgerufen war, zwar einen starken sektoralen Wandel ausgewiesen, in dem die Lehrlingsausbildung an Gewicht verloren hat; innerhalb der für sie typischen Sektoren haben die Lehrberufe jedoch noch an Gewicht gewonnen – im Hinblick auf die Versprechungen also eine Doppelbotschaft.

Berufliche Sozialisation und Identität

Es ist auch klar, dass die Anforderung der Mobilität unter der Voraussetzung, dass das Erlernen eines Berufes eine längere Zeitspanne dauert und dass dieses Erlernen eine mehr oder weniger starke erzieherisch-sozialisatorische Komponente hat, ein Spannungsverhältnis aufbaut, das ebenfalls zu einer Doppelbotschaft führen muss. Je stärker der Glaube an die „prägende" Berufspädagogik im frühen Jugendalter, umso stärker ausgeprägt muss auch die Doppelbotschaft ausfallen: Lerne es, aber du weißt nicht, ob du es auch wirst brauchen können! Man müsste immer hinzufügen: Vielleicht wäre es besser, etwas anderes zu lernen! Die Destablisierung der Versprechen der Beruflichkeit ist also notwendige Folge ihrer Verbreitung. In subjektiver Hinsicht sind die Wirkungen dieser Veränderung umso stärker, je stärker die Rolle der Beruflichkeit in der Identitätsbildung war und ist. Gerade wenn man jedoch die Geschichte der Generationen der jüngeren Vergangenheit berücksichtigt, so war diese starke Identitätsbildung durch das Erlernen eines Berufs vielleicht eher eine traditionalistische Illusion und Idealisierung aus der früheren Vergangenheit denn eine Realität.[21] Für die

---

[21] Es gibt aus England biografische Studien darüber, was *apprenticeship* subjektiv in den letzten Generationen bedeutete, mit nicht wirklich ermutigenden Ergebnissen (z.B. *Vickerstaff* 2003; *Goodwin/O'Connor* 2005; *Furlong u.a.* 2011). Für die 1950er und 1960er ergeben sich viel weniger klare und stabile Übergänge der ehemaligen Lehrlinge als das heutige *conventional wisdom* annimmt; der

Generationen der 1930er bis in die 1950er Jahre waren ihre Berufe schon aufgrund der Krisen und Kriege und deren Folgeerscheinungen kein „fester Bestand im Wandel der Zeit" (vgl. dazu beispielhaft den Buchtitel „Erlernter Beruf: Keiner"; *Friedrich* 2006).

Die österreichische Berufsbildung erfordert eine mehr oder weniger spezialisierte Wahl zwischen hunderten horizontal-vertikalen Alternativen im Alter von vierzehn und fünfzehn Jahren. Wenn man eine Prozesshaftigkeit der Wahlvorbereitung unterstellt, muss diese Vorbereitung mit zwölf oder dreizehn Jahren beginnen. Der Hauptteil der Berufsbildung findet zwischen fünfzehn und neunzehn Jahren statt, und es gibt sehr wenig valide Information über die Treffsicherheit der Bildungs- und Berufswahlen sowie über die Verwertung des Gelernten. *Ferdinand Eder* (2010) kommt zu sehr niedrigen Raten der Übereinstimmung von Interessenschwerpunkten und Schulwahlen bei den Sechzehnjährigen; nach eigenen Auswertungen von PISA-Daten hat ein etwas höherer Anteil der Sechzehnjährigen eine gute Wahl getroffen, aber ein Drittel würde die gewählte Schule oder Ausbildung nicht wieder wählen. Interessanterweise haben die beruflich spezialisierten Bildungsgänge tendenziell bessere Werte als die allgemeinbildenden (*Lassnigg* 2008).

Ein Diskussionspunkt ist die geschlechtsspezifische Wirkung dieser frühen Wahl, und es gibt viele Hinweise und Argumente dafür, dass die geschlechtsspezifische Segregation durch die frühe Wahlsituation verstärkt wird (*Lassnigg* 2004). Ein weiterer Diskussionspunkt betrifft die Übergänge von der Berufsbildung in der Sekundarstufe an die Hochschulen. Hier entstehen sehr lange neun- bis zwölfjährige kumulierte Ausbildungsgänge, indem vor allem die Fachhochschulen, aber auch die Universitäten häufig von Absolventinnen der Berufsbildenden Höheren Schulen besucht werden, die etwa zur Hälfte in ähnliche Richtungen weiterstudieren, in denen sie bereits Abschlüsse haben – so gelten österreichische Technikerinnen mit bis zu zwölfjähriger Ausbildung in einem Fachbereich vermutlich zu Recht als konkurrenzlos in der Welt (an die Kosten-Ertrags-Verhältnisse wird dabei jedoch nicht gedacht). Die Signalwirkungen – und damit auch die Versprechungen – die von der Berufsbildung auf die Individuen ausgehen, sind also insgesamt ziemlich vielschichtig und widersprüchlich einzuschätzen. Die subjektive Perspektive ist hier eine große Forschungslücke.

Unterschied wird eher in der Akzeptanz gesehen. „Perhaps the key difference between current cohorts of young people and those interviewed here is the extent to which the respondents as young people largely accepted that they had little choice and few supports for resisting adult authority; whereas in research today young people regularly assert that they do have choices"(*Vickerstaff* 2003, 283).

Schließung und Machtstrukturen

Der Bezug zu Machtstrukturen, der vor allem in der Professionalisierungsliteratur stark betont wird, ist in einer indirekten Weise gegeben, vor allem indem die starke Stellung der Wirtschaftskammer im politischen System durch das Berufssystem gestützt wird. Im Unterschied zu Deutschland, wo die freie Wahl des Berufs (und damit nach mancher Auffassung indirekt auch das Berufsprinzip) verfassungsmäßig abgesichert ist, sind es in Österreich neuerdings die Interessenorganisationen der Sozialpartnerschaft. Mit der intrinsisch-inhaltlichen Bedeutung der Berufe hat das nichts zu tun, für Reformen der Berufsausbildung ist diese Konstellation eher ein Hindernis.

Die den institutionellen Berufsstrukturen zugrundeliegenden Akteurskonstellationen spielen in der Machtverteilung eine wesentliche Rolle. In Österreich liegt das machtpolitische Schwergewicht bei der Gestaltung der Berufsstrukturen der Lehrlingsausbildung auf der Seite der klein- und mittelbetrieblichen Unternehmen, die in den Wirtschaftskammern organisiert sind und deren Funktionärinnen stellen. Die Industrie war von Anfang an mit den berufsbildenden Vollzeitschulen verbunden und in der Lehrlingsausbildung gegenüber dem Gewerbe immer in einer deutlichen Minderheitenposition; das Schwergewicht der industriellen Lehrlingsausbildung lag in der außerordentlich starken verstaatlichen Industrie. Mit der Privatisierung seit den 1980er Jahren wurde diese teilweise stark reduziert, und die Reformbestrebungen der Arbeitnehmerinnenseite verlagerten sich auf die Bereitstellung von institutionellen Formen der Lehrlingsausbildung (öffentliche und halböffentliche Lehrwerkstätten, Ausbau der Berufsschule etc.; vgl. *Lassnigg* 2011b). Als Resultat dieser Konstellation hat sich die Grundstruktur der Lehrlingsausbildung nur wenig verändert und ist im internationalen Vergleich von allen Systemen bei weitem das traditionellste (*Stöger* 2007). Reformen bestehen darin, dass neue Formen als Möglichkeiten hinzugefügt werden, deren Verbreitung von der Akzeptanz abhängt und sehr langsam vor sich geht (z.B. Ausbildungsverbünde; 7 Modullehrberufe 2006-2010).

Diese machtpolitische Konstellation, die mit der Funktionalität der Berufe vor allem historisch verbunden ist, ist ein sehr spezieller Sonderfall, der die Komplexität der Koordination erhöht und die Anpassungsfähigkeit der Lehrberufe beeinträchtigt. In dieser Konstellation wird auch die Vieldeutigkeit der Versprechungen erhöht, da ein beträchtlicher Teil der bestehenden Lehrberufe in der gegebenen Form eher aus administrativen denn aus funktional-beruflichen Gründen besteht: In 43 Berufen, das sind 15 Prozent der Lehrberufe, werden in ganz Österreich maximal fünf Lehrlinge ausgebildet; in 125 Berufen, das sind mehr als vierzig Prozent aller Lehrberufe, beträgt die maximale Lehrlingszahl fünfzig; insgesamt werden in diesen 125 Berufen ganze zwei Prozent aller Lehrlinge ausgebildet. Da diese ja offiziell zur Wahl stehen, gibt es also ein weites Feld an

Versprechungen, die jedoch offensichtlich nicht sehr realistische Optionen darstellen. Aktuell entwickelt sich auf dem Hintergrund des demografischen Rückganges der jungen Bevölkerung eine diffuse und widersprüchliche machtpolitische Situation, in der die verschiedenen Bereiche, und damit auch die verschiedenen Formen der Beruflichkeit gegeneinander, um Applikantinnen und Prestige kämpfen. Gewinner waren in den letzten Jahrzehnten die Berufsbildenden Höheren Schulen, die jedoch gegenwärtig einerseits Befürchtungen vor einem Wettbewerb mit den Bachelor-Studien haben und andererseits mit Bestrebungen zur Entwicklung einer *high-end*-Version der Lehrlingsausbildung (Lehre mit Matura) konfrontiert sind. Nach der anfänglichen Begeisterung über diese Form der Lehrlingsausbildung beginnen die Protagonisten zu realisieren, dass die Absolventinnen ihre Studienberechtigung ernst nehmen und zu studieren beginnen – damit gehen sie aber den ausbildenden Betrieben und auch den Berufen verloren. Im Gegenzug wird nun daran gearbeitet, die Studienberechtigung durch zusätzliche Zugangsvoraussetzungen auszuhöhlen und damit die Aufwertung der Lehre de facto wiederum zu bremsen.

Aus der subjektiven Perspektive bietet sich aufgrund der oben skizzierten Wahlsituation an, wenn irgend möglich für den Abschluss einer höheren (berufsbildenden) Schule zu votieren. Lange Zeit wurde versucht, dem mit Propaganda entgegenzuwirken („Lehre mit Karriere") und die „überzogenen Erwartungen der Eltern" zu kritisieren. Da sich dies über die Jahrzehnte als wirkungslos herausgestellt hat, werden nun strukturelle Änderungen und Gewichtsverschiebungen diskutiert. Die subjektive Perspektive wurde jedoch nicht untersucht, um etwa die Tragfähigkeit der Argumentationen zu überprüfen, da die Ungerechtigkeit der Strukturen dadurch unweigerlich hervorkommen müsste. Soweit es Studien gab (in jüngster Zeit gibt es Ansätze in der *status-attainment*-Tradition), wurden diese so gut wie möglich totgeschwiegen.

4 Schlussfolgerungen

Eine erste Schlussfolgerung aus der Analyse könnte sein, dass ein viel breiteres Interpretationsspektrum für Beruflichkeit sinnvoll offen steht, als die „essentialistischen" Deutungen nahe legen. Die Interpretation der Beruflichkeit als ein Symbolsystem neben anderen (Disziplinen, Qualifikationen, Kompetenzen, Lernergebnisse, *employability*), mit einem variablen Nutzungsspektrum, würde die Situation bedeutend entspannen. Einerseits wäre ein gewisser strukturierender Stellenwert der Berufe bleibend gegeben, andererseits wären die Schwächen oder Krisen der Beruflichkeit viel weniger dramatisch, als dies oft erscheint.

Auch die beruflichen Identitäten wären viel schwächer und variabler ausgeprägt als dies oft theoretisiert wird, und die vieldeutigen Versprechungen wären eben cum grano salis zu nehmen, wie dies ohnehin bereits weithin zu geschehen scheint.

Eine zweite Schlussfolgerung könnte sein, dass die Komplexität der Koordination zwischen Bildung und Beschäftigung eine Gegebenheit darstellt, die nicht mehr über die Herstellung eines Kanals auflösbar ist, wie dies früher in Teilbereichen vielleicht der Fall war. Das Konzept der Berufe als „Zwei-Seiten-Form" ist als abstraktes systemtheoretisches Konzept bestechend, jedoch steckt hier der Teufel im Detail, und es müsste erst gezeigt werden, wie diese Überbrückung tatsächlich erfolgen kann. Die Krise der Beruflichkeit ergibt sich in großem Maße aus der Verbreitung und dem Erfolg der Berufe, nicht aus irgendwelchen Schwächen, und mit dieser Verbreitung muss das Konzept auch gelockert werden, da ansonsten Mobilitätspotentiale zu sehr eingeschränkt würden. Die Beruflichkeit ohne Beruf der österreichischen Berufsbildenden Höheren Schulen ist ein Beispiel für eine derartige Lockerung, die Annäherung an die Disziplinen des Hochschulwesens in der „Höheren Berufsbildung" wäre ein weiteres Beispiel. Die Vorstellung der Überbrückung durch die Lernergebnisse in einem Qualifikationsrahmen, die dafür sorgen soll, dass in den Berufen „drin ist, was draufsteht" geht eher in die gegenteilige Richtung einer Verfestigung und ist nach den vorstehenden Überlegungen nicht erfolgversprechend.

Eine dritte Schlussfolgerung, die sich teilweise mit den beiden anderen überschneidet und in gewisser Weise eine Brücke zur Subjektivierung schlägt, könnte in der Interpretation des Symbolsystems als Sprache im Sinne von *Ludwig Wittgenstein* liegen, wobei eben diese Sprache aus den Praktiken ihrer Verwendung entsteht. In diesem Sinne können auch verschiedene Ansätze der *labour economics* verstanden werden, die die Transaktionsvorgänge am Arbeitsmarkt eben letztlich auch als Überbrückung von unauflöslichen Informationsproblemen durch die Praktiken der Akteurinnen interpretieren: Ob jemand die erforderliche Kompetenz hat, zeigt sich erst wenn's drauf ankommt – wenn keine Gelegenheit dafür besteht, zeigt sich's nicht, lernergebnisorientierter Qualifikationsrahmen hin oder her.

Wenn man die Zusammenhänge zwischen diesen Institutionalisierungen und der subjektiven Perspektive weiter analysieren will, scheint ein „praxistheoretischer" Zugang sehr interessant zu sein, der auf die Praktiken des Transaktionsverhaltens und der Biografiekonstruktion abstellt und zeigt, dass die die verschiedenen Formen von institutionellen Rahmen eben nur Rahmen darstellen, in denen eben diese Praktiken ablaufen – wobei die verschiedenen begrifflichen Fassungen immer nur Reifizierungen bestimmter Aspekte darstellen. In der realen Welt ändert sich jedoch viel weniger als diese Begrifflichkeiten nahelegen: Der Lebensberuf war immer viel weniger Lebensberuf als man behauptete, die neoliberale Flexibilität ist überall viel geringer als behauptet wird, Professionalisierung ist viel vielfältiger und vager als behauptet wird, die verschiedenen Kapitalien sind ebenfalls viel immaterieller als behauptet wird et cetera – auf die realen Praktiken der Transaktionen zwischen Arbeitgeberinnen und Arbeitnehmerinnen beziehungsweise zwischen Prinzipalinnen und Agentinnen und ihre Veränderung müsste viel mehr Augenmerk gelegt werden.

Literatur

BMHS-FCG (= Die BMHS-Gewerkschaft in der GÖD – Fraktion Christlicher Gewerkschafter), 2009: Das Weißbuch der BMHS. Die Positionen 2020 (http://www.bmhs-aktuell.at/bmhs/images/stories/Weissbuch.pdf [Zugriff: 22.02.2012])

BMWFJ (= Bundesministerium für Wirtschaft, Familie und Jugend), 2011: Lehrberufe in Österreich (http://www.bmwfj.gv.at/Berufsausbildung/LehrerberufeinÖsterreich/Seiten/default.aspx [Zugriff: 31.08.2011])

Bouder u.a. (= Bouder, Annie; Dauty, Françoise; Kirsch, Jean-Louis; Lemistre, Philippe), 2009: Legibility of qualifications: an issue as long-standing as Europe, in: CEDEFOP 2009, 89-140

Busemeyer, Marius R.; Trampusch, Christine (Hrsg.), 2012: The Political Economy of Collective Skill Formation, Oxford

CEDEFOP (Hrsg.), 2009: Modernising vocational education and training. Fourth report on vocational education and training research in Europe: background report, 3, Luxembourg (http://www.cedefop.europa.eu/EN/publications/5011.aspx [Zugriff: 31.08.2011])

Coles, Mike; Werquin, Patrick, 2009: The role of national qualifications systems in helping to modernise vocational education and training systems, in: CEDEFOP 2009, 141-178

Eder, Ferdinand, 2010: Treffsicherheit der Schul- und Laufbahnentscheidungen, in: Lassnigg, Lorenz (Hrsg.): Forum: Zukunftsfragen der Berufsbildung. Dokumentation des Doppelforums auf der Österreichischen Konferenz für Berufsbildungsforschung, 8.-9. Juli 2010, Steyr, 41-43 (http://www.equi.at/dateien/ForumZukunftText.pdf [Zugriff: 31.08.2011])

Friedrich, Heinz, 2006: Erlernter Beruf: Keiner. Erinnerungen an das 20. Jahrhundert, München

Furlong u.a. (= Furlong, Andy; Woodman, Dan; Wyn, Johanna), 2011: Changing times, changing perspectives: Reconciling 'transition' and 'cultural' perspectives on youth and young adulthood, in: Journal of Sociology 47, 4, 355-370

Goodwin, John; O'Connor, Henrietta, 2005: Exploring Complex Transitions: Looking Back at the 'Golden Age' of From School to Work, in: Sociology 39, 2, 201-220

Gramlinger, Franz; Schlögl, Peter; Stock, Michaela (Hrsg.), 2007/2008: Berufs- und Wirtschaftspädagogik in Österreich. Oder: Wer „macht" die berufliche Bildung in AT? In: Berufs- und Wirtschaftspädagogik – online, bwp@ Spezial 3 – Österreich Spezial (http://www.bwpat.de/ATspezial/ [Zugriff: 31.08.2011])

Harney, Klaus; Tenorth, Heinz-Elmar (Hrsg.), 1999: Beruf und Berufsbildung. Situation, Reformperspektiven, Gestaltungsmöglichkeiten (= Zeitschrift für Pädagogik, Beiheft 40), Weinheim und Basel
Heissenberger u.a. (= Heissenberger, Stefan; Mark, Viola; Schramm, Susanne; Sniesko, Peter; Süß, Rahel Sophia), Hrsg., 2010: Uni brennt. Grundsätzliches – Kritisches – Atmosphärisches, Wien und Berlin
Hussey, Trevor; Smith, Patrick, 2008: Learning outcomes. A conceptual analysis, in: Teaching in Higher Education 13, 1, 107-115
Jacob, Marita; Kupka, Peter (Hrsg.), 2005: Perspektiven des Berufskonzepts – Die Bedeutung des Berufs für Ausbildung und Arbeitsmarkt (= Beiträge zur Arbeitsmarkt- und Berufsforschung, 297), Nürnberg
Kupka, Peter, 2005: Berufskonzept und Berufsforschung – soziologische Perspektiven, in: Jacob/Kupka 2005, 17-38
Kurtz, Thomas, 2005: Die Berufsform der Gesellschaft, Weilerswist
Kutscha, Günter, 2008: Beruflichkeit als regulatives Prinzip flexibler Kompetenzentwicklung – Thesen aus berufsbildungstheoretischer Sicht, in: Berufs- und Wirtschaftspädagogik – online bwp@, 14 (http://www.bwpat.de/ausgabe14/kutscha_bwpat14.pdf [Zugriff: 31.08.2011])
Lassnigg, Lorenz, 2004: To match or mismatch? The Austrian VET system on struggle with diverse and changing demand, in: Berufs- und Wirtschaftspädagogik – online bwp@, 7 (http://www.bwpat.de/7eu/lassnigg_at_bwpat7.pdf [Zugriff: 31.08.2011])
Lassnigg, Lorenz, 2008: Einige Befunde zu den wirtschaftlichen und sozialen Wirkungen der Berufsbildung in Österreich (http://www.equi.at/material/Wirkungen.pdf [Zugriff: 31.08.2011])
Lassnigg, Lorenz, 2011a: Matching Education and Training to Employment: practical Problems and Theoretical Solutions – Or the Other Way Round? In: revista de sociologia 96, 4, 1097-1123
Lassnigg, Lorenz, 2011b: The 'duality' of VET in Austria: institutional competition between school and apprenticeship, in: Journal of Vocational Education and Training 63, 3, 417-438
Lassnigg, Lorenz, 2012: Learning outcomes and governance of education – 'Lost in Translation', in: Journal of Education and Work, special issue 'Shift to learning outcomes'
Lassnigg, Lorenz; Pechar, Hans, 1991: Bildung und Strukturwandel: Institutionelle Aspekte im internationalen Vergleich, in: Schmee, Josef; Lassnigg, Lorenz; Pechar, Hans u.a. (Hrsg.): Strukturwandel und Bildung. Zusammenhang zwischen technischem Fortschritt und Qualifizierung der Beschäftigten in Verbindung mit dem Einsatz neuer Technologien, Wien, 224-289 (http://www.ihs.ac.at/publications/lib/ihsrp_5.pdf [Zugriff: 31.08.2011])
OECD (= Organisation for Economic Co-operation and Development) (Hrsg.), 2007: Qualifications Systems: Bridges to Lifelong Learning, Paris
OECD, 2009: Who participates in education? In: OECD (Hrsg.), Education at a Glance 2009: OECD Indicators, Paris
Prisching, Manfred, 2006: Die zweidimensionale Gesellschaft. Ein Essay zur neokonsumistischen Geisteshaltung, Wiesbaden

Ribolits, Erich, 1997: Die Arbeit hoch? Berufspädagogische Streitschrift wider die Totalverzweckung des Menschen im Post-Fordismus, München (http://www.krisis.org/1994/die-arbeit-hoch [Zugriff 11.01.2012])

Ribolits, Erich; Zuber, Johannes (Hrsg.), 1997: Misere Lehre. Der Anfang vom Ende der Dualen Berufsausbildung, Schulheft 85, Wien (http://www.schulheft.at/fileadmin/1PDF/112-1/sh85_Misere%20Lehre.pdf [Zugriff: 2011-08-31])

Stöger, Eduard A., 2007: Integrating apprenticeship training in learning organizations, Wien

Vickerstaff, Sarah A., 2003: Apprenticeship in the 'Golden Age': Were Youth Transitions Really Smooth and Unproblematic Back Then? In: Work Employment & Society 17, 2, 269-287

Voß, G. Günter, 2002: Auf dem Wege zum Individualberuf? Zur Beruflichkeit des Arbeitskraftunternehmers, in: Kurz, Thomas (Hrsg.): Der Beruf in der Moderne, Opladen, 287-314

Werquin, Patrick, 2007: Moving mountains: will qualifications systems promote lifelong learning? In: European Journal of Education 42, 4, 459-484

Wilensky, Harold L., 1964: The professionalization of everyone? In: American Journal of Sociology 70, 2, 137-158

West, John, 2006: Patrolling the borders: accreditation in further and higher education in England, in: Journal of Further and Higher Education 30, 1, 11-26

Winch, Christopher, 2007: Indivuduals, workers or citizens? Reflections on the limits of school-based educational reform, in: Indian Educational Review 43, 2, 72-95

Zilian, Hans Georg, 2000: Taylorismus der Seele, in: Österreichische Zeitschrift für Soziologie 25, 2, 75-97

Autor

Lorenz Lassnigg, geb. 1952, Dr. phil., Institut für Höhere Studien, Abt. Soziologie, in Wien (lassnigg@ihs.a.c.at). Aktuell Arbeiten zu Strategien des Lifelong Learning, Qualifikationspolitik in Österreich, Zusammenspiel von Bildung und Beschäftigung in den Nachbarländern der Europäischen Union.
→ Lassnigg, Lorenz, 2011: The 'duality' of VET in Austria, in: Journal of Vocational Education and Training 63, 3, 417-438

GEORGIOS K. ZARIFIS

From Misplaced Subjective Professionalism to 'Mediated Disempowerment'. Reflecting on the varying working status of VET teaching staff in south-eastern Europe

Introduction

This article discusses the working status of vocational education and training (VET) trainers and educators that are working in public training organizations in south-eastern Europe. The aim is to provide an examination of the changing working roles and settings of this group of professionals by unfolding the drawbacks of the strategies employed by central and local governments, but also by the professionals themselves in order to survive within a deliberately state-regulated professional area in which they are called to serve audiences of various ages at every phase of their professional lives and in a wide variety of content domains or areas of expertise and competence. To achieve this it reflects upon issues of VET trainers' career paths, roles and competencies as well as varied policies with direct references to the current situation in countries such as Bulgaria, Cyprus, Greece and Turkey.

Unlike other professionals (doctors, architects, nurses, lawyers or even school teachers) VET professionals in south-eastern Europe have not achieved to self-regulate either their own profession or define accordingly their area of service. As an effect this created a deregulated professional domain in which people from various professional realms have been involved as educators and trainers. Legitimate as this maybe it did not help to the development of a collective identity among different VET professionals. The result in south-eastern Europe (as in other parts of Europe) was the introduction of policy measures that have rapidly changed the working status of these professionals due to singular demands and disempowering regulations. The result of the demand for regulating the area of VET was to create an unattractive, disappointingly rewarded profession. The chapter draws on issues that relate to the obstacles faced by these professionals today with particular reference to disparities in career paths, recruitment procedures, working conditions, professional expectations and employment status. The chapter concludes with some recommendations for improving access and working conditions, supporting professional development and raising attractiveness of the profession.

VET provision in south-eastern Europe: main trends

VET initiatives – both initial and continuing – in south-eastern Europe (with minor variations from one country to another) are organized and carried out by different authorities and institutions, primarily ministries (largely of education or labour), public agencies, some universities, non-governmental organizations (NGOs), adult vocational centres, trade unions, advisory organizations, chambers and private vocational and industry centres, as well as a number of funded projects. The majority of these authorities are funded by the European Union whereas a small fraction is subsidized by the different states as a form of public investment (*Zarifis* 2009, 164-165). This is because to a large extent VET is still underdeveloped even in countries with a long history in VET such as Bulgaria. The need for trained and qualified teaching and training staff therefore is more than essential. Many studies – such as the study on 'VET trainers in public and private training institutions' (*RvB/PLATO* 2008) and the EUROTRAINER study that focuses on the situation and qualification of trainers in Europe (*Kirpal/ Tutschner* 2008) – present clear evidence that the converging element for implementing lifelong learning in south-eastern Europe is largely related to vocational education and training with the aim of improving their employability (*European Commission* 2003a; b; c; d).

Nonetheless, this does not mean that employment opportunities for teaching staff are merely restricted to VET. From the late 1990s south-eastern European countries witnessed the development of a variety of adult education providers some of which operate as local learning centres or partnerships, focusing both on the acquisition of basic vocational qualifications as well as on more general skills (esp. in information and communications technology) targeting to build up social cohesion (*Zarifis* 2008). This development has been largely supported by particular policies literally creating a maze of activities, especially in Turkey where the proportion of activities and projects taking place are more varied in character than the rest of south-eastern countries mentioned here, and involve far more elaborate networking among different players. However, lack of previous experience in the area of VET, along with the constant pressure for absorbing available EU funds (this is more obvious in Greece, Cyprus and Turkey, and less so in Bulgaria that has stronger historical ties with the development of VET during the communist period), has largely forced the development of incomplete – if not inadequate in some cases – policies that occasionally serve the means of the funding procedure without delivering a high quality end-product (*Zarifis* 2009, 165).

The general framework for VET in most of these countries – as it appears in most policy papers – suggests a set of action plans (in terms of establishing new structures or creating learning partnerships) that are developing or planned to be developed in the near future (*European Commission* 2007a; b; c; d). In the present decade these countries have realized the need for changes in existing educational systems including VET. A special aspect of the reforms in Continuing Vocational Education and Training (CVET) in particular is the need to bridge the gaps that still exist between regular education and professional practice. In general, governments, civil society and many individuals feel the need for lifelong learning and keeping up competences in a knowledge society. A wide range of activities in the field of vocational education and training responds to this need. Noticeable trends include the creation of programmes of educational reform in most of these countries (mainly Bulgaria and Greece); a movement towards a 'parity of esteem' between academic and vocational education (this is particularly noticeable in Greece); the use of various types of accreditation system (that in most cases do not correspond to any given European framework), the emergence or growth of private training institutions in all of these countries; a particular concern about unemployment and moving the long-term unemployed into work and off benefit dependency (esp. in Greece where the unemployment rate has reached 16 per cent due to the current fiscal crisis); and the strengthening of attempts to use VET to improve social inclusion and equity (often with a focus on the unequal distribution of opportunities to those from lower socio-economic groups and certain ethnic minority backgrounds).

Based on this primary appreciation of VET provision in south-eastern Europe the next section aims at depicting some strong points, but also some irregularities regarding the struggle for professionalization of VET staff. This is done with reference to two distinct conditions. The first relates to the struggle for professional recognition among people (especially young graduates) who try to enter the professional area of education and training hoping to start a career. However, the modes of recruitment, the professional expectations and the occasionally unsatisfactory working conditions create a web of disillusionment that eventually leads to a misplaced subjective professionalism, an abortive so to speak professionalism that literally expires before it begins. The second condition which has a cause and effect relation to the previous one refers to the disempowering influence of existing VET policies that gradually affect the opportunities and possible career paths for professional development of VET staff. The examination of these conditions is primarily based on the official country reports submitted to the Commission, specific laws and decrees published in official government gazettes, and information collected from separate VET structures, with direct reference to the findings presented in the study report on 'VET trainers in public and private training institutions' (*RvB/PLATO* 2008).

Struggling for recognition:
The missing subjective professionalism

VET staff in Europe today holds various positions which encompass a wide variety of tasks and roles. They teach, instruct, coach, guide, develop, recommend, stimulate, assess, and so on. In addition to their educational positions and roles, these people have jobs that go beyond teaching in the sense that they include a lot of counselling and coaching to help people overcome lack of self esteem or remorse of lost chances in former jobs (*RvB/PLATO* 2008, 63). However, not a lot is known about this particular group of professionals. At European level, there is a lack of vital information about various aspects of these people despite the fact that the *European Commission* (2002a; 2002b; 2006) underlines the close link between the quality of training and the quality of the training staff involved. This is a sign of the still underdeveloped professionalism in the field that there has not been a further differentiation so that each task is performed by those that are good at them (*Buiskool et al.* 2010).

This is largely echoed in south-eastern Europe, where the situation on the professional development of VET trainers is more on the downside. A generic appreciation of the situation is that VET trainers in south-eastern Europe, especially under the present period of economic recession, face obstacles such as dependency on government or EU funding, changing political perspectives on and interest in vocational education and training overall, policies prescribing an enclosed employment oriented VET market (sometimes roofed under a tight registry that literally closes VET market rather than guaranteeing its quality) and occasionally lack of national legislation or frameworks and structures covering their field of practice (*Zarifis* 2009).

Most of VET teaching and training staff in south-eastern Europe has no recognised professional status, regardless of the fact that their service is more than imperative. This is not essentially because they do not wish to be recognized as professionals. On the contrary, the majority of those working as VET teachers are highly qualified professionals in their own areas; however the channels through which they are recruited are diverse and not at all formalized. This affects the way they develop their identities as VET professionals, even in the case they are already established professionals in another area. No system has been developed for recruitment, though some ways of becoming a VET trainer can be identified: by direct contact (in all countries under study), by pro-active search by the provider (applies to Greece where a registry of VET trainers exists, and less so in Bulgaria and Cyprus), and most commonly by job postings. The policy initiatives – that currently set the general framework of action in the four countries – have taken into account issues relating to recruitment, selection and training arrangements of the staff involved. These arrangements however are not directly addressed to VET staff since they embrace all staff working for both non vocational education (other adult education and learning) and VET (initial and continuing). Furthermore all four countries seem to pay more attention to the recruitment of the teaching staff that appears to be an immediate priority largely in CVET considering the number of projects taking place in that particular area.

In *Bulgaria* for example teaching staff (in all VET) is normally selected among academics and people who are specially trained (with a higher education degree). After selection, trainers are in principle employed for the whole period for which the programme lasts. The permanent staff consists of the board of directors that are in principle academics and researchers. All other staff is contracted depending on their duties, for a period of time that varies from twelve months to three years with contract renewals after that period is completed and upon their performance and the needs of the Human Resource Development Centre (*HRDC* 2002). All members of staff however (including non-teaching staff) are regularly trained in HRDC by specialists who are employed for this purpose. Training of trainers for adults is implemented by using different employment programmes. As a big part of them are teachers in schools, it is especially important for them to pass training in andragogy as well as training for bringing their knowledge in certain subjects up-to-date, in order to respond to concrete employers' needs of modern qualification of their working power-guidelines set in the European requirements for quality of trainers.

In *Cyprus* the situation is slightly different. Normally most VET teaching staff employed are teachers (usually working full-time seconded from the formal education system) with more than three years in service (either in formal school education or elsewhere). The teaching staff employed in all VET structures is seconded by secondary school teachers that are appointed by the Ministry of Education to teach in non-formal adult education structures. The requirements for appointment of secondary school teachers to a teaching staff position include a university degree in the specialization they are to teach and a certificate that they have attended the pre-service training course at the Pedagogical Institute of Cyprus. Teaching staff is selected in the beginning of the year which means that contracts may not last for more than a year. Before the beginning of each year, however, the tutors sit a special circle of training seminars. All teaching staff is employed with temporary appointments.

VET staff (largely teaching and counselling) working in *Greece* must also have at least three years experience in adult education as adult trainers or teachers (must belong to the National Accreditation Centre for Continuing Vocational Training [EKEPIS] registry). This however excludes some trained candidates since working experience does not necessarily imply competence. Eligible teachers of adults must have at least a higher education degree in any subject (normally foreign languages and computer science). There are variations in terms of the types of programme in which they are involved (especially applying to CVET trainers who must be accredited by EKEPIS), however all adult educators (at least at the time this paper was compiled) must undergo a period of training in adult education methodology, normally during the summer period, that does not last more than six weeks. This is about to change due to structural changes in the General Secretariat for Lifelong Learning, with a new training scheme that is under way. VET teaching staff is paid by the hour and is hired for a particular programme, after they have attended special training seminars. A new development concerning teacher and trainer training in post secondary Initial Vocational Education and Training (IVET) and Lifelong Learning structures is the drawing up of a single register of trainers that are employed in their structures. When it is issued, training will be provided and two types of training programmes will be offered; the first addressing trainers without a tertiary education degree and the other those who, despite having a tertiary education degree, lack in teaching experience. As far as CVET is concerned, training is a pre-requisite in order for someone to be accredited. A blended type of distance learning is used while prospective trainers have to be enrolled in the Introductory Adult Trainers' Register. They acquire knowledge and skills related to pedagogies through their active participation. Assessment is based on a combination of participation, essay-writing and planning and presentation of a micro-teaching session (*Kokkos* 2006, 374-379).

In *Turkey* the VET teaching staff is people who work for the Ministry of National Education (MoNE). Normally adult educators (both in adult education and VET) are trained and work in schools, but some structures (normally those with an orientation to CVET programmes) organize their own programmes to train or retrain the staff that is involved in their projects (*Zarifis* 2009).

On this more or less common ground, VET teaching staff appears more as staff in reserve rather than part of an active group of professionals. Due to the variety of knowledge and employment backgrounds, the recruitment procedures and the working conditions (part-time mostly or in some cases full-time), the different areas of expertise, and the lack of collective professional identity that in most cases is inhibited due to the range of tasks involved and the various levels of service provision (IVET or CVET), VET teaching staff is not yet recognized as a distinct professional group despite the fact that they do not lack skills or qualifications. Even more so it seems that most of VET teaching staff (even in Bulgaria where historically VET teachers were well trained professionals or distinct craftsmen) cannot see themselves as professionals in this area either because they locate themselves in a different professional group acting as VET teachers only occasionally or on a part-time basis, or simply because they lack professional culture in education overall (as is the case in Greece). The cause for this misplaced professionalism, however, also lies on the deliberate policy measures that target VET as a necessity but do not consider VET teachers and trainers as a distinct group of professionals. The result is the creation of a counter-professional culture for this group of people that occasionally in an opportunistic way act as teachers without however considering themselves as such. This is explained in the next paragraph.

The shift to 'mediated disempowerment': The affect of the new policies

A key problem in VET staff search for professional recognition is largely contained in the paradox that while they are essential to supporting skill development in the workforce, they do not enjoy high status for occupying this role (*Leney* 2004, 18-19). Although I intentionally call people working in VET trainers, the majority of them are still far from that attribute in the countries under study. The issue of skills and knowledge for VET staff in south-eastern Europe (teachers and trainers in initial and continuing VET as well as instructors and career counselors) is acknowledged as an important factor influencing the quality of all educational and training activities. Up to now, there have been few attempts in most countries under study to tackle the specific challenges of the education and training of vocational teachers and trainers. This issue deserves special attention in view of the importance of vocational teachers through their direct and indirect influence in the development of skills in the economy, and also in view of the varied occupational tasks they have to fulfill. Two trends are worth watching for south-eastern Europe. Some countries (Cyprus and Greece) are taking major steps towards the further professionalization of VET staff overall and pursuing ambitious goals to improve VET teachers' quality. In contrast, other countries (Bulgaria and Turkey) appear much more oriented towards allowing more flexibility in VET staff recruitment policies and practices.

In *Bulgaria* for example over the past decade the number of VET staff with higher education has been steadily growing, whereas the number of teachers with secondary education has been dropping which shows some improvement of teaching staff qualification. The teachers of vocational subjects, involved in training according to the curricula in occupations and specialities, should be experts in the following professional fields: engineers, technologists, economists, agronomists, doctors, professionals in the field of tourism, ecology, healthcare, social activities, public security and safety, et cetera. The majority of these professionals acquire teaching qualification in the course of their professional activity. Moreover, no restrictions (regulatory or other) regarding the pursuit of the occupation by professionals in the industrial sector exist. Neither are there any restrictions (of normative or other nature) on teaching activity performed by experts from the industrial sector. The Public Education Act (1996) allows vocational training of students to be conducted by persons qualified in the relevant field without a teaching certificate. It is impossible, however, to say whether they are experts from the industrial sector or unemployed professionals who have found employment in education. Nor are there any obstacles to teachers of vocational subjects to discontinue temporarily their teaching and work in industry in order to build up their knowledge and skills in the respective vocational field (*Dimitrova* 2007).

In *Cyprus* the dominant players in the development of policies for VET teachers and trainers are the public Secondary Technical and Vocational Education (STVE) and the HRDA. Although there has not been a clear distinction between teachers and trainers in VET, usually the term 'teacher' refers to educators at all levels of the formal educational system, thus persons working mainly in the formal part of the VET system, whereas the term 'trainer' refers to persons providing training in the well-established training system in Cyprus, thus persons working mainly in the non-formal part of the VET system. Teachers, according to the job specifications, must hold an appropriate diploma in their subject area or a degree relevant to the subject they will teach. In the case of the teachers in public institutions of tertiary education and teachers of technological or workshop practice subjects in STVE, work experience in their area of specialization is also required. Teachers in private VET colleges usually hold the same or higher qualifications than the level of the subjects they are teaching. There are no set requirements for trainers in private training institutions or enterprises but each training institution or enterprise sets these on an individual basis. In case the private training institutions or enterprises wish to submit training programmes to be approved and subsidised by HRDA, their trainers need to conform to the HRDA pre-set criteria concerning their educational background, work experience and teaching experience. Most of the teaching staff employed must have a degree, but also some pedagogical qualifications.

In *Greece* the standard qualification for those who wish to work in non-formal, non-vocational adult education is a degree in an area relevant to that they wish to teach. Working experience however is not always necessary. Teachers who teach in VET belong to the same field as those in conventional formal education, public or private. It must be noted that since 2001 the Ministry of Employment and Social Security has conducted a research in order to create a

Trainers' Register that now operates under the auspices of EKEPIS. Unfortunately there is a legal gap since the registry is organized by a body that belongs to the Ministry of Employment which is responsible for continuing VET providers, while non-formal and non-vocational adult education operates under the auspices of the Ministry of National Education (*EKEPIS* 2003).

In *Turkey* VET teaching staff in state-run structures must have a degree in the area for which they are employed and the subject that they teach. No career or professional development opportunities are reported. As for other providers such as NGOs and voluntary organisations that offer VET the situation is even vaguer. Within the SVET project trainer training has initiated. The national dissemination of the trainer training has already started and will continue in the coming period. In the first step, it was completed in the thirty project pilot provinces and their sub-provinces. In the second step, the remaining fifty one provinces will be covered. Through the SVET project, development coordinators in pilot institutions have received training on student centred methodology with the aim of focusing the classroom activities on the learning process of the students rather than the teaching process of the teachers. This shift of focus is a radical change in VET institutions where teachers prior to the SVET project used to spend more than ninety per cent of their time lecturing only. The trained development coordinators have disseminated their knowledge about student centred learning within their own pilot institutions and to all MoNE institutions in the thirty pilot provinces of the project. Since the practical classroom application of student centred methodology requires a change of attitude among the teachers, the relatively short training provided so far is not sufficient. Most staff works part-time. This applies to most providers (including private and sectoral organisations and NGOs). Means of evaluation and assessment of staff is not reported, however according to *European Commission* (2007d, 18) the Turkish Government is about to establish an action plan for acquiring 'General Qualifications of Teaching Profession' which comprises knowledge, skills and attitudes needed to be found in all teachers (including VET teachers). This will be composed of six main qualifications, thirty sub-qualifications and two hundred and thirty three performance indicators. For the expected outputs to be obtained from the 'General Qualifications of Teaching Profession Action Plan' aims at informing all stakeholders, determining cooperation and coordination processes and reflecting qualifications to behaviours (*SVET* 2006a; b).

So far we have established that the profile of VET staff in south-eastern Europe is that of part-time employees at all levels with or without teaching experience or skills, highly qualified or with only a vocational expertise, but with low professional esteem caused by top-down developments that are compulsory and prescriptive in most cases and tend to frustrate if not strangle their status as professionals. These people often attract comparatively low salaries while at the same time their opportunities in terms of their professional development are diversified in the workplace and their profile is gradually grown more varied. Profiles include teachers in schools, instructors and teaching assistants in schools, trainers and tutors in enterprises all dedicated and with other responsibilities.

To these may be added guidance professionals. Most of these people also have additional qualifications in terms of work experience or pedagogical training (as is the case in Greece despite certain efforts). Others have specific training in the didactics of adult education and andragogy (as is the case in Bulgaria). Although they have these qualifications, they are not always formally required. The policies however adopted by these countries do not necessarily support professionalization or professional identity building for this group of people. On the contrary – as it is the case of Greece for example – the provide a quasi-militaristic mode of registering these people to create a pool of trainers without however providing for delivering those measures that will support the status of these professionals either by continuing training or by special pedagogical or andragogical preparation. Even in countries like Bulgaria that the later type of training exists, the VET market is not as consistent or as reliable so to ensure that the skills gained by such training will meet the needs of the right VET recipients. These discrepancies almost create a web of insecurity for VET teaching staff which I call "mediated disempowerment" since it is largely the result of an arbitrary reconciliation between the VET market and the policy makers.

Reflecting on current state of affairs

The overall picture from the examination presented in this article is that the level of qualification of VET teachers in south-eastern Europe largely exceeds the requirements. It is therefore questionable whether further regulation (policy or structural) wouldn't have a counterproductive effect. However, the general picture shows certain traditionalism in the sense that the trends towards more active and work-based learning arrangements, often supported by distance learning (as in Greece) or on-the-job coaching (as in Bulgaria and Cyprus), are not very well developed in relation to contemporary views on professional development. Furthermore, the fact that most of these people have such a wide variety of tasks to perform raises the question of whether it is ultimately efficient. A further differentiation of tasks could perhaps lead to a better matching of tasks and talents and hence to greater efficacy (*RvB/PLATO* 2008, 113).

In most of the country cases presented here, no particular initial qualifications are required to become a VET staff (teacher or trainer in particular). The qualities that these people need for their jobs appear to be negotiable. Most providers require their staff to have subject-specific knowledge, and in many cases professional expertise. Occasionally and in IVET in particular, teaching staff should also possess general didactical skills. Specific training in adult education is desirable, but it is not always a requirement. Apparently the emphasis is on working experience and subject knowledge. In no way one can argue that mere working expertise is not important. But in some countries as in Greece and Cyprus we see the opposite where requirements are imposed regarding the (rather dubious) pedagogical background of VET practitioners. A final observation is that there is a significant degree of flexibility in the field, especially in the private organizations. The VET staff employed (teachers and trainers in particular) often hold down a combination of positions. Four types of combinations are identified in south-eastern Europe:

1. People working in VET as a main job (with a higher education degree, but without relevant working or didactic experience);
2. people working in VET and in formal schooling system (normally seconded to VET structures);
3. people working in VET and in formal initial training (offered in schools or other organizations outside the formal education system);
4. people working in VET as a side job as they are active in another profession.

For those whose VET position is their main job, however, the working conditions, salary and legal position are often relatively poor.

The evidence used to support this chapter although momentary provides the general attributes of the current condition in terms of the professionalization for VET staff in south-eastern Europe. The four countries have many things in common besides the variations in terms of provision, especially if we consider that the policies that have been developed so far prioritise VET (initial and continuing), giving way to those who already hold positions in this area to be employed as teaching staff in particular, or benefiting in most cases full-time school teachers and formal education staff. The question is how do policy priorities support their professional status considering that many of the employed staff come from the formal school system or have little or no teaching qualifications (this applies for Greece in particular, but it includes even Bulgaria that is the one country that demands a teaching qualification for all teaching staff). Based on general observations and the specific references presented in the *RvB & PLATO* study report on VET trainers in public and private training institutions (*RvB/PLATO* 2008, 116-120), the following issues need to be reconsidered in order to support the professional status of the practitioners working in VET in south-eastern Europe.

First of all a discipline that wishes to be perceived as a high-quality work domain needs proper programmes for initial and continuing professional training and development of the staff involved. Top-down developments that are compulsory and prescriptive as those in Greece and Cyprus with the application of registries for example, tend to frustrate professionalism. The recommendation is to develop a system which optimally supports professional autonomy and self-regulation combined with accountability which will essentially force trainers to perform optimally between freedom and the constraints of public control.

Professional support or training should be made available for VET staff to introduce them to the field of adult lifelong learning and the methods needed for it. Especially for those countries where most VET trainers enter the profession after a number of years of professional experience this may be a better solution than the solution of integrating teacher education in initial teacher training programmes. Higher educational institutions such as universities could contribute to this as well by providing well trained professionals with theoretical and practical qualifications as part of their initial training (*Zarifis* 2009, 179). It is also highly recommended that professional support or training should introduce the field of adult and lifelong learning and the methods needed for it. A greater differentiation of tasks is also needed so that people can fill the particular roles at which they excel. Essentially, this means that VET organizations should adopt a policy on the assignment of tasks supported by a related competence management policy. Task allocation policies are needed at the organizational and structural level. Such policies require overviews of the competences of every staff member. The required competences can be matched to each of the collective set of tasks either in determining the division of tasks or by providing additional training.

In terms of the conceptualisation of professional learning processes most evidence shows that there is a dominant tendency to think in terms of teaching and schooling rather than in terms of learning, sharing, developing, knowledge management or knowledge productivity. The field will have to organize itself. The establishment of professional associations and networks could help VET staff in these processes of collective development (*Zarifis* 2009, 180). Policy-makers at national, international and European level could support and facilitate such initiatives. Professionals perform at a higher level if they understand the dynamics of their work in terms of its content and its methods. That is why for decades the concept of reflectivity is being promoted. The concept implies that through self-evaluation and active research these practitioners will organize their personal and collective professional development and learning. By doing so, they serve the quality of their work, their organizations and their profession. Recommended is that the concept of self-evaluation is to be strongly promoted in the VET sector.

Last but not least, people working in VET could regulate themselves into professional organizations in order to create their own community of practice and perhaps built a collective identity. This can be supported by engaging in cross-organizational, cross-sectoral or transnational mobility projects. EU funds allow them to participate in international projects and exchanges. Practitioners can take a stand for better employment conditions. They can also create their own centres of expertise, for example to carry out research or share experiences. They can participate in projects and activities aimed at developing databases allowing for evidence-based work. And finally they can take part in the governance of their own organization, their professional bodies and the political arena.

References

Buiskool et al. (= Buiskool, Bert-Jan; Broek, Simon; van Lakerveld, Jaap; Zarifis, Georgios; Osborne Michael), 2010: Key competences for adult learning professionals, Zoetemeer

Dimitrova, Elka, 2007: Challenges and perspectives of the adult vocational training system in Bulgaria, in: European Journal of Vocational Training 41, 2, 29-42

EKEPIS, 2003: The Role of National Qualification Systems in Promoting Lifelong Learning – Country Background Report for OECD, Athens

European Commission, 2002a: The Copenhagen Declaration on enhanced European cooperation in VET, Brussels

European Commission, 2002b: The Maastricht Communiqué on the Future Priorities of Enhanced European Cooperation in VET, Brussels

European Commission, 2003a: Implementing Lifelong Learning Strategies in Europe: Bulgaria Progress Report, Brussels

European Commission, 2003b: Implementing Lifelong Learning Strategies in Europe: Cyprus Progress Report, Brussels

European Commission, 2003c: Implementing Lifelong Learning Strategies in Europe: Greece Progress Report, Brussels

European Commission, 2003d: Implementing Lifelong Learning Strategies in Europe: Turkey Progress Report, Brussels

European Commission, 2006: The Helsinki Communiqué on Enhanced European Cooperation in Vocational Education and Training, Brussels

European Commission, 2007a: Commission Progress Report for Bulgaria – Implementing the 'Education and Training 2010' Work Programme, Brussels

European Commission, 2007b: Commission Progress Report for Cyprus – Implementing the 'Education and Training 2010' Work Programme, Brussels

European Commission, 2007c: Commission Progress Report for Greece – Implementing the 'Education and Training 2010' Work Programme, Brussels

European Commission, 2007d: Commission Progress Report for Turkey – Implementing the 'Education and Training 2010' Work Programme, Brussels

HRDC, 2002: Teachers and trainers in the Bulgarian VET system, Sofia
Kirpal, Simon; Tutschner, Roland, 2008: EUROTRAINER: Making lifelong learning possible, University of Bremen
Kokkos, Alexis, 2006: The education of adult educators in Greece, in: Terzis, Nikos (ed.): Lifelong Learning in the Balkans, Thessaloniki
Leney, Tom, 2004: Achieving the Lisbon Goal: The contribution of VET, Brussels
RvB (= Research voor Beleid)/PLATO, 2008: VET trainers in public and private training institutions, Leiden and Zoetermeer
SVET (= Strengthening Vocational Education and Health Project), 2006a: Driving Force for the Success of Turkey – Lifelong Learning Policy Paper, Ankara
SVET, 2006b: Social Partner Social Dialogue – Policy Paper, Ankara
Zarifis, Georgios, 2008: Bringing Learning Closer to Home: the value and impact of the Lisbon strategy for strengthening the role of local learning centres and partnerships in south-eastern Europe, in: International Journal of Lifelong Education 27, 6, 641-657
Zarifis, Georgios, 2009: Decisions, Provisions and Disillusionment for Non-vocational Adult Learning (NVAL) Staff in south-eastern Europe: a comparative appraisal of some policy developments with diminishing returns, in: European Journal of Education 44, 2, 163-182

Author

Georgios K. Zarifis, 1970, PhD, Assist. Prof. of Continuing Education, Aristotle University of Thessaloniki; member of the European Society for Research on the Education of Adults Steering Committee (gzarifis@edlit.auth.gr). Area of expertise: Continuing Education. Research interests: adult participation in organized educational and training activities, comparative examination of VET policies and practices.
→ Zarifis, Georgios K.: Reforming VET for Social Cohesion, in Elliott, Geoffrey; Fourali, Chahid; Issler, Sally (eds.), 2010: Education and Social Change, London, 204-219

Larissa Jõgi, Marin Gross

Professionalization of Adult Educators in Estonia – From a Biographical Perspective

Introduction

The importance of adult education as part of lifelong learning and adult educators who play a key role in making lifelong learning a reality is widely recognized and discussed in adult education practice. In Estonia education policy, with its focus on lifelong learning, has been subject to a continual systematic process of strategic renewal. There is increased concern about the need to qualify adult education practitioners so as to enhance quality in the provision of adult education and training.

The prerequisites for the professional development of adult educators are a neglected area of research when compared to other fields of education and training. Professional learning and development, professional choices and the formation of professional identity of adult educators have been influenced by social and economic changes in Estonian society as well as by changes in personal life. Becoming and being an adult educator in Estonia is more a case of using opportunities and suppositions rather than a conscious and planned process. Learning, professional identity, and professional development generally take place within work and life experience, partly coping occupational activity, by using existing knowledge, experience, and by reflecting personal experience and occupational practice which leads to reconstructions of the interpretations of self. This paper is focused on the question how the formation of professionalization and identity of adult educators develop during life-course, education, and professional work.

An expanding understanding of changes in society, in educational policy and in the need for lifelong learning in Estonia brings with it an essential requirement for the professional development of adult educators. They need specific knowledge and skills, an awareness of their role and identity, competence, and qualification that guarantees professional skills, since they have enormous autonomy and freedom of choice in their professional area. The context of adult education becomes more and more complex and complicated, and it constantly poses new challenges to the professionalism of adult educators. They have to realize their status, roles and competencies in order to develop their own personal and professional identity.

The term *professionalization* indicates the attempt to use education and training possibilities to improve the quality of practice, standardize professional responses and enhance cooperation and communication within the professional field. *Professionalism* is dynamic in essence and includes a core profession (specific knowledge and skills, roles, tasks, competences, qualifications, personal and professional identity) which is influenced by changes and processes taking place in society, the social context, expectations, norms, and the course of an individual's life. Human life is connected with time and life and is seen as a journey across time, as life-span or as life trajectory that unites different life periods and life events (*Habermas/Bluck* 2000). Professional learning and *professionalization* during the life course is thus discussed as a personal development process.

The status of adult educators in Estonia

During the last fifteen years Estonia has experienced political, ideological, economic, cultural and social changes; at the same time, globalization has been influencing the development of information and communication technology, the global market and labour force mobility. European Union membership since 2004 ensures a more stable social, cultural, political and economic environment in Estonia. Geographical location, infrastructure and a skilled, adaptable workforce create a good basis for economic, political, cultural and educational development. To promote this, adult education and lifelong learning are priorities for development in Estonia.

In 1993, Estonian Parliament accepted the Adult Education Act which changed the role of adult education in society significantly (*Märja* 2000, 30). The adult educator as a profession has been recognized and regulated by the Professional Qualification Standard in Estonia since 2004. According to the definition, an *adult educator* is a specialist intermediating skills and knowledge to adult people, directing their formation of comprehension and attitudes, and supporting their self-development in adult general education, job-related and continuing professional training, popular education courses, study circles and so forth related to a purposeful learning situation.

Adult educators are in a unique position, as they have acquired a specialty in the course of their studies but often lack formal preparation and initial training to teach adults (*Jarvis* 2004; *Karm* 2007, *Jõgi/Gross* 2009). The professional qualification of the adult educator is defined as an additional or partial qualification, the basic qualification being the profession or specialist knowledge acquired either at a university or vocational education institution (in the subject/s he is teaching). Applying for a qualification standard is voluntary and depends on the applicant's wish to formalize his/her professional skills. A professional standard as an adult educator respectively andragogue can be applied for at four levels. Since 2007, the professional standard has been competence based, and this has significantly influenced the preparation of applicants for a qualification standard.

While the responsibility for professional growth and development falls on the adult educators themselves, it is important to figure out what perceptions they have about professional identity, professional growth and development. Adult educators can have different perceptions of competencies and their professional identity, personal theories on teaching and their need for personal training and development. With regard to professionalism, it is essential to understand how they understand and interpret becoming an adult educator and how their professional identity is constructed.

Adult educator's professionalization could be analyzed in four contexts:

1. the process of professional socialization (professionalization as acquiring professional and social norms and roles);
2. the professional development (development of professional readiness, motives, understandings, goals, values and skills);
3. the professional self-realization process as influenced by personal life experience, life events and stages and personal development;
4. the form of professional activity that has a certain structure.

Methodology and sample

The premise of our methodological approach is that individuals exist in multiple, multi-layered and interacting contexts each of which is a domain of social relations and physical context. The individual creation of meaning is related to life conditions and social identities. Individual motivations for working in the field of adult education and the learning process that leads to the formation of competences, qualifications and professional identity in this field can be better understood by applying a biographical perspective.

Biographical perspective as a research approach endorses understanding of adult educators' professional and personal experience. Biographical perspective is an analytical and interpretational element which is represented by narrativity, contextuality and temporality (*Alheit et al.* 1995). Life events and professional development are connected with socio-cultural contexts, personal development and life experience. Temporality relates to the concept of time. Our research interest focuses on how adult educators' biographical, professional and studies experience influence their professional conceptions: on adult educators' interpretations of professional experience and professional development.

The analysis presented in this paper[1] draws on fifteen thematic narrative interviews with adult educators who at the time of the interview were studying adult education on master level and vocational education on bachelor level at the Tallinn University and undertaking or finishing long-term qualification courses for adult educators. Using narratives in research means that we integrate personal and social experience in the broader social and educational context. We are based on a holistic-inductive approach by using content and thematic analyses (*Horsdal* 2002).

The targeted sample of adult educators is formed by three men and twelve women who are 25 to 47 years old. Criteria for the sample was working and studying in the field of adult education. The interviewed educators received their higher education degree in the 1980s and 1990s and they are all currently involved in different type of studies: MA level adult education, BA level vocational education. Their field of work is in non-formal vocational and formal adult education with three until five years of experience. The narratives were collected between June and August 2009 seeking to understand 'how the formation of professionalism of adult educators-to-be develops during education and training'. The empirical data was collected by using personal narratives with thematic interview questions which were asked when the tellers finished their stories:

- Can you tell about the path you have taken in order to work in the field of adult learning?
- Can you tell about what made you choose this course?
- How would you describe a person working in the field of adult learning?
- Do you see any difference between teaching children and teaching adults?
- How do you see yourself in a vocational context?
- What are your visions for the future?

---

[1] The paper is based on results from desk research (theoretical and empirical data and statistical information were collected during 2008-2009) and on the empirical data from 15 empirical examples which were conducted as part of two international research projects. *Becoming Adult Educators in the Baltic-Sea Region (BABAR)* which was granted financial support by the Nordic Council of Ministries, under the Nordplus Framework Programme, Sub-programme Nordplus Adult and *Becoming Adult educators in the European Area (BAEA)* which was granted by Grundtvig programme.

Paths to adult education

Narratives and life stories demonstrate directly the social-cultural framing of individual life-experience. Social, work, education and personal life context are very important in all narratives. All tellers said that they learned a lot from life and for life. Almost all tellers started their stories with a conception of their birthday and birth-time, almost all stories were chronologically told, except four which were multilayered and wrapped around significant life events. All narratives are about growth of their tellers, about being born, childhood, formal education and studies, friends, family, meeting with partner, about life itself (new situations, life events, partners, new opportunities), and changes in society, adapting to the changes in life and taking risks.

The professional choices and the formation of the professional identity of adult educators have been influenced by these changes in personal life, in education and in Estonian society, as the 1990s saw political, economic and social changes, the emergence of neoliberal economy and very intensive changes in the socio-economic and cultural environment. According to our analysis, and as stated earlier, adult educators are in a unique position among professionals as they have acquired a specialty in the course of their studies but often lack formal preparation and initial training for teaching adults which their former studies and education did not include. Some of them at some stage of their life and career undertake adult education studies, but the general tendency seems to be that skills, knowledge and identity of an educator are developed through work, learning experiences, and reflection on their practice.

Thus the quality of preparation and professional activity are highly varied. And so the educators we sampled have different perceptions of their professional identity, personal understandings about being adult educators and teaching adults, and of their own needs for personal development and education.

The important historical and social context for adult educators' development is Estonia's re-gaining of its independence in the 1990s and the changes in socio-political, economic and social life that followed. The re-introduction of the Estonian currency, the establishment of private enterprises, changes in legislation, technical development, and international cooperation created new circumstances that forced people to find new solutions, new options, changes, and turns in their lives. Similarly, changing a workplace or a profession appears normal in the context of the free market economy, and therefore giving up an existing job and choosing training seems natural. Collective activity lost its importance to individual enterprise, so that adjustment to change must be faced individually by setting goals, making plans and taking risks.

There is no clear pattern in adult educators' career paths: they appear heterogeneous. An educator's initial education, professional experience and career development are unique and atypical. Training adults in the classical sense of career is either a progression or a regression, but in every case, a career is sensed as a professional or personal challenge and as an opportunity for self-realization.

Our analysis suggests that the generation born at the beginning of the 1980s received a good education and has had the opportunity to make choices based on their education and qualifications rather than on the available opportunities and random chance. Getting involved in training also happened as a result of losing a previous job or following the closure or restructuring of an organisation. Opportunities to work as an educator were made possible in the new structures and institutions in the Estonian Republic (such as in the Defence League, public enterprises, training and consulting centres, non-profit organisations) and in popular new fields of training (management, teamwork, sales training, computer training).

The development of the field of adult training was influenced by changes in legislation, which set new demands in terms of qualifications, and thus created a new demand for training. In line with this, we uncovered four career paths among the fifteen adult educators-to-be, and the prerequisites, needs and expectations are individual and depend on several circumstances.

Illustration 1: Kertus's path

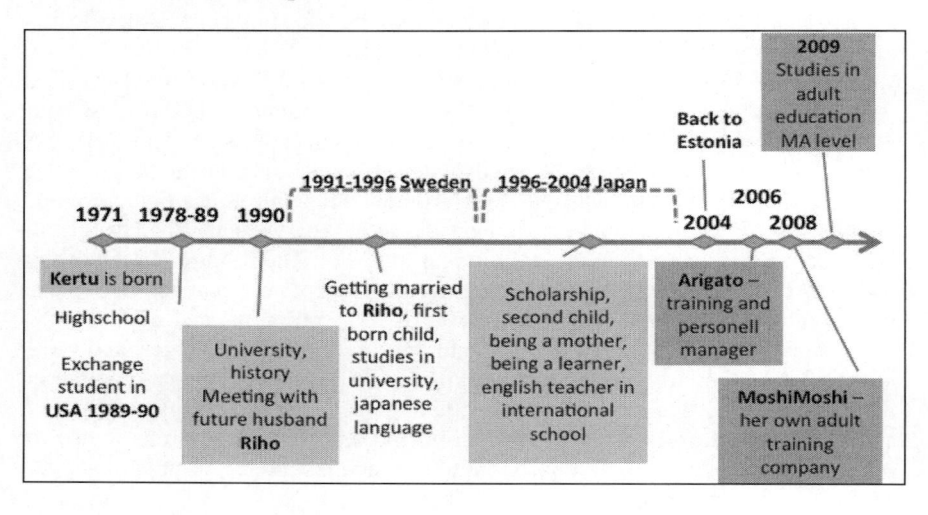

A career path or phase task makes sense as a requirement at a particular time of life. At each stage of life, there can be something that challenges, supports or impedes, forcing one to study, learn or develop. Most meaningful connections between life stages and professional choices are presented by the narratives of *Kertu* and Andres. For *Kertu* (illustration 1), the most meaningful life stages are living in Sweden and studying Japanese language at university (1991-1996) as well as living in Japan (1996-2004); and for *Andres* (illustration 2), it was Estonia's independence in 1991 and joining the Estonian Defence League in 1999.

Illustration 2: Andres's path

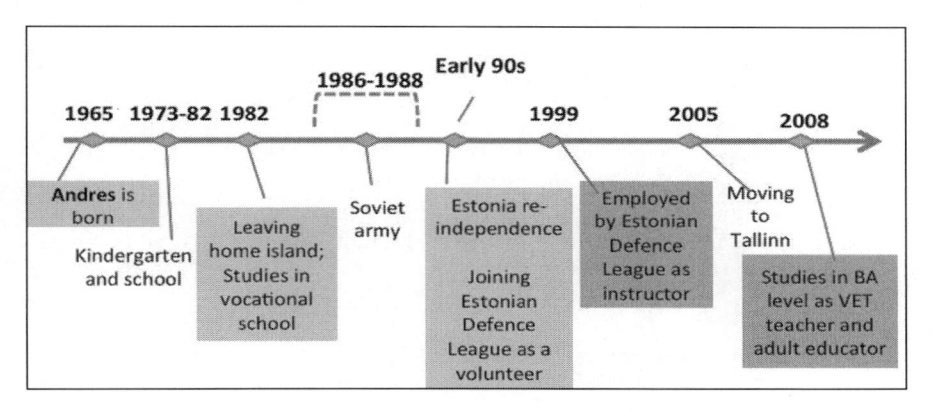

1965	1973-82	1982	1986-1988	Early 90s	1999	2005	2008
Andres is born; Kindergarten and school	Leaving home island; Studies in vocational school		Soviet army	Estonia re-independence; Joining Estonian Defence League as a volunteer	Employed by Estonian Defence League as instructor	Moving to Tallinn	Studies in BA level as VET teacher and adult educator

Choice of current studies

There is great hope that studies will support professional and personal development; self-development for educators, understandings in how to teach adults and how to support their learning, and greater awareness related to enabling learning through active dialogue and cooperation within the adult educators' community. This being said, there is no general, typical, or clear pattern discernable from the data, with respect to choices in current studies. Changing workplaces or professions seems normal in the context of the free market economy, and therefore giving up an existing job and choosing adult training as one of the options seems natural.

Why further studies in adult education?

The most important motives that learners have when they start their studies are linked to attitudes that are influenced by aspects of their socio-cultural environment and individual personalities: educators' understandings of the self, as well as the self as an educator; context of profession, social relations and significant others, needs (experienced and actual needs; need for participation), opportunities, aims, and subjective experience. Adult education and adult learning as a field is seen as complicated but at the same time as a very interesting field for self-development and professional growing. Thus, studies are seen as a systematic way of analyzing and learning about it:

'I have great interest for adult learning as a process and adult educators' profession. I find that this area is exactly where I want to develop myself.' (*Kärt*).

The motives and explanations for beginning studies are related to life, events of life, and work. Reasons for beginning studies in adult education are related to current work assignments and needs related to improving the practice of adult training, as a strong responsibility is felt in teaching in the area of adult education. Moreover, the choice for starting master level studies can be intuitive or random:

'I noticed the curriculum of Adult Education and felt that this is something for me. I wanted to study because the studies seemed to be concrete and the area interests me and finally, I found many connections with my everyday work.' (*Kärt*).

Self-development as an adult educator is also seen as a reason for participating in courses. Furthermore, the need for theoretical knowledge of adult learning and teaching was also mentioned as a motivator.

Defining an adult educator

View of the profession

All tellers have different perceptions of their professional identity, personal theories on teaching, and needs for personal training and development. Their professional choices and the shaping of professional identity have been influenced by personal life and work life, values, as well as by changes in life and in Estonian society.

At some stage of their life, each undertook adult education studies, enabling the development of the personal self, professional skills and knowledge, subjective educational theory and identity, through experience, learning and reflection on the practice. Data analysis shows that personal teaching theory, subjective educational theory and an adult educator's identity formation is influenced by subjective aspects (developmental attitudes towards self, willingness to learn and develop, interest, personal characteristics and life course) as well as objective aspects (developments in society, developments in the field, new situations, learners, family and significant others).

View of the self as an adult educator

One's view of the self as an adult educator often takes on a critical angle where one is not content with oneself. Interviewees said that currently they had reached a certain level which was not where they would like to see themselves.

'I've understood that I can't stay still in one place. As an adult educator, I'm developing.' (*Andres*)

'I'm not very satisfied with myself as an adult educator. [...] I feel that I'm lacking time and thus I'm lately often using PowerPoint presentations to teach because it's an easy way out.' (*Jaana*)

The image of self is linked to practice and prior experience as educators but interviewees expressed that they felt something was still 'missing' – knowledge and theory. Some expressed that they cannot call themselves adult educators yet, thus some felt they are not fully adult educators.

'I'm more self-confident, I value interactive learning methods but I also feel insecure in many aspects.' (*Helle*)

'Right now, I'm a practitioner.' (*Kaja*)

'I think I still have a long way to go before I can consider myself as an adult educator.' (*Kärt*)

'I'm in the developing phase of becoming an adult educator. I know what to teach but not how.' (*Triin*).

'I'm definitely an adult educator, but what kind of skills I have is another story.' (*Viire*)

Self-image is linked to what is valued in teaching and learning. Learner-centeredness, respecting and valuing learners, openness, and group cohesion are some of the mentioned values.

'As an adult educator, I value my own and others' time. I see people as special, I respect them and value every moment as it is the first and last that we are together. My values are with me every day and I express it in my activities, behaviour and everyday routine.' (*Kertu*)

'For me as an educator, it's important to create opportunities for freedom in its best meaning.' (*Kertu*)

'I've noticed that adult learners like it when they're given an opportunity to share their opinions and this is considered important by others. A learning environment that is open, learner- and learning-centred, is important.' (*Jaana*)

'As an adult educator, I see myself as someone who notices the learner and focuses on emotions.' (*Maris*)

Some adult educators examined their competences against adult educators' qualification standard. Some tried to list the features that identified them as adult educators: open, independent, smart, critical, responsible, helpful and determined.

'The educator has to have a "spark" and an "inner burning".' (*Kertu*)

Becoming an adult educator

Becoming an adult educator was seen by interviewees as inevitable and related to needs and job assignments. It was also considered as linked to 'something' that is inside:

'I think it's something inside me because otherwise I would have not chosen that job.' (*Andres*)

Firstly, experiences as adult educators were described as being accidental or co-incidental rather than as a result of a carefully planned choice. Moreover, it was remarked that becoming an adult educator was a hobby that begun at the workplace and that it evolved due to the motivation in learners' positive feedback. Indeed, workplace and job assignments linked to teaching or training adults have been identified as main reasons for becoming interested in adult education and further training as an adult educator.

Future expectations

Notions and visions about oneself as an adult educator divide into three. Firstly, some perceived the self and the future for oneself in relation to individual contentment, the development of educator roles, skills and activities as well as corresponding towards a greater understanding of one's practice. On a second level, these notions and visions related to self-development. Thirdly, they related to professional development of the self as an adult educator in the context of studies. The ideal view of the self as an adult educator was thought to be linked to making people satisfied and content with their courses, while enjoying teaching:

'In the ideal, I'm content with my work.' (*Jaana*)

'My courses are enjoyed by learners. A good adult educator does everything well if he or she enjoys it himself or herself.' (*Kärt*)

The ideal is also linked to adult educators' roles as one is expected to be a motivator, supporter, and able to take responsibility:

'As an ideal, the adult educator is like a good friend who motivates and directs learner to the "right" path.' (*Helle*)

'An adult educator has to be around when learners need him or her. That means that he or she has a responsibility towards the taught subject and learners.' (*Jaana*)

'As an adult educator, I see myself as someone who notices more, is committed, and values learners' activeness and is supporting them, awakening their experiences.' (*Mare*)

The ideal is also linked to what one believes he or she should be, as a person. As an example, Andres expressed that he should be more self-critical and analytical. Thus, knowledge of adult learning and teaching theory is wished for, as well as knowledge and skills of using interactive methods and working with groups:

'I want to become more self-confident and balanced.' (*Maris*)

'In the ideal, I see myself as an adult educator who can react quickly in teaching situations.' (*Triin*)

The future vision of the self as an adult educator was connected with self-understanding and self-development, in the education and training context:

'In my development, I'm at the stage where in the Adult Education master studies I can learn to know myself better, [and also] understand [how to] accept all learners as they are, broaden my opportunities and world-view, and reach for continuing self-realization.' (*Mare*).

Discussion

The profession of adult educators and their status in Estonian society is part of a broader social and economic change. The prerequisites for the professionalization of adult educators in Estonia lie in the economic, political, social and educational contexts: education policy and the recognition of the profession and its status.

Estonia is a country where the processes of globalization, liberalism, individualism, neo-modernism and post-industrialism have all taken place within a short period of time (1991-2010). Since the 1990s, the role and potential of adult education and adult professional training have been growing rapidly. As part of lifelong learning, the importance of adult education is widely recognized in adult education practice. The adult educator as a profession has been recognized by Adult Educator's Qualification Standard since 2004, but attention to the profession of adult educators and opportunities for professional development are quite weak in regulatory and educational policy documents in Estonia. Holding a qualification confirms the educator's level of professional competence and could be regarded as a means for enhancing the educator's competitiveness on the educational market, as well as a guarantee for the user of the educator's services, including learners, people ordering his/her services, and employers.

According to *Denise Larsen* (2004) early life experience may influence professional choices and professional development of an adult educator. The narrative biographical and thematic interviews reflect the biographical factors which influenced the formation of professional identity of adult educators-to-be. The thematic interviews made it possible to interpret professional identity reconstruction and construction of adult educators-to-be in their biographical context, characterized by

1. the deconstruction of former identity (doubting about oneself and the current practice; posing questions such as: 'Is it a right choice?', 'Can I do this?' and 'Should I do it?'),
2. the reconstruction (interpretation of experience), and
3. the construction through which one's experience and self as an adult educator can be seen in a professional perspective by having visions of the self as an educator.

Professional identity in the context of professional development answers the questions: 'Who am I?' and 'Who do I want to be in the future?' (*Beijard et al.*

2004, 122). Thus it can be said that the development of an adult educator's professional identity is not seamless and balanced. Rather, it is complicated and a subjectively unique process that has several contradictions and interruptions. The process is more dynamic and balanced for those whose self-concept is compatible with the changes they are experiencing as well as for those who notice the orientation to self-development as a learner and adult educator.

As many researchers have noted, most adult educators entered the professional practice through 'a back door' from some other fields and roles. The professional identity of adult educators-to-be develops in the context of many identities as for most educators training or work is either a second or a third choice. Plurality of identities is one of the main characteristics of professional identity of Estonian adult educators (integrated identity; *Wenger* 2004), which creates contradictions and conflicts in the self and self-conception.

Adult educators may become employed with little or no preparation. The professional development of an adult educator is difficult due to the fact that educating and training is often a person's second or even third choice; pointing to the fact that people get into situations where they have to start their professional life again, because their normal life-cycles have been interrupted, or they have started to search for new directions in their lives.

Significantly, becoming an adult educator is often not a planned choice. Due to life course and individual career paths, adult educators are in a special position among professionals, because in prior studies they have gained a profession, but they usually do not have the formal qualification for teaching adults. Prior learning may not include specialist knowledge, specific teaching skills or adult learning specialities. Adult educators-to-be have little professional experience. Thus, they value learning and the need for studies, relations with other adult educators, and needs for discussions. Understandings and beliefs about learning and oneself as an adult educator are not yet comprehended, because professional experience is rather limited and there is a clear lack of professional resources which can be used to develop throughout one's studies. Belonging to a community of practice is important for professionalism and identity (*Larsen* 2004; *Karm* 2007). Adult educators-to-be see a need for belonging and identifying with someone with whom they share experiences; however such a community does not exist. Thus, the importance of study groups is recognized, as this gives the opportunity for analysing experiences. It can be said that study groups act as a learning community through which adult educators-to-be identify themselves as adult educators. Therefore, study groups have much broader influence than gaining knowledge and skills, as they influence the formation of subjective theory and professional identity.

The Interviewees confirmed that studies have mostly influenced understandings of the self as an adult educator as well as adult learning and teaching, and have given them self-assurance. Orientation towards professional development and a clear understanding of the self as an adult educator is common for those whose orientation in studies is towards self-development, and less towards the development of their work or trainings. These adult educators understand themselves as learners and are open to reflecting on their experiences in studies.

Empirical data analysis shows that the idea of what an adult educator is, is understood, interpreted and talked about differently. Further, the need for continuous learning, reflection on experiences and noticing the self is stressed. The self, as an adult educator, is defined differently and depends on prior life and professional experiences. Professional self-realization and a vision of the self develop through experiences, studies and self-analysis, being influenced by early life experience, subjective education theory, professional identity development, and an orientation to professional development. Professional identity and professional development generally take place within adult educator's work, partly by reflecting on personal experience and professional practice and influenced by early life experience.

Conclusions

Social and economical changes in Estonian society had significant effects on personal life of adult educators in Estonia. Their personal life stories provide opportunities to understand who they are as an adult educator.

Adult educators have different educational backgrounds and different professional experience. There is no clear pattern to the career paths of adult educators; such career paths are heterogeneous, the initial education, professional experience and career development of adult educators are unique and atypical. Becoming an adult educator in Estonia is more a case of utilizing the life opportunities and suppositions that one comes across, rather than being a conscious and planned process.

It can be generalized that adult educators-to-be, while working and studying at the same time, form learning communities that make sharing and analyzing experiences possible, deepening learning, influencing roles, increasing an understanding of the self, as well as providing opportunities for self-analysis and the formation of professional identity.

Based on the results, it can be concluded that adult educators in Estonia are self-taught professionals. Learning and attending studies is important for adult educators -to-be as this makes the formation of a learning community possible, which has great influence on the process of professionalization and formation of professional identity. Their personal life and professional experiences still constitute the primary resources to professionalize as adult educators.

References

Alheit et al. (= Alheit, Peter; Bron-Wojciechowska, Agnieszka; Brugger, Elizabeth; Dominice, Pierre) (eds.), 1995: The Biographical Approach in European Adult Education, Wien

Beijard et al. (= Beijard, Douve; Meijer, Paulien; Verloop, Nico), 2004: Reconsidering research on teacher's professional identity, in: Teaching and Teacher Education 20, 2, 107-128

Habermas, Tilmann; Bluck, Susan, 2000: Getting a Life: The emergence of life story in adolescence, in: Pscychological Bulletin 126, 748-769

Horsdal, Marianne, 2002: Grundtvig Socrates II – Active Citizenship and the Non-formal Education, Copenhagen

Jarvis, Peter, 2004: Praktik-uurija. Praktikast teooriani, Tallinn

Jõgi, Larissa; Gross, Marin, 2009: The Professionalisation of Adult Educators in the Baltic States, in: European Journal of Education 44, 2, 221-242

Karm, Mari, 2007: Eesti täiskasvanute koolitajate professionaalsuse kujunemise võimalused, Tallinn

Larsen, Denise, 2004: Daybreak: A scholarly biography of Canadian counsellor educator Dr. R. Vance Peavy, in: International Journal for the Advancement of Counselling 26, 2, 177-189

Märja, Talvi, 2000: Täiskasvanuhariduse roll Eesti ühiskonna arengus ning integreerumisel Euroopa Liiduga. The role of adult education in the development of Estonia society and integration into EU (= Sihtasutuse Eesti Teadusfond grandiprojekt nr. 3528 lõpparuanne), Tallinn

Wenger, Etienne, 2004: Knowledge management as a doughnut: Shaping your knowledge strategy through communities of practice, in: IVEY, Business Journal, Improving the practice management, 1-8 (http://www.itu.dk/people/petero/speciale/Wenger%20 knowledge%20management.pdf [09. 09. 2011])

Authors

Larissa Jõgi, 1958, PhD in Adult Education, associate professor and head of Adult Education Department, Tallinn University (larissa.jogi@tlu.ee). Current work: adult learning, professionalization of adult educators, learning during the life course, emotional learning experiences and teaching and learning in university.
→ Jõgi, Larissa, 2010: 'So how do you like school?' Next generation values on learning. Review, in: Lifelong Learning in Europe 4, 264-26

Marin Gross, 1982, MA, lecturer of adult education, Tallinn University (marin@tlu.ee). Work focuses on recognition of prior learning in higher education and professionalization of adult educators.
→ Jõgi, Larissa; Gross, Marin, 2009: The Professionalisation of Adult Educators in the Baltic States, in: *European Journal of Education* 44, 2, 2009

KATRIN KRAUS

Beruflichkeit – Betrachtungen aus der Perspektive einer „Pädagogik des Erwerbs"

1 Einleitung

„Krise der Arbeitsgesellschaft?" – dieser Titel des 21. Soziologentages steht für eine deutliche Intensivierung der diskursiven Auseinandersetzung um die gesellschaftliche und ökonomische Bedeutung der Transformation der Industriegesellschaft in Deutschland (*Matthes* 1983). Dies beinhaltete auch eine kritische Auseinandersetzung mit der beruflichen Ordnung des Beschäftigungssystems und der Infragestellung seiner Grundlage, dem Prinzip der Beruflichkeit. Im Kontext dieser Krisendiskussion stellt sich für die Berufsbildungstheorie die Frage, wie sie aus ihrer Perspektive den Wandel von Beruflichkeit im Kontext gesellschaftlicher Transformationsprozesse analysieren kann (u.a. *Kutscha* 1992, *Meyer* 2000 oder *Greinert* 2007)

Die Perspektive einer „erwerbsorientierten Pädagogik" soll hierzu einen Beitrag leisten. Sie versucht auf der Grundlage von *Max Webers* Verständnis des „Erwerbens" einen theoretischen Bezugspunkt zu entwickeln, mit dem man Beruflichkeit und ihre Veränderungen im Kontext von gesellschaftlichem und ökonomischem Wandel analysieren kann. Anregt wurde die Suche nach einer solchen theoretischen Perspektive durch die vergleichende Forschung. Internationalen Vergleichen liegt in der Regel ein *tertium comparationis* zugrunde. Auf dieses theoretische Konstrukt wird der zu vergleichende Gegenstand in der Analyse bezogen, damit ein systematischer Vergleich über verschiedene gesellschaftliche Kontexte hinweg überhaupt möglich wird. Dieser Kerngedanke wird hier auf die Frage bezogen, wie sich verschiedene gesellschaftliche Formen der Bildung für Erwerbstätigkeit auch in einer diachronen Perspektive vergleichend analysieren lassen. Mit dem „Erwerbsschema" wurde daher ein entsprechendes theoretisches Konstrukt als Bezugspunkt entwickelt, um in der Analyse Veränderungen von Beruflichkeit im Zeitverlauf zu rekonstruieren.

In den folgenden Kapiteln (2-4) wird zunächst die Perspektive „erwerbsorientierte Pädagogik" vorgestellt. In Kapitel 5 und 6 werden dann einige Analysen, die in dieser Perspektive zum Wandel von Beruflichkeit durchgeführt wurden, resümiert. Das abschließende Kapitel (7) spannt den Bogen zu der aktuellen Diskussion um eine mögliche Bestimmung „neuer Beruflichkeit" (*Kutscha* 1992).

2 Grundgedanken einer Perspektive „erwerbsorientierter Pädagogik"[1]

Mit dem *Erwerben des Lebensunterhaltes* und dem *erwerbsorientierten Lernen*, das heißt dem Erlernen der dazu notwendigen individuellen Voraussetzungen, werden zwei Grundtätigkeiten des Menschen als Ausgangspunkt für die Entwicklung dieser theoretischen Perspektive genommen. Es handelt sich bei beiden um grundlegende Tätigkeiten, die in je konkreten historisch-gesellschaftlichen Kontexten spezifische kulturelle Formen annehmen. Im Kontext der deutschen Gesellschaft ist dies die Form der Beruflichkeit, deren künftige Entwicklung angesichts der veränderten gesellschaftlichen Rahmenbedingungen aktuell zur Debatte steht.

Die *Tätigkeit des Erwerbens* stellt für das Individuum eine notwendige und darüber hinaus innerhalb des jeweiligen gesellschaftlichen Rahmens sinnhafte Tätigkeit dar. Die konkreten Möglichkeiten hierzu werden im jeweiligen gesellschaftlichen Zusammenhang von den politischen und gesellschaftlichen Akteuren inhaltlich gestaltet, das heißt Erwerbstätigkeit nimmt in Abhängigkeit vom jeweiligen Kontext konzeptionell und strukturell spezifische Formen an. *Jürgen Schriewer* (2003, 43) spricht in diesem Zusammenhang von „objective regulation problems determined at a trans-cultural level" und ihrer konkreten Ausformulierung durch die sozio-kulturellen Bedingungen innerhalb spezifischer historischer Settings. Aufgrund seines „Notwendigkeitscharakters" ist der Erwerb des Lebensunterhaltes[2] auf der von *Schriewer* so bezeichneten transkulturellen Ebene gesellschaftlicher Regulationsprobleme angesiedelt. Die inhaltlichen Formen der jeweiligen „Problemlösung" bilden sich aber in unterschiedlicher und je spezifischer Weise in konkreten sozio-kulturellen und historischen Bedingungen heraus. Sie beinhalten spezifische Konzepte, zum Beispiel Beruflichkeit im deutschen oder *employability* im angelsächsischen Kontext, und institutionelle Arrangements. Mit *Erwerbssphäre* kann man den gesellschaftlichen Teilbereich bezeichnen, in dem die Tätigkeiten angesiedelt sind, mit denen innerhalb einer konkreten Wirtschafts- und Gesellschaftsordnung der Lebensunterhalt üblicherweise erworben werden kann.

---

[1] Theoretische Überlegungen zur Perspektive einer erwerbsorientierten Pädagogik sind ausführlicher dargelegt in: *Kraus* 2006; 2009a; b.

[2] Vorstellbar wäre eine Lebensweise ohne diese Notwendigkeit, allerdings ist dies eher als Ausnahme anzusehen. Als Ausgangspunkt für die Überlegungen zur erwerbsorientierten Pädagogik gehe ich von der Notwendigkeit des Individuums aus, seinen *Lebensunterhalt zu erwerben*. Der Ausdruck „Erwerb des Lebensunterhaltes" ist aber in seiner weiteren Verwendung nicht auf den Erwerb des Minimums zum Überleben beschränkt, denn in der Regel wird durch Erwerbstätigkeit mehr als dieses Minimum erzielt. Die Notwendigkeit, den Lebensunterhalt zu erwerben, ist vielmehr als Grundmotiv für die Tätigkeit des Erwerbens zu verstehen.

Mit dem Erwerb des Lebensunterhalts in Zusammenhang steht für das Individuum eine weitere Notwendigkeit: Es muss zur Erwerbstätigkeit in der Lage sein, das heißt es muss bestimmte Voraussetzungen erfüllen, die sich aus den Anforderungen der Erwerbssphäre ergeben, und ein eigenes Verhältnis zu diesen Anforderungen finden. Das bedeutet wiederum, dass es sich die jeweiligen Voraussetzungen im Zuge des Aufwachsens beziehungsweise im Laufe der biografischen Entwicklung aneignen muss. Dieser Prozess der individuellen Aneignung der Voraussetzungen für Erwerbstätigkeit kann als *erwerbsorientiertes Lernen* bezeichnet werden. Erwerbsorientiertes Lernen kann sich ebenfalls in unterschiedlichen Formen vollziehen und von der familialen, eher informellen Erziehung bis hin zu Formen spezialisierter Berufsbildung reichen. Auch das erwerbsorientierte Lernen ist als transkulturelles Regulationsproblem zu verstehen, für das gesellschaftsspezifische Konzepte und Organisationsformen gefunden werden müssen. Der entsprechende gesellschaftliche Teilbereich kann als *erwerbsorientierte Pädagogik* bezeichnet werden. Sie ist darauf ausgerichtet, den Individuen die notwendigen Voraussetzungen für den Erwerb des Lebensunterhaltes zu vermitteln.

Die Entwicklung der theoretischen Perspektive einer erwerbsorientierten Pädagogik baut mit den beiden Grundtätigkeiten *Erwerben* und dem darauf bezogenen *erwerbsorientierten Lernen* auf einem abstrakten Bezugsrahmen auf. Wie das *tertium comparationis* in der vergleichenden Forschung bietet dieses abstrakte Konstrukt die Möglichkeit, die innerhalb eines gesellschaftlichen Kontexts entwickelten spezifischen Formen des Erwerbens und des darauf bezogenen Lernens systematisch zu analysieren. Damit stellt der hier verwendete Begriff *erwerbsorientierte Pädagogik* explizit keine Alternative zu dem im deutschen Kontext verankerten Begriff der Berufsbildung dar, sondern betont vielmehr diesen abstrakten Bezugsrahmen. Er ermöglicht es, bestehende Konzepte, Formen und Begriffe in ihrer Kontextualität zu betrachten und damit auch in ihrer Differenz in verschiedenen Kontexten zu vergleichen – in einer international-vergleichenden Sicht wie auch im Zusammenhang mit gesellschaftlichen Transformationen im Zeitverlauf.

3 Erwerben und erwerbsorientiertes Lernen als Ausgangspunkte

Im Anschluss an *Max Webers* Ausführungen zu den „Soziologischen Grundkategorien des Wirtschaftens" bildet der Begriff des Erwerbens den Ausgangspunkt für die folgenden Überlegungen. *Weber* zufolge bezeichnet Erwerben „ein an den Chancen der (einmaligen oder regelmäßig wiederkehrenden: kontinuierlichen) Gewinnung von neuer Verfügungsgewalt über Güter orientiertes Verhalten" und darauf bezogen die Erwerbstätigkeit „die an Chancen des Erwerbens mitorientierte Tätigkeit" (*Weber* 1980, 48).³ Beim *Erwerben* handelt es sich somit um eine (zunächst beliebige) Tätigkeit, die durch ihre spezifische Zielsetzung charakterisiert ist. Die Art und Weise, wie diese Tätigkeit gesellschaftlich konzeptualisiert und organisiert ist oder individuell ausgeführt wird, ist für ihre Bestimmung zunächst nicht von Bedeutung. Erwerben ist damit als Begriff einerseits über die Zielorientierung eindeutig bestimmbar, kann aber andererseits sehr unterschiedliche Formen annehmen. Es ist insofern als funktionaler Term zu verstehen, der sich für eine Theoretisierung der darauf bezogenen Pädagogik eignet.⁴

Erwerben kann grundsätzlich in unterschiedlicher Weise erfolgen. Aufgrund der hier verfolgten erziehungswissenschaftlichen Perspektive werden jedoch folgende beide Einschränkungen formuliert:

1. Eine *prinzipielle* Einschränkung in der Bezugnahme auf das Erwerben liegt darin, dass es um diejenigen Formen des Erwerbens geht, bei denen das Individuum einen aktiven Beitrag zur Zielerreichung leistet. Ein Lottogewinn ist damit beispielsweise ausgeschlossen, weil er keine Erwerbs*tätigkeit* darstellt, obwohl er zu neuer Verfügungsgewalt über Güter führt. Pädagogik wendet sich an Individuen, um ihre Einstellungen, ihr Wissen und Können sowie ihr Handeln zu beeinflussen und kann sich daher nur sinnvoll auf solche Erwerbsformen beziehen, denen eine Tätigkeit des Einzelnen zu Grunde liegt. Oder anders formuliert: Durch pädagogische Interventionen kann man die Wahrscheinlichkeit eines Lottogewinns nicht beeinflussen, da er, abgesehen von der Tatsache des Lottospielens selbst, nicht von den Aktivitäten und dem Können des Individuum, sondern von Zufall und Glück abhängt.
2. Eine *relative* Einschränkung in der Bezugnahme auf das Erwerben liegt ferner darin, dass Pädagogik sich in der Regel auf diejenigen Tätigkeiten bezieht, die gesellschaftlich positiv sanktioniert sind. Diese Rückbindung an die gesellschaftliche Wertung entsprechender Aktivitäten schließt beispielsweise Bettelei, Raub oder öffentliche Fürsorge als Zielvorstellung einer erwerbsorientierten Pädagogik aus, auch wenn diese prinzipiell Möglichkeiten darstellen, den Lebensunterhalt zu bestreiten. Diese Einschränkung ist relativ, weil sie von gesellschaftlichen Wertsetzungen abhängt. Wenn es in Bezug auf die oben genannten potentiellen Erwerbsformen zu einem gesellschaftlichen Umwertungsprozess vom Negativen zum Positiven käme – wie dies zum Beispiel beim Arbeiten im Laufe der Entstehung der modernen „Arbeitsgesellschaften" durch die Aufwertung der Tätigkeit Arbeit und die Abwertung

---

[3] Die Formulierung „mitorientiert" deutet bereits darauf hin, dass eine Tätigkeit nie ausschließlich dem Erwerb dient, sondern jeweils auch andere Ziele mit dieser Tätigkeit verbunden werden, z.B. Sinnstiftung, Beziehungspflege oder Selbstverwirklichung.
[4] gl. dazu auch *Pries* (1998), der ebenfalls in Anschluss an *Max Weber* zunächst von einer Erwerbssoziologie spricht und dies dann erweitert zur „Sozialwissenschaft der Erwerbsregulierung" (2010, 25).

des Bettelns als Form der Sicherung des Lebensunterhaltes der Fall war – könnten sie auch zum Ziel pädagogischer Aktivitäten werden. Grundsätzlich gewinnen die entsprechenden Tätigkeiten durch die positive gesellschaftliche Sanktionierung erst das Potential, zu Gegenstand und Ziel von (organisierten) Erziehungsprozessen beziehungsweise pädagogischen Konzepten, Interventionen und Institutionen zu werden.

Erwerbsorientierte Pädagogik ist generell darauf ausgerichtet, die individuellen Chancen zum Erwerb des Lebensunterhaltes zu erhöhen. Die beiden formulierten Einschränkungen präzisieren die Vielfalt der Erwerbsformen, auf die sie sich hierbei bezieht: Es geht um die Befähigung für die Formen des Erwerbens, die auf gesellschaftlich positiv sanktionierten Tätigkeiten des Individuums beruhen. Diese Tätigkeiten müssen nicht notwendigerweise als Lohnarbeit ausgeführt werden, da Güter sowohl monetärer als auch materieller oder sozialer Art sein können.

Jedes Individuum ist darauf angewiesen, seinen Lebensunterhalt zu erwerben. Die konkreten Möglichkeiten hierzu sind aber kontingent, das heißt in verschiedenen Gesellschaften und im historischen Verlauf unterschiedlich und veränderlich. Außerdem sind sie nicht für alle Gesellschaftsmitglieder gleich, was etwa an den geschlechtsspezifischen Ungleichheiten in Bezug auf Erwerbstätigkeit deutlich wird (z.B. für Deutschland *Aulenbacher/Wetterer* 2009 und *Lohr/ Nickel* 2005). In konkreten Gesellschaften gibt es jeweils dominierende Formen für den Erwerb des Lebensunterhalts, die diese Gesellschaften prägen. Innerhalb des deutschen Kontexts ist dies die beruflich gerahmte Erwerbstätigkeit. Als gesellschaftliches Leitbild basiert darauf in der zweiten Hälfte des 20. Jahrhunderts das „berufliche Normalarbeitsverhältnis" der abhängigen Beschäftigung im Verbund mit dem bürgerlichen Familienideal aus Hauptnährer und Hausfrau.

Obwohl die Notwendigkeit zum Erwerb des Lebensunterhaltes grundsätzlich gegeben ist, wird Erwerbstätigkeit damit nicht automatisch zu einer für das Individuum sinnstiftenden und bedeutungsvollen Tätigkeit, deren Motivation und Legitimation über den reinen Erwerb des Lebensunterhaltes – das heißt einen quasi existentiellen Zwang – hinausgeht. Zu einer solchen wird Erwerbstätigkeit erst durch ihre ideelle wie strukturelle Gestaltung innerhalb gesellschaftlicher Zusammenhänge. Die Vermittlung zwischen Individuum und Erwerbsarbeit nimmt dabei über eine einfache Austauschbeziehung hinausweisende, komplexe Formen an, die auch wertbezogene, kulturelle, biografische und psychische Aspekte einschließen (z.B. *Kraus/Raeder* 2008). Dass eine kulturelle Verankerung von Erwerbstätigkeit nicht nur aus der individuellen, sondern auch aus der gesellschaftlichen beziehungsweise ökonomischen Perspektive notwendig ist, zeigen verschiedene Untersuchungen, neben den grundlegenden Arbeiten von *We-*

ber auch neuere Beiträge (z.B. von *Becke* 2008, *Fassauer* 2008, *Jäger/Röttgers* 2008 oder *Svetlova* 2008).

4 Das Erwerbsschema als theoretisches Modell

Im Zentrum der Perspektive einer erwerbsorientierten Pädagogik steht ein theoretisches Konstrukt, das heißt ein abstraktes Modell, das die Relation von Individuum, Erwerbssphäre und erwerbsorientierter Pädagogik aufnimmt: Die *Individuen* sind für die Sicherung ihres Lebensunterhaltes darauf angewiesen, die jeweiligen Voraussetzungen zu erfüllen, die die gesellschaftliche Organisation von Erwerbstätigkeit in der *Erwerbssphäre* stellt, und sich zu diesen Anforderungen zu verhalten. *Erwerbsorientierte Pädagogik* ist wiederum darauf ausgerichtet, die Herausbildung der entsprechenden Voraussetzung bei den Individuen anzuregen respektive zu unterstützen. Damit haben die drei Bereiche einen gemeinsamen Bezugspunkt, der im Folgenden als „Erwerbsschema" bezeichnet wird.[5] Als theoretisches Modell beschreibt das Erwerbsschema in abstrakter Form die Anforderungen, die eine Erwerbstätigkeit an die Individuen stellt, und differenziert sie in drei Dimensionen[6]:

- Fachlichkeit: Wissen und Können zur Bewältigung konkreter, gegenstandsbezogener Aufgaben *innerhalb* der Erwerbstätigkeit;
- überfachliche Kompetenzen: Verhaltensweisen *innerhalb* der Erwerbstätigkeit, die insbesondere aus ihrer sozialen Organisation resultieren;
- Erwerbsorientierung: Einstellungen und Verhältnis *gegenüber* der Erwerbstätigkeit (situativ und biografisch) entsprechend der jeweiligen Wirtschafts- und Gesellschaftsform.

Ein konkretes Erwerbsschema (als kulturelle Form) ergibt sich aus der inhaltlichen Bestimmung der drei Dimensionen und ihrer spezifischen Figuration. Als theoretisches Modell kann das Erwerbsschema als Grundlage für die Analyse von konkreten, historisch-kulturellen Formen der Rahmung von Erwerbstätigkeit dienen. Auf der Grundlage dieses Modells kann man danach fragen, wie die einzelnen Dimensionen jeweils bestimmt sind und in welcher Relation sie zuein-

---

[5] Außen vor bleibt an dieser Stelle eine Diskussion von politischen Gestaltungsfragen: Dem Erwerbsschema liegt explizit keine Sachzwanglogik zugrunde, die von einem Diktat der Anforderungen durch die Erwerbssphäre ausgeht, sondern das Verständnis eines politischen Feldes der Gestaltung des gemeinsamen Bezugspunktes von Individuum, Erwerbssphäre und erwerbsorientierter Pädagogik. In diesem politischen Feld bringen sich unterschiedliche Akteure gemäß ihren Interessen und Machtpositionen in der Ausgestaltung des jeweiligen Erwerbsschemas ein (vgl. dazu ausführlich *Kraus* 2009a; b).

[6] Ausführlich hergeleitet und begründet werden diese drei Dimensionen in *Kraus* 2006.

ander stehen. Im Folgenden werden mögliche Erträge einer solchen Perspektive in der Auseinandersetzung mit dem Prinzip der Beruflichkeit aufgezeigt, und es soll gezeigt werden, wie man die vorgestellte theoretische Perspektive für konkrete Analysen nutzen kann.[7]

5 Beruflichkeit in der Perspektive erwerbsorientierter Pädagogik

Zunächst wird das Modell „Erwerbsschema" als Grundlage für einen Vergleich zweier konkreter Erwerbsschemata genommen, die aus unterschiedlichen gesellschaftlichen Kontexten stammen. Das zentrale Erwerbsschema des deutschen Kontextes, das Berufskonzept, wird verglichen mit dem Erwerbsschema *employability* aus dem britischen Kontext.

Im *Berufskonzept* sind die drei Dimensionen des Erwerbsschemas in einer spezifischen Weise inhaltlich bestimmt, wobei der Akzent traditionell auf dem Aspekt der Fachlichkeit liegt. Diese ist in Berufsbildern curricularisiert, für die es ein festgelegtes Verfahren für die Aktualisierung der Inhalte gibt. Die überfachlichen Kompetenzen sind durch die Integration des Schlüsselqualifikationsansatzes in die Leitidee beruflicher Handlungsfähigkeit insbesondere als soziale Kompetenzen bestimmt. Die Erwerbsorientierung ist im Berufskonzept schließlich über eine beruflich bestimmte Identität, Stabilität in Bezug auf Biografie und Beschäftigung sowie Loyalität im Beschäftigungsverhältnis gekennzeichnet.

Demgegenüber ist *employability* vor allem über die konkret auszuführenden Tätigkeiten bestimmt, für die man die jeweiligen fachlichen Voraussetzungen überwiegend *on the job* aufbauen kann. Bei den überfachlichen Kompetenzen hat das jeweilige individuelle Fähigkeitsprofil ein starkes Gewicht. Darüber hinaus gilt im britischen Kontext ein akademischer Abschluss als „Indikator" für überfachliche Kompetenzen, die eine Person für verschiedene Stellen geeignet erscheinen lassen. Betont wird durch *employability* das unternehmerische Denken – auch in Bezug auf die eigenen Erwerbschancen – sowie Flexibilität und Dynamik, das heißt der Akzent liegt eher auf der Dimension Erwerbsorientierung.

Die drei Dimensionen sind für beide Erwerbsschemata in unterschiedlicher Weise ausformuliert. In ihrer Unterschiedlichkeit erfüllen sie im jeweiligen gesellschaftlichen Kontext jedoch gerade die zuvor abstrakt für das Erwerbsschema

---

[7] An dieser Stelle können allerdings nur die Ergebnisse verschiedener Analysen vorgestellt werden, nicht die Analysen selbst. Diese wurden an anderer Stelle durchgeführt und ausführlich dokumentiert (*Kraus* 2006; 2007; 2008a; b).

beschriebene Funktion: Sie bündeln konzeptionell die individuellen Voraussetzungen für eine Erwerbstätigkeit.

Tabelle 1: Berufskonzept und Employability im Vergleich

Dimensionen des Erwerbsschemas	Berufskonzept	Employability
Fachlichkeit	• In Berufsbildern curricularisiert • Festgelegtes Verfahren zur Aktualisierung der Inhalte	• Tätigkeitsbezogene Bestimmung • Aufbau *on the job*
Überfachliche Kompetenzen	• Integration von Schlüsselqualifikationen, vor allem als soziale Kompetenz, in die Leitidee beruflicher Handlungsfähigkeit	• Bedeutung akademischer Kompetenzen • Individuelles Fähigkeitsprofil
Erwerbs-orientierung	• Berufliche Identität • Stabilität in Bezug auf Biografie und Beschäftigung • Loyalität im Beschäftigungsverhältnis	• Unternehmerisches Denken • Flexibilität und Dynamik

Um zu verstehen, wieso die beiden Erwerbsschemata in beiden Ländern so unterschiedlich sind, muss man den jeweiligen gesellschaftlichen Kontext einbeziehen, in dem sie sich entwickelt haben. Die je spezifische Ausformulierung des Erwerbsschemas korrespondiert mit der Art und Weise, in der auch andere Gesellschaftsbereiche strukturiert sind, insbesondere Arbeitsmarkt, Wohlfahrtsstaat und Bildungssystem. Tabelle 2 zeigt dies in einer idealtypisch zugespitzten Gegenüberstellung. Ohne die einzelnen Aspekte hier im Detail ausführen zu können, kann die Gegenüberstellung doch verdeutlichen, dass die inhaltliche Formulierung des jeweiligen Erwerbsschemas mit den Strukturen in anderen Bereichen der Gesellschaft korrespondiert. In direkter Form ist dies beim Arbeitsmarkt der Fall: Das Berufskonzept liegt einem weitgehend beruflich strukturierten, eher stabilen Arbeitsmarkt zugrunde, während *employability* darauf ausgerichtet ist, dass der oder die Einzelne auf einem flexiblen und polarisierten Arbeitsmarkt einer Erwerbstätigkeit nachgeht. Der Wohlfahrtsstaat basiert in beiden Ländern ebenfalls auf unterschiedlichen Grundlagen: Auf der einen Seite das *Bismarck-*

Beruflichkeit – aus der Perspektive einer „Pädagogik des Erwerbs" 257

sche Modell der Versicherung in Deutschland, bei dem man durch Einzahlungen entsprechende Ansprüche für den Bedarfsfall erwirbt, und auf der anderen Seite in Großbritannien eine auf den Sozialreformer *Beveridge* zurückgehende, steuerfinanzierte Minimalabsicherung, die nur bei individuellem Versagen greift[8]. Auch diese beiden Modelle spiegeln sich in der inhaltlichen Bestimmung des jeweiligen Erwerbsschemas wider.

Tabelle 2: Gegenüberstellung gesellschaftlicher Kontexte von Berufskonzept und Employability

	Deutschland	Großbritannien
Erwerbsschema	• Berufskonzept • Ausbildungsberuf als Prototyp • Politisch-öffentlich und pädagogisch	• Employability • Individuelle Fähigkeiten • Arbeitsmarktbezogen
Arbeitsmarkt	• Beruflich strukturiert • Relativ einheitliches, hohes Niveau • Standardisierung, Schutz und Schließung	• Kompetenzbasiert • Polarisierte Qualifikationen • Flexibilität + Fluktuation
Wohlfahrtsstaat	• Normalarbeitsverhältnis • Absicherung durch Versicherungsprinzip	• Förderung der Unabhängigkeit • Minimalabsicherung bei individuellem „Versagen"
Bildungssystem	• Basiert auf linearen Lebenslaufmodellen • Primat der Input- und Institutionenorientierung	• Modularisiertes System • Outcome-Orientierung und Zertifizierungslogik

Nach diesem Blick in einer vergleichenden Perspektive, der den Konzeptvergleich in den Mittelpunkt gestellt hat, wird anschließend eine genealogische Per-

---

[8] Jüngste Reformen in Deutschland, wie z.B. die Einführung des Arbeitslosengeldes II, zeigen, dass es zu einer Aufweichung dieser ehemals idealtypischen Gegensatzmodelle sozialer Sicherung kommt. Dabei nimmt das deutsche Modell Elemente aus der angelsächsischen Tradition auf, was vor dem Hintergrund globaler Entwicklungen zu sehen ist (insbesondere dem Wegfall der „Systemkonkurrenz" und der Zuspitzung kapitalistischer Funktionsprinzipien über das Prinzip der „Wettbewerbsfähigkeit").

spektive eingenommen. Dargestellt werden zunächst Ergebnisse zur Rekonstruktion von Veränderungsprozessen des Berufskonzepts seit den 1970er Jahren, die auf der Grundlage des Erwerbsschemas gemacht wurden.

Tabelle 3: Veränderungsdynamik des Berufsprinzips seit den 1970er Jahren

Dimensionen des Erwerbsschemas	Veränderungsdynamik
Fachlichkeit	1970er/1980er Jahre: • Qualifizierungsoffensive • Modernisierung der Ausbildungsinhalte insbesondere durch neue Technologien; Neuordnung der Metall- und Elektroberufe
Überfachliche Kompetenzen	1980er/1990er Jahre: • Integration von Schlüsselqualifikationen, vor allem als soziale Kompetenz, in die Leitidee beruflicher Handlungsfähigkeit
Erwerbsorientierung	1990er/2000er Jahre: • Anhaltende Kritik am Berufskonzepts • Diskussion um Beschäftigungsfähigkeit

Die Veränderungen des Berufskonzepts in diesem Zeitraum fanden jeweils schwerpunktmäßig in einer der drei Dimensionen (Fachlichkeit, überfachliche Kompetenzen, Erwerbsorientierung) statt. Die Debatte um neue Technologien und die Sorge, dass die deutschen Facharbeiter – innerhalb der westlichen Welt, aber auch in der Systemkonkurrenz mit den Ostblockstaaten – den Anschluss an diese neuen Techniken verpassen könnten, führte in den 1970/80er Jahren zu einer Qualifizierungsoffensive, die auch zu einer Neuordnung der Ausbildungsberufe führte. Insofern fand eine Veränderung des Berufskonzepts in diesem Zeitraum vor allem über eine Veränderung der Dimension *Fachlichkeit* statt. In der Dekade der 1980/90er Jahre hingegen konzentrierten sich die Veränderungen auf die Dimension der *überfachlichen Kompetenzen*. Dies wurde insbesondere durch die Debatte um die Schlüsselqualifikationen angestoßen, die in diesem Zeitraum innerhalb der Berufsbildung stark rezipiert wurde, und mündete in die Leitidee „beruflicher Handlungsfähigkeit". Ab den 1990/2000er Jahren zeichnet sich wiederum ein Wandel des Berufskonzepts ab, die sich allerdings auf die Dimension der *Erwerbsorienti*erung bezieht. Dieser Wandel steht im Kontext der eingangs beschriebenen Transformation der Industriegesellschaft und ist in Bezug auf das Erwerbsschema gekennzeichnet durch eine anhaltende Kritik am Berufskonzept auf der einen Seite und ab den 1990er Jahren durch das Aufkommen eines Diskurses um *employability* respektive Beschäftigungsfähigkeit auf der anderen Seite. Der aktuelle Wandel des Berufskonzepts betrifft insbesondere das Verhältnis des Individuums zur Erwerbstätigkeit. Die in dieser Dimension traditionell mit dem Berufskonzept verbundenen Haltungen stehen im Zentrum der Kritik, während Beschäftigungsfähigkeit in diesem Diskurs überwiegend als entsprechende Einstellung gegenüber der Erwerbstätigkeit verstanden wird.

Mit der Analyse der Veränderungen des Berufskonzepts von den 1970er bis zu den 1990er/2000er Jahren lässt sich der Prozess der Veränderung und Anpassung von Beruflichkeit als inkrementelle Transformation rekonstruieren. Die Form von Beruflichkeit verändert sich schrittweise, indem neue Anpassungen jeweils in der spezifischen Dimension erfolgen und in das Gesamtkonzept integriert werden, ohne dass das Berufsprinzip in diesem Veränderungsprozess als Ganzes grundsätzlich in Frage gestellt wird. Allerdings stellt die Veränderung einer Dimension gleichzeitig eine Veränderung des gesamten Konzepts dar, da die drei Dimensionen in ihrer jeweiligen Inhaltlichkeit und Gewichtung insgesamt eine spezifische Figuration bilden. Die gesamte Figuration „Beruflichkeit" verändert sich somit über partielle Veränderungen einzelner Dimensionen und Verschiebungen in ihrer Gewichtung.

6 Metamorphosen von Beruflichkeit

Neben der Betrachtung der Entwicklung in einem bestimmten Zeitraum kann man die Rekonstruktion der Veränderung von Beruflichkeit auch auf eine der Dimensionen ausrichten und ihre Veränderungen über einen längeren Zeitraum hinweg betrachten. Rekonstruiert man in dieser Weise die Entwicklung der Dimension „Erwerbsorientierung", zeigen sich Metamorphosen von Beruflichkeit, die im Kontext tiefgreifender gesellschaftlicher Transformationen stehen.

Wie in den vorherigen Ausführungen beschrieben, drückt die Dimension der Erwerbsorientierung die Orientierung der Einzelnen an der Erwerbstätigkeit aus. Sie umfasst damit sowohl biografische als auch alltäglich-situative Aspekte von Lebensentwurf und -führung. Es geht bei dieser Dimension um den Stellenwert, den eine Person der Erwerbsarbeit zumisst, und um die Art und Weise, wie sie sie im Kontext der anderen Tätigkeiten und Lebensbereiche einbindet. Das bedeutet, dass eine enge Verbindung zwischen der gesellschaftlichen Organisation der Erwerbstätigkeit, dem Gesellschafts- und Wirtschaftssystem und den Anforderungen an die Individuen besteht. Daraus ergibt sich auch, dass die Dimension Erwerbsorientierung innerhalb des Erwerbsschemas die stabilste ist:

Fachliche Anforderungen innerhalb der Erwerbstätigkeit können sich mitunter relativ schnell ändern, die sozialen Aspekte der Organisation von Erwerbstätigkeit können ebenfalls häufigeren Änderungen unterliegen, auch wenn sie in der Regel weniger kurzfristig ablaufen als die der Dimension „Fachlichkeit", da sich soziale Innovationen normalerweise langsamer vollziehen als sachbezogene Neuerungen. Die Dimension der Erwerbsorientierung als Einstellung *gegenüber* der Erwerbstätigkeit ist jedoch über einen langen Zeitraum hinweg stabil, denn sie ist eingelassen in Normalitätsvorstellungen und grundlegende Institutionen der Gesellschaft. Erst im Zusammenhang mit gesellschaftlich-ökonomischen Umbrüchen wird sie überhaupt thematisiert, wobei es ein Teil gesellschaftlicher Veränderung ist, genau diese erwerbsbezogenen Normalitätsvorstellungen zur Disposition zu stellen und zu reformulieren. Von den politischen und gesellschaftlichen Akteuren werden entsprechende Diskurse und Aushandlungsprozesse zur Veränderung grundlegender gesellschaftlicher Normalitätsvorstellungen und Institutionen geführt. Es geht dabei insgesamt um die Frage, welche Richtung und welche Reichweite die entsprechenden Veränderungen haben. Die Erwerbsorientierung erfährt somit in gesellschaftlichen Umbruchzeiten eine explizite Thematisierung; ihre Neuaushandlung ist ein Aspekt der politischen Auseinandersetzungen um neue gesellschaftliche Normalitätsvorstellungen und Erwartungen. Dies geht in Deutschland mit einer dezidierten Kritik an dem vorherigen Verständnis von Beruflichkeit respektive einer Infragestellung dieses Prinzips einher, die sich insbesondere auf die Dimension der „Erwerbsorientierung" bezieht.

Eine historische Betrachtung des Berufsprinzips[9] kann somit auch als eine Folge von Veränderungen der damit jeweils verbundenen Erwerbsorientierung gelesen werden. Das Prinzip Beruflichkeit hat sich von handwerklichen Traditionen und der auf *Martin Luther* zurückgehenden, religiös verstandenen „Berufung" über den idealistischen Berufsbegriff der klassischen Berufsbildungstheorie am Übergang vom 19. zum 20. Jahrhundert bis zum industriellen Berufskonzept des 20. Jahrhunderts gewandelt. Diese grundlegenden Veränderungen im Berufsverständnis zeichnen sich insbesondere durch einen Wandel in der Dimension der Erwerbsorientierung aus: Die Erwerbsorientierung war im Verständnis *religiöser Berufung* der handwerklich-agrarischen Ständegesellschaft des Mittelalters zunächst als Fügung des Einzelnen in ein gottgewolltes Schicksal gefasst. Im *idealistischen Berufsbegriff* wurde sie insbesondere von den „Klassikern" der Berufsbildungstheorie (*Georg Kerschensteiner, Eduard Spranger, Aloys Fischer, Theodor Litt*) eher gemeinschaftlich gewendet und auf die Relation des Einzelnen zum Ganzen des Volkes bezogen. Das *industrielle Berufskonzept*, das sich in

---

[9] Dazu u.a. *Blankertz* 1985; 1969; *Conze* 1972; *Deißinger* 1998; *Gonon* 1992; *Greinert* 2007; *Harney* 2004; *Kutscha* 2008; *Mayer* 1999; *Schütte* 1992; *Stratmann* 1988; *Thelen* 2004; *Wahle* 2007.

der zweiten Hälfte des 20. Jahrhunderts durchsetzte, ist am Modell des Facharbeiters in der Industrie orientiert. Hier ist die Erwerbsorientierung durch die tayloristische Arbeitsorganisation mit ihrer klaren Trennung von Erwerbsarbeit und Freizeit sowie planenden und ausführenden Tätigkeiten und somit stark durch die funktionale Differenzierung der Gesellschaft geprägt.

Für das Prinzip Beruflichkeit lassen sich somit über eine Veränderung der Erwerbsorientierung entlang gesellschaftlicher Umbrüche ebenfalls grundlegende Wandlungsprozesse rekonstruieren. Sie stellen einerseits Anpassungen an veränderte Anforderungen der Erwerbssphäre dar, andererseits sind die Aushandlungsprozesse um eine künftige Gestaltung von Beruflicheit, aber auch selbst Teil der politischen Gestaltung der jeweiligen gesellschaftlichen Transformationsprozesse.

7 Ausblick: Postindustrielle Beruflichkeit

Ausgangspunkt für die folgenden abschließenden Überlegungen zu den Zukunftsperspektiven von Beruflichkeit sind aktuelle Transformationsprozesse der Industriegesellschaft. Gemäß den vorausgegangenen Rekonstruktionen zum Zusammenhang von gesellschaftlich-ökonomischer Transformation und einem Wandel von Beruflichkeit über die Veränderung der Erwerbsorientierung müssten auch die gegenwärtigen gesellschaftlichen Veränderungen und die aktuellen Diskussionen um Beruflichkeit über die Neuaushandlung der Dimension Erwerbsorientierung in einem direkten Zusammenhang stehen.

Die Industriegesellschaft ist durch eine starke Standardisierung von Beschäftigung, Lebenslauf und Zeitstrukturen gekennzeichnet Als zentrales Kennzeichen ihrer Transformation wird daher eine umfassende Flexibilisierung dieser Strukturen hervorgehoben (z.B. *Szydlik* 2008). Diese betrifft zum einen die *Beschäftigungsbeziehungen*. Einerseits lässt sich ein sinkender Anteil unbefristeter Vollzeitbeschäftigung sowie eine Zunahme flexibler Beschäftigungsformen (*Struck* 2006, 382) und Leiharbeit (*Keller/Seifert* 2007) verzeichnen. Andererseits ist die Erbringung von Arbeitsleitung zunehmend flexibler organisiert, zum Beispiel durch die Aufhebung zeitlicher und örtlicher Vorgaben oder projektförmige Arbeitsweisen. Hierbei sind Prozessstrukturen weniger eng vorgegeben, sondern die Erbringung von Arbeitsleistung wird eher über Zielvorgaben und -erwartungen reguliert.

Darüber hinaus betrifft die Flexibilisierung auch den *Lebenslauf* als institutionalisiertes gesellschaftliches Strukturmuster (*Kohli* 1985). Lebenslaufregimes sind ebenfalls weniger direktiv im Sinne eines Normallebenslaufs vorgegeben (*Diewald* 2010). Die Gestaltung des eigenen Lebens ist somit weniger klar durch vorgegeben Rollen und gesellschaftliche Institutionen vorherbestimmt. Die Verantwortung für die Gestaltung geht vielmehr von den Institutionen auf die Individuen selbst über, was auch als Aspekt von „Individualisierung" mit ihren ambivalenten Folgen für die Individuen analysiert wird (vgl. *Kron* 2000). Diese Entwicklung findet bereits Ausdruck in einer Veränderung auf der Ebene individueller Lebensentwürfe und Biographien (beispielsweise *Dörre* 2010, *Jurczyk u.a.* 2009, *Pongratz/Voß* 2003). Der Begriff *post-industriell* bezieht sich auf diese umfassenden Phänomene ökonomischen und gesellschaftlichen Wandels im Zuge der Transformation der Industriegesellschaft. Die Debatte um die Bezeichnung der aktuellen Transformation – „Dienstleistungsgesellschaft", „Wissensgesellschaft", „digitaler Kapitalismus" – ist zum jetzigen Zeitpunkt noch offen. Ein zentraler, die unterschiedlichen „Diagnosen" verbindender Aspekt ist jedoch, dass es sich nicht nur um einen ökonomischen Wandlungsprozess handelt, sondern um eine tiefgreifende soziale Transformation, worauf zu einem sehr frühen Zeitpunkt der Debatte bereits *Daniel Bell* (1973) hingewiesen hat.

Ein Aspekt des Transformationsprozesses der Industriegesellschaft ist eine kritische Auseinandersetzung mit dem Berufskonzept. Das in der Kritik befindliche Berufskonzept in der jetzt zur Disposition gestellten Form spiegelt noch die Strukturen der Industriegesellschaft wider. In dieser Situation wird vor allem die Dimension der Erwerbsorientierung zum Thema gemacht. Denn im Zuge weitreichender gesellschaftlich-ökonomischer Transformationsprozesse ändern sich mit den Normalitätsvorstellungen auch die gesellschaftlich geforderten Orientierungen gegenüber der Erwerbstätigkeit.

Kritiker des Berufsprinzips, wie beispielsweise *Martin Baethge*, argumentieren, dass das Prinzip Beruflichkeit durch die veränderten Leistungsanforderungen in den Betrieben erodiere und somit in der Arbeitswelt „dysfunktional" werde (*Baethge/Baethge-Kinsky* 1998). Damit verliere es insgesamt an Orientierungskraft für die Individuen, denn es sei zu starr, um in der heutigen Gesellschaft den Individuen einen Anhaltspunkt für die Gestaltung des eigenen Lebens zu geben. Pointiert fassen *Walter Georg* und *Ulrike Sattel* (2006, 145) die Argumentation der grundsätzlichen Kritik an Beruflichkeit zusammen: „Berufe erscheinen nur mehr als Störgröße in einer Arbeitswelt, deren Kennzeichen Fluidität und Flexibilität sind". Die mit dem bisherigen Berufskonzept verbundene Erwerbsorientierung zeichnet sich durch eine beruflich vermittelte Identität, Stabilität in Biografie und Beschäftigung sowie Loyalität gegenüber dem Arbeitgeber aus. Sie wurde durch die sozialen, ökonomischen sowie arbeitsorganisatorischen Rahmenbedingungen der Industriegesellschaft geprägt. In der Diskussion um die Zukunft des Berufskonzepts dominiert daher auch eine Kritik, die sich im Kern auf die Erwerbsorientierung bezieht; die Dimensionen Fachlichkeit und überfachliche Kompetenzen spielen in der aktuellen Auseinandersetzung kaum eine Rolle. Die für das industrielle Berufskonzept charakteristische Erwerbsorientierung ist im Zusammenhang mit der Transformation der Industriegesellschaft das eigentliche Ziel der Kritik, auch wenn diese häufig als „Gesamtkritik" am Prinzip Beruflichkeit vorgebracht wird.

Flankierend zur kritischen Auseinandersetzung mit dem Berufskonzept ist seit Ende der 1990er Jahren eine zunehmende Rezeption des *employability*-Konzepts zu beobachten. Das Stichwort *employability* (bzw. Beschäftigungs- oder Arbeitsmarktfähigkeit) wird in Deutschland vor allem aus der internationalen Bildungs-, Sozial- und Beschäftigungspolitik sowie in der betrieblichen Personalarbeit aufgegriffen. Die Protagonisten dieses Konzepts betonen besonders die Notwendigkeit einer Veränderung der Einstellung zur Erwerbsarbeit und fordern vor allem einen unternehmerischen Umgang mit der eigenen Arbeitskraft und den eigenen Erwerbschancen ein. Analysiert man die entsprechende Literatur zu *employability* innerhalb dieses Diskurses, dann kann lässt sich folgendes Verständnis als *mainstream* formulieren: *Employability* bezeichnet die Fähigkeiten und Bereitschaften, die es den Einzelnen ermöglichen, Beschäftigungsverhältnisse einzugehen, sich wertschöpfend in Arbeitsprozesse einzubringen und über eine beständige Anpassung der eigenen Arbeitskraft, die sich reflexiv und evaluativ auf die Bedingungen ihrer Realisierung bezieht, in Beschäftigung zu bleiben (vgl. *Kraus* 2007). In der Transformation des industriellen Berufskonzepts spielt die Rezeption von *employability* eine wichtige Rolle, denn dieser Diskurs stellt damit die Forderung nach einer veränderten Einstellung des Individuums zur Erwerbstätigkeit in den Mittelpunkt. Dieser Diskurs wird in Deutschland vor allem auf unternehmerisches Denken bezogen geführt: Der Einzelne soll sich in Bezug auf seine Beschäftigung verhalten wie ein „Unternehmer in eigener Sache": vorausschauend agieren, investieren und sich bietende Möglichkeiten in einer flexiblen Arbeitswelt nutzen.

In der Auseinandersetzung um die künftige Form einer erwerbsorientierten Pädagogik überschneiden sich somit eine auf die Dimension der Erwerbsorientierung zielende Kritik am Berufskonzept und eine auf die Dimension der Erwerbsorientierung fokussierte Rezeption von *employability*. Inhaltich geht es dabei um die Konfrontation der industriegesellschaftlichen Erwerbsorientierung mit einer flexibilisierten und individualisierten Erwerbsorientierung, die als Teil der gesellschaftlichen Transformation zur post-industriellen Gesellschaft im Erwerbsschema durchgesetzt werden soll. Dies kann als Prozess der Überlagerung interpretiert werden: Die Inhalte der Erwerbsorientierung im industriellen Berufskonzept werden durch die spezifische Rezeption der Inhalte des *employability*-Konzepts – insbesondere unternehmerisches Denken, Flexibilität und Dynamik – überlagert. Durch diese Überlagerung innerhalb der inhaltlichen Formulierung des Konzepts von Beruflichkeit gewinnt ein neuer Inhalt an Bedeutung, ohne dass er den alten völlig verdrängt. Aber die neue Formulierung der Erwerbsorientierung lässt die bisherigen Bestimmungen, wie Loyalität oder Stabilität, in den Hintergrund treten.

Der Wandel von Beruflichkeit im Kontext der Transformation zur postindustriellen Gesellschaft lässt sich damit wie folgt bestimmen: Der Schwerpunkt Fachlichkeit und das darauf aufbauende umfassende Verständnis beruflicher Handlungskompetenz im Erwerbsschema Beruf wird im Zuge der Transformation der Erwerbsorientierung ergänzt um „unternehmerisches Denken" und Flexibilität. Die für das industrielle Berufskonzept kennzeichnenden Aspekte Standardisierung und Stabilität werden dabei als Grundorientierungen abgelöst durch Flexibilität und Dynamik in der Einstellung gegenüber der Erwerbstätigkeit. Im Zusammenhang mit Umbrüchen in der Gesellschafts- und Wirtschaftsordnung wandelt sich Beruflichkeit somit erneut in der Dimension Erwerbsorientierung. Die Reformulierung der Erwerbsorientierung im Erwerbsschema Beruflichkeit ist dabei Teil der Aushandlungsprozesse um die Ausgestaltung der künftigen Wirtschafts- und Gesellschaftsordnung. Die Diskussion um die künftige Form von Beruflichkeit stellt ihrerseits einen Aushandlungsprozess dar, in dem die gesellschaftlich als normal angesehenen Anforderungen an Erwerbstätige neu bestimmt werden.

Tabelle 4: Ausblick – Metamorphosen von Beruflichkeit

	Erwerbsorientierung
Religiöse Berufung	Mittelalter: handwerklich-agrarische Ständegesellschaft religiös, am gottgegebenen Schicksal ausgerichtet
Idealistischer Berufsbegriff	Ausgehendes 19. Jahrhundert: Industrialisierung gemeinschaftlich, auf das Volk bezogen
Industrielles Berufskonzept	20. Jahrhundert: Industriegesellschaft tayloristisch, durch die funktionale Differenzierung der Gesellschaft bestimmt
Post-industrielle Beruflichkeit	Übergang 20./21. Jahrhundert: post-industrielle Gesellschaft individualisiert, reflexiv an der Subjektivität und Flexibilität des Einzelnen orientiert

Im Kontext der Transformation zur post-industriellen Gesellschaft zeichnet sich somit trotz der bisweilen in diesem Zusammenhang geäußerten Grundsatzkritik am Berufsprinzip kein abrupter Pfadwechsel ab, das heißt, es zeigt sich keine völlige Abkehr von diesem Prinzip (vgl. *Thelen* 2004). Diese Form der Kritik ist vielmehr als Hintergrundbedingung zu sehen für eine Veränderung des Verständnisses von Beruflichkeit, bei der die Dimension der Erwerbsorientierung im industriellen Berufskonzept durch die Rezeption von *employability* überlagert wird. Ausgehend von den in Kapitel 6 vorgestellten Metamorphosen von Beruflichkeit können diese daher als Ausblick um eine weitere Transformation zur „post-industriellen Beruflichkeit" erweitert werden: von der religiösen Berufung über einen idealistischen Berufsbegriff und das industrielle Berufskonzept zur post-industriellen Beruflichkeit. Bei der letzten ist die Erwerbsorientierung individualisiert und reflexiv an der Subjektivität und Flexibilität des Einzelnen ausgerichtet.

Literatur

Aulenbacher, Brigitte; Wetterer, Angelika (Hrsg.), 2009: Arbeit – Perspektiven und Diagnosen der Geschlechterforschung, Münster

Baethge, Martin; Baethge-Kinsky, Volker, 1998: Jenseits von Beruf und Beruflichkeit? Neue Formen von Arbeitsorganisation und Beschäftigung und ihre Bedeutung für eine zentrale Kategorie gesellschaftlicher Integration, in: Mitteilungen aus der Arbeitsmarkt- und Berufsforschung 31, 3, 461-472

Becke, Guido, 2008: Soziale Erwartungsstrukturen in Unternehmen. Zur psychosozialen Dynamik von Gegenseitigkeit im Organisationswandel, Berlin

Bell, Daniel, 1973: The Coming of Post-Industrial Society. A Venture in Social Forecasting, New York

Blankertz, Herwig, 1985: Berufsbildung und Utilitarismus. Problemgeschichtliche Untersuchungen, Weinheim und München; zuerst: 1963

Blankertz, Herwig, 1969: Zum Begriff des Berufes in unserer Zeit, in: Ders. (Hrsg.): Arbeitslehre in der Hauptschule, Essen, 23-41

Conze, Werner, 1972: Beruf, in: Brunner, Otto; Koselleck, Reinhart; Conze, Werner (Hrsg.): Geschichtliche Grundbegriffe. Historisches Lexikon zur politisch-sozialen Sprache in Deutschland, Stuttgart, 490-507

Deißinger, Thomas, 1998: Beruflichkeit als „organisierendes Prinzip" der deutschen Berufsbildung, Markt Schwaben

Diewald, Martin, 2010: Lebenslaufregime. Begriff, Funktion und Hypothesen zum Wandel, in: Bolder, Axel; Epping, Rudolf; Klein, Rosemarie u.a. (Hrsg.): Neue Lebenslaufregimes – neue Konzepte der Bildung Erwachsener? Wiesbaden, 25-41

Dörre, Klaus, 2010: Der Selbstmanager. Biographien und Lebensentwürfe in unsicheren Zeiten, in: Bolder, Axel; Epping, Rudolf; Klein, Rosemarie u.a. (Hrsg.): Neue Lebenslaufregimes – neue Konzepte der Bildung Erwachsener? Wiesbaden, 139-149

Fassauer, Gabriele, 2008: Arbeitsleistung, Identität und Markt. Eine Analyse marktförmiger Leistungssteuerung in Arbeitsorganisationen, Wiesbaden
Georg, Walter; Sattel, Ulrike, 2006: Arbeitsmarkt, Beschäftigungssystem und Berufsbildung, in: Arnold, Rolf; Lipsmeier, Antonius (Hrsg.): Handbuch der Berufsbildung, Wiesbaden, 2. überarb. u. aktualis. Auflage, 125-152; zuerst: Opladen 1995
Gonon, Philipp, 1992: Arbeitsschule und Qualifikation. Arbeit und Schule im 19. Jahrhundert, Kerschensteiner und die heutigen Debatten zur beruflichen Qualifikation, Bern
Greinert, Wolf-Dietrich, 2007: Erwerbsqualifizierung jenseits des Industrialismus. Zu Geschichte und Reform des deutschen Systems der Berufsbildungspolitik, Frankfurt a.M.
Harney, Klaus, 2004: Berufsbildung, in: Benner, Dieter; Oelkers, Jürgen (Hrsg.): Historisches Wörterbuch der Pädagogik, Weinheim und Basel, 153-173
Jäger, Wieland; Röttgers, Kurt (Hrsg.), 2008: Arbeit und Sinn. Soziologische und wirtschaftsphilosophische Betrachtungen, Wiesbaden
Jurczyk u.a. (= Jurczyk, Karin; Schier, Michaela; Szymenderski, Peggy u.a.), 2009: Entgrenzung der Arbeit – Entgrenzung von Familie. Grenzmanagement im Alltag als neue Herausforderung, Berlin
Keller, Reiner; Seifert, Hartmut (Hrsg.), 2007: Atypische Beschäftigung – Flexibilisierung und soziale Risiken, Berlin
Kohli, Martin, 1985: Die Institutionalisierung des Lebenslaufs. Historische Befunde und theoretische Argumente, in: Kölner Zeitschrift für Soziologie und Sozialpsychologie 37, 1, 1-29
Kraus, Katrin, 2006: Vom Beruf zur Employability? Zur Theorie einer Pädagogik des Erwerbs, Wiesbaden
Kraus, Katrin, 2007: Die „berufliche Ordnung" im Spannungsfeld von nationaler Tradition und europäischer Integration, in: Zeitschrift für Pädagogik 53, 3, 381-397
Kraus, Katrin, 2008a: Understanding the Transfer of Concepts between the International and the National Levels: Import or Interpretation? In: Aarkrog, Vibe; Jørgensen, Christian Helms (Hrsg.): Divergence and Convergence in Education and Work (= Studien zur Berufs- und Weiterbildung – Studies in Vocational and Continuing Education, 6), Bern usw, 77-99
Kraus, Katrin, 2008b: Does Employability Put the German 'Vocational Order' at Risk? An Analysis from the Perspective of Earning Oriented Pedagogy, in: Gonon, Philipp; Kraus, Katrin; Oelkers, Jürgen u.a. (Hrsg.): Work, Education and Employability, Frankfurt a..M., 55-81
Kraus, Katrin, 2009a: Re-Theorising (L)earning. The 'Earning Schema' as an Area-Specific Model and Situated Concept, in: Heikkinen, Anja; Kraus, Katrin (Hrsg.): Reworking Vocational Education: Policies, Practices and Concepts (= Studien zur Berufs- und Weiterbildung – Studies in vocational and continuing education, 7) Bern usw., 7-18
Kraus, Katrin, 2009b: Bildung, Erwerb, Beruflichkeit. Thesen zur Berufsbildungstheorie aus der Perspektive einer „Pädagogik des Erwerbs", in: Lisop, Ingrid; Schlüter, Anne (Hrsg.): Bildung im Medium des Berufs? Diskurslinien der Berufs- und Wirtschaftspädagogik, Frankfurt a.M., 185-206

Kraus, Katrin; Raeder, Sabine, 2008: Flexibilisierung von Beschäftigung – Funktion und Wandel der Vermittlungsformen „Beruf" und „psychologischer Vertrag", in: Arbeit. Zeitschrift für Arbeitsforschung, Arbeitsgestaltung und Arbeitspolitik 17, 3, 209-221

Kron, Thomas (Hrsg.), 2000: Individualisierung und soziologische Theorie, Opladen

Kutscha, Günter, 1992: „Entberuflichung" und „Neue Beruflichkeit" – Thesen und Aspekte zur Modernisierung der Berufsbildung und ihrer Theorie, in: Zeitschrift für Berufs- und Wirtschaftspädagogik 88, 7, 536-548

Kutscha, Günter, 2008: Arbeit und Beruf – Konstitutive Momente der Beruflichkeit im evolutionsgeschichtlichen Rückblick auf die frühen Hochkulturen Mesopotamiens und Ägyptens und Aspekte aus berufsbildungstheoretischer Sicht, in: Zeitschrift für Berufs- und Wirtschaftspädagogik 104, 3, 333-357

Lohr, Karin; Nickel, Hildegard Maria (Hrsg.), 2005: Subjektivierung von Arbeit – Riskante Chancen, Münster

Matthes, Joachim (Hrsg.), 1983: Krise der Arbeitsgesellschaft? Verhandlungen des 21. Soziologentages in Bamberg 1982, Frankfurt a.M. und New York

Mayer, Christine, 1999: Entstehung und Stellung des Berufs im Berufsbildungssystem, in: Harney, Klaus; Tenorth, Heinz-Elmar (Hrsg.): Beruf und Berufsbildung. Situation, Reformperspektiven, Gestaltungsmöglichkeiten, Weinheim und Basel, 35-60

Meyer, Rita, 2000: Qualifizierung für moderne Beruflichkeit – Soziale Organisation der Arbeit von Facharbeiterberufen bis zu Managertätigkeiten, Münster und New York 2000

Pongratz, Hans J.; Voß, G. Günter, 2003: Arbeitskraftunternehmer. Erwerbsorientierungen in entgrenzten Arbeitsformen, Berlin

Pries, Ludger, 1998: „Arbeitsmarkt" oder „erwerbsstrukturierende Institutionen"? Theoretische Überlegungen zu einer Erwerbssoziologie, in: Kölner Zeitschrift für Soziologie und Sozialpsychologie 50, 1, 159-175

Pries, Ludger, 2010: Erwerbsregulierung in einer globalisierten Welt, Wiesbaden

Schriewer, Jürgen, 2003: Comparative Education Methodology in Transition: Towards a Science of Complexity? In: Schriewer, Jürgen (Hrsg.): Discourse Formation in Comparative Education, Frankfurt a.M., 3-52

Schütte, Friedhelm, 1992: Berufserziehung zwischen Revolution und Nationalsozialismus. Ein Beitrag zur Bildungs- und Sozialgeschichte der Weimarer Republik, Weinheim

Stratmann, Karlwilhelm, 1988: Zur Sozialgeschichte der Berufsbildungstheorie, in: Zeitschrift für Berufs- und Wirtschaftspädagogik 87, 7, 579-598

Struck, Olaf, 2006: Flexibilität und Sicherheit. Empirische Befunde, theoretische Konzepte und institutionelle Gestaltung von Beschäftigungsstabilität, Wiesbaden

Svetlova, Ekatarina, 2008: Sinnstiftung in der Ökonomie. Wirtschaftliches Handeln aus sozialphilosophischer Sicht, Bielefeld

Szydlik, Marc (Hrsg.), 2008: Flexibilisierung. Folgen für Arbeit und Familie, Wiesbaden

Thelen, Kathleen, 2004: How Institutions Evolve. The Political Economy of Skills in Germany, Britain, The United States, and Japan, Cambridge

Wahle, Manfred, 2007: Im Rückspiegel – das Kaiserreich. Modernisierungsstrategien und Berufsausbildung, Frankfurt a.M.

Weber, Max, 1980: Wirtschaft und Gesellschaft. Grundriss der Verstehenden Soziologie, Tübingen

Autorin

Katrin Kraus, geb. 1973, Prof. Dr., Fachhochschule Nordwestschweiz, Pädagogische Hochschule, Institut Weiterbildung und Beratung (katrin.kraus@fhnw.ch); Arbeitsschwerpunkte: Lernorte und soziale Räume; Policy-Analyse; Erwerbsorientierte Bildung. Erwachsenenbildung/Weiterbildung in der Schweiz; Lebenslanges Lernen.
→ Kraus, Katrin, 2010: Aneignung von Lernorten in der Erwachsenenbildung, in: REPORT. Zeitschrift für Weiterbildungsforschung, 33 (2), 46-55.

WILFRIED KRUSE

Wechselfälle der Arbeit – Beruflichkeit als Risiko?

Dass die „Wechselfälle der Arbeit" zunehmen, gehört zu dem Satz an konsensfähigen Aussagen, die über die heutige Arbeitswelt getroffen werden. Erwartet wird, dass in jeder Hinsicht Anforderungen an Mobilität und Flexibilität noch weiter zunehmen werden. Ob vor diesem Hintergrund Beruflichkeit ein Risiko ist oder wird, ist dagegen für den deutschen Diskurs nach wie vor eine eher ungewöhnliche Frage. Denn: Eher umgekehrt wird der befürchtete Verlust von Beruflichkeit als ein Risiko angesehen; vor allem – aber nicht nur – für die betroffenen Personen. Als riskant erscheint in dieser Betrachtungsweise vor allem zweierlei: die Einbuße an beruflicher Identifikation und der Abbau der mit der Institution „Beruf" verbundenen Sicherheiten. Im folgenden Beitrag geht es vor allem um den ersten Aspekt, nämlich um die Beruflichkeit des Arbeitsvermögens.

Neue Berufserzählungen braucht das Land?

Auf *Richard Sennett* wird vielfach Bezug genommen, wenn es um die Frage geht, welche Bedeutung Beruf für die persönliche Identität hat. Auch in seinem Buch „Handwerk" (*Sennett* 2007) kommt er wieder auf die offenbar an *Max Weber* anknüpfende Idee zurück, beruflich sei eine Arbeitsbiografie dann, wenn sie eine Geschichte abgibt. Zu einer persönlichen Erzählung werde eine Arbeitsbiografie aber erst verarbeitbar, wenn der Beruf zu einem individuellen Identitätsmerkmal geworden sei. Kontrastierend hierzu berichtet er in seinem Buch von Menschen, deren Arbeit ihnen als „Job" gewissermaßen äußerlich bleibt, die daraus keine Erzählung *über sich selbst* machen können. Oder jedenfalls keine, wie die Zuhörer sie *verstehen*. Das Verständnis, das die Zuhörer von Beruflichkeit haben, bildet nämlich den Resonanzboden, der meine eigene berufliche Geschichte zum Schwingen bringt.

Bis hinein in die Frage also, ob und wie ich meine Arbeitsbiografie als eine Berufsbiografie nacherzählen kann *und* wie diese Erzählung verstanden wird, ist „Beruf" eine *soziale Konstruktion*. Nicht ohne Grund heißt der deutsche Titel des Buches „Handwerk". Der eingewebte Ton von Nostalgie beschwört wichtige Arrangements individueller und sozialer Stabilität zu einem Zeitpunkt, an dem sie sich erkennbar und für viele erlebbar, wenn nicht in Auflösung, so doch in erheblicher Transformation befinden. Wenn man den Unterschied zwischen „Erzählung" und der sich transformierenden „Wirklichkeit" im Auge behält, drängt sich die Vermutung auf, dass wir uns in Deutschland, was „Beruflichkeit" betrifft, in einer *Umbruchphase* befinden, in der auf die alten Erzählungen deswegen zurückgegriffen wird, weil noch keine oder keine ausreichend elaborierten neuen, wirkmächtigen, Stabilität und Identität mitstiftenden Erzählungen zur Verfügung stehen.

Diese subjektive Seite von Beruflichkeit korrespondiert in Deutschland allerdings in besonderer – und zu den USA sehr unterschiedlicher – Weise mit einem historisch gewachsenen Arbeits- und Sozialsystem, das durch Berufe in erheblichem Umfang strukturiert wird. Hierin nimmt traditionell neben den akademischen Arbeitsfeldern die Berufsausbildung für den Bereich der Fachtätigkeiten eine wichtige Funktion ein, weil in ihr und mit ihr gewissermaßen die Eintrittsrechte in diese beruflich basierten Arbeits- und Sozialstrukturen mit ihren „Rechten und Pflichten" erworben wird.

Erst diese Systematik erklärt, wieso es zum Beispiel über die Frage einer Modularisierung von Berufsausbildung heftige Kontroversen gibt. Denn ein möglicher Eingriff in eine der vielen Konventionen, die als soziale Kompromisse historisch entstanden sind, hier also: die einer ununterbrochenen, meist dreijährigen Ausbildungszeit, verletzt möglicherweise das komplexe und empfindliche, austarierte Berufssystem. Die Gewerkschaften jedenfalls reklamieren, dass mit einer „Demontage" der in der Regel dreijährigen kontinuierlichen Berufsausbildung das gesamte auf „Beruf" aufgebaute Sozialsystem, aber auch die innerbetrieblich austarierten Sozialstrukturen, auf die sich die Interessenvertretungen eingespielt haben, ins Rutschen kommen könne..

Diese Gefahren sind real. Da aber mit überkommenen Konzepten und nicht mit einer *neuen Erzählung* darauf geantwortet wird, hält die Abwehr die Veränderungen nicht auf, sondern überlässt sie ihrer naturwüchsigen Dynamik, die – so ist zu befürchten – auf eine schleichende .Unterhöhlung und Entwertung des „dualen Systems" hinausläuft. Was also könnten zeitgemäße Erzählungen von Arbeitsbiografien sein?

Wechselfälle der Arbeit und neue arbeitsbiografische Leitbilder

Zu den „Wechselfällen der Arbeit" lieferte (in den Jahren 2000 bis 2005) auch unter dem Titel „Learnpartner" ein großes europäisches Forschungsprojekt in der Stahl- und Metallindustrie mehrerer Mitgliedsländer, an dem wir zusammen mit der Industriegewerkschaft Metall von deutscher Seite beteiligt waren, weitere

Evidenz (*Stuart* 2005). Im Zentrum des empirischen Interesses stand die Frage, welches diejenigen Erfahrungen, Fähigkeiten, Kompetenzen und Haltungen sind, die es Arbeitnehmerinnen und Arbeitnehmern erlauben, mit drohendem Arbeitsplatzverlust im Zuge von Strukturkrisen konstruktiv umzugehen und nicht in der „Falle" einer Existenz und Sinn bedrohenden Lebenskrise gefangen zu werden oder zu bleiben.

Die Fallstudien belegen über alle Länder hinweg eindrucksvoll, dass jene Betroffenen am besten klar kommen, die in ihrem vorherigen Arbeitsleben schon Wechsel erlebt und bewältigt hatten, und jene – teilweise sind es dieselben –, die in ihrem bisherigen Leben nicht nahezu ausschließlich auf ihre Arbeit konzentriert waren, sondern im Rahmen von anderen Aktivitäten, zum Beispiel in Vereinen et cetera Eigeninitiative entwickelt und Verantwortung übernommen hatten. Diese *Agilität* ist der praktische Gegenentwurf zu einer konventionellen Arbeitsbiografie, die durch die Erwartung eines lebenslangen Verbleibs im selben Betrieb und mehr oder weniger im selben Arbeitsbereich charakterisiert ist – und dies als Normalfall unterstellt – und wobei sich die Lebensaktivität pflichtbewusst und auch mit einer gewissen Opferbereitschaft im hohen Maße auf diese Arbeitstätigkeit konzentriert.

Die Schlussfolgerungen, die im Rahmen dieses Projekts gezogen und mit den beteiligten Gewerkschaften erörtert wurden, liefen darauf hinaus, dem überkommenen, eher statisch und stationär orientierten Modell von Arbeitsbiografie ein neues Modell entgegenzusetzen, das diese nicht mehr als nahezu schicksalhaft, sondern der eigenen Gestaltung zugänglich begreift und hierfür entsprechende Ausbildungen und Rahmenbedingungen einfordert.

Ein solcher Gestaltungsanspruch für die eigene Arbeitsbiografie ist nicht identisch mit Beschäftigungsfähigkeit im Sinne von Marktanpassung, sondern geht weit darüber hinaus. Denn die Debatte um die Definition von Beschäftigungsfähigkeit zeigt, dass ihr Bedeutungsgehalt und die damit verbundene Zumutung stark in Richtung einer reaktiven Fähigkeit zur Anpassung an wechselnde Arbeitsgelegenheiten gehen. Mit „Gestaltung von Arbeitsbiografien" ist demgegenüber eine neue Form von *flexibler Sicherheit* thematisiert. Eine Rücknahme von Standarisierungen bei Bildungs- und Arbeits-„Karrieren", also die kräftige Vermehrung von Optionen, wäre mit neuen Typen von „Sicherheiten" zu verbinden: Einstiegs- und Rückkehroptionen, eine systematische „Rucksack"-Politik im Sinne der gesicherten Mitnehmbarkeit von Qualifikationen, Erfahrungen, erworbenen Ansprüchen et cetera. und vor allem eine ausgebaute und sorgfältig überwachte Verfahrens-Sicherheit, zu der ohne Zweifel niedrigschwellig erreichbare Beratungs- und Unterstützungsstrukturen gehörten (*Kruse* 2007).

Ein solcher *umsichtiger Umbau* im Beschäftigungssystem – wie er heute teilweise unter der Überschrift „Gute Arbeit" aufgerufen wird – würde Rahmenbedingungen schaffen, in der sich ein neuer Typ von Arbeitsbiografien, der stärker über Wechsel und Entwicklung bestimmt wäre, positiv konsolidieren könnte.

Nicht die Beruflichkeit, sondern ihre Ausbildung ist ein Problem

Es versteht sich, dass in Deutschland für die Ausbildung arbeitsbiografischer Muster, was Kompetenzen, Interessen und Identitäten betrifft, die Phase der Berufsausbildung von großem Gewicht ist. Damit kommt *zunächst* vor allem das duale System in den Blick, weil es emblematisch für das deutsche Berufsmodell steht. Es handelt sich – daran soll erinnert werden – im internationalen Vergleich um eine Sonderform, deren entscheidendes Strukturmerkmal darin zu sehen ist, dass Ausbildungsplatzangebot sowie die Auswahl der Auszubildenden von *Entscheidungen von Einzelbetrieben* abhängig sind.

Da zugleich aber und trotz aller beobachtbaren Krisenphänomene im Feld der beruflichen Bildung die solchermaßen in ihrer Zugänglichkeit, in ihrem Umfang und auch in ihrer faktischen Ausbildungsberufsstruktur wesentlich von einzelbetrieblichen Interessen her gesteuerte duale Berufsausbildung immer noch als „Königsweg" des beruflichen Kompetenzerwerbs verteidigt wird, bleibt auch die historisch mit entstandene *männliche Prägung* des dualen Ausbildungssystems weitgehend erhalten (*Paul-Kohlhoff* 2008). In der Konsequenz wird *vollschulische Berufsausbildung*, die vor allem für jene Berufe entstand, die Frauen vorbehalten blieben, heute aber ein qualitativ hochwertiges und in sich differenziertes Segment darstellt, immer noch als eher zweitrangig betrachtet.

Die Ausbildungsordnungen mit ihren unterschiedlichen Anforderungsprofilen markieren jeweils eine Mindestqualität, die jeder Ausbildungsbetrieb sicherstellen muss. Jenseits dieser Linie sind die Qualitätsunterschiede in der Ausbildung von Betrieb zu Betrieb groß. Je schwächer aber die pädagogische Qualität der Ausbildung ist, je eingeschränkter der Arbeitsprozess, je enger die Produktpalette, je hierarchischer die Organisationsstruktur des Betriebes, desto gefährdeter ist die Entwicklung jener beruflichen Kompetenzen, die für die Zukunft gebraucht werden. Dies und die Tatsache, dass die Betriebe darüber entscheiden, wie viele Auszubildende eingestellt werden und in welchen Berufen ausgebildet wird, führt immer wieder dazu, dass der Lernort Betrieb weder in ausreichender Zahl noch in ausreichender Qualität, noch in guter Zugänglichkeit für alle, die ihn nachfragen, zur Verfügung steht.

Die jeweils meist durchaus nachvollziehbaren Entscheidungen der Betriebe über Art und Anzahl von Ausbildungsplätzen und über die BewerberInnen-Auswahl führen in ihrer Summe zu einer *ungleichen Verteilung des „knappen*

Gutes" Lernort Betrieb. Man könnte sogar die These vertreten, dass diejenigen, die ihn am dringendsten benötigten, um an sich Stärken zu entdecken, nämlich die in der Schule Erfolglosen, ihn am wenigsten erhalten.

Mythos „Betrieb" und einzelbetriebliche Enge

Die Debatte über eine Reform der Berufsausbildung, die Beruflichkeit sichern, aber zugleich die Aufgabe moderner beruflicher Grundbildung *für alle* erfüllen würde, tritt vermutlich vor allem deswegen auf der Stelle, weil der Mythos vom Betrieb als quasi natürlichem Ort für die Ausbildung von Beruflichkeit aufrecht erhalten wird. Hier spielen wirkungsmächtige Interessen ebenso hinein wie seine faktische Flankierung durch wichtige Teile der Berufspädagogik (und in ihrer Folge auch der Sozialpädagogik), weil sie das betriebliche Ausbildungsgeschehen (das pädagogisch weitgehend als *black box* erscheint) nicht ausreichend empirisch erhellt und damit zugleich einer Untertheoretisierung des Betriebs als Lernort Vorschub leistet.

Auch in fortschrittlicheren Varianten einer kritischen Auseinandersetzung mit der aktuellen Qualität der betrieblichen Berufsausbildung wird also zumeist von einer quasi natürlichen, organisationsimmanenten Bildungskraft des Betriebs ausgegangen. Die Einsicht, dass nicht jeglicher Betrieb gleichermaßen als für Ausbildung geeignet erscheint und Ausbildungsqualität ins Zentrum gerückt werden muss, wird hinsichtlich der notwendigen Konsequenz durch eben diese Annahme einer quasi natürlichen Bildungskraft des Betriebs gebremst. In einem deutlichen Widerspruch zu dieser Annahme bewegen sich diverse Modellversuche, die eindrucksvoll belegen, dass eine gute „Lehrsamkeit" von Betrieb immer Ergebnis systematischer pädagogischer Gestaltung ist. Pädagogische Gestaltung der betrieblichen Ausbildung ist Investment, also ein Kostenfaktor, der sich – unter gegebenen Bedingungen – in die Ratio betrieblicher Personalgewinnungsstrategien einordnen muss. Der einzelbetriebliche „Flaschenhals" für die Sicherung guter Ausbildung für alle, die diesen Bildungstyp wählen wollen, wird sichtbar.

Aber auch dann, wenn der Betrieb für anspruchsvolle Ausbildungsqualität sorgt, weist er als *Einzelbetrieb* eine für den Erwerb moderner beruflicher Kompetenzen und einer entsprechenden positiven Identität eine problematische *Enge* auf.[1] Wieso?

---

[1] Diese Frage begleitet seit der empirischen Studie „Facharbeiter werden – Facharbeiter bleiben" (*Kruse u.a.* 1981) meine wissenschaftliche und beratende Beschäftigung mit dem deutschen Berufsbildungssystem. Deshalb sollen an dieser Stelle Stichworte genügen.

Der einzelne Betrieb ist immer nur *Ausschnitt* eines breiten Feldes von Varianten, wie Arbeit organisiert und Tätigkeiten zugeschnitten sind. Die zum biografischen Zeitpunkt des Ausbildungseintritts sehr prägsame erste Betriebserfahrung lässt aber die besondere Form, in der in diesem Betrieb gearbeitet, organisiert und ausgebildet wird, wie einen „Prototyp" erscheinen. Die damit verbundene Erfahrungsenge betrifft auch den Kompetenzhorizont, in dem sich die Anforderungen im zu erlernenden Berufsfeld bewegen: Es besteht die Gefahr, dass der erfahrene Ausschnitt für das „Ganze" gehalten wird.

Die Teilzeitberufsschule kompensiert *bislang* diese Erfahrungs- und Horizontenge in der Regel nicht wirksam, weil sie ihre Position als „Theoretiker" der beruflichen Praxis „auf Augenhöhe" mit den Betrieben institutionell und vielfach de facto (noch) nicht gewonnen hat. Berufsschulen als berufliche Kompetenzzentren und „Leitagenturen" in der regionalen Berufsbildungslandschaft bleiben nach wie vor eine Zukunftsvision. Die betriebliche Sozialisation hat – auch in ihrer Beschwörung von Praxisgemeinschaft und der Figur „Meister-Novize" – patriarchalische Züge; Teilhabe und Partizipation bleiben schwierig. Korrekturen von Ausbildungsentscheidungen durch die jungen Leute sind erschwert, Ausbildungsabbrüche nicht selten die Folge (vgl. beispielhaft *Rauner* 2002).

Der Ausbildungsvertrag ist einem Arbeitsvertrag nachgeformt; dies und die Ausbildungsvergütung suggerieren, dass es sich bei der Berufsausbildung eher um ein Arbeitsverhältnis als um ein Bildungsarrangement handelt. Es ist diese durch die duale Sonderform der Berufsausbildung vorgegebene einzelbetrieblich dominierte Fassung der betrieblich-beruflichen Sozialisation, die die Gefahr in sich birgt, genau das, was den Lernort Betrieb unverzichtbar macht, in seinen Wirkungen zu dämpfen, wenn nicht gar zu neutralisieren.

Wenn man den *Lernort Betrieb* für gelingende berufliche Bildung auch in Zukunft für unverzichtbar hält, dann käme es ganz wesentlich darauf an, ihn aus seiner einzelbetrieblichen Engführung zu nehmen und ihm *exemplarische* Qualitäten zu geben. Ein solcherart verändertes Lernorte-Arrangement wird ohne eine institutionelle Reform der Berufsbildung immer wieder an ihre Machbarkeitsgrenzen stoßen.

Nicht-reformierte Berufsbildung als Risiko

Insbesondere im Zusammenhang mit der Benachteiligtenförderung, aber auch im Umkreis berufspädagogischer Diskurse wird häufig als Grund für das Festhalten an der einzelbetrieblichen Fassung der Berufsausbildung die Idee vom „Ernst des Lebens" ins Feld geführt. Damit sind Aspekte gemeint wie Sozialverhalten (Pünktlichkeit etc.), Einordnen in eine Gemeinschaft, Orientierung auf eine Aufgabe oder einen Zweck, die Erfahrung, dass Leistung und Lohn in ein bestimmtes Verhältnis gesetzt werden, dass Verstöße gegen Vereinbarungen Folgen haben, aber auch, dass sich entwickelnde persönliche Reife und fachliche Kompetenz am besten an Vorbildern ausgebildet werden und auf diese Weise Anerkennung, Eigenständigkeit und Verantwortlichkeit wachsen.

Unter dem Gesichtspunkt zukunftsfähiger Bildung und Kompetenzentwicklung müsste dagegen das Augenmerk stärker darauf gelenkt werden, welche sozialen und atmosphärischen Ausbildungsverhältnisse einer modernen Fachlichkeit zuträglich sind und welche sie – im Gegenteil – eher unterminieren. In diesem Sinne muss sehr daran gezweifelt werden, ob der Spruch, jeder Ausbildungsplatz sei besser als keiner und eine betriebliche Ausbildung sei jeder anderen Weise der beruflichen Kompetenzentwicklung vorzuziehen, aufrecht erhalten werden kann.

Die Ausdifferenzierungen, die die Übergangswege gegenüber den „klassischen" Modellen der „Königswege" erfahren haben, und die Attraktivität, die das Abitur als „Optionsöffner" mittlerweile erlangt hat, verändern Motivlagen und Erfahrungsfelder der Jugendlichen. Will man einen beruflichen Bildungstyp als gleichberechtigte Option gegenüber dem gymnasial-akademischen Bildungstyp aufrechterhalten, ist der Lernort Betrieb in gut gestalteter Qualität unverzichtbar. Es scheint also so, als ob sich das duale System zunehmend in seinem Beitrag zur Bildungsversorgung gerade in dem Punkt am problematischsten zeigt, in dem seine ihm vor allem zugeschriebene besondere Stärke besteht, nämlich in einer in Qualität und Menge ausreichenden und sicher zugänglichen Gelegenheit des Lernens im Kontext beruflich-betrieblicher Praxis.

Angesichts dieser Situation läge es nahe, nach Alternativen zu suchen. Für die weitgehende Zurückhaltung in dieser Frage gibt es diverse Erklärungen; sie reichen von Befürchtungen, dass ein Systemwechsel unbezahlbar sei beziehungsweise dass es einen großen Einbruch beim Angebot an „Lernort Betrieb" gebe, bis zu einem zunehmenden Desinteresse an der Entwicklung des Systems der beruflichen Bildung – eben weil diese zunehmend als gegenüber dem akademischen Weg sekundär und randständig erachtet wird.

Es ist aber schon eine interessante Frage, wieso zum Beispiel die Industriegewerkschaften, die – und dies mit guten Gründen – zu den entschiedenen Vertretern des Werts einer Bildung im Kontext beruflich-betrieblicher Praxis zählen, nicht eine genauere Differenzierung zwischen dem Prinzip „Lernort Betrieb" und dem dualen System vornehmen. Einer dieser Gründe ist wohl organisationspolitischer Art und hat mit der Werbung von Gewerkschaftsmitgliedern zu tun. Mitgliederbasis ist traditionell der Betrieb, Mitgliedsvoraussetzung der Arbeitnehmerstatus. Der Ausbildungsvertrag mit seiner strukturellen Ähnlichkeit zum Arbeitsvertrag und die Ausbildungsvergütung, die früher einmal auch Lehrlingslohn hieß und den fortschreitenden produktiven Beitrag, also die Arbeit im Rahmen der Ausbildung, abgelten soll, sind Elemente, die Auszubildende zu Arbeitnehmern nahezu zum Verwechseln ähnlich machen. Diese Verwechslung unterläuft auch den Auszubildenden selbst.

Es muss – alles in allem – sehr bezweifelt werden, ob Berufsausbildung in ihrer heutigen Fassung für *alle,* die sie erfahren, eine tragfähige Grundlage für den selbstbewussten Umgang mit der eigenen Arbeitsbiografie und den nicht unwahrscheinlichen Fällen von Arbeitsplatz-, Tätigkeits-, Betriebs- und Ortswechsel liefert. Gerade dann, wenn man die „Wechselfälle der Arbeit" für normale Bestandteile der jetzigen, vor allem aber auch der künftigen Arbeitsbiografien hält, steigen die Anforderungen an die Qualität der Berufsausbildung, die in hohem Maße von einem pädagogisch reflektierten und reflektierenden Zusammenspiel verschiedener Lernorte – und unter diesen unverzichtbar: der Lernort Betrieb – abhängig ist. Hierfür ist es unumgänglich, dass die Rolle des Betriebs in der Berufsausbildung *enttabuisiert* wird. Zu fragen wäre zum Beispiel, wie viel Betrieb man in welcher Art und Weise für die Ausbildung einer modernen Beruflichkeit tatsächlich braucht und wie sicherzustellen ist, dass der Lernort Betrieb in dem notwendigen Umfang und in der notwendigen Qualität kontinuierlich verfügbar ist.

Beruflichkeit wird in Deutschland stark durch Berufsausbildung *vorgeformt.* Die in vielen Segmenten des nicht-reformierten Ausbildungssystems hergestellte Beruflichkeit wird in der Folge vor allem deshalb zu einem Problem, weil sie die in der Ausbildung erfahrene Enge als unzureichende Agilität und Flexibilität weitergibt. Es ist also die *nicht-reformierte* Berufsausbildung, die mit Blick auf die Zukunft ein noch stärker werdendes Risiko für die Bewältigung der „Wechselfälle der Arbeit" darstellt.

Moderne Beruflichkeit und Arbeitsprozesswissen

Vor diesem Hintergrund gewinnt die Idee vom „Arbeitsprozess-Wissen" aktuelle Bedeutung. Es geht dabei um Wissen über den Arbeitsprozess und darum, Wissen in ein bestimmtes produktives Verhältnis zur Arbeitserfahrung zu setzen. In diesem Sinne ist Arbeitsprozess-Wissen zuallererst selbstbewusstes Orientierungs-Wissen der Arbeitenden.

Als die Idee vom „Arbeitsprozesswissen" von der Berufspädagogik adaptiert wurde, geschah dies mit einer charakteristischen Verkürzung (hierzu kritisch: *Kruse* 2000). Unter Arbeitsprozesswissen in dieser berufspädagogischen Variante wurde vor allem dasjenige Wissen verstanden,

- das im Arbeitsprozess unmittelbar benötigt wird,
- das meist im Arbeitsprozess selbst erworben wird, zum Beispiel durch Erfahrungslernen, aber auch die Verwendung fachtheoretischer Kenntnisse beinhalten kann,
- das einen vollständigen Arbeitsprozess umfasst, im Sinne der Zielsetzung, Planung, Durchführung und Bewertung der eigenen Arbeiten im Kontext betrieblicher Abläufe.

Demgegenüber wird hier für ein erweitertes und anders akzentuiertes Verständnis von Arbeitsprozesswissen plädiert, das mehr und teilweise Anderes als erfahrungsgenerierte Kenntnis des Arbeitsprozesses umfasst, in dem der Arbeitende agiert. Es impliziert *auch* eine Perspektive von *außen*, einen theoretischen Blick auf den Arbeitsprozess, was auch für die Aneignung des Arbeitsprozesswissens Konsequenzen hat. Diese Aneignung geht nicht im Arbeitsprozess selbst auf; sie verlangt vielmehr eine neue Kombination von spezifisch gerichtetem „Allgemeinwissen", beruflichem Fachwissen und reflexiver Arbeitserfahrung

Zunächst ist es die Dimensionierung des Arbeitsprozesswissens, die über die reaktive Figur der Anpassung an sich entwickelnde Nachfrage der Unternehmen hinausgeht. Denn: „Arbeitsprozess-Wissen bedeutet ein Verständnis des Gesamtarbeitsprozesses, an dem die jeweilige Person beteiligt ist, in seinen produktbezogenen, technischen, arbeitsorganisatorischen, sozialen und systembezogenen Dimensionen." (*Kruse* 1986)

Diese Dimensionierung verweist schon auf eine Erweiterung des Arbeitsprozesswissens um die Perspektive der Arbeits- und Lebensinteressen der Arbeitenden; wichtig ist aber nun, dass diese als Motiv für die Mitgestaltung des Arbeitsprozesses vor allem in der methodischen Orientierung für die Aneignung des Arbeitsprozesswissens aufgenommen werden. Dies gilt nun heute angesichts der *Normalität der Wechselfälle der Arbeit* umso mehr: die vorfindliche Arbeitsorganisation als eine historisch gewordene, in diesem Sinne als eine exemplarische, nicht notwendig gegebene Konfiguration und damit als für Alternativen offene zu verstehen. Die Idee von „Arbeitsprozess-Wissen" greift auch insofern über eine bloß reaktive Anpassung an sich verändernde Anforderungen durch die Zentralität von Wissen hinaus: Wissen ist ungleich Erfahrung; es verschwindet nicht in der Erfahrung, sondern wird für ihre Reflexion benötigt.

Ansatzpunkte

Moderne Beruflichkeit (des Arbeitsvermögens) wäre demzufolge vor allem in der Fähigkeit zu finden, von einer soliden und gesicherten beruflichen Kernidentität aus Tätigkeits-, Arbeitsplatz- und Betriebswechsel nicht nur „bewältigen", sondern diese Wechsel in die eigene Berufsbiografie positiv integrieren zu können. Die Einsicht darin, dass *Erfahrungsenge* den Aufbau einer solchen modernen Beruflichkeit behindert, hätte für Reformansätze beruflicher Bildung und Weiterbildung erhebliche Konsequenzen. Sie müssten diese Einsicht in sich aufnehmen, was zu ihren Schärfungen und Priorisierungen, aber auch zur Klärung arbeits- und bildungspolitischer Anschlüsse und Rahmungen beitragen würde.

Berufsausbildung behält für den Aufbau einer so verstandenen modernen Beruflichkeit herausragende Bedeutung, weil in ihr grundlegende Bildungsprozesse in ihrer vorläufig abschließenden Phase im *Medium* eines Berufs stattfinden. Dies gilt im Übrigen für jedwede Berufsausbildung, nicht nur für jene im dualen System. Das große Spektrum der schulischen Ausbildungsberufe muss also gleichermaßen und gleichberechtigt in die Betrachtung einbezogen werden; zumal zwischen diesen beiden „Abteilungen" des Berufsausbildungssystems auch starke *gender*-bezogene Verteilungsmechanismen wirksam sind. Zugleich würde sich durch eine stärkere Einbettung der Berufsausbildung in *bildungsbiografische Kontexte* (Stichwort: Lebenslanges Lernen) auch ihr Gewicht relativieren, was gerade unter dem hier behandelten Blickwinkel andauernder turbulenter Veränderungen in der Arbeitswelt angezeigt wäre. Denn noch immer trägt die heutige Berufsausbildung – trotz vieler gegenteiliger Versicherungen – die Last der Idee des Lebensberufs mit sich herum. Ein durch vertiefte schulische Vorbereitung sowie eine in ihrer Anschließbarkeit und Zugänglichkeit sichere berufliche Weiterbildung verringertes faktisches und „ideologisches" Gewicht der Berufsausbildung könnte den Blick freimachen für ihre beruflich *Grund* legende Aufgabe.

Ein solcher Perspektivwechsel gibt der Diskussion über *Lernortkombinationen* in der beruflichen Bildung, die als solche sicherlich ein „alter Hut" ist, eine neue und in gewissem Sinne auch dramatische Akzentuierung. Sie spitzt die Frage nach der erforderlichen Qualität einer Berufsausbildung, die den Wechsel bewältigbar und mitgestaltbar macht, geradezu auf diese vordergründig „nur" didaktische Dimension beruflichen Lernens zu. Denn sie handelt ausdrücklich von der Überwindung einzelbetrieblicher Erfahrungs- und Orientierungsenge.

Fünf Konsequenzen für die Gestaltung der Berufsausbildung sind hier insbesondere zu formulieren:

1. Die bisher nahezu ausschließliche Durchführung der berufspraktischen Teile der Berufsausbildung in einem *einzelnen* Betrieb, wie sie in der Regel nach wie vor üblich ist, müsste zugunsten einer exemplarisch orientierten Mehrbetriebs-Praxis zurückgenommen werden (Erweiterung und Konsolidierung von Formen, die mit dem Begriff „Ausbildungsverbund" nur formal bezeichnet sind).
2. Die Berufsschule muss als Ort nicht nur der „Fachtheorie", sondern vor allem als Ort der Reflexion über die berufliche Praxis aufgewertet und in eine federführende Funktion gebracht werden („Kompetenzzentren").

3. Es muss ein Modus gefunden werden, das für Berufsbildung unverzichtbare, aber „knappe Gut" Betriebspraxis in dem Sinne gerecht zu verteilen, dass alle Teilnehmer/innen in der Berufsbildung davon profitieren können.
4. Unter dem Aspekt grundlegender beruflicher Bildung müssen die Reduzierung der Anzahl der Ausbildungsberufe fortgesetzt und das jeweilige Verhältnis von Breite und Spezialisierung zugunsten von Breite und exemplarischer Spezialisierung weiter überprüft werden.
5. Die rechtlichen Grundlagen der Berufsausbildung und ihre Finanzierungsmodi müssen dem angepasst werden und die Möglichkeiten lokaler Abstimmung (Stichwort: Kommunale Koordinierung) müssen so verbessert werden, dass sich eine weitgehend friktionslose neue Praxis herausbilden kann.

Eine solche, auf grundlegende berufliche Bildung orientierte Berufsausbildung hätte als zentrale berufspädagogische Handlungsachse die dynamische Beziehung zwischen der Berufsschule und den an der Ausbildung beteiligten Betrieben. Ihre Einordnung in einen gestalteten bildungsbiografischen Kontext hat zur Voraussetzung, dass sich auch Vor- und Nachgeschichte der Berufsausbildung ändern (vgl. hierzu *Kruse u.a.* 2009). Hierzu ist an folgende Punkte zu erinnern, die in der einen oder anderen Weise in Deutschland mittlerweile in „Bearbeitung" sind:

- Durch die Stärkung der auf das eigene künftige Berufsleben gerichteten Orientierungskompetenz in früheren Schulperioden und ihre sukzessive Öffnung zur Lebens- und Arbeitswelt könnte die Berufsausbildung als „letzte" Phase vor Eintritt in die Arbeitswelt stark von ihren allgemeinen orientierenden, sozialisierenden und nachholenden Aufgaben entlastet werden und mehr „zu sich selbst" kommen. Dies hätte auch Konsequenzen für das leidige Thema „Ausbildungsreife".
- Insbesondere müssen Modi gefunden werden, Jugendlichen mit besonderen Berufsstartschwierigkeiten neue Lernimpulse durch Arbeiten im Betrieb zu ermöglichen, ohne dass dies zu einer „Sackgasse" beruflicher Entwicklung wird.
- Der bisher milieugebundene Reformdiskurs muss zugunsten eines an der Bildungsbiografie orientierten Dialogs überwunden oder zumindest durch ihn wirkungsvoll ergänzt und erweitert werden, unter anderem, um die berufliche Erstausbildung, über die hier vor allem gesprochen wurde, in ihrem wichtigen, aber begrenzten bildungsbiografischen Stellenwert besser erkennen zu können

Während diese Gesichtspunkte gewissermaßen die „vertikale" Perspektive, also den Aufbau einer Bildungs- und einer qualifizierten Arbeitsbiografie bezogen sind, käme im „horizontalen" Sinne einer arbeitspolitischen Flankierung, die statt der Fixierung auf einen Arbeitsplatz die Bewältigung von Flexibilität fördert und gratifiziert, erhebliche Bedeutung zu.

Die genannten Ansätze und Elemente ließen sich zu einem *Leitbild* einer *modernisierten,* zu den Anforderungsentwicklungen in der Arbeitswelt wie zu lebensweltlichen Erfordernissen und bildungsbiografischen Optionen hin *offenen, dynamischen Dualität beruflicher Bildung* verbinden.

Schlussbemerkungen

„Beruflichkeit" ist in diesem Beitrag vor allem im Sinne der „beruflichen Fassung" des Arbeitsvermögens verstanden worden, die sich auf jene Berufsstrukturen bezieht, die ein Bündel qualifizierter Tätigkeiten abgrenzbar zu anderen profiliert. In diesem Feld ist vieles in Bewegung; insbesondere wird man von einer weiteren Entschärfung der Grenzziehungen zwischen Einzelberufen und einem konstanten Wandel der real geforderten Kompetenzen ausgehen müssen, die sich hinter Berufsbezeichnungen verbergen.

Was den Bereich der „Ausbildung von Beruflichkeit" betrifft, so wird dies durch die Geschichte der Neuordnung von Ausbildungsberufen im letzten Jahrzehnt gut belegt. Da es sich bei Ausbildungsordnungen (und Rahmenlehrplänen) aber um die Fixierung von Mindeststandards handelt, kommt es vor allem auf die *reale Ausbildungsqualität* an. Es ist also nicht die „Beruflichkeit", die gegenüber den Wechselfällen der Arbeit ein Risiko darstellt, sondern risikoreich sind Enge und Spezialisierung beruflicher Schneidungen sowie – insbesondere – mangelnde Ausbildungsqualität.

Es sind insbesondere zwei Probleme, welche sich vielfach mit der Ausbildungsqualität *heute* (noch) verbinden, und in Hinblick auf die Wechselfälle der Arbeit riskante Auswirkungen haben, nämlich die Erfahrungsenge, die ein einzelner Ausbildungsbetrieb mit sich bringt, und defizitäre Kompetenzentwicklung hinsichtlich des Umgangs mit den Wechselfällen der Arbeit, also ihre mangelnde Präsenz als Gegenstand beruflicher Ausbildung. Nicht in der Beruflichkeit, sondern in ihrer zumeist rechtlich wie materiell und vom Lernprozess her dominant einzelbetrieblichen Fassung liegt das Risiko.

Der Lernort Betrieb bleibt für gelingende berufliche Kompetenzentwicklung unverzichtbar; seine Gestaltung wie seine Einbettung in übergreifende berufliche Bildungsprozesse müssten allerdings dringend reformiert werden. Das hat weder etwas mit „Verschulung" noch mit der Aufgabe von Beruflichkeit zugunsten von *training on the job* zu tun.

Es ist die falsche Ineinssetzung von Ausbildung von Beruflichkeit mit seiner in der Tradition des dualen Systems vorfindlichen Betriebsform, die jene, die dies kritisieren, als Gegner von Beruflichkeit und faktische Befürworter einer bloßen „Job"-Mentalität erscheinen lässt. Vielleicht kann man eine Aufeinanderfolge verschiedener „Jobs" nicht zu einer erzählbaren Geschichte persönlicher Identität machen, aber einen kompetenten Umgang mit den Wechselfällen der

Arbeit, an denen sich die eigene Beruflichkeit weiter entfaltet, schon. Es wäre bloß eine andere Erzählung als jene aus der weitgehend vergangenen Welt stabiler und in sich ruhender Lebensberufe.

Literatur

Kruse, Wilfried, 1986: Von der Notwendigkeit des Arbeitsprozeß-Wissens, in: Schweitzer, Jochen (Hrsg.), Bildung für eine menschliche Zukunft, München, 188-193

Kruse, Wilfried, 2000: Arbeitsprozess-Wissen in modernen Produktions- und Dienstleistungskonzepten, in: Fischer, Martin; Rauner, Felix (Hrsg.), Arbeitsprozess-Wissen, Baden-Baden

Kruse, Wilfried, 2007: Eine europäische Kultur abhängigen Arbeitens? In: Peter, Gerd (Hrsg.): Grenzkonflikte der Arbeit. Die Herausbildung einer neuen europäischen Arbeitspolitik, Hamburg, 218-227

Kruse u.a. (= Kruse, Wilfried; Kühnlein, Gertrud; Müller, Ursula), 1981: Facharbeiter werden – Facharbeiter bleiben? Betriebserfahrungen und Berufsperspektiven von gewerblich-technischen Auszubildenden in Großbetrieben, Frankfurt a.M. und New York

Kruse u.a. (= Kruse, Wilfried; Strauß, Jürgen; Braun, Frank; Müller, Matthias), 2009: Rahmenbedingungen der Weiterentwicklung des Dualen Systems beruflicher Bildung (= Arbeitshefte der Hans Böckler-Stiftung, 167), Düsseldorf

Paul-Kohlhoff, Angela, 2008: Der männliche Berufsbegriff – ein Problem für die Berufspädagogik? In: Faßhauer, Uwe; Münk, Dieter; Paul-Kohlhoff, Angela (Hrsg.): Berufspädagogische Forschung in sozialer Verantwortung. Festschrift für Josef Rützel, Stuttgart, 27-32

Rauner, Felix, 2002: Berufliche Kompetenzentwicklung – vom Novizen zum Experten, in: Dehnbostel, Peter (Hrsg.): Kompetenzentwicklung in vernetzten Lernstrukturen, Berlin

Sennett, Richard, 2007: Handwerk, Berlin

Stuart, Mark (Hrsg.), 2005: Learning in Partnership: Responding to the Restructuring of the European Steel and Metal Sector. Final report, Leeds

Autor

Wilfried Kruse, geb. 1947, Dr., Technische Universität Dortmund, Sozialforschungsstelle Dortmund (kruse@sfs-dortmund.de). Arbeitsschwerpunkte: Strategische Fragen der Entwicklung der Beruflichen Bildung und Industrielle Beziehungen in Europa, Arbeitsorientierte Regionalforschung, Methoden der vergleichenden Arbeits- und Bildungsforschung.

→ Kruse, Wilfried, 2010: Berufliche Sozialisation im Betrieb – Der heimliche Lehrplan einst und heute, in: IGM-Dortmund; sfs Dortmund (Hrsg.): Experten-Workshop III; Dortmund, 75-82

G. GÜNTER VOß

Individualberuf und subjektivierte Professionalität. Zur beruflichen Orientierung des Arbeitskraftunternehmers[1]

Dass der „Beruf" als Sozialform, die das Bildungs- und Wirtschaftssystem Deutschlands über viele Jahrzehnte hinweg geprägt hat, in eine „Krise" geraten ist, wird schon seit einiger Zeit diskutiert (vgl. etwa *Baethge* 2001, *Kutscha* 1992. *Kraus* 2006, *Rauner* 2001). Der folgende Beitrag möchte dieses Thema mit dem Konzept des „Arbeitskraftunternehmers" verbinden. Er stellt eine These vor, die davon ausgeht, dass das neue Leitbild von Arbeitskraft keineswegs „berufslos" ist, sondern mit einer neuen Qualität von Beruflichkeit einhergeht.

Zentrales Anliegen dieses Papers ist darüber hinaus, zu diskutieren, ob diese neue Beruflichkeit mit einem veränderten Verständnis von *Professionalität* verknüpft ist. Anlass zu dieser Vermutung gaben unter anderem Erkenntnisse aus einem Forschungsprojekt, in dem OrganisationsberaterInnen und SupervisorInnen von einer erheblichen Gefährdung berufsfachlicher Standards in den letzten Jahren berichtet hatten.[2] Hinweise auf einen regelrechten Verfall beruflicher Maßstäbe (genauer: der Möglichkeiten zu deren Umsetzung) und daraus folgende Qualitätsprobleme erhält der Autor seit einiger Zeit regelmäßig bei Betriebskontakten – meist hinter vorgehaltener Hand vorgetragen.

Die zum Teil drastischen Aussagen der Betriebsexperten in der DGSv-Studie haben den Autor dann zusätzlich verstört. So ergab sich für ihn die konzeptionelle Frage, ob sich hinter diesen Entwicklungen ein struktureller Wandel von Professionalität verbirgt. Leitende Annahme ist dabei, dass es sich nicht „einfach" um einen Verfall fachlicher Standards handelt, sondern um einen Konflikt zwischen (mehr oder weniger) weiterhin aufrecht erhaltenen Qualitätsansprüchen und neuen, jetzt stark ökonomisch geprägten beruflichen Erfordernissen, die Betroffene mit einem erheblichen Dilemma konfrontiert, und dies sie gelegentlich so formulieren: „Fachlich gut und korrekt sein reicht nicht mehr!

---

[1] Der Autor dankt *Georg Jochum* und *Frank Kleemann* für inhaltliche Anregungen und *Eva Scheder-Voß* für redaktionelle Hilfen. Der Text greift teilweise auf schon publizierte Passagen zurück, u.a. aus *Demszky/Voß* 2009, *Voß/Weiß* 2005a.

[2] Es handelt sich eine Befragung von Mitgliedern der Deutschen Gesellschaft für Supervision e.V. (DGSv) (s. *Haubl/Voß* 2011). Die Studie wird derzeit auf breiterer empirischer Basis erneut durchgeführt.

Aber nur auf den wirtschaftlichen Ertrag und die Kosten zu achten, funktioniert auch nicht!"

Im Folgenden wird zunächst kurz die arbeitssoziologische Diskussion zur Entgrenzung und Subjektivierung von Arbeit als theoretischer Hintergrund für die anzustellenden Überlegungen vorgestellt, um daran die These des Arbeitskraftunternehmers als einer neuen „subjektivierten" Grundform von Arbeitskraft anzukoppeln. Das führt zu der Frage nach der *Beruflichkeit des Arbeitskraftunternehmers* und danach, wie Beruflichkeit unter entgrenzten Arbeits- und Beschäftigungsbedingungen zukünftig aussehen wird (1). Es folgen Überlegungen dazu, was die skizzierte neue Beruflichkeit für das Verständnis von Professionalität bedeuten kann. Mit dem Begriff *Subjektivierte Professionalität* wird der Versuch unternommen, das für Arbeitskraftunternehmer typische Professionsverständnis zu fassen und weiterführende Interpretationen anzudeuten (2), die dann zu einem kurzen politischen Ausblick führen (3).

1 Eine subjektivierte Form von Arbeitskraft mit neuartiger Beruflichkeit

Die These des Arbeitskraftunternehmers[3] (v.a. *Voß/Pongratz* 1998, *Pongratz/ Voß* 2003) entstand zu einer Zeit, als die Umwälzungen der gesellschaftlichen Verhältnisse im Zuge einer breitflächigen sozialen Deregulierung und ökonomischen Liberalisierung noch nicht mit allen Auswirkungen erkennbar waren. Kurz danach wurden diese jedoch mit Macht deutlich und inspirierten eine bis heute anhaltende Debatte zur „Entgrenzung" und dann zur „Subjektivierung von Arbeit", in der die frühen Überlegungen eine neue Relevanz bekamen und in erweiterter Form konzeptualisiert werden konnten (z.B. *Voß* 2010a, *Voß/Weiss* 2005a), wozu auch dieser Text einen Beitrag leisten will.

1.1 Entgrenzung und Subjektivierung von Arbeit

Seit den 1990er Jahren ist „Entgrenzung" ein wichtiges Thema der Sozialwissenschaften, wobei es zunächst meist um Fragen der Globalisierung ging. Vor allem in der Soziologie, die sich mit Arbeit und Betrieb befasst, wurde Entgrenzung dann nach und nach zu einem Leitkonzept (z.B. *Gottschall/Voß* 2005, *Kratzer* 2003, *Voß* 1998).

---

[3] Wenn von „dem" Arbeitskraftunternehmer gesprochen wird, ist die analytische Kategorie bzw. die idealtypische Form gemeint – daher die *gender*-neutral gemeinte Formulierung. Zur Rolle des Geschlechts z.B. *Voß/Weiß* 2005a; 2010.

Individualberuf und subjektivierte Professionalität

Entgrenzung von Arbeit ...

Mit „Entgrenzung" werden entscheidende Strukturveränderungen in der gesellschaftlichen und betrieblichen Organisation von Arbeit seit Mitte der 1980er Jahre angesprochen: Flexibilisierung der Arbeitszeiten, Übergang von starren Betriebsstrukturen zu einer dynamischen Projekt- und Teamorganisation, Deregulierung der Beschäftigungsformen und ihrer sozialpolitischen Sicherung, abnehmende Bedeutung standardisierter Berufsmuster und so weiter. Bei diesen Phänomenen geraten bis dahin relativ stabile Strukturen der Organisation erwerbsförmiger Arbeit und Beschäftigung in Bewegung und werden „entgrenzt".

Unter „Struktur" ist zu verstehen, dass funktional ausdifferenzierte gesellschaftliche Bereiche mit spezialisierten Tätigkeitsprofilen bisher systematische Abgrenzungen aufwiesen und hinsichtlich ihrer sozialen Leistungsbeiträge unterschieden wurden. Die sich mit der Industrialisierung durchsetzende zeitliche, räumliche, fachliche (usw.) Trennung von erwerbsförmiger „Arbeit" und privatem „Leben" ist dafür ein anschauliches Beispiel. „Entgrenzung" beschreibt demgegenüber die folgenreiche Öffnung und Flexibilisierung, wenn nicht sogar den Abbau der strukturellen Trennung und funktionalen Unterscheidung von Berufs- und Privatsphäre in vielen Berufsfeldern (*Gottschall/Voß* 2005, *Jurczyk u.a.* 2009). Eine Folge von Strukturbildungen ist aus soziologischer Sicht die Beschränkung des Tätigkeitsspektrums der Betroffenen, die jedoch zugleich überhaupt erst qualifiziertes Handeln ermöglicht und über dadurch mögliche Spezialisierung zu Leistungssteigerungen führt.

... Subjektivierung von Arbeit als Folge

Durch die jetzt zu beobachtende Entgrenzung von Strukturen in der Arbeitswelt ergeben sich einerseits eine größere Handlungsvielfalt und damit erhöhte Chancen zur selbstgesteuerten Gestaltung von Tätigkeiten – was nicht nur von den Betrieben, sondern auch von vielen Beschäftigten begrüßt wird. Andererseits ergibt sich aus der Ausdünnung von orientierenden Strukturen der Zwang, das Arbeitshandeln mehr als bisher *selbstverantwortlich unter Einsatz aller subjektiven Potenziale organisieren zu müssen* – was steigenden Entscheidungsdruck und ein erhöhtes Risiko des Scheiterns impliziert.

Eine solche Entgrenzung betrifft letztlich *alle Dimensionen der Gestaltung von Arbeit* (*Voß* 1998), sodass sich auf allen Ebenen neue Anforderungen an die Fähigkeit zur Selbstorganisation ergeben. Die Berufstätigen müssen aber nicht nur *zeitlich*, *räumlich* oder *fachlich* ihre Arbeit verstärkt selbst gestalten, sondern auch immer häufiger für sich klären,

- mit welcher *Technik* gearbeitet wird, wie diese konfiguriert und benutzt wird, wie und wo sie beschafft werden kann, wer sie besitzt oder wer die Verfügung darüber hat;
- mit welchen *sinnhaften Deutungen* gearbeitet wird, vor allem welche *Motivationen* und *Werte* erforderlich oder zulässig sind, welche symbolischen *Ausdrucksformen* zu verwenden sind;
- mit welchen Personen wie zusammengearbeitet wird (etwa bei Projektarbeit), also wie die *soziale Arbeitsteilung und Kooperation* organisiert wird;
- mit welchen *Emotionen* gearbeitet werden muss, wie man sich *körperlich* ausdrückt (z.B. durch Kleidung) und welche *gender-spezifischen* Momente man wie betont.

Solche Veränderungen implizieren eine systematische *Umstellung der betrieblichen Steuerungslogik*. *Direkte* Detailkontrollen (typisch für tayloristisch-fordistische Strukturen) werden tendenziell zurückgenommen. Im Gegenzug werden *indirekte* Steuerungen ausgebaut (z.B. durch Zielvereinbarungen, Ergebnis-*controlling* usw.), die zum Teil als „marktförmige" Mechanismen verstanden werden können. Nicht mehr die konkrete Aktivität ist damit primär Ansatzpunkt des betrieblichen Zugriffs, sondern der „Erfolg" – oft begleitet von reduzierten Ressourcen (Zeit, Personal usw.) und steigenden Erfolgserwartungen. Eine Entgrenzung in diesem Sinne wird betrieblich (mit politischer Flankierung) als langfristige „Reform"-Strategie vorangetrieben, um Strukturen beweglicher zu machen und Prozesse zu beschleunigen. Dazu wird Arbeitenden in begrenztem Umfang eine *paradoxe neue „Freiheit"* eingeräumt (*Glißmann/Peters* 2001). Daraus erwächst ihnen jedoch gleichzeitig die Notwendigkeit, unter Einsatz aller ihrer „subjektiven" Möglichkeiten die Arbeit aktiv zu gestalten, um die gesetzten Ziele zu erreichen oder zu übertreffen.

Es lassen sich zwei Ebenen einer solchen „*Subjektivierung von Arbeit*" unterscheiden (*Voß/Weiß* 2005b; *Kleemann u.a.* 2003): Zunächst geht es darum, dass arbeitende Personen mehr als bisher ihre *gesamten subjektiven Potenziale* systematisch in die Arbeitsprozesse einbringen müssen und Betriebe auf diese Weise die gesamte „Subjektivität" der Beschäftigten für ihre Zwecke zu nutzen versuchen. Neben den fachlichen Qualifikationen betrifft das immer häufiger auch tief liegende persönliche Kompetenzen und Eigenschaften wie etwa Kreativität, Innovativität, Verantwortlichkeit, *commitment*, Kommunikativität, Leistungswille, Loyalität, Lernbereitschaft und anderes mehr. Darüber hinaus meint „Subjektivierung der Arbeit" jedoch vor allem, dass Arbeitende jetzt ihre *Subjekteigenschaft*, also die Fähigkeit, Subjekt ihrer selbst zu sein, verstärkt im Betrieb einbringen müssen – während die bisherige Logik diese meist explizit zu unterdrücken versuchte. Sie sollen ihre Bereitschaft und Kompetenz zur aktiven Selbstverantwortung und Selbststeuerung den Betrieben als bisher nur wenig genutzte (oft sogar als störend empfundene) Ressource für eine flexiblere Prozessgestaltung und zur Reduzierung von Leitungskosten zur Verfügung stellen.

Individualberuf und subjektivierte Professionalität 287

Beides zusammen bedeutet, dass im Zuge dieser Veränderungen ein tendenziell *totaler betrieblicher Zugriff auf die gesamte Person der Arbeitenden* entsteht.

1.2 Der Individualberuf

Die These des Arbeitskraftunternehmers hat diese Entwicklung mit idealtypisierendem Blick auf die Verfasstheit von Arbeitskraft im Übergang zum flexiblen Kapitalismus des 21. Jahrhunderts schon früh zu fassen versucht. Ein impliziter Gedanke dabei war, dass mit der sukzessiven Ablösung des „verberuflichten Arbeitnehmers" auch die bis dahin gewohnte berufliche Verfasstheit von Arbeitskraft an Bedeutung verliert. Erst später wurde dies dahingehend präzisiert, dass die Herausbildung des Arbeitskraftunternehmers keineswegs das „Ende" der Beruflichkeit bedeuten müsse. Zu erwarten sei eher eine paradoxe neue Bedeutung von Beruflichkeit (zuerst in *Voß* 2001).

Die Merkmale des Arbeitskraftunternehmers beziehen sich auf drei Grundfunktionen von Arbeitskraft:

1. Arbeitspersonen müssen mehr als bisher die konkrete Anwendung ihrer Fähigkeiten im Arbeitsvollzug verstärkt *„selbst kontrollieren"* (Tätigkeitsfunktion);
2. sie müssen deren Herstellung und Vermarktung systematischer *„selbst ökonomisiert"* betreiben (ökonomische Funktion) und
3. die alltägliche und biografische Einbindung ihrer Tätigkeiten und Potentiale mittels *„Selbstrationalisierung"* in neuer Qualität realisieren (existenzielle Funktion).

Der Arbeitskraftunternehmer ist so gesehen eine subjektivierte Form von Arbeitskraft, die in neuer Qualität auf sich selbst zurückgeworfen ist.

Eine wichtige Folge dieser Entwicklung ist, dass sich damit auch die Qualität und Funktion der Berufsform ändern. Der bisherige Beruf als standardisierte „Fähigkeitsschablone" (*Beck u.a.* 1980) wird zunehmend zum Problem. Arbeitskraftunternehmer brauchen keine Einheitsmuster fachlich eng spezialisierter Qualifikationen. Sie benötigen eher *individuelle, entwicklungsoffene und vielfältig einsetzbare Qualifikationspotenziale*, bei denen zudem fachübergreifende Kompetenzen immer bedeutsamer werden. Trotzdem ist nicht zu erwarten, dass Arbeitspersonen zukünftig beliebige oder ständig wechselnde Fähigkeiten mit nur noch begrenzter Fachlichkeit vermarkten können. Wahrscheinlicher ist, dass der neue Typus von Arbeitskraft nur dann für Subjekte und Betriebe funktional und stabil sein wird, wenn seine neue Offenheit nach wie vor von einem Konzept von Beruflichkeit als einer kulturellen Formierung von Kompetenzen begleitet wird – einem *„Individualberuf"*. Zwei Merkmale könnten diesen charakterisieren:

Reflexive Gestaltung – die individuelle berufliche Formung von Arbeitskraft

Der Trend zur individuellen Entwicklung, Vermarktung und Anwendung von Arbeitskraft wird nicht zu völlig beliebigen Kombinationen und ständigem Wandel von Fähigkeiten führen. Auch Arbeitskraftunternehmer werden erwerbsrelevante Fähigkeiten meist in institutionalisierten Bildungseinrichtungen erwerben, werden sich unter Konkurrenzbedingungen auf strukturierten Arbeitsmärkten mit erkennbaren Fähigkeitsprofilen anbieten, müssen Fähigkeiten haben, die in arbeitsteiligen Betriebskontexten zuverlässig anwendbar sind und so weiter. Die neue Individualität von Arbeitskraft bedeutet also nicht Beliebigkeit, Formlosigkeit und Instabilität, sondern aktive, sich dabei aber nach wie vor auf soziale Rahmenbedingungen beziehende, individuelle Gestaltung von Fähigkeitskombinationen und deren betrieblichen Anwendungsmöglichkeiten, wobei den Kompetenzen eine konsistente innere und äußere Gestalt gegeben werden muss. Diese Kultivierung dessen, was man als Arbeitsperson ist, kann, tun und werden möchte, kann auf vorgegebenen Kernberufen (oder Elementen davon) beruhen, die dann aber mehr als bisher persönlich konfiguriert, konturiert und kontinuierlich ausgebaut werden. Was Personen als Arbeitsfähigkeiten erwerben, anbieten und anwenden, wird also weiterhin eine Form haben, die (wie der bisherige Beruf) die persönliche Entwicklung prägt, Identität und Biografie ermöglicht, auf Arbeitsmärkten als Ausweis dient, betriebliche Orientierung bietet und so weiter, aber nicht mehr als Standardform, sondern als berufliche Form der einzelnen Person.

Relativierte Fachlichkeit – das veränderte Funktionsgefüge von Arbeitskraft

Für alle drei Funktionen von Arbeitskraft (praktische Anwendung, Herstellung und Vermarktung, existenzielle Einbindung) hat der bisherige Beruf eine Kulturform geboten, die sich nun verändert:

1. Auch der Beruf des Arbeitskraftunternehmers beruht auf fachlichen Fähigkeiten, aber die fachliche Seite wird persönlicher ausgestaltet und auf Veränderung hin angelegt sein. Ein Arbeitskraftunternehmer „hat" keinen Beruf mehr im Sinne einer starren fachlichen Ausrichtung. Sein Fachprofil ist ein individuelles Produkt, das er in Verbindung mit einem persönlichen Marketing kontinuierlich „macht". Die Bedeutung *überfachlicher* Fähigkeiten[4] wird weiter zunehmen, wodurch die eigentlichen Fachanteile zwar nicht entwertet, aber relativiert werden. Beides zusammen bedeutet, dass die ursprünglich erworbene Fachausrichtung zukünftig weniger fest-

---

[4] Soziale, kommunikative, extrafunktionale, unternehmerische usw. Fähigkeiten bzw. Kompetenzen, *employability*, Schlüsselqualifikation u.a.m. (vgl. u.a. *Arnold* 2002; *Bader u.a.* 2007; *Bolder/Dobischat* 2009; *Elster* 2007; *Kraus* 2006; 2007).

legt, was eine Person faktisch kann, womit sie sich auf dem Markt anbietet und was sie im Betrieb konkret tun wird, auch wenn sie weiterhin Kompetenzkern und biografischer Ausgangspunkt sein kann.
2. Der neue Beruf wird auch neue *ökonomische* Funktionen erfüllen müssen, nicht für den Betrieb, sondern für die Vermarktung der eigenen Arbeitskraft. Arbeitskraftunternehmer sind Arbeitskräfte, die auf eine kontinuierliche marktförmige Verwertung ausgerichtet sein müssen und entsprechend von fachlicher Berufsromantik unbehindert eine tauschwertorientierte Produktion und Vermarktung ihrer selbst vornehmen müssen. Auf einem starren Fachprofil und festgelegten fachlichen Standards unbeweglich zu beharren, könnte ihnen zunehmend Schwierigkeiten bereiten, so problematisch diese Entwicklung auch einzuschätzen ist. Der Individualberuf ist die neue Kulturform für die ökonomische Gestaltung, Vermarktung und Verwertung der neuen Qualität von Arbeitskraft. Nicht selten werden dabei rein ökonomische Arbeitskraft-Strategien wichtiger sein als die Vermarktung der fachlichen Fähigkeiten. Wie allgemein in der Wirtschaft müssen jetzt auch bei der Vermarktung von Arbeitskraft produktbasierte (hier: fachliche) Strategien oft hinter eine abstrakte Marktorientierung zurücktreten.
3. Die *existenzielle* Funktion von Arbeitskraft schließlich tritt möglicherweise historisch jetzt erstmals umfassender in Erscheinung. Schon das bisherige Modell von Beruf hatte durch den Bezug auf Eignung und Neigung, Identität und Biografie und so weiter einen ausgeprägten Subjektbezug, der aber jetzt nochmal eine neue Relevanz erhält: Arbeitskraftunternehmer sind Arbeitskräfte, die, wie keine Variante vorher, als aktive Entwickler und Vermarkter „ihrer selbst" in einem umfassenden Sinne agieren müssen. Sie müssen sich damit auseinandersetzen, dass sich die Ausrichtung ihrer Fähigkeiten einerseits auf den ökonomischen Erwerb und dazu auf konkrete fachliche Tätigkeiten beziehen muss und es gleichzeitig auch um die Ausrichtung ihrer gesamten Person und um die Gestaltung ihres gesamten persönlichen Lebens geht. Genau dann also, wenn Arbeitskraft auf neuem Niveau zur abstrakten „Ware" wird, stellt sich paradoxerweise die berühmte Frage ganz neu, ob man „lebt, um zu arbeiten" oder „arbeitet, um zu leben". Der lebendige Hintergrund von Beruf wird damit zu einem drängenden Thema – individuell wie gesellschaftlich.

Der Arbeitskraftunternehmer markiert also in allen Funktionen kein Ende des Berufs, sondern den möglichen Übergang zu einem neuen subjektivierten Modell von Beruf,[5] dessen immer noch vorhandene fachliche Basis doppelte Konkurrenz bekommt durch eine verstärkte Ökonomisierung und die wachsende Bedeutung der existenziellen Funktion von Arbeit und Arbeitskraft. Deutlich ist auf alle Fälle, dass diese relativierte Fachlichkeit des Berufs auch eine Relativierung fachlicher Standards in der Arbeitsausführung nach sich zieht – mit weitreichenden Folgen.

---

[5] Siehe mit ähnlichen Überlegungen *Kutscha* (1992: „neue Beruflichkeit"), *Kraus* (2006; 2007: „Beruflichkeit" statt „Beruf") oder *Rauner* (2001: „offene dynamische Beruflichkeit").

2 Auf dem Weg auch zu einer neuen Professionalität? Oder: Was es heißt, ein professioneller Arbeitskraftunternehmer zu sein

Bevor es um die Frage nach einer neuen Professionalität infolge entgrenzter und subjektivierter Arbeits- und Beschäftigungsverhältnisse geht, ist es hilfreich, sich des entsprechenden Begriffsfeldes noch einmal kurz zu vergewissern.

2.1 Profession und Professionalität – ein Exkurs

Mit „Profession" wird in langer wissenschaftlicher und praktischer Tradition ein Feld von Berufen angesprochen, die über vergleichsweise große Autonomie und hohes soziales Ansehen mit entsprechender Gratifikation verfügen und auf Basis eines meist akademisch abgesicherten Fachwissens eine hohe berufsethisch basierte Verantwortungsbereitschaft zeigen. Dem steht, davon weitgehend unabhängig, mit „Professionalität" beziehungsweise „Fachlichkeit" eine weniger systematisch entwickelte Begrifflichkeit zur Seite, die zum Teil Ähnliches thematisiert, aber in einem ganz anderen disziplinären Umfeld erörtert wird.

Professionentheorie versus Professionalitätsdiskurs

In der *berufssoziologischen Professionenforschung*[6] geht es seit langem um die spezifischen Merkmale und Gründe für die Entstehung sozial herausgehobener Berufe. Diese werden meist mit folgenden Momenten charakterisiert: Autonomie, akademische Qualifikation, hoher Sozialstatus mit analoger Vergütung, Berufsethos beziehungsweise Gemeinwohlorientierung, schlagkräftige Berufsvertretung, rechtliche Absicherung und so weiter. Theoretisch konkurrieren dabei im Wesentlichen zwei Positionen: *funktionalistische* Konzepte, die die Sonderrolle aus gesellschaftlichen Notwendigkeiten herleiten, und *machttheoretische* Modelle, die den herausgehobenen Status auf berufspolitische Strategien zurückführen. Neuere *wissenssoziologische* Modelle heben die Rolle von beruflichen Selbstdarstellungsstrategien hervor, und *feministische* Positionen weisen auf *gender*-spezifische Macht- und Statusunterschiede hin.

Auf der anderen Seite findet sich ein eher diffuses Feld der Thematisierung professioneller Aspekte von Arbeit, Beruf und Qualifikation, das man mit den Stichworten *„Professionalität"* und *„qualifizierte Fachlichkeit"* überschreiben könnte. Disziplinär lässt es sich unter anderem der älteren *arbeits- und industrie-*

---

[6] Siehe als Überblick *Demszky/Voß* 2009, 762ff, 773ff; *Schmeiser* 2006.

soziologischen Diskussion zum Wandel von Qualifikationen und Qualifikationsanforderungen zuordnen (als Überblick *Beckenbach* 1991). Es geht dort nicht um die soziale Sonderrolle von Berufen, sondern um die Art und das Ausmaß, in dem qualifizierte Erwerbstätige die Chance haben, ihre fachlichen Fähigkeiten relativ autonom (mit „Dispositionsspielräumen"), mit entsprechendem Bewusstsein und angemessener Entlohnung anzuwenden. Gegenstand ist also der *Grad und die jeweilige Eigenart fachlicher Kompetenz und Zuständigkeit*. „Professionell" in diesem Sinne kann jeder Vertreter eines qualifizierten Berufs sein, der den etablierten fachlichen Standards des jeweiligen „Fachs" entspricht. Das gilt also nicht nur für den Arzt, als nahezu paradigmatischen Professionsvertreter, sondern auch für die semiprofessionelle Pflegekraft, für den Handwerker, den Verkehrspiloten oder Polizisten und den arbeitssoziologisch bevorzugt beachteten Facharbeiter (z.B. *Hoffmann* 1980).[7] Diese erweiterte Auffassung von Professionalität entspricht in etwa dem alltagslogischen Verständnis, der arbeitssoziologischen Idee von qualifizierter Ausbildung und Arbeit und nicht zuletzt dem weiten englischen Verständnis von *professional*.

Qualifikation und mehr – der Bedeutungskern von „Professionalität"

Ein Vergleich beider Perspektiven zeigt, dass im ersten Fall vor allem die herausgehobene *soziale Stellung* privilegierter Berufsgruppen zentraler Gegenstand ist, im zweiten dagegen die Qualität der spezifischen *Fähigkeiten und Leistungen* in einem ausgedehnteren Feld von beruflichen Tätigkeiten.

Trotz dieser unterschiedlichen Blickwinkel gibt es einen gemeinsamen Kern. Beiden Perspektiven geht es um eine Orientierung an und die Umsetzung von *berufsfachlichen Standards* (bezogen auf Ausbildung, Tätigkeit und Ergebnisse), einschließlich allgemeiner (z.B. gemeinwohlorientierter, nutzenbezogener, moralisch-ethischer usw.) *gesellschaftlicher Maßstäbe* – einmal primär als explizites Distinktionsmerkmal, im anderen Fall vor allem als implizites Merkmal der Arbeitsqualität einer beruflichen Gruppe. Hinzu kommen weitere gemeinsame Aspekte. Sowohl Vertreter von Professionen als auch andere *professionals* können meist mit einer vergleichsweise hohen relativen *Autonomie* und einer gewissen (auch materiellen) sozialen *Anerkennung* rechnen und verfügen vor diesem Hintergrund über einen Berufsstolz. Es lassen sich also Aspekte benennen, durch die sich im weitesten Sinne Professionalität als Merkmal von Arbeitstätigkeiten, Arbeitsfähigkeiten und Arbeitskräftegruppen auszeichnet, wobei ein *fachlich-operativer Kern* und ergänzende sinnhaft-soziale *Anerkennungsstrukturen* unterschieden werden können:

---

[7] Das kann sogar für Kriminelle gelten, *Sutherland* 1937 („The Professional Thief").

Typisch für den *fachlich-operativen Kern* von Professionalität sind

- eine unverzichtbare explizite fachliche *Qualifikation* auf Basis einer zeitlich umfangreichen und inhaltlich anspruchsvollen sowie geprüften *Ausbildung* in Verbindung mit ausreichenden praktischen *Erfahrungen* (vs. Inkompetenz, Unzuverlässigkeit, Scharlatanerie usw.);
- eine im weitesten Sinne *ethisch basierte fachliche Qualitätsorientierung* für den Vollzug und die Ergebnisse der Arbeit sowie teilweise eine explizite (evtl. auf Einzelaspekte bezogene) *Gemeinwohlorientierung*, zumindest jedoch eine auf „ehrliche" Leistung achtende *Kunden- oder Nutzenorientierung* (vs. dominant materielle Instrumentalität oder gar ungebremste Gewinnorientierung);
- eine mehr oder weniger weitreichende *Autonomie*, zumindest jedoch substantielle fachliche Dispositionsspielräume, im Arbeitsvollzug (vs. hohe Fremdbestimmung und rigide externe Kontrolle der Tätigkeit).

Charakteristisch für *ergänzende berufsbezogene Anerkennungsstrukturen* sind

- ein mehr oder weniger hoher sozialer Status, zumindest jedoch eine betriebliche und kollegiale Wertschätzung und eine Anerkennung durch die Nutzer der Arbeitsleistung, die sich nicht zuletzt in einer der Leistung angemessenen materiellen Vergütung niederschlagen (vs. soziale Geringschätzung und marginaler Status bei eher niedriger Bezahlung);
- ein berufliches Selbstbewusstsein, wenn nicht gar expliziter Berufsstolz, in Verbindung mit hohem commitment, zumindest jedoch ein Bewusstsein der Qualität der Fähigkeiten und Leistungen, individuell und in Bezug auf die Berufsgruppe, die nicht selten durch symbolische Repräsentationen nach innen wie nach außen dargestellt werden (vs. geringes Selbstbewusstsein und begrenzte Einsatzbereitschaft oder gar explizite Gleichgültigkeit gegenüber der eigenen Tätigkeit und deren Ergebnissen);
- eine Anbindung an ein berufsbezogenes kollegiales Umfeld, als explizite berufsverbandliche Organisation, inner- und überbetriebliche Interessenvertretung oder zumindest als kollegiales Netzwerk (vs. sozial isolierte, individuell idiosynkratische Aktivität).

Deprofessionalisierung und Dequalifizierung

Seit einer Zeit werden nun sowohl für Professionen als auch für qualifizierte Berufstätige Entwicklungen registriert, die auf einen mehr oder weniger weitgehenden Verfall von Professionalitätsstandards beziehungsweise von deren Realisierungsmöglichkeiten im genannten Sinne hindeuten könnten. An einzelnen Professionsgruppen wurde mehrfach gezeigt, dass herausgehobene Berufe in allen Aspekten, die ihren Sonderstatus ausmachen, einer *„Deprofessionalisierung"* ausgesetzt sein können. Das gilt besonders in Bezug auf Medizin und Pflege (z.B. *Bollinger/Hohl* 1981), aber auch für andere Berufsfelder wie etwa

Sozialarbeit und Bildung (vgl. z.B. *Schönwälder* 2009, *Duyvendak u.a.* 2008). Solche Verluste im Status als Profession und damit an Professionalität sind oft dadurch verursacht, dass

- die Einbindung in arbeitsteilige Organisationszusammenhänge die berufliche Autonomie begrenzt (typisch etwa für Ärzte im Krankenhaus);
- fachliche Standards in komplexen Funktionszusammenhängen mit anderen Erfordernissen (v.a. ökonomischer Art) kollidieren und dadurch relativiert werden (gilt z.B. für die Qualitätsstandards von Entwicklungsingenieuren, die oft von Ökonomen im Betrieb nicht geteilt werden);
- Automationstechnologien die Entscheidungs- und Gestaltungsmöglichkeiten der Professionsmitglieder gefährden;
- in der Mediengesellschaft immer häufiger innerprofessionelle Probleme (z.B. die Verletzung ethischer Ansprüche) sichtbar und oft auch skandalisiert werden;
- der Mythos des Alleinexpertenstatus von Professionsinhaber zunehmend in Frage gestellt wird, etwa als Folge von Gutachterkonkurrenzen oder auch durch sich emanzipierende Laien.

Eine ähnliche Diskussion zur Reduktion von Professionalität findet bezogen auf ganz andere Gruppen auch in der Industriesoziologie statt (*Kern* 1998). Zentrale Frage ist dort, ob durch den Wandel von Produktionstechnologien und ökonomisch induzierte Rationalisierungsstrategien die Anforderungen an die Qualifikation und das qualifikatorische Niveau der Arbeit von produktionsnahen Beschäftigten systematisch abnimmt („*De-Qualifizierungs*"-These, v.a. *Bright* 1958) oder nach einer Phase des Niedergangs das Qualifikationsniveau wieder steigt („*Re-Qualifizierungs*"-These, z.B. *Blauner* 1964, *Touraine* 1955). In Deutschland formulierten *Horst Kern* und *Michael Schumann* die „*Polarisierungs*"-These (1977), wonach einer Mehrheit gering qualifizierter Arbeiter eine kleine Gruppe zunehmend wieder höher qualifizierter Beschäftigter in der Produktion gegenübersteht. Später haben diese Autoren die noch deutlich optimistischere Prognose vertreten, dass im Zuge post-tayloristischer „Neuer Produktionskonzepte" verstärkt „re-professionalisierte" Arbeitergruppen entstehen, die mit den traditionellen Arbeitern kaum mehr zu vergleichen seien (*Kern/ Schumann* 1984).

Beide Diskussionsbereiche thematisieren Entwicklungen, die als Rücknahme oder auch Krise (mit partiell gegenläufigen Tendenzen) bisheriger Professionalität verstanden werden können, deren gesellschaftliche Tragweite aber als eher begrenzt einzuschätzen ist. Hier geht es demgegenüber um strukturelle Veränderungen, die *erst in letzter Zeit* im Zuge der Entgrenzung und Subjektivierung von Arbeit und Betrieb *breitflächig* und mit möglicherweise *weitreichenden sozialen und wirtschaftlichen Auswirkungen* auftreten. Erst jetzt, so die Vermutung, ist der Kern dessen, was sowohl „Professionen" wie auch qualifizierte Fachlichkeit ausmacht, nämlich eine hochentwickelte Qualifikation und Arbeitsqualität sowie eine berufsethisch gestützte Verantwortlichkeit im Sinne von Professionalität, tiefgreifenden *Relativierungen* oder sogar ernsthaften *Gefährdungen* ausgesetzt.

2.2 Die Professionalität des Arbeitskraftunternehmers

Zum Einstieg in weitere Überlegungen sollen einige Beispiele noch einmal das Erscheinungsfeld konkretisieren, um das es geht. Man denke an

- Ärzte, die völlig übermüdet und unter nicht nachlassendem Druck am Ende überlanger Schichten weiterhin Notfälle behandeln und wichtige Entscheidungen treffen müssen;
- Verkehrspiloten, die sich gezwungen sehen, vorgeschriebene Flugzeiten erheblich zu überziehen, auch dann ins Cockpit zu gehen, wenn sie sich nicht fit fühlen, notwendige Checks schlampig auszuführen, unsichere Flugmanöver durchzuführen um Zeitverluste aufzuholen, trotz problematischer Witterungsverhältnisse am geplanten Zielort zu landen;
- Professoren, die schriftliche Arbeiten aufgrund ihrer übergroßen Anzahl nur flüchtig lesen können und trotzdem benoten müssen, Gutachten von Mitarbeitern erstellen lassen, Dissertationen „durchwinken" und so weiter;
- Ingenieure, die unter dem Druck stehen, Produkte technisch unausgereift in Serie zu geben oder trotz bekannter Mängeln als marktreif zu beschreiben, vielleicht sogar mit der erklärten Vorgabe, dass die Produkte nicht zu lange halten sollen;
- Verfahrensexperten, die wissen, dass von ihnen betreute Anlagen störungsanfällig sind, ökologische Probleme generieren, Mitarbeiter gefährden und so weiter aber nichts unternehmen, in der Hoffnung, dass schon „nichts passieren" wird, sie im Zweifel nicht haftbar gemacht werden können, sie bald den Betrieb verlassen und so weiter, oder weil sie Angst vor Arbeitsstress, Vorgesetztendruck und Verlust des Arbeitsplatzes haben;
- Führungskräfte, die Untergebene systematisch unter Druck setzen, obwohl sie wissen, dass sie diese damit schädigen, Untergebene mit überfordernden Situationen alleine und „ins Messer" laufen lassen, Probleme, die sie selbst zu verantworten haben, auf Abhängige abwälzen;
- Beschäftigte, die gezwungen werden, Aufgaben zu übernehmen, für die sie keine ausreichende Erfahrung besitzen (Praktikanten, Lehrlinge, Hilfskräfte) oder für die sie fachlich nicht qualifiziert sind (z.B. Betriebswirte, die Entscheidungen zu technischen Fragen treffen müssen und umgekehrt);
- Fern- und Busfahrer, die aus Konkurrenzgründen regelmäßig vorgeschriebene Lenkzeiten und Geschwindigkeiten überschreiten (und dazu Fahrtenschreiber manipulieren), Ladungsmengen überziehen und Ladungen unzureichend sichern, mit mangelhaften Gerät auf Tour gehen;

Individualberuf und subjektivierte Professionalität

- Bankangestellte, die die Interessen ihrer Kunden systematisch missachten müssen, um Zielvorgaben (Umsatz, Verkauf besonders gewinnträchtige Produkte usw.) einzuhalten zu können, um mit Belastungen fertig zu werden, Provisionen zu erhalten oder um expliziten betrieblichen Erwartungen zu entsprechen;
- Sachbearbeiter in Behörden, die aufgrund von Personaleinsparungen bei gleichzeitig erhöhter Fallzahl regelmäßig Vorgänge mit unzureichender Prüfung „durchziehen", in der Hoffnung, dass schon „nichts auffallen" wird;
- Handwerker, die in Folge harten Kosten- und Zeitdrucks schlechte Materialien verwenden, Montagen nachlässig durchführen, wichtige Aufgaben vorschriftswidrig an unerfahrene Mitarbeiter übertragen;
- *Call-Center-Agents*, die unaufgeforderte *outbound*-Werbeanrufe vornehmen, obwohl dies ungesetzlich ist, und Kunden systematisch zusätzliche oder teurere Produkte (*up-selling, up-grading*) aufschwätzen, auch wenn sie wissen, dass die Kunden dies nicht benötigen.
- Unternehmer, die, um Kosten zu sparen, bei der Herstellung von Futtermitteln für Nutztiere bewusst über Jahre hinweg Bestandteile verwenden, die explizit nur für eine „technische Verwendung geeignet" klassifiziert wurden.

Diese keineswegs außergewöhnlichen Beispiele verdeutlichen, in welch belastende und nicht selten auch gefährliche (oft sogar kriminelle) Situationen professionelle Fachkräfte angesichts des zunehmenden Drucks geraten. Sie beschreiben aufreibende Konfliktlagen, bei denen (neben allgemeinethischen Werten) fachliche Standards im Sinne des beschriebenen Kerns von Professionalität zum Teil altbekannten, hier vor allem aber ökonomisch bedingten neuen Anforderungen gegenüberstehen. Es gelingt dort den Betroffenen nicht mehr, sich mit Verweis auf berufliche Prinzipien zu schützen und die Zumutungen zurückzuweisen. Sie knicken ein und unterwerfen sich den neuen Vorgaben, was vermutlich nur abgebrühte Zyniker langfristig mit leichter Hand wegstecken können.

Hier soll aber nicht nur diese inzwischen fast schon notorische Verletzung von Berufsstandards und damit von Arbeitsqualität beklagt werden. Es wird vielmehr die *These* vertreten, dass qualifizierte Berufstätige angesichts der Veränderungen auf historisch neuem Niveau in der Lage sein müssen, komplexe *Balancen zwischen im weitesten Sinne fachlichen und damit konfligierenden außer- oder überfachlichen Anforderungen neuer Art herzustellen*. Im Moment ist das eine meistens nur individuell zu bewältigende Zumutung – und oft gelingt es eben nicht, wie die Beispiele zeigen sollen. Zukünftig könnte es aber darum gehen, systematisch Professionalität allgemein komplexer zu fassen oder grundsätzlich neu zu verstehen.

Um Missverständnissen vorzubeugen: Es geht hier (erst einmal) nicht um arbeitspolitische Forderungen, sondern um eine Prognose angesichts eines Strukturwandels von Arbeit und Betrieb. Auch wenn man diese Entwicklung primär problematisch beurteilt (wie der Autor), ist es eine wichtige Aufgabe nüchtern zu überlegen, wie eine funktionierende Vermittlung von traditionellen fachlichen und neuen außerfachlichen Anforderungen bei den *professionals* der entgrenzten und subjektivierten Arbeitswelt aussehen könnte.

Wie müsste angesichts der beschriebenen Entwicklung eine neue Professionalität beschaffen sein? Unter welchen Bedingungen ist es Betroffenen möglich, eine für sie selbst, ihre Kolleginnen und Kollegen, für Betriebe und Gesellschaft (und die Umwelt) verantwortbare und im Arbeits- und Lebensalltag praktizierbare stabile neue professionelle Balance zwischen zunehmend widersprüchlichen Anforderungen zu entwickeln? Das ist nicht zuletzt auch eine politische Aufgabe, der sich Gesetzgeber, Tarifpartner, Wissenschaft und auch das Bildungssystem zukünftig zu stellen haben.

Damit ist – analog zur These einer neuen Beruflichkeit – in allgemeiner Weise gesagt, dass der Arbeitskraftunternehmer zwar mehr als sein Vorgänger Probleme mit seinen fachlichen Ansprüchen und Anerkennungserwartungen bekommt und gezwungen ist, solche Standards zu relativieren, dass er aber keineswegs professionslos oder gar unprofessionell ist. Im Gegenteil: Es ist eine anforderungsreichere neue Professionalität, die hier als *Professionalität des Arbeitskraftunternehmers* bezeichnet werden soll.

In einer ersten Annäherung soll es an dieser Stelle nur darum gehen, zusammen zu tragen, was die neuen Anforderungen ausmacht, die Arbeitskraftunternehmer mit den nach wie vor wichtigen traditionellen Ansprüchen abgleichen müssen, und welche möglichen Reaktionen oder Lösungsmöglichkeiten sich daraus ergeben könnten (oder schon in Teilen erkennbar sind). Die Beschreibung kann sich an die drei Merkmale des Arbeitskraftunternehmers anlehnen und folgt jeweils der angedeuteten Doppelstruktur von Professionalität: (1) Fachlichkeit und Autonomie sowie (2) Anerkennung professioneller Standards:

2.2.1 Professionelle Selbstkontrolle im Arbeitsprozess

Auch die idealtypische Arbeitskraft in entgrenzten und subjektivierten Zeiten braucht weiterhin (oft sogar deutlicher ausgeprägt als ihre Vorgänger) hochentwickelte fachliche Fähigkeiten und einen komplementären Qualitätsanspruch an ihre Leistungen - auch hier verbunden mit der Erwartung relativer Autonomie im Prozess und der Hoffnung auf Wertschätzung durch Nutzer beziehungsweise Auftraggeber. Diesen Aspekten traditioneller Professionalität wird tendenziell sogar verstärkt entsprochen, allem voran bei der für Arbeitskraftunternehmer typischen erweiterten *Selbstkontrolle*.

Dem stehen jedoch neu ins Spiel kommende Anforderungen gegenüber, die die auf den ersten Blick gegebene Chance zu erweiterter klassischer Professionalität erheblich relativieren, wenn nicht gar gefährden. Das lässt sich vor allem auf strukturelle Zwänge zurückführen, die aus der für entgrenzte Arbeit charakteristischen verstärkt marktähnlich organisierten Ökonomisierung und der gewachsenen Marktabhängigkeit der Betriebe („Vermarktlichung", „Internalisierung des Marktes", *Moldaschl/Sauer* 2000) resultieren. Bedeutsam sind dabei folgende Momente:

- Verschärfter *Kostendruck* führt dazu, dass fachliche Qualität fast überall limitiert wird. Aufgrund abnehmender Ressourcen (z.B. Personal) kann nicht alles, was fachlich gut wäre, umgesetzt werden. Im Gegenteil: Arbeiten am Rande des fachlich Verantwortbaren wird in immer mehr Bereichen fast zum Standard und ist nicht selten explizite betriebliche Erwartung.
- Zunehmender *Zeitdruck* hat zur Folge, dass immer schneller und deshalb weniger sorgfältig („quick and dirty") gearbeitet werden muss. Es bleibt weniger Zeit für verantwortbare Qualität, und Unfertiges oder Minderwertiges wird an andere Abteilungen weiter oder an die Kunden ausgegeben. Nicht nur die knapper kalkulierten *deadlines*, sondern auch die *Zeitrhythmen* der fachlichen Tätigkeiten werden häufiger extern vorgegeben (durch Kunden, *controlling*, Vertrieb usw.) und verunmöglichen so ein Arbeiten nach den Zeitstandards des jeweiligen Fachs.
- Der als Steuerungsmittel eingesetzte *Marktdruck* führt dazu, dass primär auf kurzfristige Schwankungen der Nachfrage reagiert wird und demgegenüber langfristige Qualitätskalküle vernachlässigt werden. Eine instrumentell eingesetzte (und oft aufgesetzt inszenierte) „Kundenfreundlichkeit" oder schnelle und gut sichtbare „Ergebnisse" sind oft wichtiger als nachhaltiger Kundennutzen. Produkte dürfen nicht zu lange „halten"; oft muss gezielt ein Verschleiß eingebaut werden.
- Systematisch eingesetzter *innerorganisatorischer Sozialdruck* (z.B. Konkurrenz zwischen Abteilungen) zwingt dazu, eigene Standards herunterzufahren oder fremde Standards zu übernehmen. Insbesondere die allgegenwärtigen Evaluationen (mit oft fachfremden und überformalisierten) Parametern führen zur (oft vorauseilenden) Anpassung an (oft wechselnde) Bewertungsmaßstäbe und zur Zurücknahme eigener Qualitätsansprüche. Die Dokumentation von Ergebnissen im Sinne der Bewertungsmaßstäbe und die symbolisch überhöhte Präsentation von spektakulären (Schein-)Erfolgen sind oft wichtiger als Qualität im Sinne fachlicher Kriterien. Die Kooperation mit ständig wechselnden Kooperanden (z.B. bei Projektarbeit oder infolge häufiger organisatorischer Veränderungen) erhöht den Abstimmungsaufwand, worunter in der Regel die Qualität zusätzlich leidet.
- Auch eine neue Form *organisationsexternen Sozialdrucks* zwingt zur Rücknahme interner Qualitätsstandards und zur Relativierung professioneller Autonomie. Das tritt etwa dann auf, wenn Kunden, und damit Laien, betriebliche Prozesse bewerten oder als „Arbeitende Kunden" (*Voß/Rieder* 2006) in interne Vorgänge eingreifen. Druck entsteht aber auch dann, wenn ein neuer Typus des fachlich versierten Kunden die Autorität der Professionellen in Frage stellt. Ein unmittelbarer und zeitnaher Kundenkontakt, wie er im Rahmen einer verstärkten Kundenorientierung gang und gäbe ist, führt dazu, dass kurzfristig vor allem auf punktuelle externe Anforderungen Rücksicht genommen wird und sorgfältiges fachliches Arbeiten im angemessenen Rhythmus zu kurz kommt. Ähnlich wie bei internen Bewertungen führt die externe

Beurteilung zur Produktion von Scheinqualitäten und dokumentierter vermeintlicher „Kundenzufriedenheit", der oft traditionelle Nutzenkriterien geopfert werden.

In Bezug auf den Arbeitsprozess und die Arbeitsergebnisse dürfen Arbeitskraftunternehmer trotz solcher Entwicklungen jedoch keineswegs völlig auf *fachliche Ansprüche* verzichten; das wäre in den meisten Bereichen höchst kontraproduktiv. Es reicht jetzt aber nicht mehr, auf klassischen Standards gegenüber konfligierenden Anforderungen starr zu beharren, um dann schließlich doch resigniert einzuknicken oder zynisch zu werden. Wer das auf Dauer tun muss verliert nicht nur seine Leistungsfähigkeit, sondern ist von Krankheit bedroht (*burnout*!). Angemessen professionell verhält sich hier vielmehr derjenige, der in komplexer Weise hergebrachte Fachanforderungen mit den beschriebenen fremden Zwängen situativ immer wieder aufs Neue „ironisch" (*Rorty* 1989) vermittelt, ohne die originären Standards schlicht über Bord zu werfen. Diese ständig notwendigen Kompromisse zu praktizieren und vor sich und anderen zu rechtfertigen, setzt neben sehr guten inhaltlichen Beurteilungsfähigkeiten (etwa über nicht mehr verantwortbare Grenzüberschreitungen) ausgeprägte soziale und selbstbezogene Kompetenzen voraus. Was berufsbezogen und dann auch allgemeingesellschaftlich korrekt ist, kann man nicht mehr auf selbstverständliche Regeln beziehen, sondern erfordert immer wieder Reflexionen, die oft nur mit einem hoch entwickelten Moralbewusstsein auf Basis universeller und situativ auszudeutender Werte zu leisten sind (*Kohlberg* 1996). Hinzu kommt, dass es gerade angesichts eines zunehmend relativierenden Umgangs mit Standards von großer Bedeutung ist, nach wie vor als fachlich glaubwürdig wahrgenommen zu werden. Professionelle Selbstdarstellung (*Pfadenhauer* 2003) ist also wichtiger denn je und zugleich eine komplizierte Gratwanderung. Jede (und sei es noch so kleine) mehr oder weniger skandalisierte Unkorrektheit kann drastische Folgen haben. Obwohl jeder „Eingeweihte" im Prinzip weiß, dass immer Kompromisse gemacht werden müssen, wird keinem verziehen, wenn es ruchbar wird.

Ein flexibles *handling* betrifft auch die für eine professionelle Fachperson durchwegs wichtige *Autonomie*. Auch diese ist in entgrenzten und subjektivierten Verhältnissen nicht fest gegeben, sondern die professionell erforderlichen Freiheitsgrade müssen immer wieder (notfalls subversiv) situativ erkämpft, begründet und vor allem unterschiedlich gehandhabt werden – was bedeuten kann, dass man auch als autonomiegewohnter Experte auf bisher selbstverständliche Spielräume verzichten und sich in soziale Strukturen von Teams klaglos integrieren können muss. Neue Professionelle müssen begreifen, dass die erweiterten Freiheiten des Arbeitskraftunternehmers für sie nicht nur ein Gewinn sind, sondern die Gefahr der Überforderung (ausufernde Arbeitszeiten, überkomplexe Aufgaben, ständige Abstimmungen) mit sich bringen, so dass kluges Verhalten hier gelegentlich genau darin besteht, vermeintliche Freiräume (etwa bei Vertrauensarbeitszeiten, *Böhm u.a.* 2004) zurückzuweisen und auf klaren Vorgaben zu bestehen. Gelegentlich wurde der Arbeitskraftunternehmer als Idealtypus eines völlig selbstbezogenen, individualistischen Berufstätigen interpretiert. Dies war nie die Sicht der Urheber! Gerade auch der Arbeitskraftunternehmer braucht soziale *Unterstützung* und *Anerkennung*, aber die Formen und Quellen dessen wandeln sich erheblich. Der professionelle Arbeitskraftunternehmer kann nicht mehr, wie sein Vorgänger, auf verbindlich geregelte Bestätigung für seine Leistungen (und ggf. auch negative Sanktionen bei Problemen) vertrauen. Seine *rewards* werden in Form und Ausmaß situativ sehr unterschiedlich sein. Entsprechend müssen auch die Erwartungen sehr flexibel gehandhabt werden. *Rewards* erhält man jetzt nicht mehr automatisch, sondern man muss sich seine materiellen und ideellen Bestätigungen „besorgen", oft sogar erkämpfen. Entsprechend braucht der professionelle Arbeitskraftunternehmer ein recht flexibles Selbstbewusstsein, das reflexiv in der Lage sein muss, sich unter wechselnden Bedingungen immer wieder klar zu machen, wer man ist, was man kann und leistet, welche Standards man hat und so weiter Um überzeugend und stabil zu sein, muss dieses Selbstbewusstsein wiederum von einem starken und gleichzeitig flexiblen *commitment* getragen werden, denn weder eine rein instrumentelle noch ein übertrieben intrinsische Orientierung ist unter den veränderten Bedingungen auf Dauer tragfähig.

Komplementär dazu kann der zukünftige *professional* weder als Einzelkämpfer noch als beruflicher Kollektivmensch, der sich ungebrochen seiner Berufsgruppe und deren vielleicht rigiden Erwartungen hingibt, überleben. Er muss vielmehr die festen „zünftigen" Standards des Kollegenkreises oder eines Berufsverbandes eintauschen gegen ein kollegiales *networking*, also die Herstellung, Pflege und situative Nutzung von vertrauensvollen Beziehungen aller Art, die man für seine Arbeit braucht: für praktische Hilfen, für Preisabsprachen, zur Suche von Mitarbeitern und Kooperationspartnern, als Unterstützung bei Konflikten, zur Abklärung von Standards, zur Verbreitung von Informationen und so weiter Er braucht also eher die oft zitierten „weak ties" (*Granovetter* 1973) als feste Bindungen an Gruppen und Regeln.

2.2.2 Professionelle Selbstökonomisierung bei der Herstellung und Vermarktung von Arbeitskraft

Nicht erst Arbeitskraftunternehmer müssen akzeptieren, dass man auf Märkten für Arbeitskraft und Arbeitsleistungen nicht allein fachlich orientiert agieren kann. Schon immer mussten auf Erwerbseinkommen angewiesene Arbeitspersonen ihre Arbeitskraft (oder die Ergebnisse der Arbeit) verkaufen und dabei inhaltliche Ansprüche nicht selten zurückstellen, auch wenn ihnen die bei *Karl*

Marx so prominent hervorgehobene Unterscheidung von „Gebrauchs-" und „Tauschwert" nicht unbedingt bewusst war. Es ist aber nach wie vor nützlich zu verstehen, dass jeglicher Marktprozess diese „Zwieschlächtigkeit" (*Marx*) aufweist und diese folglich auch für die Vermarktung von Arbeitskraft gilt. Auch einer traditionalen Professionalität ging es nicht nur darum, hochwertige und gegebenenfalls über individuellen Interessen stehende Leistungen anzubieten, sondern es musste sich auch „rechnen". Trotzdem definierte sich Professionalität exklusiv noch einmal darüber, dass signalisiert werden sollte, man stehe über rein materiellen Marktmotiven.[8] Mit dem Übergang zum Arbeitskraftunternehmer ändert sich auch hier einiges. Es verschwindet zwar nicht die Dialektik von Gebrauchs- und Tauschwert, aber ihre Relation verschiebt sich und die Vermarktungsseite der Ware Arbeitskraft tritt mehr in den Vordergrund. Auch hierzu einige beispielhafte Entwicklungen:

- Arbeitskraftunternehmer unterliegen einem steigenden *Druck zur systematischen Selbstproduktion ihrer Arbeitskraft*. Ausbildungen müssen sich auch bei qualifizierten Berufstätigen mehr als bisher an dem Ziel der ökonomischen Verwertung der Arbeitskraft und der dauerhaften Erwerbssicherung orientieren. Eine in diesem Sinne hohe Instrumentalität der Aus- und Weiterbildungen ist ein „Muss" für jeden, der sich beruflich *life-long* auszurichten versucht, also auch für berufliche *professionals*.
- Die zweite Dimension der zunehmenden Ökonomisierung von Arbeitskraft, also der steigende *Zwang zur Selbst-Vermarktung*, betont die erweiterte Notwendigkeit, mit einer kontinuierlichen *individuellen Marktstrategie* geeignete Beschäftigungsmöglichkeiten zu suchen, die Beschäftigung zu sichern und eine irgendwie geartete Karriere zu planen. Zugleich geht es darum, Betriebs- oder sogar Berufswechsel mit *maximaler Flexibilität* und Mobilität zu kalkulieren, um Erwerbsmöglichkeiten zu sichern oder zu verbessern. Inhaltliche Orientierungen oder fachliche Aspekte erscheinen hier weitgehend nachgeordnet und haben den *Geruch eines romantischen Relikts*.
- Der Druck zur Selbstvermarktung bedeutet auch, ein Marketing im engeren Sinne einer *individuellen Markenstrategie* zu betreiben, das heißt eine thematische und ästhetische Zurichtung des zu verkaufenden Arbeitsvermögens und damit meist auch ihres Trägers (*selfbranding*). Beratungsangebote aller Art für das „Ich als Marke" (*Seidl/Beutelmeyer* 2006), für Selbstdarstellung, Selbststilisierung und Selbststyling gibt es zuhauf. Es geht dabei primär um das „Sich-Verkaufen" im engeren Sinne, um das warenästhetische Anpreisen und Herrichten dieser sehr speziellen „Ware Arbeitskraft", jenseits aller *romantischen Fachlichkeiten*. Wie *Richard Sennett*

---

[8] Am Beginn der Professionenforschung stand nicht zuletzt die Frage, warum es selbst in der so stark erwerbsorientierten us-amerikanischen Gesellschaft Berufsgruppen gibt, die nicht allein auf Einkommen ausgerichtet sind. Auch industriesoziologische wurde oft darauf hingewiesen, dass ein dominanter „Instrumentalismus" zumindest für die qualifizierten Arbeitskräfte nicht zutrifft (*Axeli-Knapp* 1981), genauso wie auf den „Produzentenstolz" selbst bei einfachen Arbeitern (klassisch *Popitz u.a.* 1957).

Individualberuf und subjektivierte Professionalität 301

(1998) hervorgehoben hat, ist dabei eine feste persönliche Identität eher dysfunktional, vor allem wenn man sich an ein fixes berufsfachliches Selbstverständnis klammert.

All das könnte nun den Eindruck erwecken, dass es den neuen *professionals* nur noch ums „Geld" und eine auf materiellen Erfolg ausgerichtete „Karriere" gehen darf und der Gebrauchswert ihrer Tätigkeit, historisch endgültig zur Nebensache wird. So einfach ist es nicht; es würde auch der nach *Marx* unaufhebbaren Dialektik des Umgangs mit Arbeitskraft widersprechen. Ein Arbeitskraftunternehmer, der blindlings nur eine Maximierung des Erwerbs im Auge hat, wenn er sich ausbildet und auf Arbeitsmärkten bewegt, ist nicht nur ein undialektisch denkender Zeitgenosse (was zu verschmerzen wäre), sondern schlicht unprofessionell. Aber was ist unter den geschilderten Bedingungen ökonomische Professionalität, wenn nicht pure einkommensbezogene Instrumentalität?

So sehr Arbeitskraftunternehmer ökonomisch denken und handeln müssen, um eine erfolgreiche Ökonomisierung ihrer selbst zu betreiben, so können sie doch ihre *fachliche* Seite nicht vernachlässigen. Damit ist mehr gemeint, als die triviale Tatsache, dass man sein Fach erlernen und dann beherrschen muss, oder die (nicht mehr ganz so triviale) Tatsache, dass in Zeiten des Selbstunternehmers die fachlichen Anforderungen gleichzeitig zunehmen und sich schon deswegen eine dominante oder sogar zynische Instrumentalität verbietet. Hier soll behauptet werden, dass wirklich erfolgreiche neue Arbeitskräfte in der Lage sein müssen, ein erweitertes ökonomischen Denken und Handeln bei der Produktion und Vermarktung ihrer selbst mit einer zugleich erweiterten und vertieften fachlichen Orientierung zu verbinden und beides auszubalancieren. Man kann hier in Teilen der manchen Kritikern utopisch erscheinenden Phantasie von *Sennet* folgen, der gerade in Zeiten des „flexiblen Menschen" die Lanze bricht für eine „handwerkliche" Berufsorientierung alter Art (*Sennett* 2008).

Eine systematische Produktion und Vermarktung von Arbeitskraft ohne einen in neuer Weise ausgebauten Kern fachlicher Fähigkeiten und Standards ist aus mindestens zwei Gründen nicht mehr vorstellbar: auf das „Innere" der Person bezogen deshalb, weil auf Dauer angesichts der steigenden beruflichen Anforderungen die Belastungen psychisch nicht ertragbar wären; auf das „Außen" der Person (Betrieb, Kollegen, Kunden) bezogen deshalb, weil die Performanz des Betreffenden gerade unter entgrenzten Bedingungen ohne erkennbar fundierte Fachlichkeit nicht glaubwürdig und damit unberechenbar ist. Wer den Verlockungen rein materieller Anreize erliegt und tatsächlich eine ungebrochene Instrumentalität an den Tag legt, läuft Gefahr, mit der Zeit als betriebspraktisch und sozial untragbar beurteilt zu werden.

Diese gerade in Zeiten des Arbeitskraftunternehmers paradoxerweise zunehmend erforderliche intrinsische Orientierung ist schließlich nur dann stabil und gegenüber den beschriebenen Bedrohungen vertretbar, wenn sie durch eine starke persönliche Motivation getragen wird, die wiederum auf mit dem Kern der Persönlichkeit verknüpften tragfähigen *allgemeinethischen Werten* beruht, die nicht zur Disposition gestellt werden dürfen. Eine solche Diagnose widerspricht der resignativen Diagnose einer *drift* des „flexiblen Menschen", also der Unmöglichkeit einer stabilen sinn-oder wertbasierten Identität von Berufstätigen im „Neuen Kapitalismus" (*Sennett* 1998).

Dies verweist schließlich (wie bei *Sennett*) letztlich auf die biographische Perspektive der Produktion und Vermarktung von Arbeitskraft. Obwohl eine Flut von Ratgebern empfiehlt, Berufswege möglichst stromlinienförmig und karriereorientiert anzulegen, um etwa bei Bewerbungen glänzen zu können, soll auf Grund der bisherigen Überlegungen eine gegenläufige Argumentation stark gemacht werden: Professionelle Arbeitskraftunternehmer dürfen auch berufsbiographisch den verwertungsorientierten Umgang mit sich selbst nicht rein instrumentell anlegen, wenn sie auf Dauer wirklich erfolgreich sein wollen. Es geht vielmehr darum, eine ohne Zweifel erforderliche Selbstökonomisierung mit authentischen individuellen Lebenswegen und diesen zugrundeliegenden *persönlichen* Lebensorientierungen zu verbinden. Gerade auch Brüche, Umwege, Zusatzerfahrungen und so weiter bilden daher die Basis von professionellen Potenzialen, sofern sie individuell Sinn machen – nicht zuletzt deswegen, weil die für moderne Arbeitskräfte immer wichtigeren überfachlichen Kompetenzen aus vielfältigen Lebenserfahrungen resultieren, die man nicht auf Schulbänken und durch betrieblich zugerichtete Kaminkarrieren erwirbt.

Insgesamt kann man diese Argumente so verstehen, dass die Herstellung und erwerbsbezogene Veräußerung von Potenzialen in Zeiten forcierter Ökonomisierung auch von Arbeitskräften nicht nur eng auf eine vermeintliche Nachfrage ausgerichtet erfolgen darf. Professionelle Selbstökonomisierung erfordert im Gegenteil eine hochentwickelte individuelle *Autonomie* der Arbeitskraft als Person (fachlich, motivational, biographisch, sozial usw.) gegenüber den Zwängen der Märkte. Dieser Gedanke konvergiert mit dem auf Autonomie abhebenden Betriebsstrategieansatzes (u.a. *Altmann/Bechtle* 1971), der in Teilen Pate stand für die These des Arbeitskraftunternehmers: zentrale Funktion der postulierten Verbetrieblichung seiner Lebensführung ist der Gewinn von Selbstständigkeit, gerade auch, wenn es um die Produktion und Vermarktung des Produkts Arbeitskraft geht.

Die für Professionelle bedeutsame *Anerkennung* ihrer Fähigkeiten und Leistungen bezieht sich in der Dimension Ökonomisierung natürlich erst einmal auf materielle *rewards*. Professionelle Arbeitskraftunternehmer benötigen finanzielle Anreize nicht nur (aber natürlich auch) für ihre Existenzsicherung, sondern auch als Bestätigung und Motivator. Aber auch hier ist es komplizierter als bei einer üblichen Entlohnung, das heißt bei einer Vergütung für die Bereitschaft im Betrieb zur Arbeit zu Verfügung zu stehen. Arbeitskraftunternehmer werden als verstärkt marktvermittelte Arbeitskräfte mehr als ihre Vorgänger für die *Ergebnisse* des Einsatzes von Arbeitskraft bezahlt, sei es als leistungsabhängige Vergütungen oder als Bezahlung für Arbeitsprodukte. Das bedeutet, dass die materielle Anerkennung bei ihnen wesentlich direkter *tatsächlich marktvermittelt* ist. Dadurch ist der erzielte „Preis" mehr denn je nicht nur Einkommen, sondern *quantifizierbare symbolische Bestätigung*.

Professionalität bedeutet dann, nüchtern mit den Besonderheiten von Märkten (hier: der marktvermittelten Anerkennung) umzugehen und damit langfristig zu kalkulieren. Die Vergütungen werden stark schwanken, oder teilweise ganz ausfallen. Oft wird zur Vermarktung eine möglichst geschickte Mischkalkulation gehören, mit Anteilen, die vielleicht eine überhöhte Bezahlung darstellen, und anderen Vergütungen, die ganz offensichtlich unterwertig sind. Vielleicht gehört auch dazu, sich zeitweise unterbezahlt durchzuschlagen, um „am Ball" oder „im Markt" zu bleiben. Mit einem solchen Zustand unbelastet umgehen zu können, ist ein Kriterium für die Professionalität des Arbeitskraftunternehmers, und die Vorstellung einer „Karriere" macht hier (wenn überhaupt) nur noch in einer sehr differenzierten Bedeutung Sinn; auf keinen Fall bedeutet es: kontinuierlicher Aufstieg unter stabilen Bedingungen.

Zu dieser komplexen Kalkulation verschiedener Erträge und Verluste der Selbstvermarktung gehört auch, dass Arbeitskraftunternehmer nicht selten neben einer unmittelbar erwerbsbezogenen Vermarktung gezielt (oder gezwungenermaßen) auch anderen Tätigkeiten nachgehen werden, die gleichwohl professionell motiviert sind: soziale Betätigungen, Aktivitäten, die der Netzwerk- oder Imagepflege dienen, Tätigkeiten, durch die man neue Erfahrungen und Qualifikationen erwirbt und so weiter. Aus all dem resultiert Anerkennung, die in eine Gesamtbilanz persönlicher Bestätigungen mit im weitesten Sinne beruflicher Relevanz eingeht und jeweils eine sehr differenziert zu beurteilende Bedeutung hat. Denkbar (und unter *freelancern* schon heute zu finden) ist etwa eine berufstätige Person, die in der einen (eher fremdbestimmten und marktbezogenen) Tätigkeit finanzielle Bestätigung findet und ihr gezielt eine andere (eher selbstbestimmte und ethisch bedeutende) Aktivität zur Seite stellt, die Bedeutung für das persönliche professionelle Selbstverständnis hat und bei der Vergütung keine Rolle spielt. Eine solche Kombination von im engeren wirtschaftlichen beziehungsweise materiellen und ergänzenden sozialen (oder moralischen) und kulturellen beziehungsweise symbolischen Anerkennungsmomenten (vgl. die Kapitalsorten nach *Bourdieu*, 1982) kann sich sogar wieder ausgesprochen vorteilhaft für die Gesamtvermarktung erweisen: als individuelle *moral economy* der persönlichen Motivationen, aber auch mit Bezug auf wirtschaftliche Märkte, vor allen in Zeiten einer „Moralisierung der Märkte" (*Stehr* 2007).

Nicht zuletzt ist es für neue Professionalität bedeutsam, dass stärker marktvermittelte Berufstätige eine Anerkennung durch sich selbst erhalten. Arbeitskraftunternehmer sind auch in dem Sinne in neuer Qualität auf sich verwiesen, dass sie in der Lage sein müssen, sich selbst auf flexible Weise mittels einer stabilen professionellen Selbst-Anerkennung oder Selbst-Achtung Bestätigung zu geben. Dass dies eine anspruchsvolle psychologische Leistung ist, die anspruchsvolle Selbst-Kompetenzen voraussetzt, ist damit gleichzeitig gesagt.

2.2.3 Professionelle Selbstrationalisierung von Alltag und Lebenslauf

Die Arbeitskraftunternehmerthese thematisiert unter dem Stichwort „Selbstrationalisierung" eine Entwicklung, die darauf verweist, dass Berufstätige in der Gestaltung des gesamten Lebenszusammenhangs mehr als bisher gezielt effizienzorientiert ausgerichtet sein müssen. So erweist sich zum Beispiel die für Arbeitnehmer charakteristische Trennung von „Arbeit und Leben" als nicht mehr durchwegs funktional. Beides muss individuell flexibel verbunden, wenn nicht gar vermischt, und vor allem effektiv durchgestaltet werden; das Beharren auf festen Zeiten und Räumen lässt sich nicht mehr durchhalten. In gewissem Umfang war das für viele Professionsangehörige und berufliche *professionals* schon immer nicht untypisch: Wenn es die Sache oder das Gemeinwohl erforderte oder wenn „Not am Mann" war, entzog man sich nicht der Aufgabe. Ein Professioneller ist im Zweifel immer „im Dienst" und widmet letztlich mit ausgeprägtem Berufsstolz sein Leben der Sache, der er sich mit ganzer Person verschrieben hat. Dieses professionelle Ideal gibt es schon lange und gilt nach wie vor, obwohl in der Realität auch manchmal „heute keine Sprechstunde" ist.

Der Arbeitskraftunternehmer kann als die ideale Verkörperung einer solchen beruflichen Haltung gelten, mit der das Leben, alltäglich wie biographisch, nahezu vollständig auf die berufliche Funktion ausgerichtet wird. Er ist auch ein perfektes Beispiel für die auf berufliche Erfordernisse ausgerichtete zweckrationale Durchgestaltung des Alltags („Verbetrieblichung"). Er praktiziert eine „rationale", wenn nicht gar „methodische" Lebensführung, die „nüchtern" auf die fachlichen und sozialen Anforderungen der „Sache" ausgerichtet ist, der man sich mit überinstrumenteller „Hingabe" auf Basis einer ausgeprägten „Berufsethik" zur Verfügung stellt (vgl. für diese Anspielungen natürlich *Max Weber*, z.B. 1986).

Diese Steigerung der berufsbezogenen Durchdringung und Rationalisierung des ganzen Lebens könnte ohne weiteres als Professionalisierungsschub gelesen werden. Aber die geschilderten vielgestaltigen Entwicklungen gerade in neuester Zeit verweisen darauf, dass das auf den ersten Blick so professionell wirkende Arbeit-Leben-Arrangement, für das der Arbeitskraftunternehmer zu stehen scheint, eine problematische Schlagseite hat, die neben den Betroffenen als Per-

Individualberuf und subjektivierte Professionalität

sonen die zentralen Aspekte von Professionalität (ausgeprägte Fachlichkeit, überinstrumentelle Wertorientierung, Autonomie, Anerkennung) systematisch gefährdet. Auch hierzu einige Beispiele:

- Arbeitskraftunternehmer unterliegen der Gefahr eines nahezu grenzenlosen *Eindringens von berufsbezogenen Momenten in alle Bereiche und Aspekte ihres Lebens*, v.a. durch überlange *Arbeitszeiten* und die unbegrenzte Arbeitszeitflexibilisierung (vgl. *Eberling u.a.* 2004, *Hielscher* 2006) sowie durch die zunehmende technologisch ermöglichte Erreichbarkeit von Berufstätigen. Auch *räumlich* müssen moderne Arbeitskräfte universell präsent sein, an ständig wechselnden Einsatzorten, auf Reisen und eben auch in der räumlichen Privatsphäre. Die Bereitschaft und Fähigkeit zur fast grenzenlosen Mobilität wird selbstverständlich vorausgesetzt (*Voß* 2010a, s.a. *Kesselring/Vogl* 2010, *Schneider u.a.* 2002). Diese Durchökonomisierung des Lebens hat vor allem massive Auswirkungen auf die Professionalität der Betroffenen. Riskantes Arbeiten, Fehlerwahrscheinlichkeiten und so weiter nehmen zu – selbst in Berufen, die dezidiert sicherheitsorientiert sein sollten (vgl. z.B. zu Piloten *Matuschek/Voß* 2008, *Huchler* 2011).
- Das quantitative und vor allem qualitative Eindringen von Berufsaspekten in das Leben (man kann nicht mehr „abschalten") gefährdet auch indirekt die Professionalität von Arbeit, indem es den *Berufstätigen als Person überfordert*. Die auffällige Zunahme von psychischen Erkrankungen in den letzten Jahren (z.B. *burnout*) ist unter anderem den oben geschilderten Entgrenzungserscheinungen geschuldet (vgl. u.a. *Keupp/Dill* 2010, *Voß* 2010b). Folge ist, dass belastete, wenn nicht gar chronisch erkrankte, Berufstätige nicht nur weniger leistungsfähig und damit in ihrer Professionalität systematisch eingeschränkt sind, sondern dass ihre langfristige Berufsfähigkeit insgesamt gefährdet wird. Wenn die Depression als „Leiterkrankung des flexiblen Kapitalismus" gesehen werden muss, die zunehmend gerade auch qualifizierte Berufstätige betrifft (und damit zur typischen Erkrankung des Arbeitskraftunternehmers wird; *Voß* 2010b), kann das auch bedeuten, dass darüber vermittelt möglicherweise das jeweilige Berufsfeld selber in Misskredit gerät und Einbußen bei dem für Professionen entscheidenden öffentlichen Vertrauen erleben muss (z.B. bei Ärzten, Bankern und Lehrern).
- Die Vermischung von Beruf und Privatsphäre und das Eindringen beruflicher und ökonomischer Aspekte in das gesamte Leben haben nicht zuletzt auch *negative Auswirkungen auf das unmittelbare soziale Umfeld* von Betroffenen, vor allem auf die Familie. Auch hierzu konnte eindringlich gezeigt werden, wie die für den Arbeitskraftunternehmer typische Entgrenzung das private Miteinander gefährden kann (u.a. *Hochschild* 2002, *Jürgens* 2010, *Jurczyk u.a.* 2009). Generell leiden soziale Beziehungen aller Art unter den geschilderten Entwicklungen, was sich in sozialer Deprivation, Vereinsamung oder Bindungsunfähigkeit gerade auch bei qualifizierten Berufstätigen äußert und sich wegen der dadurch eingeschränkten Reproduktionsmöglichkeiten schließlich langfristig in einer verringerten Leistungsfähigkeit niederschlagen wird. Ein Professioneller ohne tragfähige soziale Bindungen, die ihm Erholung, Geborgenheit und anderes mehr bieten, wird auf Dauer nicht fachlich effizient und schon gar nicht sozial verantwortungsvoll handeln können.

Die Beispiele zeigen, dass ein einseitig auf die Anforderungen der entgrenzten und durchökonomisierten Arbeits- und Betriebswelt ausgerichteter Arbeitskraftunternehmer allein schon über die Belastungen seiner Person und seines Lebensumfeldes indirekt (und spätestens durch daraus resultierende Rückwirkungen auf die Tätigkeit direkt) seine Professionalität gefährdet. Eine nachhaltig funktionierende Professionalität der neuen Arbeitskraft muss also auch in dieser Dimension anders gestaltet werden:

So sehr eine moderne Arbeitskraft ihr Leben mit Blick auf die sich wandelnden Arbeits- und Beschäftigungsbedingungen mit Mitteln der Selbstrationalisierung „im Griff" haben muss, wirklich professionell ist sie nur, wenn sie das mit weiteren Funktionen und dazu erforderlichen Kompetenzen verbindet. Eine zentrale Bedeutung bekommt hier die Fähigkeit zur aktiven Begrenzung des Drucks zur vollen Ökonomisierung und Rationalisierung des Lebens, vielleicht sogar als gezielter Widerstand gegen Übergriffe auf den Alltag und den Lebensweg (u.a. *Jürgens* 2006). Ein nachhaltiger professioneller Umgang mit Zeit kann dazu beitragen, nicht berufsbezogene Freiräume und entdichtete Lebenszonen sowie eine mit eigenen Lebenszielen und -rhythmen kompatible Zeitlogik zu etablieren (*Jurczyk/ Voß* 2000).[9]

In einer weiteren Perspektive bedeutet das, dass professionelle Arbeitskraftunternehmer sich und ihr Leben nicht als primär berufsdominiert verstehen dürfen. Neben den zweifellos wichtigen beruflichen Lebensstrategien ist eine *Orientierung auf das Selbst und sein Leben* im engeren Sinne bedeutsam. Nur wer in der Lage ist, sorgsam mit sich und seinem Leben im Sinne einer aktiven s*elfcare* (oder „Sorge um sich selbst", *Foucault* 2004) umzugehen, kann fachlich niveauvoll eine Existenz als Arbeitskraftunternehmer aufbauen und auf Dauer praktizieren. Ein sorgsamer und nachhaltiger Umgang mit sich selbst ist deshalb keine Zusatzbedingung, sondern eine Kernkompetenz für moderne Professionalität (u.a. *Jürgens* 2006).

Komplementär dazu ist es für einen professionellen Arbeitskraftunternehmer auch unverzichtbar sorgsam und sorgend mit dem *sozialen Umfeld* umzugehen, egal ob Familie, Verwandtschaft, Freunde oder Nachbarschaft. Auch dies ist kein Teilaspekt, sondern eine Kernanforderung für eine moderne professionelle Arbeitskraft und meint auf jeden Fall mehr als das oft propagierte *networking*. Es geht darum, soziale Beziehungen als authentische Basis des gesamten persönlichen Lebens zu pflegen.

Ähnlich verhält es sich mit der seit einiger Zeit so populären *work-life-balance*. Wenn man die öffentliche Debatte dazu auf ihre Untertöne hin befragt,

---

[9] Zeitmanagementratgeber haben in diesem Sinne eine Kehrtwende weg von der reinen Zeitökonomisierung vollzogen (z.B. *Seiwert* 1998), s.a. die Entschleunigungsdiskussion (schon früh *Geißler* z.B. 1985, s. aktuell u.a. *Reheis* 2003, *Rosa* 2008).

wird deutlich, dass dahinter dann doch oft wieder eine primär auf die Forcierung beruflicher Leistungen ausgerichtete Orientierung steht (was dem Ganzen einen unangenehmen ideologischen Beigeschmack gibt; z.B. *Eberling u.a.* 2004), vor allem wenn es darum geht, Frauen angesichts eines drohenden Fachkräftemangels verstärkt in den Arbeitsmarkt zu integrieren. Demgegenüber wird es für einen professionellen Arbeitskraftunternehmer darum gehen, mit Blick auf je individuelle Lebensziele und Lebenslagen eine überinstrumentelle und damit tatsächlich „balancierte" oder nachhaltig ausgewogene Lebensführung zu etablieren. Dabei kann für manche die in der Lebensführungsforschung beschriebene durchrationalisierte „strategische" Lebensführung ein praktikables Mittel sein, für viele wird es eher eine „situativ" Alltagstrategie sein, die eine nicht nur in der Berufssphäre angemessen reagierende Existenzweise dauerhaft möglich macht (u.a. *Jurczyk/Voß* 1995, *Voß* 1998).

Wie in der Lebensführungsforschung ebenfalls gezeigt, sind für eine solche balancierende Existenz individuelle authentische Lebenswerte und -orientierungen entscheidend, das heißt ein *commitment* nicht nur für den Beruf, sondern für sein eigenes Leben (und die Menschen, die dafür bedeutsam sind), wobei eine solche „Hingabe" (Weber) an das eigene Leben insgesamt (oder eine „Berufung zu sich selbst") eng verbunden sein kann mit einer hohen intrinsischen Berufung für die fachliche Tätigkeit. So verschieden die Prioritäten je nach Lebenssituation gesetzt werden, immer wird es darum gehen, beides so nachhaltig zu verbinden, dass das eine nicht auf Kosten des anderen unter die Räder gerät. Erst so wird berufliche Professionalität möglich, das heißt die angestrebte hohe Fachlichkeit auf Basis der dazu erforderlichen Autonomie. Nur wer ein individuell und sozial sorgsames Leben flexibel praktiziert, kann sich die notwendigen Freiräume sichern, um beruflich auf hohem Niveau gut zu sein.

Vor diesem Hintergrund wird vermutlich noch einsichtiger, dass professionelle Anerkennung nicht allein, ja nicht einmal vorrangig, aus der engeren Fachsphäre resultiert. Wirklich nachhaltige professionelle Bestätigung bezieht ein Arbeitskraftunternehmer aus einer existenziell breiten und zugleich flexiblen *Selbstanerkennung*, einem stabilem Selbstwertgefühl und einem in authentischen Werten verankerten Selbstrespekt. Auch wenn der glaubwürdige Respekt und die *Anerkennung durch das private und berufliche Umfeld* von großer Bedeutung sind, wirklich fundierte und stabile Anerkennung resultiert für den modernen Professionellen nicht in erster Linie aus beruflichem Erfolg, Status und Karriere, sondern aus einem erfüllten und nachhaltig sorgsamen (gerne auch „glücklichen") Leben insgesamt. Aber vielleicht war das ja schon immer das Privileg des Professionellen.

2.3 Subjektivierte Professionalität. Begrifflich-theoretische Überlegungen

Obwohl der Arbeitskraftunternehmer empirisch nur selten in typologischer Reinform auftritt, sind seine Elemente doch zunehmend charakteristisch für fast jedes Feld moderner Berufstätigkeit. Das Modell (nicht das Theoriekonzept) des Arbeitskraftunternehmers wird unter verschiedenen Namen von machtvollen gesellschaftlichen Interessen mehr denn je als eine Art Leitbild, wenn nicht gar als Ideologie, propagiert und gefördert (kritisch dazu *Bröckling* 2007), bis weit hinein in das Bildungs- und Erziehungssystem (vgl. *Bader u.a.* 2007, *Elster* 2007).

Trotz aller Kritik (vgl. etwa *Deutschmann* 2001, *Kuda/Strauß* 2002, *Schumann* 1999) wird in der Diskussion des theoretischen Konzepts jedoch selten wirklich gesehen, dass der Arbeitskraftunternehmer wissenschaftlich und praktisch eine *paradoxe Konstruktion* ist: einerseits direkt oder indirekt als normatives Ideal (oft Ideologie) von großer gesellschaftlicher Tragweite, das zunehmend die Arbeitswirklichkeit mitbestimmt, dessen Schattenseite und Langfristfolgen andererseits aber nur zögerlich thematisiert werden. Viel zu selten wird kritisch gefragt, ob das Modell individuell und gesellschaftlich überhaupt stabil ist, beziehungsweise welcher Voraussetzungen es bedarf, damit es in der Praxis nachhaltig funktionieren kann.

Im Vorstehenden ging es darum zu zeigen, dass eine einseitige am Modell des Arbeitskraftunternehmers ausgerichtete Arbeits- und Berufspraxis unter den Bedingungen einer unbeschränkten neoliberalen Marktökonomie Professionalität im beschriebenen Sinne massiv gefährdet, also erhebliche Probleme in Bezug auf Fachlichkeit, berufliche Qualitätsstandards, die dazu notwendige Autonomie von Arbeit und nicht zuletzt in Bezug auf die gesellschaftliche Anerkennung von Professionalität im weitesten Sinne mit sich bringen kann (ganz abgesehen von den persönlichen Folgen für Betroffene). Ein ungebrochen umgesetzter Arbeitskraftunternehmer verkörpert nur bedingt, wenn überhaupt, Professionalität, auch wenn es auf den ersten Blick so aussehen mag und manchmal auch so propagiert wird. Ein wirklich professioneller Arbeitskraftunternehmer muss, so war hier die leitende Annahme, mehr oder sogar etwas ganz anderes sein als die Idealfigur eines in jeder Hinsicht marktbezogenen Unternehmers seiner eigenen Arbeitskraft. So gesehen, kann der Arbeitskraftunternehmer durchaus Professionalität repräsentieren, aber eine „Professionalität neuer Art".

Fassen wir die Überlegungen noch einmal in Bezug auf die Dimensionen der unternehmerischen Arbeitskraft zusammen:

Die Professionalität des Arbeitskraftunternehmers – Thesen

Ein professioneller Arbeitskraftunternehmer zeichnet sich aus durch:

1. Verstärkte Selbstkontrolle auf Basis einer reflexiven Vermittlung fachlicher Standards mit neuen externen Anforderungen und eines flexiblen beruflichen Selbstbewusstseins mit hohem individuellem commitment

Ein professioneller Arbeitskraftunternehmer nutzt die Möglichkeiten selbstkontrollierter Arbeitstätigkeit, um traditionelle Fachanforderungen reflexiv und situativ mit den zunehmenden außerfachlichen Zwängen immer wieder neu zu vermitteln. Professionell erforderliche Freiheitsgrade müssen (notfalls subversiv) situativ erkämpft, begründet und vor allem flexibel gehandhabt werden. Anerkennung und Unterstützung wird nicht mehr per se gewährt, sondern muss aktiv eingefordert und hergestellt werden. Ein flexibles Selbstbewusstsein auf Basis eines mehr denn je hochentwickelten und sehr persönlich konturierten beruflichen *commitment*, das nüchtern instrumentelle und fachliche Motive verbindet, ist konstitutiv.

2. Erweiterte Selbstökonomisierung bei gleichzeitiger individuell vertiefter Fachorientierung und hoher personaler Autonomie in Verbindung mit nicht allein materiellen Bestätigungen

Ein professionellerer Arbeitskraftunternehmer betreibt auf neuer Stufe eine aktiv verwertungsorientierte Selbstökonomisierung. Dieses erweiterte ökonomische Denken und Handeln bei der Herstellung und Vermarktung von Arbeitskraft wird mit einer gleichfalls vertieften und individuell erweiterten fachlichen Orientierung verbunden, um die potenziellen Gefährdungen durch die verstärkte Marktausrichtung zu relativieren. Basis dieser reflexiv erweiterten Produktion und Vermarktung seiner selbst ist eine ausgeprägte individuelle Autonomie der Arbeitskraft als ganze Person vor dem Hintergrund ihres ganzen Lebens. Auf dieser Basis bezieht sie die für sie wichtige Anerkennung mittels einer Mischkalkulation aus (meist) schwankenden marktvermittelten materiellen *rewards* und kulturellen beziehungsweise symbolischen und sozialen Bestätigungen durch überinstrumentell-wertbasierte Aktivitäten.

3. Selbstrationalisierung des Lebens bei gleichzeitigem individuell wertbasiert sorgendem Umgang mit sich als Person, der gesamten Lebensführung und dem sozialen Umfeld

Ein professioneller Arbeitskraftunternehmer betreibt eine ausgeprägte alltägliche und biographische Rationalisierung seines Lebens in allen Dimensionen (zeitlich, räumlich, fachlich usw.), begrenzt diese aber durch einen sorgenden reflexiven Umgang mit sich als Person, seiner alltäglichen Lebensführung in allen Bereichen und dem persönlichen sozialen Umfeld. Die für sich und sein Leben erforderliche Anerkennung bezieht er, neben unverzichtbaren sozialen Bestätigungen, über eine komplexe Selbstanerkennung, ein ausgeprägtes Selbstwertgefühl und einen wertbasierten Selbstrespekt.

Subjektivierte Professionalität: Weder Post-Professionalität noch Neo-Professionalität

Diese den Arbeitskraftunternehmer möglicherweise prägende neue Professionalität ist nicht leicht analytisch zu bestimmen und angemessen zu benennen. Eher hilflos, wenn nicht gar irreführend, wäre es, auf das abgegriffene Präfix „Post" zurückzugreifen. Damit wird meist eine auf eine etablierte Form folgende völlig neuartige Erscheinung mit grundlegend veränderten Qualitäten unterstellt, deren Logik (noch) nicht wirklich verstanden wird.[10] Demgegenüber bleiben bei der hier ins Auge gefassten neuen Professionalität dann doch zu viele Momente dem alten Modell ähnlich, und das Neue kann zugleich durchaus in wichtigen Ansätzen verstanden werden. Es ist aber auch nicht so, dass der Wandel von Professionalität nur in dem Sinne etwas Neues hervorbringt, dass die bisherige Professionalität mit oberflächlichen Veränderungen als eine Art „Neo-Professionalität" überlebt oder sich wie Phönix aus der Asche verjüngt wieder erhebt, wenn sich kompetente Berufstätige nur geschickt genug an die neuen Bedingungen anpassen.

Demgegenüber wird hier postuliert, dass der untersuchte Wandel von Professionalität fundamental *realdialektisch* verläuft, indem sich eine (nach Hegel) dreifache *„Aufhebung"* des alten Modells vollzieht: Es wird derart weitgehend neu formiert, dass der bisherige Modus tatsächlich verschwinden könnte; zugleich werden wesentliche Züge des traditionellen Modells konserviert und erscheinen in neuer Weise wieder auf; und vor allem ist erkennbar, dass die neue Form von Professionalität eine höhere strukturlogische oder systemische Qualität und Komplexität aufweist. Um das besser zu verstehen, werden über den hier

---

[10] Es gibt jedoch nach wie vor erhellenden Angebote, z.B. *Crouch* 2008.

geleisteten ersten Versuch hinausgehende empirische und theoretisch-begriffliche Bemühungen erforderlich sein. Dazu einige erste Andeutungen:

In der beschriebenen neuartigen Professionalität des Arbeitskraftunternehmers bildet sich eine systematische *Verlagerung des dominanten Bezugs der Verwertungslogik* kapitalistischer Arbeit (genauer: von Arbeit im Kapitalismus) von der Gebrauchswert- zur Tauschwertseite ab. Das ist gemeint, wenn von einer verschärften Ökonomisierung von Arbeit und Arbeitskraft gesprochen wird. Natürlich gerät dabei die Gebrauchswerteigenschaft von Arbeit und Arbeitskraft nicht völlig unter die Räder, aber beide Seiten müssen nun wesentlich komplexer und anspruchsvoller miteinander vermittelt werden: in der konkreten Tätigkeit oder im Arbeitsprozess, betrieblich-organisatorisch, insgesamt gesellschaftlich und nicht zuletzt (hier das zentrale Thema) auf Ebene der Arbeitsperson und ihres Arbeitsvermögens. Die vorgestellten Thesen zur Professionalität des Arbeitskraftunternehmers durchzieht die leitende Vermutung, dass diese (im Ansatz immer schon erforderliche) Vermittlung systematisch mehr als bisher den arbeitenden Subjekten zugemutet wird, was neue Belastungen, aber auch neue Chancen für sie impliziert. In diesem Sinne kann die angedeutete neue Logik als eine *subjektivierte Professionalität* verstanden und soll so bezeichnet werden.

Wenn dieser Prozess als ein weiterer Schritt hin zu einer zunehmenden „reellen Subsumtion" von Arbeit und Arbeitskraft unter die Logik kapitalistischer Verwertung interpretiert wird, mag das zunächst unverständlich erscheinen. Im Unterschied zur traditionellen Subsumtionsthese (etwa *Schmiede* 1980) wird dieser historische Schritt jedoch als eine Unterwerfung unter kapitalistische Prinzipien verstanden, die sich genau nicht subjektfrei (oder per Ausgrenzung subjektiver Freiräume) vollzieht, sondern mittels einer *systematischen Beteiligung der betroffenen Subjekte* in neuer Qualität: Sie vollziehen diese erweiterte Subsumtion notwendig *an und für sich* und darüber vermittelt jedoch zugleich als Durchsetzung der strukturellen kapitalistischen Logik, die damit eine geschichtliche Stufe erreicht, die man als subjektivierten Kapitalismus (und nicht nur als „flexiblen" Kapitalismus, *Sennett* 1998) bezeichnen könnte (siehe auch *Voß/Rieder* 2006). Diese neue Stufe der Entwicklung einer bekannten (sich aber immer wieder mit überraschenden Ergebnissen transformierenden) Formation geht mit vielfältigen neuen sozialen Formen einher, die alle Ausdruck einer erweiterten strukturellen Inanspruchnahme von Subjektivität sind. Wenn der *Individualberuf* die grundlegende Logik ist, in der Arbeitskraftunternehmer ihre Ware Arbeitskraft in Ablösung von bisherigen sozial standardisierten Qualifikationsformen für sich und für die Vermarktung ihrer selbst herstellen, dann ist eine *subjektivierte Professionalität* die Logik, mit der sie eine anspruchsvolle Fachlichkeit, berufliche Autonomien, gesellschaftliche Nützlichkeiten und für beides gewährte Anerkennungen individuell zu sichern versuchen. Damit steuern sie zugleich einen wesentlichen Beitrag bei zur gesellschaftlichen

Sicherung fachlicher Qualität und Nützlichkeit von Arbeit und nicht zuletzt zur Integration von Gesellschaft unter historisch grundlegend veränderten Bedingungen.

3 Gesellschaftliche Einschätzung. Ein Ausblick

Es mag Berufstätige geben, die die Leitaspekte des Arbeitskraftunternehmers in Reinform umzusetzen versuchen, und es gibt machtvolle Instanzen, die genau das fordern. Als Basis für eine legitime Ausrichtung von Personen auf Erwerb und beruflichen Erfolg kann das eine Zeitlang funktionieren und möglicherweise auch mit einem begrenzten Anspruch auf qualifizierte Beruflichkeit einhergehen – aber „professionell" ist es nicht. Eine wirklich nachhaltige Professionalität erfordert demgegenüber, die *typologischen Leitaspekte* einer erweiterten marktförmigen Arbeitskraft mit einer *neuen Qualität alter und neuer Momente von Professionalität individuell balancierend* zu vermitteln. Das ist eine höchst anspruchsvolle Leistung, die weit über die Anforderungen bisheriger Professionalität hinausgeht, und ohne die es zukünftig keine stabile Professionalität und qualitätsvolle Arbeitsleistung mehr geben wird, individuell, aber auch gesellschaftlich beziehungsweise gesamtwirtschaftlich. Das zu begreifen und umzusetzen ist eine wichtige Aufgabe für das allgemeine und berufliche *Bildungssystem*, in dem Professionalität auf die beschriebene neue Weise ausgebildet werden muss. Diese Aufgabe stellt sich aber auch den beruflichen, betrieblichen und überbetrieblichen *Vertretungen von Arbeitskraftinteressen* und nicht zuletzt der *politischen Regulierung* von Professionalität und Professionen in der Gesellschaft.

Die Situation, in der sich dieser Prozess derzeit befindet, ist jedoch nicht dazu angetan, den angedeuteten Versuch einer sorgsamen analytischen Austarierung der Dialektik von potenziellen Verlusten und Chancen des Arbeitskraftunternehmers auch als *Zeitdiagnose* ungebrochen durchzuhalten – zumindest nicht als Diagnose des momentanen Zustands von Beruflichkeit und Professionalität. Es soll hier demgegenüber dezidiert noch einmal der Besorgnis Ausdruck gegeben werden, dass sich aktuell berufs- und branchenübergreifend die Indizien für eine *strukturelle Unterminierung qualitätsvoller und gesellschaftlich verantwortlicher Berufstätigkeit und Leistung* häufen. Die oft beschworene hohe Qualität von Arbeit und Arbeitskraft als Standortfaktor, als einzelbetrieblicher Wettbewerbsvorteil und nicht zuletzt als entscheidendes Merkmal der Arbeitspersonen und ihres Lebens (und darüber vermittelt des sozialen Miteinanders) ist damit möglicherweise ernsthaft in Gefahr. Diese Tendenz könnte langfristig gesellschaftliche und ökonomische Folgeprobleme von großer Tragweite mit sich bringen. Die erste Instanz, bei der sich diese Entwicklung drastisch zeigt, sind die betroffenen Subjekte (und die Krankenkassen, die die Kosten spüren); andere Instanzen, wie etwa die Betriebe, wollen es noch kaum wahrhaben. Die psycho-physische „Erschöpfung" (*Ehrenberg* 2004, *Keupp/Dill* 2010, *Summer* 2008) und neue „Verelendung" in Form drastisch zunehmender seelischer Erkrankungen (*Voß* 2010b) großer (und verstärkt ökonomisch wichtiger) Gruppen ist nicht zuletzt Ausdruck einer „Kränkung" der legitimen beruflichen und professionellen Bedürfnisse und Ansprüche der Arbeitenden und damit letztlich der Gesellschaft insgesamt. Wie sich das langfristig entwickeln wird, bleibt abzuwarten.

So verstanden sind die angedeuteten Thesen nicht nur als Analytik und implizite Prognose zu verstehen. Man darf sie auch als einen (vorsichtigen) normativen Versuch lesen: wenn es schon einen Übergang zu einer neuen Typik von Arbeitskraft mit neuer Beruflichkeit gibt, dann sollten die Betroffenen die Chance erhalten, dies professionell und für sie befriedigend umzusetzen.

Literatur

Altmann, Norbert; Bechtle, Günther, 1971: Betriebliche Herrschaft und industrielle Gesellschaft. Ein Ansatz zur Analyse, München
Arnold, Rolf, 2002: Von der Bildung zur Kompetenzentwicklung. Anmerkungen zu einem erwachsenenpädagogischen Perspektivenwechsel, in: Nuissl von Rein, Ekkehard; Schiersmann, Christiane; Siebert, Horst (Hrsg.): Literatur- und Forschungsreport Weiterbildung, 49, Bonn, 26-38
Axeli-Knapp, Gudrun, 1981: Industriearbeit und Instrumentalismus. Zur Geschichte eines Vorurteils, Bonn
Bader u.a. (= *Bader, Reinhard; Keiser, Gerd; Unger, Tim*) (Hrsg.), 2007: Entwicklung unternehmerischer Kompetenz in der Berufsbildung, Bielefeld
Baethge, Martin, 2001: Beruf – Ende oder Transformation eines erfolgreichen Ausbildungskonzepts? In: Kurtz, Thomas (Hrsg.): Aspekte des Berufs in der Moderne, Opladen, 39-67
Beck u.a. (= *Beck, Ulrich; Brater, Michael; Daheim, Hansjürgen*), 1980: Soziologie der Arbeit und der Berufe. Grundlagen, Problemfelder, Forschungsergebnisse, Reinbek
Beckenbach, Niels, 1991: Industriesoziologie, Berlin und New York
Blauner, Robert, 1964: Alienation and Freedom. The Factory Worker and His Industry, Chicago
Böhm u.a. (= *Böhm, Sabine; Herrmann, Christa; Trinczek, Rainer*), 2004: Herausforderung Vertrauensarbeitszeit. Zur Kultur und Praxis eines neuen Arbeitszeitmodells, Berlin
Bolder, Axel; Dobischat, Rolf (Hrsg.), 2009: Eigen-Sinn und Widerstand. Kritische Beiträge zum Kompetenzentwicklungsdiskurs, Wiesbaden
Bollinger, Heinrich; Hohl, Joachim, 1981: Auf dem Wege von der Profession zum Beruf. Zur Deprofessionalisierung des Ärzte-Standes, in: Soziale Welt 32 (4), 440-464

Bourdieu, Pierre, 1982: Die feinen Unterschiede. Kritik der gesellschaftlichen Urteilskraft. Frankfurt a.M..
Bright, James R., 1958: Automation and Management, Boston
Bröckling, Ulrich, 2007: Das unternehmerische Selbst. Soziologie einer Subjektivierungsform. Frankfurt a.M.
Crouch, Colin, 2008, zuerst ital. 2003: Postdemokratie, Frankfurt a.M.
Demszky von der Hagen, Alma; Voß, G. Günter, 2009: Beruf und Profession, in: Böhle, Fritz; Voß, G. Günter; Wachtler, Günther (Hrsg.), Handbuch Arbeitssoziologie, Wiesbaden, 751-803
Deutschmann, Christoph, 2001: Die Gesellschaftskritik der Industriesoziologie – ein Anachronismus? In: Leviathan, 29 (1), 58-69
Duyvendak u.a. (= *Duyvendak, Jan Willem; Knijn Trudie; Kremer, Monique*) (Hrsg.), 2008: Policy, People, and the New Professional: De-professionalisation and Re-professionalisation in Care and Welfare, Amsterdam
Eberling u.a. (= *Eberling, Matthias; Hielscher, Volker; Hildebrandt, Eckart; Jürgens, Kerstin*), 2004: Prekäre Balancen. Flexible Arbeitszeiten zwischen betrieblicher Regulierung und individuellen Ansprüchen, Berlin
Ehrenberg, Alain, 2004: Das erschöpfte Selbst. Depression und Gesellschaft in der Gegenwart, Frankfurt a.M. und New York.
Elster, Frank, 2007: Der Arbeitskraftunternehmer und seine Bildung. Zur (berufs-)pädagogischen Sicht auf die Paradoxien subjektivierter Arbeit, Bielefeld
Foucault, Michel, 2004: Hermeneutik des Subjekts. Frankfurt a.M.
Geißler, Karlhainz A., 1985: Zeit leben, Vom Hasten und Rasten, Arbeiten und Lernen, Leben und Sterben, Weinheim
Glißmann, Wilfried; Peters, Klaus, 2001: Mehr Druck durch mehr Freiheit. Die neue Autonomie in der Arbeit und ihre paradoxen Folgen, Hamburg.
Gottschall, Karin/Voß, G. Günter (Hrsg.), 2005: Entgrenzung von Arbeit und Leben. Zum Wandel der Beziehung von Erwerbstätigkeit und Privatsphäre im Alltag (= „Arbeit und Leben im Umbruch", 5), München und Mering, 2. Aufl.; zuerst 2003
Granovetter, Mark, 1973: The strength of weak ties, in: American Journal of Sociology 78, 6, 1360-1380
Haubl, Rolf; Voß, G. Günter (Hrsg.), 2011: Riskante Arbeitswelt. Eine Studie zu den Auswirkungen spätmoderner Arbeits- und Lebensverhältnisse, Göttingen
Hielscher, Volker, 2006: Verflüssigte Rhythmen. Flexible Arbeitszeitstrukturen und soziale Integration, Berlin.
Hochschild, Arlie, 2002: Keine Zeit. Wenn die Arbeit zum Zuhause wird und die Arbeit zum Arbeitsplatz, Frankfurt a.M. und New York
Hoffmann, Ute, 1980: Facharbeiter. Industrielle Arbeit als Beruf, Frankfurt a.M. und New York
Huchler, Norbert, 2011: Entgrenzung^2. Arbeit und Lebensführung bei Verkehrspiloten, Unveröff.. Diss. TU Chemnitz
Jürgens, Kerstin, 2006: Arbeits- und Lebenskraft. Reproduktion als eigensinnige Grenzziehung, Wiesbaden
Jürgens, Kerstin, 2010: Deutschland in der Reproduktionskrise, in: Leviathan 38, 559-587

Jurczyk u.a. (= *Jurczyk, Karin; Schier, Michaela; Szymenderski, Peggy; Lange, Andreas; Voß, G. Günter*), 2009: Entgrenzte Arbeit – entgrenzte Familie. Grenzmanagement im Alltag als neue Herausforderung, Berlin

Jurczyk, Karin; Voß, G. Günter, 1995: Zur gesellschaftsdiagnostischen Relevanz der Untersuchung von alltäglicher Lebensführung, in: Projektgruppe „Alltägliche Lebensführung" (Hrsg.): Alltägliche Lebensführung. Arrangements zwischen Traditionalität und Modernisierung, Opladen, 371-407

Jurczyk, Karin; Voß, G. Günter, 2000: Flexible Arbeitszeit – Entgrenzte Lebenszeit. Die Zeiten des Arbeitskraftunternehmers, in: Hildebrandt, Eckardt (Hrsg.): Reflexive Lebensführung. Zu den sozialökologischen Folgen flexibler Arbeit, Berlin, 151-206

Kern, Horst, 1998: Proletarisierung, Polarisierung oder Aufwertung der Erwerbsarbeit? Der Blick der deutschen Industriesoziologie seit 1970 auf den Wandel der Arbeitsstrukturen, in: Friedrichs, Joachim; Lepsius, Rainer, M.; Mayer, Karl Ulrich (Hrsg.): Die Diagnosefähigkeit der Soziologie (= Kölner Zeitschrift für Soziologie und Sozialpsychologie, Sonderheft 38), Opladen, 113-129

Kern, Horst; Schumann, Michael, 1977: Industriearbeit und Arbeiterbewußtsein, Frankfurt a.M.; zuerst 1970

Kern, Horst; Schumann, Michael. 1984. Das Ende der Arbeitsteilung? Rationalisierung in der industriellen Produktion, München

Kesselring, Sven; Vogl, Gerlinde, 2010: Betriebliche Mobilitätsregime. Die sozialen Kosten mobiler Arbeit, Berlin

Keupp, Heiner; Dill, Helga (Hrsg.), 2010: Erschöpfende Arbeit. Gesundheit und Prävention in der flexiblen Arbeitswelt, Bielefeld

Kleemann u.a. (= *Kleemann, Frank; Matuschek, Ingo; Voß, G. Günter*), 2003: Subjektivierung von Arbeit – Ein Überblick zum Stand der soziologischen Diskussion, in: Moldaschl, Manfred; Voß, G. Günter (Hrsg.): Subjektivierung von Arbeit, München und Mering, 57-114; zuerst 2002

Kohlberg, Lawrence, 1996: Die Psychologie der Moralentwicklung, Frankfurt a.M.

Kratzer, Nick, 2003: Arbeitskraft in Entgrenzung. Grenzenlose Anforderungen, erweiterte Spielräume, begrenzte Ressourcen, Berlin

Kraus, Katrin, 2006: Vom Beruf zur Employability? Zur Theorie einer Pädagogik des Erwerbs, Wiesbaden

Kraus, Katrin, 2007: Beruflichkeit, Employability und Kompetenz. Konzepte erwerbsbezogener Pädagogik in der Diskussion, in: Dehnbostel, Peter; Elsholz, Uwe; Gillen, Julia (Hrsg.): Kompetenzerwerb in der Arbeit. Perspektiven arbeitnehmerorientierter Weiterbildung, Berlin, 235-248

Kuda, Eva; Strauß, Jürgen (Hrsg.), 2002: Arbeitnehmer als Unternehmer? Herausforderungen für Gewerkschaften und berufliche Bildung, Hamburg

Kutscha, Günter, 1992: „Entberuflichung" und „Neue Beruflichkeit" – Thesen und Aspekte zur Modernisierung der Berufsbildung und ihrer Theorie, in: Zeitschrift für Berufs- und Wirtschaftspädagogik 88, 7, 537-548

Matuschek, Ingo; Voß, G. Günter, 2008: Multiple Entgrenzung des fliegenden Personals im kommerziellen Luftverkehr, in: Matuschek, Ingo (Hrsg.): Luft-Schichten. Arbeit Organisation und Technik im Luftverkehr, Berlin, 181-203

Moldaschl, Manfred; Sauer, Dieter, 2000: Internalisierung des Marktes – Zur neuen Dialektik von Kooperation und Herrschaft, in: Minssen, Heiner (Hrsg.): Begrenzte Entgrenzungen – Wandlungen von Organisation und Arbeit, Berlin, 205-223

Pfadenhauer, Michaela, 2003: Professionalität. Eine wissenssoziologische Untersuchung, Opladen

Pongratz, Hans J.; Voß, G. Günter, 2003: Arbeitskraftunternehmer. Erwerbsorientierungen in entgrenzten Arbeitsformen, Berlin

Popitz u.a. (= *Popitz, Heinrich; Bahrdt, Hans P.; Jüres, Ernst A.; Kesting, Hanno*), 1957: Das Gesellschaftsbild des Arbeiters, Tübingen

Rauner, Felix, 2001: Offene dynamische Beruflichkeit – Zur Überwindung einer fragmentierten industriellen Berufstradition, in Bolder, Axel; Heinz, Walter R.; Kutscha, Günter (Hrsg.): Deregulierung der Arbeit – Pluralisierung der Bildung, Opladen, 183-203

Reheis, Fritz, 2003: Entschleunigung – Abschied vom Turbokapitalismus, München

Rorty, Richard, 1989: Kontingenz, Ironie und Soldarität, Frankfurt a.M.

Rosa, Hartmut, 2008: Beschleunigung. Die Veränderung der Zeitstrukturen in der Moderne, Frankfurt, a.M.

Schmeiser, Martin, 2006: Soziologische Ansätze der Analyse von Professionen, der Professionalisierung und des professionellen Handelns, in: Soziale Welt 57, 3, 295-296

Schmiede, Rudi, 1980: Rationalisierung und reelle Subsumtion. Überlegungen zu den Arbeiten des Frankfurter Instituts für Sozialforschung 1970 bis 1980, in: Leviathan 8, 4, 472-497

Schneider u.a. (= *Schneider, Norbert, E.; Limmer, Ruth; Ruckdeschel, Kerstin*), 2002: Mobil, flexibel, gebunden. Familie und Beruf in der mobilen Gesellschaft, Frankfurt a.M. und New York

Schönwälder, Marion, 2009: Deprofessionalisierung des Ärztestandes. Neue Folgenhaftigkeit ärztlichen Handelns, München

Schumann, Michael, 1999: Das Lohnarbeiterbewußtsein des „Arbeitskraftunternehmers", in: SOFI-Mitteilungen 27, 59-63

Seidl, Conrad; Beutelmeyer, Werner, 2006: Die Marke ICH. So entwickeln Sie Ihre persönliche Erfolgsstrategie, München, 3. Aufl.

Seiwert, Lothar J., 1998: Wenn Du es eilig hast, gehe langsam. Das neue Zeitmanagement in einer beschleunigten Welt, Frankfurt a.M. und New York

Sennett, Richard, 1998: Der flexible Mensch. Die Kultur des neuen Kapitalismus, Berlin

Sennett, Richard, 2008: Handwerk, Berlin

Stehr, Nico, 2007: Die Moralisierung der Märkte. Eine Gesellschaftstheorie, Frankfurt a.M

Summer, Elisabeth, 2008: Macht Gesellschaft depressiv? Alain Ehrenbergs Theorie des „erschöpften Selbst" im Licht sozialwissenschaftlicher und therapeutischer Befunde, Bielefeld

Sutherland, Ewin H., 1937: The Professional Thief, by a professional Thief, Chicago

Touraine, Alain, 1955: L'évolution du travail aux usines Renault, Paris

Voß, G. Günter, 1998: Die Entgrenzung von Arbeit und Arbeitskraft. Eine subjektorientierte Interpretation des Wandels der Arbeit, in: Mitteilungen aus der Arbeitsmarkt- und Berufsforschung 31, 3, 473-487

Voß, G. Günter, 2001: Auf dem Wege zum Individualberuf? Zur Beruflichkeit des Arbeitskraftunternehmers, in Kurtz, Thomas (Hrsg.): Aspekte des Berufs in der Moderne, Opladen, 287-314

Voß, G. Günter, 2010a: Mobilisierung und Subjektivierung. Und: Was würde Odysseus zum Thema Mobilität beitragen? In: Götz, Irene; Lemberger, Barbara; Lehnert, Katrin; Schondelmayer, Sanna (Hrsg.), Mobilität und Mobilisierung, Frankfurt a.M. und New York, 95-136

Voß, G. Günter, 2010b: Auf dem Weg zu einer neuen Verelendung? Psychosoziale Folgen der Entgrenzung und Subjektivierung der Arbeit, in: Vorgänge Heft 3, 15-22

Voß, G. Günter; Pongratz, Hans J., 1998: Der Arbeitskraftunternehmer. Eine neue Grundform der Ware Arbeitskraft? In: Kölner Zeitschrift für Soziologie und Sozialpsychologie 50, 1, 131-158

Voß, G. Günter; Rieder, Kerstin, 2006: Der arbeitende Kunde. Wenn Konsumenten zu unbezahlten Mitarbeitern werden, Frankfurt a.M. und New York, 2. Aufl.; zuerst 2005

Voß, G. Günter; Weiß, Cornelia, 2005a: Ist der Arbeitskraftunternehmer weiblich? In: Lohr, Karin; Nickel, Hildegard M. (Hrsg.), Subjektivierung von Arbeit. Riskante Chancen, Münster, 65-91

Voß, G. Günter; Weiß, Cornelia, 2005b: Subjektivierung von Arbeit – Subjektivierung von Arbeitskraft, in: Kurz-Scherf, Ingrid; Corell, Lena; Janczyk, Stefanie (Hrsg.): In Arbeit: Zukunft, Münster, 139-155

Voß, G. Günter; Weiß, Cornelia, 2010: Selbstgenderung und Genderarbeit. Zur Subjektivierung von Geschlecht in Zeiten entgrenzter Arbeit, in: Frey, Michael; Heilmann, Andreas; Lohr, Karin; u.a. (Hrsg.): Perspektiven auf Arbeit und Geschlecht, München und Mering, 135-164

Weber, Max, 1986: Die Wirtschaftsethik der Weltreligionen, in: Ders.: Gesammelte Aufsätze zur Religionssoziologie, 1, Tübingen, 237-573; zuerst 1920

Autor

G. Günter Voß, 1950, Prof. Dr. rer.pol. habil, Professor für Industrie- und Techniksoziologie an der TU Chemnitz. Aktuelle Arbeitsschwerpunkte: Arbeitskraft und Beruf, Arbeit und Leben, Produktion und Konsumtion, Alltag und Lebensführung.
→ Voß, G. Günter; Rieder, Kerstin, 2006: Der arbeitende Kunde. Wenn Konsumenten zu unbezahlten Mitarbeitern werden, Frankfurt a.M. und New York, 2. Aufl. (zuerst: 2005)

MICHAEL CORSTEN

Die subjektive Entschiedenheit beruflicher Praxis – Annotationen zur Theorie des beruflichen Habitus

Gegenstand meines Beitrags ist die Bedeutung der Beruflichkeit für die Arbeits- beziehungsweise Erwerbsbiographien in der Gegenwartsgesellschaft. Obwohl diese Problematik in Soziologie und Berufspädagogik schon vielfach und heftig diskutiert wurde und obwohl der Beruf bereits seit rund fünfzig Jahren als in seiner Eigenschaft als „Lebensberuf" (vgl. *Schelsky* 1960) infrage gestellt wird, scheint mir nach wie vor eine Reihe von Aspekten aus dieser Debatte bisher nur in verwirrender Weise dargestellt und erörtert.

Die Frage, was der Fall ist, wenn Beruflichkeit an Bedeutung verliert, setzt voraus, dass in der Soziologie überhaupt sinnvoll geklärt wurde, worin der Kern der Berufspraxis besteht und welche Funktionen von ihr für die Gesellschaft ausgehen sollen. Bereits dazu gibt es sehr unterschiedliche Positionen. Ich werde in diesem Beitrag auf das Verhältnis von Individuum und Gesellschaft abzielen und von der These ausgehen, dass der Beruf in der modernen Gesellschaft – auch heute noch – die distinktive Sozialkategorie darstellt, über die im Prozess der Sozialisation ein sozial prägnant unterscheidbarer Habitus generiert wird.

Da mir der Beruf als sozial prägnant unterscheidbarer Habitus in der Literatur wesentlich besser beobachtet erscheint als in der Soziologie, beginne ich mit der soziologischen Rekonstruktion einer Beschreibung aus einem Roman von *Milan Kundera*, aus der ich meine Hauptthese ableite. Sie besteht in der Überlegung, dass individuelle Akteure über einen Sinn für ihre Berufspraxis einen entschiedenen Gestus im Handeln entfalten. Von dieser an einem literarischen Beispiel entwickelten These aus werde ich prüfen, ob sich *Pierre Bourdieus* Kategorie des Habitus dazu eignet, die am beruflichen Handeln beobachtete Haltung der Entschiedenheit eines individuellen Tuns analytisch präziser zu fassen (2.). Das Ergebnis wird sein, dass der Habitusbegriff zwar einerseits einige Aspekte der Berufshaltung klärt, jedoch andererseits zu eng geführt ist. Deshalb greife ich *Hannah Arendts* Untersuchung des Tätigseins auf, das die drei Aspekte Arbeit, Herstellen und Handeln zugleich umfasst und miteinander verwebt (3.). Diesen Bestimmungsversuch diskutiere ich dann anhand von *Richard Sennetts* Abgesang der flexiblen Karriereorientierung als „Korrosion des Charakters" (4.). Anschließend widme ich mich dem allgemeinen Verdacht, dass sich die meisten (im Prinzip alle) Konzepte von Beruflichkeit als ungenügend erweisen, da sie lediglich für eine bestimmte Gruppe von Erwerbstätigkeiten geltend gemacht werden können und deshalb zu einer Idealisierung tendieren (5.). Diesem allgemeinen Vorwurf werde ich abschließend zwar zustimmen, aber auch begründen, weshalb eine soziologische Rekonstruktion der beruflichen Haltung aufzudecken vermag, dass die begrenzte Geltung des Habitus berufspraktischer Entschiedenheit selbst Teil gesellschaftlicher Ordnungsbildung ist und die theoretische (und praktische) Alternative nicht sein kann, ein Moment sozialer Ordnungsbildung ersatzlos und unreflektiert einfach aufzugeben (6.).

1 Beruf als distinktive Sozialkategorie – eine literarische Beschreibung der Entschiedenheit beruflichen Tätigseins und die Revisionsbedürftigkeit der Berufssoziologie

Um gleich zu Anfang den von mir ins Spiel gebrachten Gestus der Entschiedenheit konkret zu veranschaulichen, beginne ich mit einer Schilderung *Kunderas* in seinem Buch „Die unerträgliche Leichtigkeit des Seins":

„Sofern es überhaupt möglich ist, die Menschen in Kategorien einzuteilen, kann man das sicher nach ihren existenziellen Bedürfnissen tun, die sie zu dieser oder jener Lebenstätigkeit hinlenken." An diesen Satz schließt ein Vergleich an: „Jeder Franzose ist anders. Aber alle Schauspieler dieser Welt gleichen sich [...] Wer von Kind auf damit einverstanden ist, sein Leben lang einem anonymen Publikum preisgegeben zu sein, ist ein Schauspieler. [...] Ähnlich ist derjenige ein Arzt, der einwilligt, sich sein Leben lang bis zur letzten Konsequenz mit dem menschlichen Körper zu beschäftigen." (*Kundera* 1984, 184)

Zunächst geht es um die Möglichkeit Menschen zu unterscheiden. Für *Kundera* ist dies eine heikle Angelegenheit. Ein ganz untauglicher Einteilungsversuch wäre der aufgrund von Nationalität. Um dies abzuweisen, benötigt *Kundera* nur vier Worte: „Jeder Franzose ist anders." Mit diesem Satz deutet er ein Zweites an. Wenn alle anders oder verschieden sind, dann gibt keinen Grund für Unterscheidungen. Unterscheidungen beruhen immer zugleich auf Gleichheit und Verschiedenheit, auf Identität *und* Differenz. Was sich nun an den Menschen als Gleichheiten oder Ähnlichkeiten beobachten lässt, seien ihre „existenziellen Bedürfnisse" und ihre „Lebenstätigkeiten".

Mit existenziellen Bedürfnissen ist hier aber nicht die instrumentelle Befriedigung von Grundbedürfnissen wie Hunger, Durst, Schlaf gemeint. *Kundera* spricht von Motiven, die innerhalb eines Tun unmittelbar ihre Erfüllung finden und für den Akteur einen starken Wert darstellen, was sich darin zeigt, dass sie *eingewilligt haben* beziehungsweise damit *einverstanden* sind, sich *nachhaltig* von diesem Tun bestimmen zu lassen – im zitierten Beispiel: „sich ein Leben

Die subjektive Entschiedenheit beruflicher Praxis

lang einem anonymen Publikum preisgeben", „sich bis zur letzten Konsequenz mit dem menschlichen Körper zu beschäftigen".
Doch wie und worin zeigt sich diese Einwilligung? Dazu ein weiteres Beispiel:

„Als Tomas zum ersten Mal das Skalpell an die Haut eines unter Narkose liegenden Mannes setzte, um mit entschiedener Geste diese Haut mit einem präzisen Schnitt aufzuschneiden (als wäre es ein Stück lebloser Stoff, ein Mantel, ein Rock oder ein Vorhang), da hatte er, kurz aber intensiv, das Gefühl, ein Sakrileg zu begehen. Aber genau das war es, was ihn anzog! Das war das ‚Es muss sein!', das tief in ihm verwurzelt lag, zu dem ihn kein Zufall geführt hatte, [...], nichts Äußerliches." (*Kundera* 1984, 185).

Kundera schildert an der Art und Weise eines beruflichen Handelns, worin sich das Einverständnis beziehungsweise die Einwilligung zeigt – an der Anziehungskraft, die von der Symbolik eines Tuns ausgeht – hier die intuitive Vorstellung, durch das Aufschneiden eines Menschen „ein Sakrileg zu begehen". Deshalb geht mit der Handlung eine Entschiedenheit des Handelnden einher, der sein Tun als innere Notwendigkeit („Es muss sein!") erlebt. Das existenzielle Bedürfnis bleibt somit weiterhin nicht als ein singuläres Motiv (wie Hunger, Durst, Schlaf) fassbar, sondern ist in der Art und Weise eines Handelns (Entschiedenheit und Präzision) dokumentiert. Das berufsmäßig definierte und insofern gesellschaftlich konstruierte wie normierte Handeln und das Bedürfnis der handelnden Person finden hier zusammen.

Offenbar wird hier ein Zusammenhang angesprochen, der in der berufssoziologischen Literatur verloren gegangen zu sein scheint. Es geht um das eigentümliche Verhältnis von Individuum und Gesellschaft, das sich in persönlicher Berufsbindung und Beruf als sozialem Konstrukt manifestiert. In *Kunderas* Roman entwickelt der Chirurg Tomas in Ausübung des gesellschaftlich sanktionierten Arztberufs eine persönliche Bindung zu seiner Tätigkeit, indem er sie nicht nur als funktional für die berufliche Praxis, sondern als schlechthin notwendig für sein eigenes Tun erlebt.

Kunderas Beobachtung soll uns auf ein berufssoziologisch zu klärendes Problem aufmerksam machen. Die Einwilligung des Akteurs in die berufliche Praxis ist weder schlicht Resultat von sozialisationsgeschichtlichen Prägkräften noch von eingeübten Routinen – auch wenn dies die Tätigkeit des Chirurgen nahe legt. Denn *erstens* würde in der Vorstellung der sozialisationsgeschichtlichen Prägung der Person das Moment der Einwilligung verschwinden und *zweitens* ist das geschilderte Handeln mehr als der Vollzug einer eingeübten, alltäglichen Routine. Das „Es muss sein!" impliziert die Vorstellung, ein Sakrileg zu begehen und ist für den Akteur Ausdruck einer Erfüllung seines Lebens. Dieses

Erleben der Erfülltheit intensiviert den Alltag, verleiht ihm Momente des Außeralltäglichen.

2 Beruflicher Habitus als Erklärung der Berufsbindung des Subjekts?

Die an *Kunderas* Text rekonstruierte emphatisch erlebte Passung von gesellschaftlicher Ordnung (Beruf) und individueller Person (besondere Bedürfnisstruktur des Subjekts) ist in der Soziologie von *Georg Simmel* beschrieben worden:

> „Bei höherer Ausbildung des Begriffes (gemeint ist der Beruf, M.C.) zeigt er die eigenartige Struktur: dass einerseits die Gesellschaft eine ‚Stelle' in sich erzeugt und bietet, die zwar nach Inhalt und Umriss von anderen unterschieden ist, aber doch prinzipiell von vielen ausgefüllt werden kann und dadurch sozusagen etwas Anonymes ist, und dass nun diese, trotz ihres Allgemeinheitscharakters, von dem Individuum aufgrund eines inneren ‚Berufes', einer als ganz persönlich empfundenen Qualifikation ergriffen wird." (*Simmel* 1908, 30)

Simmel spricht hier von der Unwahrscheinlichkeit, dass Individuen ein soziales Handeln um ihrer Persönlichkeit willen, aufgrund einer „ganz persönlich empfundenen" Eigenschaft (hier: einer Qualifikation) ausüben oder sich gar dazu berufen fühlen könnten. Denn die von der Gesellschaft geschaffene und gebotene Tätigkeit beziehungsweise Stelle unterstellt Anonymität und Substituierbarkeit. Personen können somit von „Namenlosen" (Nicht-Individuen – im Prinzip von Jeder/m) ersetzt werden.

Wie ist es also möglich, stellt sich die Frage, dass etwas sozial Konstruiertes wie der Beruf von Akteuren als ein „Ruf" der Gesellschaft interpretiert wird, der an sie als Individuum adressiert ist, obwohl dies vom sozialen Konstrukt (berufliche Stellung) her so gar nicht vorgesehen zu sein scheint? Betont sei, dass sie nicht mit einer anderen Frage verwechselt werden darf – nämlich der nach den Ursachen dafür, warum Personen in ihrem Werdegang einen bestimmten Beruf erlangt (vielleicht sogar selbst gewählt) haben. Bei unserer Frage geht es zunächst um den Sachverhalt, dass Akteure mit einer Tätigkeit die Intuition der Erfüllung ihrer persönlichen, subjektiv eigenartigen Bedürfnisstruktur verbinden, nicht um die Frage, welchen Beruf sie konkret gewählt haben oder ergreifen mussten.

Nach *Bourdieu* handelt es sich beim *Habitus* um inkorporierte Schemata der Wahrnehmung, Beurteilung und Bewertung in Handlungssituationen. Der Habitus ist ein praktischer Sinn, insbesondere ein Sinn dafür, was in einer Situation auf dem Spiel steht[1].

Der Begriff Sinn ist mehrdeutig. Da *Bourdieu* von inkorporierten Schemata spricht, plädiere ich dafür, hier von einer zweiten Natur der (nicht zuletzt auch) körperlich verankerten Wahrnehmung zu sprechen. So wie Augen, Ohren, Haut oder Zunge den Menschen Sehsinn, Hörsinn, Tastsinn oder Geschmackssinn bescheren, so verkörpert der Habitus ein soziales Wahrnehmungs-, Beurteilungs- und Bewertungsorgan, das dem Menschen einen praktischen Sinn für soziale Situationen verleiht. Dieses soziale Wahrnehmungsorgan zeigte sich im Beispiel des Chirurgen in der „entschiedenen Geste", mit der er die Haut des Patienten „durch einen präzisen Schnitt aufzuschneiden" vermochte, und in der dabei gleichzeitig verspürten Bewertung, ein Sakrileg zu begehen, da er in diesem Moment die Situation des Aufschneidens der Haut eines lebenden Wesens wie das Schneiden an einem leblosen Gegenstand (einem Stück Stoff beispielsweise) beurteilte.

Überträgt man also den Habitusbegriff auf die Berufswelt, dann hieße *Berufshabitus*: Praktischer Sinn für das Berufsfeld als ein Handlungsvermögen, das aus Schemata der Wahrnehmung, Beurteilung und Bewertung besteht, genauer: ein von den Akteuren inkorporierter Sinn dafür, was beruflich und berufsbiographisch auf dem Spiel steht. Inkorporiert bedeutet dabei: Der Berufshabitus ist eine Art soziales Organ, in dem Schemata des beruflichen Wahrnehmens, Beurteilens und Bewertens körperlich eingespeichert und jederzeit in entsprechenden praktisch relevanten Situationen abrufbar sind (s.a. *Windolf* 1981).

Mit *Bourdieu* handelt es sich beim Berufshabitus zudem um inkorporiertes kulturelles Kapital, das vom seinem Besitzer auf dem Feld der Berufsarbeit erfolgreich zur Durchsetzung im Kampf um Anerkennung beziehungsweise Distinktion eingesetzt werden kann. Genau mit dieser Zusammenhangsthese zwischen Berufshabitus und dem Feld der Berufsarbeit (bzw. den dort relevanten Kapitalarten) gibt *Bourdieu* der Erklärung, warum sich Akteure auf persönliche Weise – subjektiv – an Strukturen der sozialen Ordnung gebunden fühlen, eine andere Wendung: Der Habitus ist ein Mittel des Akteurs im sozialen Wettkampf um Distinktion. Damit aber wird der Akteur in ein instrumentelles Verhältnis zu seinen Tätigkeiten gerückt. Ein wichtiger Sachverhalt, den es an *Kunderas* Beispiel zu erklären galt, besteht jedoch darin, dass Akteure sozial definierte Tätigkeiten primär – also in den Eigenarten der Tätigkeit selbst und nicht bloß in ihren Resultaten – als Erfüllung ihrer persönlichen, subjektiv eigenartigen Bedürfnisstruktur anzuerkennen vermögen. Für *Bourdieu* wird dies tendenziell bloß zur

---

[1] Mit der Wendung „auf dem Spiel stehen" zeigt *Bourdieu* (1987) an, dass nicht nur der Sinn dafür gemeint ist, worum es in der Situation geht, sondern dass es um das Gelingen oder Scheitern des Mitmachens in einer Situation geht.

Illusion der Akteure, zu ihrem (latent oder nur diffus bemerkten) Sinn dafür, was auf dem Spiel steht.

Aber wieso „Illusion"? Warum wird hier die Handlungsorientierung des Akteurs von der wörtlichen Bedeutung des Begriffs in die Nähe des Wunschdenkens und der Trugbilder gerückt? Kann *Bourdieu* der Illusion dann überhaupt eine Beschreibung entgegensetzen, die frei wäre vom Verdacht des Wunschdenkens und der Trugschlüsse? Denn schließlich wäre auch der Berufshabitus des Soziologen als eine Variante des *homo academicus* ein praktischer Sinn dafür, was auf dem Spiel steht – also auch nicht mehr als Illusion!

Aber zunächst: Worin besteht die Illusion und worauf beruht sie? Die Illusion besteht darin, dass aus Sicht des Akteurs (auf der Grundlage seines Habitus als sozialem Wahrnehmungsorgan) etwas auf dem Spiel steht. Aber in welcher Bedeutung und wieso steht etwas auf dem Spiel? Meines Erachtens steht das metaphorische Idiom „auf dem Spiel stehen" für das, was im so genannten Thomas-Theorem als „Definition der Situation" bezeichnet wird: „If men define their situations as real they are real in their consequences." (*Thomas/Thomas* 1928, 528).

Interpretiert man das Thomas-Theorem nun nicht als folgenreichen Trugschluss – was soziologisch unergiebig wäre, sondern als konstitutive Voraussetzung von sozialer Praxis, dann entspräche es folgendem Zusammenhang: Menschen definieren die Situationen, in denen sie sich befinden; das heißt sie verleihen ihnen eine Bedeutung. Diese Bedeutung, die Akteure ihrer Situation geben, ist aber keine bloße Erfindung, kein bloßes Wunschdenken und kein Trugschluss, sondern sie ist graduell wahr, und zwar in dem Ausmaß, in dem sie den Definitionen entsprechende Konsequenzen auslösen. Eine Konsequenz der Situationsdefinition ist die Erzeugung eines in der Situation gemeinsam erfahrenen praktischen Schemas (Regelmusters). Einer Bevölkerung oder Gruppe wird somit durch die Definition der Situation (im Beispiel durch den entschiedenen Gestus bei einem chirurgischen Eingriff) eine gemeinsames Bedeutung vermittelt (hier: so und nicht anders handelt ein Chirurg). Menschen definieren dann ihre Situationen nicht nur, sondern erzeugen ein ihnen nun gemeinsam vorliegendes (symbolisches, bedeutungsvolles) Schema, dem ihre Handlungen in der Weise folgen, dass sie Situationsdefinitionen entsprechen. In dieser spezifischen Konsequenz macht die Handlungspraxis der Akteure ihre Situationsdefinitionen wahr. Und genau deshalb sind institutionelle Fakten (als spezifische Form sozialer Sachverhalte) sowohl Konstruktionen als auch Fakten.

Wenn dem so ist, was könnte daran „illusionär" sein? Aus *Bourdieus* Sicht sind es institutionelle Fakten dann und deshalb, wenn und weil der praktische Sinn den Anschein der „inneren Notwendigkeit", des „So-und-nicht-Anders-Tun-Müssens" (des „Es muss sein!" bei *Kundera*) erweckt. Wenn aber die institutionelle Wahrheit der Situationsdefinitionen abhängig ist von Bedeutungszuweisungen der Akteure und der Befolgung dieser Bedeutungsregeln im Handeln der Individuen, dann könnten die geltenden institutionellen Handlungsregeln auch anders ausfallen. Aber weil das Verspüren einer inneren Notwendigkeit des Handelns den Akteuren die Möglichkeit verdeckt, alternative Bedeutungen der Definition der Situation in die anschließenden Handlungspraktiken einzubeziehen, besteht die Illusion der Praxis in ihrer vermeintlichen Alternativlosigkeit.

Bourdieu erkennt in seiner Rekonstruktion das Illusionäre im Moment der praktischen Einwilligung, des Einverständnisses mit der Praxis, das sich daraus ergebe, dass Akteure sich vom symbolisierten Wert eines Handelns (z.B. dem Begehen eines Sakrilegs) angezogen fühlen, ohne dabei die möglichen alternativen Handlungsoptionen zu bedenken. Allerdings unterschlägt *Bourdieu* den ebenfalls möglichen und in der Beschreibung *Kunderas* für die berufliche Praxis hervorgehobenen Fall, sich willentlich zu entscheiden, dem wahrgenommenen Wert zu folgen, oder sich zumindest vom wahrgenommenen Wert in seinem Handeln bestimmen lassen zu *wollen*.

Eine im Anschluss an *Bourdieu* formulierte Konzeption des Berufshabitus liefe insofern auf das hinaus, was in der Berufssoziologie als Milieutheorie der Berufswahl (vgl. *Beck u.a.* 1979; *Bolder* 1978) prominent geworden ist. Akteure willigen in die Wahl eines Berufs und des damit verbundenen Tätigkeitsfelds aufgrund von sozialisationsgeschichtlichen Wirkungen ihres Herkunftsmilieus und aufgrund des für eine ernsthafte Entscheidungsreflexion lebenszeitlich zu frühen Zeitpunkts der Berufswahl eher unreflektiert ein.

Das Milieu des gewählten Berufs passt dann meist zum Herkunftsmilieu als sozialem Feld, so dass es keine gravierenden sozialen Anpassungsschwierigkeiten gibt. Und die Berufstätigkeit besteht dann tendenziell aus eingeübten Routinen. Eine besondere Identifikation mit dem Beruf – wie er im Ausgangsbeispiel unterstellt wurde – wäre dann nicht erwartbar, lediglich eine nachträgliche Zurechtlegung biographischer Motive (vgl. *Wahler/Witzel* 1988; auch *Heinz* 1995).

Allerdings bleiben in diesen Erklärungen drei Merkmale der Beruflichkeit ungeklärt:

1. die persönliche Identifikation mit der Tätigkeit um ihrer selbst willen
2. die Einwilligung in den durch die Tätigkeit symbolisierten Wert
3. die Überbietung der Routine in der Hingabe an den Tätigkeitsinhalt

3 „Notwendigkeit" und die Differenz von Arbeiten, Herstellen und Handeln

Zur Aufhellung dieser drei Aspekte wenden wir uns nun einer anderen Handlungstheorie – der von *Hannah Arendt* zu. Knapp zusammengefasst stilisiert *Arendt* die Unterscheidung von Arbeit, Herstellen und Handeln in Form einer trennscharfen Idealtypik. Die Arbeit des *animal laborans* unterliegt der Not des Lebens. Arbeit ergibt sich aus einer Vorstellung von der Notwendigkeit als dem für das Überleben Wichtige. Der herstellende Mensch – *homo faber* – sei dagegen „von Anfang bis Ende Herr seines Tuns" (*Arendt* 1981, 279). Und weiter: „Unabhängig von Allem und Allen, allein mit dem ihm vorschwebenden Bild des herzustellenden Dinges, steht es *homo faber* frei, es wirklich hervorzubringen." (S. 170).

Hier scheinen sich also zunächst Arbeit als Ausdruck der Notwendigkeit und Herstellen als Reich der Freiheit gegenüberzustehen. Jedoch finden sich bei *Arendt* auch Hinweise auf die Beschränkungen des Herstellens: „Die Grundbedingung, unter der die Tätigkeit des Herstellens steht, ist Weltlichkeit, nämlich die Angewiesenheit menschlicher Existenz auf Gegenständlichkeit und Objektivität" (S. 16). Diese Angewiesenheit auf Objektivität impliziert ein instrumentales Weltverhältnis im Herstellen, das letztlich doch den Menschen in seinen Tätigkeiten zu Effektivität und Effizienz zwingende Zweck-Mittel-Verhältnis. Diese Instrumentalität enthalte dem herstellenden Menschen letztlich die Freiheit und trenne ihn von der Sozialitätserfahrung mit anderen.

Zu einer Erfahrung der Freiheit gelange der Mensch erst im Miteinander des Handelns. Also erst das Handeln ist nach *Arendts* Begriffsbestimmungen wirklich frei und gesellschaftlich. Für sie ist Handeln zugleich ein Sprechen und Tätigsein: „Sprechend und handelnd schalten wir uns in die Welt der Menschen ein, die existierte, bevor wir in sie geboren wurden, und diese Einschaltung ist wie eine zweite Geburt, in der wir die nackte Tatsache des Geborenseins bestätigen, gleichsam die Verantwortung dafür auf uns nehmen." (*Arendt* 1981, 215). Handeln ist bei *Arendt* somit ein sehr voraussetzungsvolles Tun, das über einfache Verständnisweisen von Arbeit und Herstellen weit hinausgeht. Handeln ist Ausdruck einer Präsenz – eines Sich-Präsentierens – vor Anderen. Dieses Präsentieren symbolisiert ein Sich-Einschalten in die menschlichen Angelegenheiten. Und die Verantwortung, die ein Handelnder damit auf sich nimmt, impliziert die Möglichkeit der Anderen, Geltungsgründe für das Sich-Eingeschaltet-Haben verlangen zu können. Das Da-Sein, die etwas initiierende Präsenz des Handelns gilt es sozial zu bestätigen. Und diese soziale Aufgabe der Bestätigung ist ein Interaktionsprozess zwischen Handelnden im Plural.

Vor dem Hintergrund dieser Unterscheidungen *Arendts* komme ich nun auf *Kunderas* literarische Illustration der „inneren Notwendigkeit" eines Berufshabitus – eines „Es muss sein" - zurück. Ganz offensichtlich bewegt sich diese innere Notwendigkeit zwischen den Vorstellungen der Lebensnotwendigkeit der Arbeit, der instrumentalen Bedingtheit des Herstellens und der sozialen (politischen) Freiheit des Handelns. *Kunderas* Vorstellung von einem „Es muss sein" ergibt sich weder aus Lebensnotwendigkeiten noch aus instrumentalen Bedingtheiten im Rahmen einer Zweck-Mittel-Abwägung; auch zeigt sich in dieser Form einer „inneren Notwendigkeit" nicht die Anfänglichkeit[2] des Handelns. Wohl aber setzt die innere Notwendigkeit des „Es muss sein" voraus, dass irgendwann einmal ein solcher sozialer Anfang sensu *Arendt* gemacht wurde, dass Akteure in das Bedeutungsgewebe menschlicher Angelegenheiten eingetreten sind beziehungsweise ein solches konstituiert haben. Und es setzt – ähnlich wie bei *Arendt* – voraus, dass das Handeln mit Überzeugungen einhergeht, in *Kunderas* Beispiel: Dass sich das Handeln auf die innere Überzeugtheit des Akteurs verlassen kann. Unklar ist aber, inwiefern der aufgrund seines Berufshabitus überzeugt und entschieden Handelnde über die Freiheit verfügt, seine Tat vor dem Hintergrund möglicher Handlungsalternativen gegebenenfalls (sich selbst und anderen) zur Disposition zu stellen. Die Entschiedenheit, mit der eine innerlich notwendig erscheinende Handlung vollzogen wird, impliziert eher die These, dass ein Handeln aus Überzeugung Resultat einer bereits verfestigt vorliegenden Handlungsdisposition ist.

Die Entschiedenheit der Handlung enthält etwas Doppeltes: Disposition und Natalität. Jede Handlung stellt ein Neueinsetzen in der sozialen Praxis dar – es kostet den Akteur, „extra-normative Kulturarbeit" (*Claessens* 1989: 325) – die Überwindung hervorzutreten.

4 Die Korrosion des Charakters – Sennetts Diagnose des spätmodernen Berufshabitus

Besondere Aufmerksamkeit in der sozialwissenschaftlichen Diskussion hat in den letzten zehn bis fünfzehn Jahren *Richard Sennetts* Diagnose des „flexiblen Menschen" (1998) erfahren. Im Originaltitel lautet sie alarmierender: „The Corrosion of Character".

Sennett fasst in seinem Buch mehrere Erscheinungen der heutigen Karrieremechanismen zusammen. Erstens – das spricht der deutsche Titel an – die gestiegenen Flexibilitätserwartungen an Arbeitnehmer/innen in den meisten

---

[2] Natalität, im Sinne von: einen Anfang, auch: einen Neuanfang machen.

beruflichen Handlungsfeldern. Zweitens die zunehmende Zurückhaltung von Organisationen, Unternehmen und letztlich sogar der Akteure selbst, sich langfristig zu binden oder auch nur zu orientieren. „No long term!" so lautet nach *Sennett* die Devise unserer Zeit. Hinzu komme der Umstand, dass durch gestiegene Flexibilität und kurzfristige Orientierung die Organisationswelt für die Akteure schwer interpretierbar geworden sei. Die Routineskripte des Handelns ließen sich nicht mehr auf viele Situationen im Arbeitshandeln anwenden. *Sennett* spricht sogar davon, dass die Organisationen „unlesbar" („illegible") geworden seien. Ein weiteres wichtiges Phänomen, das er diskutiert, besteht in der fehlenden sozialen Bezeugung beziehungsweise Beglaubigung im Arbeitsleben. All diese Aspekte führten dazu, dass die Kultur eines Berufsfeldes nicht weitergegeben werden könne.

Sennetts Diagnose wurde von vielen Autoren in den letzten Jahren aufgegriffen, aber auch vielfach wegen ihrer Einseitigkeit als kulturpessimistische konservative Schwarzmalerei kritisiert. Es geht mir in diesem Essay nicht darum, die Diagnose *Sennetts* zu diskutieren oder zu verteidigen. Allerdings ist meines Erachtens der Aspekt der mangelnden sozialen Bezeugung zu wenig beachtet und tendenziell auch nicht hinreichend verstanden worden. Daher möchte ich darauf nochmals genauer eingehen und *Sennetts* Argument mit meinem Versuch verbinden.

Sennett geht bei seiner These von der fehlenden sozialen Beglaubigung von der Prämisse aus, dass zur Identitäts- beziehungsweise Persönlichkeitsbildung eine soziale Bekräftigung erforderlich ist. Damit ist nicht primär gemeint, dass man Akteuren ständig „auf die Schultern klopfen" muss, dass sie andauernd Lob und Ermutigung benötigen. Das zwar auch – aber *Sennetts* Argument greift tiefer. Er vermutet, dass ohne soziale Zeugen die Bedeutungen von (hier: beruflichen) Geschichten gewissermaßen verpuffen. Auch hier geht es nicht darum, dass Leute, die dabei gewesen sind, die Wahrheit der Geschichte bestätigend „abnicken". Gemeint ist schlicht, dass die Geschichten „von früher" oder aus anderen Arbeitskontexten, in denen Akteure einmal tätig waren und etwas geleistet haben, in den neuen Kontexten, in die sie als flexible Erwerbstätige immer wieder gelangen, keinerlei Belang haben.

Damit knüpft *Sennett* an eine sprachpragmatische Überlegung an. Schilderungen, Geschichten gewinnen ihre Bedeutung und ihre Bedeutsamkeit nicht nur aufgrund des gesprochenen Wortes. Sie müssen für die Zuhörer auch praktisch nachvollziehbar sein, damit sie sozial bekräftigt werden können. Geschichten aus anderen Welten bleiben den Zuhörern dann fremd, wenn sie nicht an geteilte konkrete Erfahrungen anknüpfen können. Von Belang wäre dann nur das, was hier und jetzt zählt. Dies bliebe aber unverbunden mit dem, was einmal war. Daraus folgt, dass in einer mobilen und flexiblen Arbeitswelt die früheren beruflichen Fertigkeiten für einen Arbeitnehmer an Bedeutung verlieren. Sie lassen sich nicht mehr als sozial anerkennungsfähiger Teil seiner berufsbiographischen Identität kommunizieren.

Übersetzt man diesen Gedanken *Sennetts* nun in unser Musterbeispiel – den entschlossenen Chirurgen, dessen Handlung von der inneren Überzeugung der Notwendigkeit des eigenen Tuns getragen ist –, dann bedürfte auch diese Überzeugung eines sozial geteilten Hintergrunds über die Berufswelt des Chirurgen. Wenn in der Berufswelt keine Klarheit darüber bestehen würde, wie ein Schnitt anzusetzen ist, um die Haut aufzuschneiden, wenn die Technik des Aufschneidens der Haut überhaupt als bezweifelbare Methode gelten könnte, dann fehlten dem Chirurgen die bekräftigenden Blicke des umgebenden Personals aus OP-Schwestern, Assistenzärzten und Anästhesisten. Und dies würde die Entfaltung einer entschiedenen Geste des Berufsinhabers unwahrscheinlich machen. Das, was *Sennett* mit der Korrosion des Charakters meint, wäre die fehlende Prägnanz beruflicher Gesten.

Die Bedeutung einer einzelnen Berufshandlung hängt also ab von ihrem Bedeutungsnetzwerk, das wiederum auf einer bestehenden Hintergrundstruktur aus sozial geteilten Handlungszügen und Handlungspositionen beruht. Gerade die Selbstgewissheit eines Handelns aus Überzeugung, die Fähigkeit, entschieden für die Geltung seines Tuns einzutreten, hängt von der Kraft ab, die ein Akteur dadurch erhält, dass er die Umstände seines Handelns richtig gelesen hat und dass er davon ausgehen kann, dass die anderen Beteiligten sein Handeln ebenfalls vor diesem unterstellten Hintergrund lesen und beurteilen werden.

5 Der lange Abschied vom „Lebensberuf"

Ein altbekannter Einwand gegen eine soziologische Reflexion der Form und der Konsequenzen des Berufshabitus ist die These, dass der Beruf längst kein Lebensberuf mehr sei. Ganz explizit findet sich dieses Argument in einem Beitrag *Helmut Schelskys*, der mittlerweile über fünfzig Jahre alt ist (1960). Abgesehen davon, dass sich *Schelskys* Beitrag (mit Ausnahme seiner zeitgenössisch inspirierten Überlegungen zum Verhältnis von Frauen und Erwerbsarbeit) erstaunlich aktuell liest, zeigt sich an seiner Argumentation, dass die Verabschiedung der Idee vom „Lebensberuf" wesentlich differenzierter zu denken ist.

Ein erstes Problem besteht darin, dass vom „Lebensberuf" meist in negativer Bestimmung gesprochen wird und ihm dabei sehr unrealistische Eigenschaften zugeschrieben werden. *Schelsky* etwa meint damit eine Form der Berufsausübung, die alle anderen Lebensbereiche des Menschen gewissermaßen überstrahlen würde. Sein Abschied vom Lebensberuf meint dann nicht mehr als die Beobachtung, dass Familie und Freizeit ebenfalls wichtige Lebensbereiche (geworden) seien, die auch über Motivationsquellen verfügen, die unabhängig vom Beruf bestünden. Hier fragt sich, ob jemals eine Vorstellung vom Beruf (inklusive Lebensberuf) vorgelegen hat, die anderen Lebensbereichen ihre eigenständige Bedeutung abgesprochen hätte.

In *Max Webers* klassischer Definition des Berufs aus seinem systematischen Hauptwerk „Wirtschaft und Gesellschaft" ist dies sicherlich nicht der Fall. *„B e r u f soll jene Spezifizierung, Spezialisierung und Kombination von Leistungen einer Person heißen, welche für sie Grundlage einer kontinuierlichen Versorgungs- oder Erwerbschance ist."* (*Weber* 1980, 24). Eine genaue Lektüre dieser Definition zeigt, dass *Weber* noch nicht einmal an die heute gerne widerlegte Vorstellung vom Lebensberuf als erwerbsbiographisch kontinuierlich ausgeübter Tätigkeit ausgegangen ist. Für *Weber* war der Beruf lediglich „Grundlage einer kontinuierlichen Erwerbschance" und eben nicht kontinuierlich ausgeübte Erwerbstätigkeit in einem Fachgebiet.

Insofern macht es sehr wohl Sinn, über die Eigenschaften nachzudenken, die dem Beruf zur Funktion verhelfen, Grundlage sein zu können. *Schelsky* hatte dem Beruf zugeschrieben, dass er dem Berufsinhaber die Erfahrung wirksamer Eingriffsmöglichkeiten in die Welt vermittle. Arbeitspsychologen (z.B. *Häfeli u.a.* 1988; *Karasek* 1979) und Berufssoziologen (wie *Kohn/Schooler* 1979; 1982) haben dies später mit der These verbunden, dass berufliche Bildung und Berufserfahrung (unter bestimmten Voraussetzungen) die Selbstwirksamkeitsüberzeugungen der Person stärkten. Solche Befunde sind durchaus vereinbar mit der hier diskutierten These, dass vom Berufshabitus eine spezifische Form der inneren Überzeugung ausgehe, die dem Handeln Entschiedenheit verleihen kann.

Allerdings ist spätestens seit dem Aufkommen des eigentlich milieutheoretisch argumentierenden subjektorientierten Berufsansatzes (*Beck u.a.* 1979; 1980) geläufig, dass das Herkunftsmilieu einen starken Einfluss auf die Berufswahl besitzt. Hier wird bemerkenswerter Weise auf sozialisationstheoretischer Ebene wieder ein Zusammenhang von Familie und Beruf hergestellt (auch im Hinblick auf die geschlechtsspezifische Berufssozialisation). Die milieukonforme Berufswahl – so die Argumentation insbesondere von *Beck u.a.* – erfülle die Funktion einer reibungslosen und weniger aufwendigen sozialkulturellen Integration in die Arbeitswelt. Eben weil die Akteure tendenziell Berufsfelder wählen, die den sozialen Erwartungsmustern (Rollenanforderungen) ihres Herkunftsmilieus ähneln, verfügten sie bereits über Handlungsdispositionen, die ihnen den Einstieg in dieses neue Handlungsfeld des Berufes erleichtern. Dies wäre nicht der Fall, wenn sie Berufe wählten, die sich deutlich von den Regelstrukturen ihres Herkunftsmilieus unterschieden.

Diese Argumentation plausibilisiert eine Milieu- und auch eine Kulturträgheit des Berufs. Die über den Berufshabitus vermittelte Souveränität, die sich in der Überzeugung des Akteurs und seiner Entschiedenheit im Handeln dokumentiert, verdankt sich einer kulturellen Trägheit. Akteure können deshalb einen Anfang machen (und zwar umso leichter), weil sie auf Regelmuster zurückgreifen können, die über Prozesse langer Dauer in ihren Milieus tradiert und in ihre Habitus eingeschrieben wurden.

Allerdings geraten wir mit diesem Befund in eine andere Schwierigkeit: Der Gedanke der milieukonformen Berufswahl und der damit verbundenen Stärkung eines Berufshabitus rückt Beruflichkeit wieder in die Nähe der Routine (und Routiniertheit) im Sinne eines traditionalen Handelns. Ein solches Routinehandeln muss aber nicht mehr erfasst sein von dem besonderen Wertbezug des Tuns. Wir hatten aber weiter oben das von *Kundera* beschriebene Berufshandeln so interpretiert, dass der Akteur mit ihm ein Gefühl der Außerordentlichkeit verbindet, dass der Akteur von der Symbolik des Handelns wertmäßig erfasst wird, und genau dies die Vorstellung einer inneren Notwendigkeit („Es muss sein") in ihm auslöse.

Hier würde die milieusoziologische Erklärung der Berufswahl allerdings eher skeptisch reagieren. Schon allein aufgrund der lebenszeitlich frühen Berufsentscheidung (die in ihren Beiträgen noch plausibel angenommen werden konnte) handelt es sich eher um eine traditionale Form der sozialen Imitation, während es bei *Kundera* mehr mit einem Anfang-Machen im emphatischen Sinn zu tun hat.

Der allgemeine Einwand, der sich daraus formulieren lässt, lautet nun: Zwar mag ein emphatisches Erfasstwerden von den symbolischen Werten des Berufshandeln in professionellen Berufen (wie Arzt, Jurist, Wissenschaftler) häufig vorkommen, in einfachen Berufen dagegen sei dies sehr unwahrscheinlich. Hier wäre mit einer Routineorientierung zu rechnen. Allerdings stellt sich die Frage, ob das Gros der Berufe sich heute noch so ohne Weiteres als „einfacher Beruf" rubrizieren lässt oder ob wir es nicht doch in den letzten zwanzig bis dreißig Jahren mit einer stetigen Höherqualifizierung, mit einem immensen Kompetenzanstieg der Berufsprofile zu tun haben.

Über diesen kleinen Umweg gelangen wir zurück zur Diagnose *Richard Sennetts*. Kann es sein, dass es durch den relativen Anstieg der Berufsgruppen mit mittleren und höheren Qualifikationsprofilen, verglichen mit dem klassischen Bild des professionellen Habitus, wie er bei *Kundera* aufscheint, zu einer „Korrosion des Berufscharakters" gekommen ist? Sind also die Aufstiege der Berufsakteure in höhere Erwerbspositionen mit einer Verwässerung des professionellen Habitus[3] erkauft worden?

---

[3] *Boltanski/Chiapello* (2003) sehen eine mit den neuen Professionen einhergehende Authentizitätsfiktion als Grund für die Verwässerung des Professionshabitus an. Die mit dem Streben nach Authentizität verbundenen Paradoxien machen das Subjekt gleichsam zwiespältig.

Neuere Studien zu Berufsgruppen, die in den letzten Jahrzehnten stark angestiegen sind (wie Sozial- und Pflegeberufe, Kreativberufe[4]), scheinen dies zu belegen. Zwar finden sich dort durchaus Momente einer starken, zum Teil sogar selbstausbeuterischen Wertbindung an das Berufsprofil (des Helfens oder der Kreativität), aber ohne die in *Kunderas* Bild nahe gelegte Entschiedenheit des beruflichen Gestus. Und selbst wenn Skandale und „Skandälchen" gelegentlich auch den Ruf einzelner Professionen (z.B. im Fall ärztlicher Kunstfehler oder von Betrugsfällen bei der Abrechnung) beschädigen können, so sind die klassischen Professionen wesentlich stärker im kulturellen Hintergrund der Lebenswelt verankert geblieben. Die Entschiedenheit des beruflichen Gestus verdankt sich also prägnanter und markanter Symbolisierungen des beruflichen Tuns vor dem lebensweltlichen Hintergrund einer Kultur. Und genau diese Art der sozialen Bezeugung, Beglaubigung und Bekräftigung fehlt den neuen Professionen. Umgekehrt fehlt dem beruflichen Routinehandeln der Bezug auf symbolisierte Werte, von denen die Berufstätigen in ihrem praktischen Selbstverständnis erfasst werden könnten.

6 Wenn der Berufshabitus fehlt – mehr Ausblick als Fazit

Das Nachdenken über Beruflichkeit ist in der Soziologie häufig kritisiert worden und auch etwas aus der Mode gekommen. Trotzdem erweisen sich die dabei meist ins Feld geführten Argumente – wie die Verabschiedung von der Idee des Lebensberufs oder der Beschränkung eines professionellen Habitus auf wenige, ausgewählte Berufsgruppen – als schwach. Denn sie verkennen die Besonderheit der Ermöglichungsbedingungen eines Berufshabitus. Mit *Kundera* lässt sich der Berufshabitus als ein wertaffektiv gestütztes Handeln begreifen, die den Berufsakteur mit der Souveränität des entschiedenen Gestus ausstattet. Dieser Gestus lässt sich weder im Routinehandeln der Berufe noch in den eher von Unsicherheit bestimmten selbstreflexiven neuen Professionen finden. Wichtig ist dabei die Erkenntnis, die sich mit Argumenten aus der Habitustheorie *Bourdieus* und dem Handlungsbegriff bei *Arendt* gewinnen lässt, dass der Habitus der „inneren Notwendigkeit" dem Akteur Souveränität (Entschiedenheit) im Akt des Anfangens zu verleihen vermag. Die Entschiedenheit resultiert daraus, dass sich der Akteur auf die kulturell geteilte Bedeutung seines Tuns auch in neuen Kontexten verlassen kann und genau daraus das Gefühl der Überzeugung und Entschiedenheit der Geste des Handelns erwächst. Genau diese kontextuelle Hintergrundgewissheit ist in den neuen Professionen eher verschwommen und vage gegeben.

---

[4] Vgl. dazu vor allem *Manzeschke* 2006 und weiterhin *Borgetto* 2006, *Henninger/Papouschek* 2006, *Pfadenhauer/Langer* 2006, *Hochschild* 1990, *Koppetsch* 2006, *Senghaas-Knoblauch* 2008.

Insofern muss deren Unsicherheit nicht als Ausdruck neuer Flexibilisierungszwänge oder Zeitstrukturen interpretiert werden. Sie verweist eher auf ein Defizit in der kulturellen Geltung der Berufsbilder dieser neuen Gruppen. Daraus lässt sich eine Aufgabe für die weitere berufssoziologische Forschung gewinnen. Von Interesse ist die Frage, wie Berufsbilder kulturelle Verbindlichkeit gewinnen, wie sie in die Menge der sozial und kulturell geteilten Hintergrundüberzeugungen der Akteure einer historischen Phase gelangen. Der Berufshabitus, wie wir ihn insbesondere aus den klassischen Professionen (Medizin, Jura, Theologie, Wissenschaft) kennen, erlangt seine Entschiedenheit durch die Überzeugung, etwas Bedeutendes zu tun; durch den (sozial geteilten) Glauben an die „innere Notwendigkeit" der anvisierten Tat.

Diese Forschungsperspektive würde die Arbeits- und Berufssoziologie wegführen von der Diskussion über prekäre Erwerbsverhältnisse und über die Folgen von Flexibilitäts- und Diskontinuitätserfahrungen. Unsicherheit, Beweglichkeit und Wandlungsfähigkeit waren sehr wahrscheinlich auch Grunderfahrungen der klassischen Professionen, die die Inhaber dieser Professionsrollen nicht von einem Gestus der Entschiedenheit abgehalten haben. Diese Entschiedenheit gilt es aber als Ergebnis einer sozialkulturellen Konstellation – soziogenetisch – zu erforschen. Vielleicht eignen sich dazu heute besonders die Gruppen, die sowohl Unsicherheit, Umstrittenheit und spektakuläre Berufskompetenz in sich vereinen – wie zum Beispiel Hacker (*Funken* 2010) oder Spekulanten (*Stäheli* 2007; 2010).

Was also fehlt, wenn der Berufshabitus fehlt, ist die soziale Prägnanz beruflichen Handelns, die von der kulturellen Verbürgtheit der entschiedenen beruflichen Gesten ausgeht und den Inhaber dieses Berufs zu einer vertrauten Sozialfigur macht, so wie wir es nicht nur bei Ärzten, sondern auch in vielen „einfachen" Berufen (vgl. dazu auch *Terkel* 1972) kannten, die in ihren Gesten einen sozialhistorischen Typ verkörperten, den Bergmann, den Schlosser, um nur zwei zu nennen.

Literatur

Arendt, Hannah, 1981: Vita activa – Vom tätigen Leben, München
Beck, Ulrich; Brater, Michael (Hrsg.), 1997: Die soziale Konstitution der Berufe: Materialien zu einer subjektbezogenen Theorie der Berufe, Frankfurt a.M.
Beck u.a. (= *Beck, Ulrich; Brater, Michael; Wegener, Bernd*) (Hrsg.), 1979: Berufswahl und Berufszuweisung. Zur sozialen Verwandtschaft von Ausbildungsberufen, Frankfurt a.M. und New York
Beck u.a. (= *Beck, Ulrich; Brater, Michael; Daheim, Hansjürgen*), 1980: Soziologie der Arbeit und der Berufe, Reinbek

Bolder, Axel, 1978: Bildungsentscheidungen im Arbeitermilieu, Frankfurt a.M. und New York
Boltanski, Luc; Chiapello, Eve, 2003: Der neue Geist des Kapitalismus, Konstanz
Borgetto, Bernhard, 2006: Ökonomisierung, Verwissenschaftlichung und Emanzipation. Die Reformen im deutschen Gesundheitswesen und das Rollengefüge von Arzt und Patient, in: sozialersinn 7, 232-250
Bourdieu, Pierre, 1987: Sozialer Sinn, Frankfurt a.M.
Claessens, Dieter, 1989: Heraustreten aus der Masse als Kulturarbeit. Zur Theorie einer Handlungsklasse – „quer zu Bourdieu"; in: Eder, Klaus (Hrsg.): Klassenlage, Lebensstil und kulturelle Praxis. Theoretische und empirische Beiträge zur Auseinandersetzung mit Pierre Bourdieus Klassentheorie. Frankfurt a.M. 1989, 303-340
Funken, Christiane, 2010: Der Hacker, in: Moebius, Stephan; Schröer, Markus (Hrsg): Diven. Hacker. Spekulanten. Sozialfiguren der Moderne, Frankfurt a.M., 190-205
Häfeli u.a. (= *Häfeli, Kurt; Kraft, Ueli; Schallberger, Urs*), 1988: Berufsausbildung und Persönlichkeitsentwicklung, Bern
Heinz, Walter R., 1995: Arbeit, Beruf und Lebenslauf: Einführung in die berufliche Sozialisation, München
Henninger, Annette; Papouschek, Ulrike, 2006: Entgrenzte Erwerbsarbeit als Chance oder Risiko? In: Berliner Journal für Soziologie 16, 189-209
Hochschild, Arlie Russell, 1990: Das gekaufte Herz. Zur Kommerzialisierung der Gefühle, Frankfurt a.M.
Karasek, Robert A., 1979: Job demands, job decision latitude, and mental strain: Implications for job redesign, in: Administrative Science Quarterly 24, 285-308
Kohn, Melvin L.; Schooler, Carmine, 1973: Occupational experience and psychological functioning, in: American Sociological Review 38, 97-118
Kohn, Melvin L.; Schooler, Carmine, 1982: Job conditions and personality: A longitudinal assessment of their reciprocal effects, in: American Journal of Sociology 87, 1257-1286
Koppetsch, Cornelia, 2006: Zwischen Disziplin und Expressivität. Zum Wandel beruflicher Identitäten im Kapitalismus, in: Berliner Journal für Soziologie 16, 155-156
Manzeschke, Arne, 2006: „Wenn das Lächeln verloren geht". Beobachtungen zu Profession und Ethos in den Gesundheitsberufen, in: sozialersinn 7, 251-272
Pfadenhauer, Michaela; Langer, Andreas, 2006: Professionalität unter Reformbedingungen, in: sozialersinn 7, 193-196
Schelsky, Helmut, 1960: Die Bedeutung des Berufs in der modernen Gesellschaft, in: Ders. (1965): Auf der Suche nach Wirklichkeit, Düsseldorf, 238-249
Senghaas-Knoblauch, Eva, 2008: Care-Arbeit und das Ethos fürsorglicher Praxis unter neuen Marktbedingungen am Beispiel der Pflegepraxis, in: Berliner Journal für Soziologie 18, 221-243
Sennett, Richard, 1998: The Corrosion of Character. The Personal Consequences of Work in the New Capitalism, New York
Sennett, Richard, 2000: Arbeit und soziale Inklusion, in: Kocka, Jürgen; Offe, Claus (Hrsg.): Geschichte der Arbeit, Frankfurt a.M.
Simmel, Georg, 1908: Soziologie, Berlin
Stäheli, Urs, 2007: Spektakuläre Spekulation, Frankfurt a.M.

Stäheli, Urs, 2010: Der Spekulant, in: Moebius, Stephan; Schröer, Markus (Hrsg.): Diven. Hacker. Spekulanten. Sozialfiguren der Moderne, Frankfurt a.M., 353-365
Terkel, Studs, 1972: Working, New York
Thomas, William I.; Thomas, Dorothy S., 1928: The Child in America. Behavior Problems and Programs, New York
Voß, G. Günter, 1998: Die Entgrenzung von Arbeit und Arbeitsleben, in: Mitteilungen aus der Arbeitsmarkt- und Berufsforschung 31, 473-487
Wahler, Peter; Witzel, Andreas, 1996: Berufswahl – ein Vermittlungsprozess zwischen Biographie und Chancenstruktur, in: Schober, Karen; Gaworek, Maria (Hrsg.): Berufswahl: Sozialisations- und Selektionsprozesse an der ersten Schwelle. (= Beiträge zur Arbeitsmarkt- und Berufsforschung, 202) Nürnberg, 9-35
Weber, Max, 1980: Wirtschaft und Gesellschaft. Grundriß der verstehenden Soziologie, Tübingen, 5., rev. Aufl.
Windolf, Paul, 1981: Berufliche Sozialisation, München

Autor

Michael Corsten, geb. 1961, Prof. Dr., Universität Hildesheim, Institut für Sozialwissenschaften (corsten@uni-hildesheim.de). Aktuelle Arbeitsschwerpunkte: Soziologische Theorie, Lebenslauf- und Generationsforschung, Kultursoziologie.
→ Corsten, Michael: Grundfragen der Soziologie, Stuttgart und Konstanz 2011

RÜCKSCHAU: BILDUNG UND ARBEIT· BAND 1

Eigen-Sinn und Widerstand
Kritische Beiträge zum Kompetenzentwicklungsdiskurs
Herausgegeben von Axel Bolder und Rolf Dobischat

Der erste Band der im Duisburg-Essener Institut für Berufs- und Weiterbildung herausgegebenen Reihe Bildung und Arbeit soll einen Beitrag dazu leisten, die Suche nach *tacit competences* auf ihre Substanz hin zu befragen und Perspektiven aufzuzeigen, die die Entwicklung des Arbeitsvermögens an den subjektiven Interessen der Subjekte der Bildungs- und Arbeitsprozesse festmachen. Erst aus der Einsicht in die Verkürzungen und Instrumentalisierungen von „Kompetenzentwicklung" könnte sich eine Perspektive ergeben, die anknüpft an die Visionen von humaner Arbeit und Bildung als Entfaltung von Persönlichkeit.

Wiesbaden: VS Verlag für Sozialwissenschaften 2009 · ISBN 978-3-531-16028-3

Inhalt

Axel Bolder, Rolf Dobischat: Objekt oder Subjekt von Wissensmanagement? • Karin Büchter: Arbeitserfahrungen im Kontext von Produktionspolitik und Betriebserziehung • Gerhard Reutter: Qualifikationen vermitteln – Schlüsselqualifikationen fördern – Kompetenzen erfassen und messen? •
Bengt Molander: What is 'hidden' and what is not? • Fritz Böhle: Erfahrungswissen • Ralf Dahrendorf: Was heißt „Fertigkeit" in der entwickelten mechanisierten Industrie? • Ingrid Drexel: Neue Konzepte des Lernens im und für den Betrieb • Uwe Bittlingmayer, Ullrich Bauer, Diana Sahrei: Künstlich gesteigerte Kompetenznachfrage? • Peter Faulstich: Existenzgründung oder Gegenkompetenz? • Rudolf Husemann: Lernen und Bildung im höheren Lebensalter • Knud Illeris: General Qualification as a Societal and an Individual Need • Werner Fricke: Innovatorische Qualifikationen • Peter Dehnbostel: Kompetenzentwicklung in der betrieblichen Weiterbildung • Marisa Kaufhold: Berufsbiographische Gestaltungskompetenz • Wolfgang Hendrich: Heimliche Schlüsselkompetenzen und berufliche Flexibilität • Rosemarie Klein, Matthias Alke: Lernberatung und Kompetenzentwicklung • Christine Zeuner: Zur Bedeutung gesellschaftlicher Kompetenzen

RÜCKSCHAU: BILDUNG UND ARBEIT · BAND 2

**Neue Lebenslaufregimes –
neue Konzepte der Bildung Erwachsener?**

Im zweiten Band der Reihe „Bildung und Arbeit" wird in empirischer und ideologiekritischer Perspektive der Frage nachgegangen, inwieweit die sprunghafte Diskontinuierung und deutliche „Subjektivierung" des Arbeitslebens zu neuen Lebenslaufregimes geführt hat und ob und wie das Weiter- und Erwachsenenbildungssystem bereits auf die unterstellten neuen Normalitäten mit veränderten Lernangeboten reagiert hat. Hat die Wende zu mehr „Eigen-" und „Selbstverantwortung" wirklich zu neuen Gestaltungsfreiräumen geführt, die Fremdsteuerung durch Eigensteuerung ersetzen und den Zielgruppen Lernprozesse ermöglichen, die ihre autonome Lebensgestaltung befördern – ohne die Erfordernisse des Erwerbslebens aus den Augen zu verlieren?

Wiesbaden: VS Verlag für Sozialwissenschaften 2010 · ISBN 978-3-531-16028-3

Inhalt

Axel Bolder u.a.: Die Fragen der neuen Lebensläufe und die Antworten der Erwachsenenbildung • Martin Diewald: Lebenslaufregime: Begriff, Funktion und Hypothesen zum Wandel • Steffen Hillmert: „Neue Flexibilität" und klassische Ungleichheiten • Gertrud Kühnlein: Hauptsache Betrieb!? • Klaus Birkelbach, Axel Bolder: Lebensläufe in der Lebensmitte • Susanne Strauß: Familienunterbrechungen im Lebensverlauf • Johannes Geffers, Ernst Hoff: Zur Gleichzeitigkeit von Kontinuität und Diskontinuität in Erwerbsbiografien • Susanne Schelepa: Zur biographischen Deutung von Berufswechseln im Spannungsfeld von Autonomie und Heteronomie • Klaus Dörre: Die Selbstmanager • Jürgen Wittpoth: Zum Selbst-Verständnis (in) der jüngeren Debatte über lebenslanges Lernen • Rolf Dobischat, Marcel Fischell, Anna Rosendahl: Professionalität bei prekärer Beschäftigung? • Antje-Wibke Recksiek: Veränderungen – und Verlust der beruflichen Identität? • Rudolf Epping: Exklusion trotz – oder durch – Weiterbildung? • Helmut Bremer: Was kommt nach dem „selbstgesteuerten Lernen"? • Hans Tietgens: Thesen zur „Einheit beruflicher und allgemeiner Bildung" • Ulrike Zentner, Josef Schrader: Weiterbildung für Arbeitskraftunternehmer • Katja Manski: Selbststeuerung im Lernkonzept der Arbeitsprozessorientierten Weiterbildung • Martina Wennemann: Ressourcen schonendes Lernen im Lebenslauf • Andreas Beumers, Thomas Schmidt: Das WebKollegNRW • Petra Grell, Anke Grotlüschen: Weiterbildung mit digitalen Medien für tendenziell Abstinente • Marisa Kaufhold u.a.: Chancen der Gestaltung von Umbrüchen im Erwerbsleben • Rosemarie Klein, Gerhard Reutter: Verstetigung der Lebenslaufperspektive von Langzeitarbeitslosen? • Ulf Neumann, Marco Pomsel: Brüche im Erwerbsleben als Herausforderung und Chance

VORSCHAU: BILDUNG UND ARBEIT · BAND 4

**Bildungsexpansion und Bildungsnotstand:
Widersprüche im Prozess der Re-Strukturierung der Klassengesellschaft**

Herausgegeben von Ullrich Bauer, Helmut Bremer, Rolf Dobischat, Günter Kutscha

Der vierte Band der Reihe Bildung und Arbeit stellt die Entwicklung des Bildungssektors in den Mittelpunkt kritischer Analysen. Ausgangspunkt ist der Strukturwandel im Bildungs- und Beschäftigungssystem. Die steigende gesellschaftliche Bedeutung von Bildung und der damit verbundene Drang zu höheren Bildungsabschlüssen stehen im Widerspruch zur systematischen Produktion von Bildungsverlierern, die auf unteren Bildungsniveaus verbleiben. Im Bildungswesen zeigen sich so Spaltungstendenzen, die einen exklusiven Bildungsmarkt mit Frühförderung, Nachhilfe, Privatschulen etc. von den Angeboten öffentlicher Bildung abgrenzen und attraktiver machen. Bildung wird so zum Hebel der Reproduktion herkunftsbedingter Ungleichheiten und zum Mechanismus schrittweiser sozialer Schließung. Dass dabei unsicher wird, ob höhere Bildungsabschlüsse tatschlich gesicherte Berufspositionen garantieren können, ist Teil dieser widersprüchlichen Entwicklung. Sie lässt den allseits postulierten Zusammenhang zwischen lebenslangen Bildungsanstrengungen und einer stabilen Erwerbsbiographie immer mehr erodieren. Für einen großen Teil der Bevölkerung ist damit auch das meritokratische Versprechen, dass sich Leistung lohnt, grundsätzlich in Frage gestellt. Ob die gegenwärtige Entwicklung von Bildungsmärkten zu weiterer sozialer Spaltung führt oder zu einer weniger polarisierenden Neu-Sortierung der sozialen Klassen, ist die Leitfrage des vierten Bandes.

Wiesbaden: Springer VS 2013 (in Vorbereitung)

Mit Beiträgen von: Martin Baethge, Uwe H. Bittlingmayer, Wolfgang Böttcher/Nina Hogrebe, Axel Bolder/Daniela Holzer, Klaus Dörre, Peter Faulstich, Olaf Groh-Samberg/Henning Lohmann, Wulf Hopf, Freerk Huisken, Klaus Klemm, Bettina Kohlrausch, Ingrid Lisop, Oskar Negt, Albert Scherr, Christel Teiwes-Kügler, Michael Vester, Berthold Vogel, Andrä Wolter und anderen